A VINGANÇA DE TOCQUEVILLE

FABIO GIAMBIAGI

Autor de *Tudo sobre o Deficit Público* e *A Reforma Inacabada*

A VINGANÇA DE TOCQUEVILLE

A importância do BOM DEBATE

Prefácio de Mário Mesquita

ALTA CULT
EDITORA

A Vingança de Tocqueville

Alta Books é uma empresa do Grupo Editorial Alta Books (Starlin Alta Editora e Consultoria LTDA).

ISBN: 978-85-508-2534-2

Impresso no Brasil — 1ª Edição, 2024 — Edição revisada conforme o Acordo Ortográfico da Língua Portuguesa de 2009.

DADOS INTERNACIONAIS DE CATALOGAÇÃO NA PUBLICAÇÃO (CIP)
(BENITEZ CATALOGAÇÃO ASS. EDITORIAL, MS, BRASIL)

G362v
1.ed. Giambiagi, Fabio
A vingança de Tocqueville : a importância do bom debate / Fabio Giambiagi. – 1.ed. – Rio de Janeiro : Alta Books ; Selo Alta Cult, 2024.
384 p.; 15,2 x 22,5 cm.

ISBN 978-85-508-2534-2

1. Administração pública. 2. Benefícios previdenciários – Brasil. 3. Cofres públicos – (Inflação) – Economia. 3. Economia – Brasil. 4. Fundo Monetário Internacional (FMI). 5. Necessidade de Financiamento do Setor Público (NFSP). 6. Plano de Ação Econômica do Governo(PAEG). I. Título.

10-2024/92 CDD 338.0981

ÍNDICE PARA CATÁLOGO SISTEMÁTICO:
1. BRASIL : COFRES PÚBLICOS : ADMINISTRAÇÃO PÚBLICA : ECONOMIA 338.0981
ALINE GRAZIELE BENITEZ – BIBLIOTECÁRIA - CRB-1/3129

Grupo Editorial Alta Books

Produção Editorial: Grupo Editorial Alta Books
Diretor Editorial: Anderson Vieira
Editor da Obra: J. A. Ruggeri
Vendas Governamentais: Cristiane Mutüs
Gerência Comercial: Claudio Lima

Produtora Editorial: Ana Clara Tambasco
Revisão: Carol Colffield e Denise Himpel
Diagramação: Vanessa S. Marine
Capa: Lorrahn Cândido

ALTA BOOKS
GRUPO EDITORIAL

Rua Viúva Cláudio, 291 — Bairro Industrial do Jacaré
CEP: 20.970-031 — Rio de Janeiro (RJ)
Tels.: (21) 3278-8069 / 3278-8419
www.altabooks.com.br — altabooks@altabooks.com.br
Ouvidoria: ouvidoria@altabooks.com.br

Editora
afiliada à:
ASSOCIADO

Este livro é dedicado à memória do professor Affonso Celso Pastore, decano dos economistas brasileiros durante muitos anos, falecido em 2024. O autor, quando era estudante de economia entre 1980 e 1983, considerava que Pastore estava "do outro lado", algo próprio das formulações maniqueístas típicas da juventude. Com o tempo, passou, primeiro, a respeitá-lo e, posteriormente, a admirá-lo, pelo compromisso ético, pela honestidade intelectual e pelo rigor profissional. Espera-se que este livro contenha alguns dos ensinamentos que o professor, o estudo e a vida trouxeram àquele antigo estudante de 20 anos.

"Os professores jovens ensinam mais do que aquilo que sabem; os professores adultos ensinam apenas aquilo que sabem; já os professores idosos ensinam só aquilo que os alunos precisam aprender."

— Francisco Valsecchi, ex-Decano da Universidade Católica Argentina

"Não sou suficientemente jovem para saber tudo."

— Oscar Wilde

SUMÁRIO

Relação de gráficos, tabelas, figuras e quadros

Gráficos

Tabelas

Figuras

Quadros

Prefácio

A *Vingança de Tocqueville* é mais uma importante contribuição de Fabio Giambiagi ao debate público sobre economia e política econômica no Brasil. O livro analisa e desmistifica vários episódios de nossa trajetória econômica, desde os governos Vargas e JK, até o terceiro mandato do Presidente Lula.

Suas conclusões são agridoces. Por um lado, o país tem avançado, notadamente no enfrentamento de problemas macroeconômicos básicos (inflação e vulnerabilidade externa), na extensão de sua rede de proteção social e, ainda que com solavancos, na consolidação democrática. Por outro, não tem conseguido adotar e implementar de forma consistente políticas econômicas que viabilizem recolocar o Brasil em uma rota de crescimento mais rápido e de convergência com o nível de renda das economias desenvolvidas — em suma, que permitam escapar da armadilha da renda média, na qual caímos nos anos oitenta do século passado.

O livro registra as três etapas fundamentais da estabilização macroeconômica brasileira: o Plano Real, que acabou com a hiperinflação; a adoção do regime de metas para a inflação em 1999, quando a economia, por meio da flutuação da moeda, passou a prescindir de uma âncora cambial; e a redução da vulnerabilidade externa, derivada da compra de reservas internacionais, que permitiu ao país se tornar credor líquido em 2008.

Ele mostra, também, que o progresso no âmbito macroeconômico resultou de um lento e penoso aprendizado, que foi incorporando as limitações do diagnóstico heterodoxo sobre o processo inflacionário, que era dominante nos 1980, bem como as dificuldades de se operar um regime de câmbio administrado em uma economia continental fechada ao comércio internacional.

O diagnóstico heterodoxo acertou ao atribuir importância à característica inercial da inflação, mas errou ao minimizar, ao menos no início, a relevância do controle da demanda e do ajuste fiscal. A implementação dos planos heterodoxos ocorria geralmente por meio de choques, com congelamento de preços e complexas fórmulas de desindexação. O Plano Real evitou esses problemas. Foi pré-anunciado, adotou uma forma muito elegante de desindexação e evitou a armadilha do congelamento de preços — que sempre acaba criando um problema de estratégia de saída. Adicionalmente, a política monetária foi acionada de forma bem intensa, com juros reais elevados, para assegurar a estabilidade.

O plano não congelou preços, mas contou, em seu início, com uma âncora cambial, como é típico em programas destinados a obter quedas bruscas da inflação. Também, tipicamente, a inflação cai, mas não de forma rápida o suficiente para evitar uma sobrevalorização da moeda. Isso não foi diferente no caso brasileiro, o que deixou a economia particularmente vulnerável à série de crises internacionais que ocorreram no final do século passado: a do México em 1994, a da Ásia em 1997, as da Rússia e do fundo Long Term Capital Management em 1998. As pressões sobre as reservas nos levaram a recorrer ao Fundo Monetário Internacional (FMI) mas, com o agravamento das dificuldades internas, esse apoio se mostrou insuficiente para evitar uma desvalorização do real, à qual rapidamente se seguiu a flutuação da moeda.

Com a flutuação, uma nova âncora era necessária e o governo, corajosamente, optou por adotar, mesmo diante de certo ceticismo entre os economistas brasileiros, o regime de metas para a inflação. E, de forma mais ampla, estabeleceu, em 1999, o tripé macroeconômico. Foram inovações transformacionais, que em muito beneficiaram a economia brasileira.

De fato, as mudanças tiveram tal sucesso que o país rapidamente voltou a crescer com inflação controlada e a atrair capitais. Entretanto, o ajuste externo e a redução da exposição cambial do governo acabaram sendo incompletos. Houve uma redução do déficit em conta corrente, mas, mesmo que declinante, ele ainda era expressivo no final do complexo ano de 2001, ao passo que cerca de 44% da dívida pública federal era dolarizada. Assim sendo, havia claro potencial para um círculo vicioso: um choque que elevasse o risco país colocava pressão sobre a taxa de câmbio, o que aumentaria a razão dívida–PIB, elevando por sua vez o risco país, o que reforçava as pressões cambiais etc. Nesse ambiente, choques externos ou internos acabavam requerendo uma política monetária contracionista, pró-cíclica.

Era importante, assim, reduzir a exposição à taxa de câmbio, o que começou a ser feito em 2004. Poucos anos depois, graças às compras de reservas feitas pelo Banco Central, a exposição do setor público à taxa de câmbio tornou-se positiva.

Com a reversão da posição líquida em moeda estrangeira do Tesouro, o país pôde, finalmente, passar a adotar políticas anticíclicas em momentos de crise internacional, primeiro durante a grande crise financeira mundial de 2008/2009 e, mais recentemente, durante a pandemia. Nos dois episódios, o Banco Central fez acordos de *swaps* de moedas com o Federal Reserve dos EUA, sem condicionalidades — em vez de ter que recorrer ao FMI — o que reflete a mudança na inserção internacional do país e do Banco Central.

A estabilização macroeconômica é um ativo para o país, conquistado em etapas desde 1994. Obviamente, isso não significa que os ciclos econômicos tenham sido abolidos, mas sim que o país dispõe de condições melhores para enfrentá-los e que nossa economia se tornou mais resiliente, ainda que persistam fragilidades fiscais.

Infelizmente, essa resiliência tem se mostrado uma condição necessária, mas não suficiente, para viabilizar o retorno à trajetória de crescimento sustentado e, assim, superar a armadilha da renda média.

Em 1980, a renda *per capita* brasileira, ajustada pela paridade do poder de compra, equivalia a 105% da observada na República da Coreia e a 52% da portuguesa — dados da Penn World Table, versão PWT 10.01, publicada em janeiro de 2023. Depois de uma década desastrosa, na altura de 1990, essas razões tinham caído para um pouco acima de 40% no caso da Coreia e um pouco abaixo disso em relação à portuguesa. É difícil separar os efeitos da crise macroeconômica de curto prazo dos anos oitenta do século passado, caracterizada pela combinação da hiperinflação e crise da dívida externa, do impacto do evidente estancamento desde o final dos anos 1970, do modelo de crescimento calcado na industrialização por substituição de importações (ISI).

Ocorre que, mesmo com a superação da crise dos anos 1980, a renegociação da dívida externa, o Plano Real e o aumento da resiliência da economia, o crescimento sustentado seguiu e segue sendo uma miragem. Na observação mais recente da estatística da Penn World Table anteriormente citada, a renda per capita brasileira é em torno de 35% da coreana e 40% da portuguesa — a Coreia ultrapassou Portugal, nessa mesma métrica, nos anos 1990. O Brasil, em termos relativos, não avançou nada nas últimas décadas. Não se trata, portanto, de uma história de sucesso.

Esse insucesso é, em boa medida, resultado de uma falência intelectual. Isto porque, se houve aprendizado no que se refere à política macroeconômica de curto prazo, gerando amplo consenso sobre os benefícios do regime de metas para a inflação com taxa de câmbio flutuante, não se pode dizer o mesmo sobre as políticas voltadas para a aceleração do crescimento.

Parte importante do establishment empresarial e político brasileiro, bem como parte dos economistas do país, mais introspectivos, com uma leitura enviesada sobre a experiência das economias asiáticas mais dinâmicas, aparentemente segue acreditando que basta retomar a substituição de importações para que o Brasil volte a crescer de forma sustentada. Isso acontece a despeito de amplas evidências de que tal estratégia não funciona mais — aliás, não funciona há décadas.

Uma frase frequentemente atribuída a Napoleão diz que "um exército que se encerra em uma fortaleza é derrotado" — e isso parece valer também para países e empresas. Economias e companhias dinâmicas e inovadoras não temem a competição. Empresários que operam em uma economia que responde por menos de 2% do PIB mundial, como a nossa, e preferem esquecer os outros 98%, estão fadados a permanecer pouco relevantes a nível global. É possível crescer como economia fechada, mas não por muito tempo e nem de forma eficiente.

A Vingança mostra que repetir políticas malsucedidas, como as tentativas recorrentes de retomar a industrialização por substituição de importações, não é racional nem promissor. É preciso encarar a maior exposição das empresas e da economia ao mundo como uma fonte de oportunidades, e não como um risco. Espero que nossas lideranças leiam e aprendam com o livro.

— Mário Mesquita
Abril de 2024

Apresentação: O tempo e as lições da vida

A ideia deste livro nasceu de uma provocação do meu amigo Rudi Rocha. Como na velha frase de Ortega y Gasset, "eu sou eu e minhas circunstâncias", houve uma combinação zodiacal em que os astros se alinharam em um determinado momento para gerar o resultado que o leitor agora tem entre mãos. Três fatos concretos, em particular, tiveram grande influência para esse desfecho:

i) a circunstância de, em um curto período de tempo, três grandes nomes do debate econômico entre 1980 e 2020 terem apresentado suas respectivas memórias. Cada uma com características pessoais específicas, mas com o denominador comum de serem o resultado de algumas décadas de trajetória profissional destacada. Esta combinava a participação no debate econômico, uma profunda solidez acadêmica e passagens pelo Governo. Refiro-me aos livros de Affonso Celso Pastore (*Erros do Passado, Soluções para o Futuro*), de Edmar Lisboa Bacha (*No País dos Contrastes*) e de Fernando de Holanda Barbosa (*O Flagelo da Economia de Privilégios: Brasil, 1947–2020*), todos eles, por coincidência, de 2021;

ii) o fato de eu ter feito 60 anos em 2022, época favorável — naturalmente, na experiência pessoal de cada um — a fazer um balanço da vida; e

iii) o convite de Rudi para dar uma aula em um curso que ele estava organizando para a Fundação Getulio Vargas de São Paulo.

Sempre fui fascinado por biografias. No crepúsculo da minha juventude, devorei *A Lanterna na Popa*, a obra monumental de Roberto Campos, que desempenhou o tríplice papel de notável *policy maker*, polemista rigoroso e, nos últimos anos da sua vida, político. Além disso, combinou as funções de diplomata, economista e, de certa forma, jornalista, tal a quantidade de artigos escritos na imprensa ao longo de décadas. Muitos anos depois, creio ter sido um dos poucos a lerem na íntegra o fenomenal *Diários da Presidência*, de Fernando Henrique Cardoso, com suas quase quatro mil páginas — juntando os quatro volumes — que, em pares de anos (1995/1996, 1997/1998 etc.), esmiúçam o que foi o período 1995-2002. Por isso, eu alimentava o desejo — com as devidas e óbvias ressalvas referentes à diferença de trajetórias pessoais — de poder algum dia estar à altura de escrever algo vagamente similar a esse celeiro de ensinamentos que são os dois livros — leitura obrigatória, na minha opinião, para o entendimento do país em que vivemos.

Por outro lado, o senso de proporção me permitia compreender que eu atuava em uma raia muitíssimo mais modesta que a desses dois gigantes do debate nacional como foram, ao longo de suas vidas — em ambos os casos, muito ricas de acontecimentos —, Campos e FHC.

Com esse antecedente na minha mente, por dois anos consecutivos, Rudi me pediu para dar uma aula para seus alunos. Atendi ao pedido uma vez em 2021 e repeti a experiência, com algumas modificações, em 2022. Comecei a aula lembrando uma velha anedota que tinha ouvido na minha época do Banco Interamericano de Desenvolvimento (BID), em Washington, contada pela diretora da área na qual eu trabalhava, uma colombiana que era uma verdadeira entidade no seu país, Nora Rey de Marulanda. Contava ela, às gargalhadas, que havia uma história que rolava na Universidad de Los Andes, segundo a qual um orientador teria recebido um aluno de filosofia para uma primeira conversa sobre a *tesis de maestría* do rapaz. O professor explicou que uma tese precisa ter um foco específico, que é preciso delimitar o tema a ser tratado etc. Depois desse discurso, o orientador disse para o orientando que pensasse no assunto e voltasse duas semanas depois, com o tema da tese definido com mais precisão. A história é que o jovem teria queimado seus neurônios durante quinze dias, ao final dos quais, querendo abraçar o mundo — característica típica dessa fase da vida — e, em estado de euforia, teria encarado o professor e travado o seguinte diálogo:

— Professor, já escolhi o tema da tese!

— Que bom! E qual vai ser o título, então?

— *¡Dios y su tiempo!*

Isto é, tudo... Nunca entendi ao certo se a história era verídica ou não, mas como diz o velho ditado italiano, *se non è vero, è ben trovato*...

O fato é que, inspirado, provocativamente, pela megalomania do rapaz da anedota, decidi aceitar o convite do Rudi para dar uma aula, mas com a seguinte qualificação: "Ok, com prazer. Só tenho uma condição: que me deixe dar a aula que eu quero. E te confesso que, a esta altura da vida, já estou meio cansado de dar palestras para discutir se o PIB do ano vai crescer 2,0% ou 2,3% ou se a SELIC no final do ano vai ser 8,5% ou 9,0%. Prefiro muito mais dar aos alunos uma visão panorâmica de como vejo as coisas, depois de acompanhar a economia brasileira há mais de quarenta anos — os primeiros seis como aluno da graduação e mestrado e o restante como profissional. Portanto, o tema da palestra vai ser: 'Brasil: passado, presente e futuro'. E sem PowerPoint: vai ser tudo 'no gogó'. Tudo bem?" Rudi nunca me confessou o que de fato deve ter pensado no seu íntimo — não descarto que tenha concluído que eu estava delirando — mas o fato é que ele respondeu "*deal*" [de acordo] e respeitou rigorosamente o combinado. Ele, eu não.

É que prometi falar quarenta minutos e, na prática, me empolguei e acabei falando durante duas horas sem parar. Arranquei com Getúlio Vargas e fui até uma reflexão sobre a década de 2020, tratando de diversos aspectos da economia: inflação, nível de atividade, política fiscal, política monetária etc. Ao mesmo tempo, fui entremeando a aula com algumas histórias pessoais, ou seja, usando algumas das técnicas que aprendi com o tempo, observando os bons mestres que tive na minha vida, para tornar uma apresentação oral mais agradável ao público. Concluí que meu objetivo era que eles se sentissem como na frase, que alguma vez li ser atribuída a Goethe após ele estudar a fenomenologia de Hegel: "Continuo profundamente confuso, mas agora em um plano mais elevado". Da segunda vez — ou seja, na segunda aula — em que reincidi na mesma prática, mas com variantes, com uma abordagem algo complementar e, pelo que entendi, tendo tido um *feedback* favorável dos alunos no ano anterior, ele me lançou a isca perversa: "Fabio, por que você, que organizou tantos livros, não escreve um apenas seu, contando essas coisas para dividir com os leitores?"

Uma vez, nos meus tempos do BID em Washington, conversei com um antigo Ministro da Fazenda da Colômbia — país do qual, na época, década de 1990, eu era o Country Economist na instituição —, que com o tempo viraria autor de alguns livros sobre o seu país. Já ambos com certa idade e eu também contando com livros no meu *curriculum*, ele me disse: "Pois é, só nós escritores é que entendemos essa sensação: quando você é fisgado por uma maldita ideia e não consegue sossegar até colocá-la no papel; então o livro finalmente nasce". E o fato é que, naquele momento, fui "fisgado" pela maldita ideia do Rudi...

Tenho um razoável senso de discrição. Quem me conhece sabe que sou reservado e prefiro, nas reuniões, ser mais observador do que participante. Por isso, acho algo ridícula a postura de quem, claramente, se dá mais importância do que realmente tem e sempre fui muito cuidadoso em evitar passar essa imagem — que considero bastante patética — a meu respeito.

Ao mesmo tempo, algumas características tornavam a pretensão de compartilhar com os leitores um pouco do que aprendi nos já agora quase 45 anos — incluindo os tempos de aluno de economia — de acompanhamento da realidade brasileira, uma ideia não inteiramente descabida. Apesar do fato de minha passagem pela administração pública brasiliense resumir-se a apenas um ano como simples assessor do então Ministro de Planejamento José Serra, em 1995, até o momento, escrevi, fui coautor, organizei ou coorganizei, mais de 40 livros sobre a economia brasileira, sendo que, desse total, em torno de 15 foram autorias ou coautorias e em uns 25 livros atuei como organizador ou coorganizador, o que, de alguma forma, me credenciava em parte para a empreitada. Além disso, entre os livros dos quais fui coautor ou coorganizador está *Economia Brasileira Contemporânea*, que abrange o período do pós-guerra até a década de 2010, e fui professor da cadeira de economia brasileira na Faculdade de Economia e Administração da UFRJ. Por último, participei — algumas vezes perifericamente, outras de forma mais ativa, como no caso das temáticas fiscal e previdenciária — de alguns dos debates econômicos importantes travados entre os economistas desde meados da década de 1980 até hoje — minha primeira participação no Encontro dos Economistas da ANPEC foi em 1985.

Por acaso, quando estava "matutando" acerca da ideia do livro, vi certo dia uma série da Netflix na qual um dos personagens diz a outro, envolvidos ambos até o pescoço na batalha cotidiana de um jornal para manter a credibilidade, o rigor jornalístico, e aquilo que faz a reputação de um bom profissional da imprensa: "Você já parou para pensar que o que você faz, daqui a dez anos, não vai existir mais?" A pessoa se referia aos jornais do jeito que eles eram, até então, entendidos, e que talvez viessem a ser substituídos, no futuro, por outra forma de fazer jornalismo, bem diferente da tradicional. Feitas as devidas ressalvas acerca da diferença de situações, algo parecido se dá com a reflexão sobre a economia e suas interligações com a história econômica.

Tenho enorme respeito pela História convencional, ou seja, o ofício de analisar os fatos em toda sua plenitude, com riqueza de detalhes. Fui aluno de quem é talvez o maior historiador econômico vindo do campo da economia — pode-se chegar ao mesmo terreno desde o campo da formação em história — que é Marcelo de Paiva Abreu. Não sei, porém, até que ponto esse tipo de análise minuciosa dos fatos prevalecerá no futuro, em um mundo dominado por pessoas muito diferentes daquelas da minha geração e onde os conceitos de tempo e escrita terão talvez outro significado.

Estou muito longe de me considerar um historiador, mas estudei razoavelmente as três ou quatro décadas que antecederam meu contato inicial com a economia, em 1980. Além disso, vivi de perto os acontecimentos desde então. Aprendi também, escrevendo colunas de jornal, a dominar parte da arte da comunicação com um público que vai além do grupo restrito dos economistas. Por tudo isso, aceitei a incumbência de me aventurar no desafio que me foi colocado por Rudi.

A ideia aqui é abordar as questões com rigor e respeito aos fatos, mas de uma forma leve, facilmente compreensível, misturada com algumas histórias e combinada com certas opiniões. Tomara que o leitor aprecie. O objetivo é compartilhar com o público em geral um pouco do passado, presente e futuro associado às reflexões acerca de nossa complexa economia: como chegamos até aqui, onde estamos e o que, talvez, possa nos esperar. Em todo caso, não para expor soluções para os grandes problemas nacionais mas sim para procurar entender a essência dos problemas e discutir as possibilidades de que sejam enfrentados.[1]

Antônio Delfim Netto, com seu humor ferino característico, disse certa vez que "quem chega aos 90 anos e é pessimista, é um cretino". Eu estou ainda distante dessa marca, que não sei se conseguirei atingir, mas, apesar das agruras de um país difícil, tenho tentado nas minhas palestras, ao longo dos anos, procurar o lado bom do país e de suas perspectivas. Sempre considerei que professores, sem serem cândidos, têm de alguma forma a obrigação cívica de inspirar certa confiança para as gerações mais jovens às quais será passado o bastão.

É esse o ânimo que me leva a lançar-me nestas páginas. Espero que, no fim, o leitor entenda um pouco mais sobre a economia brasileira, tenha certa visão construtiva acerca do que o futuro potencialmente nos reserva, e que tenha passado bons momentos de leitura percorrendo os capítulos expostos a seguir. No final do "percurso", encontrará uma relação de referências bibliográficas relativamente robusta que, sem chegar à profundidade e profusão das citações recomendadas em um texto de teor acadêmico, poderão ajudar àqueles mais interessados em questões específicas a se aprofundar na análise de cada matéria.

Por último, vale o registro do agradecimento a Giovanna Ferreira Roncoli e Brenda Corsino, que com seu esforço e dedicação me ajudaram a organizar os dados que se espraiam nas tabelas e gráficos que constam do livro, e sem cuja colaboração minha tarefa teria sido muito mais difícil.

Boa leitura!

— O Autor
Abril de 2024

01

A CONTRADIÇÃO HISTÓRICA

"O velho mundo morre e o novo demora a aparecer.
Nesse ínterim, surgem os monstros."
— Antonio Gramsci

Como pode uma mãe convencer o seu filho adolescente a seguir o caminho da honestidade e do trabalho, quando ele vê os seus colegas de farra dedicados ao tráfico vestindo roupas da moda, calçando tênis último modelo e tendo muito dinheiro na mão? Embora seja uma comparação imperfeita, é um desafio parecido ao que se coloca para os economistas que, como é o meu caso, defendemos certa concepção acerca de como deveria funcionar a economia, concepção essa muito diferente da que guiou o país entre 1930 e 1980. Esse foi, justamente, o "período de ouro" da economia brasileira, no qual ela se desenvolveu a uma velocidade que hoje seria considerada chinesa, mesmo adotando políticas que hoje muitos economistas do *mainstream* julgariam "erradas". Como mostrar para a sociedade que a virtude compensa, com tanta gente propondo atalhos aparentemente muito mais sedutores no curto prazo?

Aquele período histórico deixou no imaginário do país uma ideia acerca de qual deveria ser a "receita" para o crescimento, que perdura até hoje, apesar das circunstâncias atuais serem completamente diferentes daquelas que permitiram ao país, naquela época, dar um salto no seu processo evolutivo. Além disso, essas ideias acerca da receita a seguir se misturam com preconceitos profundamente enraizados na "psiquê" da população, não só no Brasil, como em muitos outros países da América Latina. "A pobreza é funcional ao sistema capitalista", disse alguma vez Raúl Rizzo, ator argentino, ecoando uma opinião que aqui, entre nós, também tem muitos adeptos. É dessas questões que este livro trata: de como chegamos até aqui, com políticas que deram certo no passado, mas que não se aplicam mais no mundo de hoje. Como lembra Gramsci, o que desata a crise resulta justamente do fato de que o "velho" morreu, mas o "novo" ainda não nasceu.

A ideia deste livro começou a surgir no começo da década de 2020, em função da combinação de duas circunstâncias: a primeira, o fato de que o autor se aproximava de completar seis décadas de vida, época naturalmente propensa a um balanço abrangente; a segunda, foi a coincidência da publicação, mais ou menos simultânea, de quatro livros de autores conhecidos, com suas reflexões de vida acerca da trajetória da economia brasileira ao longo de várias décadas, escritas com a experiência de vida de nomes consagrados, como Edmar Bacha, Fernando de Holanda Barbosa, o professor Pastore — então "decano" dos economistas acadêmicos, posteriormente falecido — e, embora muitos anos mais jovem do que eles, Zeina Latif.[1]

Não tendo a experiência profissional, a dedicação acadêmica, nem a trajetória na vida pública da maioria desses nomes, reagindo à (boa) provocação do meu amigo Rudi Rocha explicada na apresentação deste livro, após uma aula panorâmica sobre o país, que eu tinha dado no curso dele, entendi que podia compensar tal deficiência por duas razões: i) ter coorganizado um livro sobre a economia brasileira de 1945 a 2015 adotado em várias das principais faculdades de economia do país, além de ter sido professor da cadeira de economia brasileira durante alguns anos; e ii) a partir da vivência do acompanhamento sistemático da economia brasileira durante quatro décadas, ter atuado como autor, coautor, organizador ou coorganizador de aproximadamente quarenta livros sobre a nossa economia. Entendi que isso me outorgava algumas credenciais para compartilhar com os leitores um pouco do que vivi e refleti acerca de como chegamos até aqui.

Neste capítulo inicial, o leitor será apresentado a uma breve reflexão sobre as dificuldades naturais que se apresentam para quem defende a adoção de reformas na economia brasileira, seguida de uma explicação que mostra como as prescrições a respeito de que rumo seguir devem estar estritamente ligadas às circunstâncias de cada época. Será também mostrado como políticas que deram certo em um momento podem acarretar consequências negativas tempos depois e como alguns de nossos desafios se assemelham aos de outros países. Finalmente, será dada a devida ênfase à maior de nossas dívidas históricas: a da educação da população brasileira.

O livro pretende ser escrito em uma linguagem plenamente acessível ao leigo, de modo que qualquer leitor possa compreender os temas dos quais estamos tratando. Sempre que possível, serão utilizados dados, preferencialmente na forma de gráficos, muito simples e fáceis de entender.

E agora, caravelas ao mar! Convido o leitor a me acompanhar nessa viagem.

Por que é tão difícil convencer?

Victor Hugo, o romancista francês, dizia que "a glória não é vencer, mas convencer". A grande questão com a qual os defensores de reformas econômicas pró-mercado se defrontam no país é: como convencer a população de que um conjunto de políticas baseadas na forte presença do Estado na economia não darão certo, dado que essas políticas, no passado, levaram o país a se desenvolver rapidamente?[2] A Tabela 1.1 ajuda a entender melhor a dimensão do desafio.

TABELA 1.1

Taxas de crescimento econômico (% a.a.)

Período	Taxas de crescimento médias (% a.a.)		
	Brasil	A. Latina	Mundo
1951/1960	7,4	5,1	4,2 (a)
1961/1970	6,2	5,7	4,7
1971/1980	8,6	5,5	3,9
1981/1990	1,6	1,0	3,1
1991/2000	2,6	3,3	3,3
2001/2010	3,7	3,3	3,9
2011/2020	0,3	0,6	2,8
2021/2023	3,6	4,2	4,3

(a) *Fontes*: Maddison (1964). P. 28. Estatística referente à média dos 12 países mais desenvolvidos da época.

Fontes: Para o Brasil, IBGE. Para a América Latina, Cepal. Para o mundo, *International Financial Statistics Yearbook*, a partir de 1960.

A comparação se inicia em 1950 devido a que as estatísticas das Contas Nacionais brasileiras — originalmente elaboradas pela Fundação Getulio Vargas durante mais de três décadas, e hoje de responsabilidade do IBGE — começaram a ser apuradas na década de 1940. No entanto, as estimativas disponíveis por meio de outros indicadores sugerem que o crescimento do país nas décadas de 1930 e 1940 também teria sido destaque no cenário mundial.

Nos trinta anos entre 1950 e 1980, o Brasil teve um crescimento acumulado de nada menos que 750%, aproximadamente, o que significa que multiplicou o nível de renda por um fator de 8,5 em três décadas. No mesmo período, a América Latina cresceu a uma taxa acumulada da ordem de 390% e o mundo, de 250%. O contraste com o que aconteceu posteriormente, no caso do Brasil, é brutal: enquanto a taxa de crescimento da economia mundial cedeu, mas apenas de 4,3% a.a. a 3,3% a.a., entre os períodos 1950/1980 vs. 1980/2020, no caso do Brasil, o crescimento despencou de uma média de 7,4% a.a., para apenas 2,0% entre os mesmos períodos de três e quatro décadas, respectivamente.

É compreensível, portanto, que na sociedade brasileira haja um "saudosismo" em relação àquele período em que o Brasil deixou de ser um país agrário e se tornou um país urbano, em que a economia viu nascer estradas e indústrias, em que surgiram Brasília e Itaipu, entre tantos outros marcos positivos que se aprendem nos livros de história desde que o futuro adulto e cidadão ainda é uma criança. Se é viável ou não voltar a adotar com sucesso aquelas políticas é outra história...

Delfim Netto e a síndrome de Jorge Jesus

Antonio Delfim Netto foi o ministro todo-poderoso responsável pela área econômica do governo nos tempos do "milagre brasileiro". Nos seis anos entre 1968 (inclusive) e 1973, o PIB cresceu à impressionante taxa média anual de 11,1%, sendo que, em 1973, o crescimento alcançou estonteantes 14,0%. Posteriormente, no governo Geisel, a partir de 1974, vieram anos de expansão menor, a ponto de um crescimento da ordem de 5% ter sido contemporaneamente considerado por um dos economistas críticos do Governo militar como "uma taxa quase recessiva", o que reflete o espírito daquela época. O "czar" da economia nos anos Geisel era o famoso economista Mário Henrique Simonsen, mantido pelo Presidente João Figueiredo em seu gabinete, porém, em um arranjo singular, no qual Delfim Netto tinha retornado ao governo para ocupar o posto de Ministro da Agricultura. Naquele contexto, até as pedras da rua sabiam que ele estava no "banco de reservas", pronto para substituir o "titular" na primeira derrota do time. A "volta do Delfim" era então vista pelo empresariado como o sonho do retorno aos "anos dourados" do final da década de 1960 e o começo dos anos 1970. Quando, após o aumento da inflação em 1979, apareceram os primeiros sinais de que se estava na presença de um novo choque do petróleo — que seguiria ao ocorrido em 1973 — e começaram a surgir as primeiras nuvens espessas no horizonte de 1980, o coro em favor da nomeação de Delfim Netto começou a soar firmemente na Avenida Paulista — sede do prédio da FIESP — e arredores.

Jorge Jesus, o famoso diretor técnico português, comandou o Flamengo no ano inesquecível de 2019, quando o time venceu praticamente tudo, concluindo a jornada na épica vitória contra o River Plate, em Lima, com direito a gol decisivo de Gabigol aos 46 minutos do segundo tempo. Foi o que deu à equipe rubro-negra a conquista da Taça Libertadores. Após essa consagração, o técnico voltou a Portugal — e o Flamengo não foi mais o mesmo... Desde aquela época, a sombra do português pairou como uma espécie de "lembrança maldita" por cima de todos os que dirigiram o time de 2020 em diante. A cada derrota, lá surgiam os boatos de que o treinador seria demitido e a torcida ficava sempre sonhando com o retorno do "portuga", com quem o Flamengo tinha sido campeão do Brasil e da América. O fato, porém, é que, independentemente dos méritos de Jorge Jesus, o Flamengo ganhou tudo em 2019 por uma combinação zodiacal favorável única: boas compras de peças de reposição feitas anteriormente, e que ainda não tinham jogado juntas; um conjunto de jogadores no auge da sua força física e desenvolvimento técnico; e a sorte de praticamente não ter tido contusões naquele ano. A partir disso, o excelente trabalho do "JJ" fez o resto. Depois da saída do técnico, aquela realidade também se modificou: o clube não fez outras compras tão boas; os jogadores envelheceram; e, finalmente, o "Sobrenatural de Almeida" apareceu e houve vários jogadores com sucessivas contusões.

Quando, em 1979, "Mário Henrique" — como era conhecido informalmente — cansou de ser objeto do processo de "fritura" ao qual são submetidos os ministros da área econômica quando as coisas não vão bem e se demitiu, o desejo nada oculto do empresariado em relação ao retorno de Delfim ao centro do poder foi finalmente alcançado. No seu discurso de posse, no final de 1979, o novo comandante da economia não se fez de rogado e pronunciou as palavras que ficaram famosas na Esplanada: "Senhores, preparem seus arados e suas máquinas: nós vamos crescer". A euforia no ambiente empresarial não poderia ser maior.

Infelizmente, porém, a realidade se manifestou de forma teimosa. Em 1973, último ano no qual Delfim foi ministro antes de sair do governo, a inflação, medida então pela variação do IGP, tinha sido de 16%. Em 1979, foi de 77%. Em 1973, a dívida externa do país era de apenas US$15 bilhões. Seis anos depois, alcançava quase quatro vezes isso: US$56 bilhões. Em 1973, o Brasil importava US$6 bilhões e tinha um déficit de apenas US$2 bilhões na sua balança de transações correntes com o exterior. Já em 1979, importava o triplo (US$18 bilhões) e o déficit em transações correntes tinha escalado para mais de US$10 bilhões. Depois de tentar manter o crescimento em 1980, finalmente, em 1981, o país capitulou. *The party is over* ("a festa acabou"), diria alguém... Daí em diante, o Brasil nunca mais seria o mesmo (Gráfico 1.1).[3]

GRÁFICO 1.1

PIB Brasil: Taxa de crescimento média móvel de 10 anos (% a.a.)

Fonte: IBGE.

"Uma Nação é um plebiscito cotidiano", disse certa vez Ernest Renan, filósofo francês e um dos precursores da reflexão intelectual sobre o fenômeno do nacionalismo. Além da língua, que atua como óbvio elemento unificador, o Brasil, com toda sua heterogeneidade e desigualdade, é unificado pela mística do desenvolvimento. "Crescer" é um imperativo da demanda política, que age como fator de aglutinação das aspirações nacionais. O crescimento, porém, depende tanto da combinação de condições favoráveis como de boas políticas. As condições podem ser boas, mas uma equipe ruim provavelmente provocará resultados frustrantes. Por outro lado, o país pode ter uma equipe econômica ótima, mas se der azar de pegar um "vento contrário", dificilmente o seu desempenho econômico será exuberante. Na economia, como no futebol, o homem e os nomes ajudam, mas o contexto conta — e muito.

A lição de Keynes

John M. Keynes, talvez o economista mais importante do século XX, protagonizou uma cena famosa com um antigo admirador que o teria criticado pela mudança de posição acerca de uma determinada questão, sobre a qual ele teria tido uma posição anteriormente e outra diferente, anos depois. A resposta de Keynes foi de uma lógica cristalina, quando ele disse ao seu crítico: "Quando as circunstâncias mudam, eu mudo; e o senhor?"

A frase cai como uma luva para entender a avaliação que cabe fazer em relação a sugestões que continuam presentes no imaginário da opinião pública, de uma parcela da elite, e de boa parte da classe política em relação ao que deveria ser feito para o Brasil sair da crise.[4]

Não se está discutindo aqui, em detalhes, se, no passado, aquela combinação de políticas que levou o Brasil a se desenvolver, durante várias décadas, a taxas de crescimento elevadas, teria sido a melhor estratégia para o país ou se algumas políticas poderiam ter sido diferentes. Que elas deram certo, no sentido de alavancar fortemente a economia, é algo que parece inegável. Se outras alternativas poderiam ter sido ainda mais eficazes, é matéria das controvérsias associadas a histórias contrafactuais, geralmente inconclusivas.

O ponto principal que se deseja enfatizar no presente capítulo é: nem sempre aquilo que dá certo em uma época pode dar certo em outra. Em particular, o que funcionou no Brasil pós-1930 — e, particularmente, no pós-guerra — em matéria de desenvolvimento, não é a estratégia mais recomendável no mundo de hoje. Além disso, foi em parte o resultado dessas políticas que nos levou à crise da década de 1980, a qual, de certa forma, ainda se estende até hoje, com suas sequelas.

Vejamos isso mais de perto.

Lo pasado, pisado

Alguns países da América Latina de língua espanhola têm um ditado muito simples que diz "*lo pasado, pisado*", que significa literalmente "o passado, pisoteado está". O sentido da expressão é o de explicar que o passado pertence, justamente, àquilo que ficou para trás e que não adianta se lamuriar dizendo que "anteriormente era tudo melhor". Olhar para o futuro implica adotar outros parâmetros e comportamentos novos. A Figura 1.1 ajuda a contrastar o passado com o presente.[5]

FIGURA 1.1

Fontes de crescimento

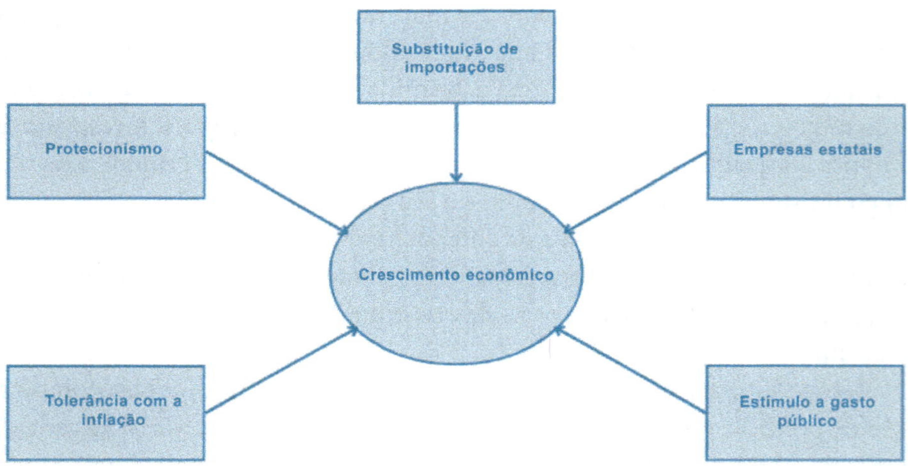

Fonte: Elaboração própria.

O processo de desenvolvimento brasileiro ao longo de várias décadas, retratado na figura, foi pautado por uma combinação dos seguintes elementos:

i) substituição de importações: a estratégia de crescimento seguia o *script* de olhar para a pauta de importações do Brasil e analisar o que seria possível passar a produzir no país. Isso começou, historicamente, pelos produtos mais simples (bens de consumo) e, com o passar do tempo, chegou a itens mais sofisticados, como bens de capital. No final do processo, na década de 1980, a pauta de importações brasileira estava restrita ao petróleo — na época, a produção nacional era baixa — e a determinados bens que não era possível produzir localmente, fosse por falta de insumos ou por questões de escala;

ii) protecionismo: como corolário do que foi acima descrito, a lógica produtiva era que os empresários que produzissem localmente — fossem eles nacionais ou empresas estrangeiras — seriam protegidos da competição das importações, pela proibição pura e simples destas, por meio de mecanismos burocráticos — o "engavetamento" da licença de importação — ou pela imposição de uma tarifa, na prática, punitiva da operação de comércio exterior;

iii) forte presença de empresas estatais: com o passar das décadas, as empresas estatais "bras" se fortaleceram e representaram gigantes nos seus respectivos ramos de atuação, como a Siderbras na siderurgia, a Telebras no setor de telefonia, a Eletrobras no setor elétrico, a Petrobras no petróleo ou a antiga Vale do Rio Doce na produção de minérios;

iv) gasto público: com o escasso dinamismo do setor privado, o Estado brasileiro passou a ser uma fonte-chave para a produção, atuando tanto como elemento demandante, dado o seu peso na economia, quanto como ofertante, na produção de bens e serviços. Como um empresário declarou nos anos 1970, o Estado brasileiro, naquela época, ao mesmo tempo produzia, comprava e financiava, algo que lembra a frase de Rafael Bordalo Pinheiro acerca do Conde de Burnay, no romance *Equador*, do escritor português Miguel de Sousa Tavares, no sentido de que, naqueles trópicos, o conde "compra, vende, troca, empresta, põe, dispõe, impõe, repõe, fia, fura e faz";

v) tolerância com a inflação: naquele ambiente, não só no Brasil como na América Latina, a complacência inflacionária era a norma. A ideia era que certa taxa de variação dos preços, alta para os padrões dos países centrais, seria, de certa forma, "parte" do processo de desenvolvimento, uma vez que o crescimento poderia conviver perfeitamente com ela e, mais ainda, poderia até mesmo ser estimulado por ela, até certo ponto. Isso fazia com que taxas entre 10% e 30% fossem consideradas inteiramente normais, sendo que, vez por outra, eram até superiores em alguns países.[6]

As consequências apareceriam posteriormente. A dificuldade em abandonar essa mentalidade levaria Samuel Pessôa, muitos anos depois, a declarar que "o Brasil está casado com a mediocridade".

As consequências vêm depois

Há um ditado anônimo de que "em política pode-se tudo, menos evitar as consequências". O mesmo vale para a economia. Winston Churchill, com sua famosa verve, declarou certa vez, no meio da Segunda Guerra Mundial: "o tempo da procrastinação e do adiamento está acabando; está chegando o tempo das consequências". Assim como a Europa pagou um preço alto por ignorar a ameaça de Hitler num primeiro momento, na economia — mal comparando — os problemas associados a determinadas medidas, evidentes para quem sabe identificar os efeitos de médio e longo prazos das políticas, foram se tornando mais claros para mais gente com o tempo.

O Gráfico 1.2 ilustra um pouco esse processo. Ele mostra o peso das importações na economia, calculado como a divisão das importações — no conceito do Balanço de Pagamentos — expressas em dólares pelo PIB medido em dólares, cálculo este feito dividindo-se o PIB na moeda nacional pela taxa média do dólar no ano. A metodologia significa que é uma medida sensível à taxa de câmbio e que variações do indicador não necessariamente expressam variações físicas, mas podem sim representar uma mudança na paridade real da moeda doméstica em relação à divisa norte-americana. De qualquer forma, ainda fornece uma ideia das tendências do período.

GRÁFICO 1.2

Importações (% PIB)

Fonte: Elaboração própria (ver texto).

Observa-se que há dois grandes momentos críticos nesse processo: o começo/meados da década de 1960 e o final da década de 1980. Em ambos os casos, a substituição de importações enfrentava limites difíceis de superar e acabou ensejando políticas destinadas a mudar o regime de política comercial vigente. Nos anos 1960, a mudança de governo em 1964 deu origem a uma fase muito mais liberal da economia. Já em 1990, cedeu espaço para a abertura comercial de Fernando Collor.[7]

A combinação de substituição de importações e protecionismo, conquanto tenha proporcionado por muitos anos um vasto campo de expansão para a produção nacional, enfrentou dois problemas. Por um lado, criou um modelo de produção gerador de ineficiências, uma vez que a proteção resultou em: i) produção nacional frequentemente com preços elevados *vis-à-vis* os internacionais; ii) pouca exposição da economia ao exterior; iii) insuficiência crônica de exportações industriais e de serviços. Por outro, uma vez que as importações fossem substituídas pela produção nacional, esta enfrentaria barreiras óbvias para sua expansão posterior. Na década de 1980, isso se tornou patente.

As empresas estatais, de maneira análoga, foram tanto parte da explicação para o crescimento econômico durante algumas décadas quanto da estagnação posterior. Se, durante muitos anos, elas estiveram associadas à superação dos gargalos de oferta e a uma expansão fundamental de setores como siderurgia, petroquímica, extrativa mineral etc., com o tempo foram vítimas de dois grandes males, típicos da sua natureza: i) a politização das suas gestões, divididas entre diversos partidos políticos, gerando ineficiências, custos elevados, processos de compra opacos — para dizer o mínimo — e, *last but not least*, em muitos casos, corrupção pura e simples; ii) controles burocráticos, muitas vezes necessários para evitar o descontrole de alguns processos relacionados com o gigantismo estatal, mas que retiravam agilidade à sua atuação no dia a dia. Com o tempo, isso se tornaria mortal em alguns setores, como a telefonia, dada a intensidade dos avanços tecnológicos, que exigiam uma velocidade de reação incompatível com a lógica de funcionamento de uma empresa sujeita ao controle administrativo de Brasília.

O expansionismo fiscal, por sua vez, esteve intrinsecamente associado ao fenômeno que acabamos de descrever, uma vez que, no começo da década de 1980, a "questão fiscal" brasileira era, essencialmente, um problema associado às estatais, o que requereria um ajuste considerável no *modus operandi* e nos custos dessas empresas.

Finalmente, no que tange à dinâmica dos preços, uma coisa era aceitar uma elevação da inflação anual de 15% para 30%, por exemplo, entre 1973 e 1975. Nessa época histórica, aumentos anuais dos preços na faixa de 40% ou 50% não eram raros na região do mundo em que o Brasil se encontra, em um contexto global, por sua vez, menos interconectado do que o atual. Outra coisa muito diferente era ter uma inflação de mais de 200% em um mundo em processo acelerado de globalização, e no qual as decisões de investimento das grandes empresas multinacionais eram globais. Ou seja, era uma situação em que, na competição pelo investidor estrangeiro, o Brasil concorria não apenas com México ou Argentina, mas também com os países da Ásia e das economias que foram se incorporando à antiga Comunidade Econômica Europeia, então em pleno processo de expansão. Isto é, lugares com taxas de inflação em que o "normal" eram números da ordem de 5% a 10%, na época — e não de 100% ou 200%.

Para esse mundo, o Brasil dos anos 1980 estava completamente inadaptado.

Países diferentes, desafios parecidos

Sylvain Tesson é um autor francês, que escreveu que "a França é um paraíso, povoado de pessoas que pensam que vivem no inferno". Na Itália, até o próprio Benito Mussolini, mesmo com toda a força autoritária do fascismo, chegou a declarar que *"governare l'Italia non è facile ne difficile: è impossibile"*. Na Argentina, a alma nacional se expressa em algumas situações simbólicas, como no fato de que o terceiro partido na antiga época de domínio das duas grandes correntes — o peronismo e o radicalismo — tinha como nome "Partido Intransigente", ou ainda, no hino da União Cívica Radical — de Raúl Alfonsín — que cita que o partido *"se rompe, pero no se dobla"* ("quebra-se, mas não se curva").[8]

Essa dificuldade em alcançar acordos é apenas parte dos problemas que têm levado a um certo desencanto com a democracia em diversos países do mundo. Isso tem gerado desde situações de gravidade mais leve, como a redução das taxas de participação do eleitorado nas eleições, até casos mais graves, como a interrupção das boas práticas democráticas. Em alguns casos, essa interrupção pode ocorrer de forma bruta, como se viu no Egito ou em Myanmar; em outros, de forma mais velada, com a realização formal de eleições, porém num contexto crescentemente viciado, como observado na Venezuela ou na Nicarágua. E, se já há tempos, em diversos países, se viviam situações em que os Governos sofriam processos de contestação, evidentemente, isso se acentuou muito com todo o fenômeno da polarização política que veio com o uso massivo da internet e das mídias sociais.[9]

Recentemente, na América Latina, vimos em diversos casos nacionais como governos sucessivos, de direita e de esquerda, passaram por processos similares de desgaste, perdendo popularidade ou sendo derrotados em eleições gerais. Algo similar se observa, inclusive, em algumas das economias mais desenvolvidas, com os problemas que levaram, por exemplo, à eleição de Donald Trump nos EUA e ao fortalecimento dos republicanos após a eleição do Presidente Joe Biden, em 2020.

Parece haver uma tendência cada vez maior a se cobrar dos governos respostas imediatas aos anseios da população. Se, após o fim do governo militar, a oposição entendeu que ela, ao chegar ao poder, precisava, para se legitimar, "colocar comida na mesa do povo", hoje, quase quatro décadas depois, a imprensa, a cada eleição, sugere que o que leva o eleitor a decidir seu voto é "como o Governo vai reduzir o preço da comida no supermercado", ou temas desse gênero.

Isso coloca em questão o que Antonio Delfim Netto cita com frequência, quando fala na necessidade de entender que "o mercado corrige a urna e a urna corrige o mercado". Democracia e economia precisam caminhar juntas, para que as sociedades possam desfrutar, ao mesmo tempo, de liberdade e de prosperidade, porém, os instrumentos da economia para poder responder às exigências da sociedade no curto prazo — por meio de políticas baseadas no estímulo à demanda ou na concessão de recursos a determinados grupos — não são os mais adequados sob uma ótica de longo prazo, na qual os passos de qualquer avanço serão forçosamente lentos.

A dívida histórica[10]

Se a maior pretensão deste livro é explicar ao leitor leigo em economia como chegamos até aqui, é impossível abordar essa questão sem tratar da principal dívida histórica do país, que é a nossa deficiência na área de educação. Se a Coreia do Sul, que era um país bastante parecido com o Brasil em matéria de diversos indicadores sociais e econômicos no início da década de 1960, se tornou um país desenvolvido hoje, ao passo que o Brasil continua sendo o eterno "país do futuro", isso se deve, fundamentalmente, às diferenças nas trajetórias de ambos os países nesse quesito. No grupo de pessoas de 25 a 34 anos, pelo último indicador disponível, a Coreia tem 98% desse universo com educação secundária e 70% com ensino terciário completo, enquanto que, para o Brasil, esses percentuais são de apenas 72% e 23%, respectivamente.[11] A Tabela 1.2 reflete de forma cabal o atraso histórico brasileiro.

TABELA 1.2

Anos médios de escolaridade da PEA (números de anos)

	1960	1970	1980	1990	2000
Língua inglesa	7,8	8,1	8,5	9,4	10,1
Europa Continental	6,4	7,3	8,0	8,8	9,5
Península Ibérica, Grécia e Turquia	3,2	3,9	5,1	6,2	6,7
Tigres Asiáticos	4,8	5,4	6,8	7,8	8,6
Maiores países A. Latina, exclusive Brasil	3,6	4,2	5,6	6,2	7,2
Sul da Ásia	1,4	2,0	3,1	4,0	4,7
África Subsaariana	1,2	1,5	2,1	2,8	3,1
Brasil	2,9	3,3	3,1	4,0	5,0

Fonte: Barro e Lee (2000).

Em 1960, o número médio de anos de escolaridade do Brasil era parecido com o dos países da Península Ibérica, Grécia e Turquia. Quarenta anos depois, essa relação caíra para 75%. No ano 2000, a População Economicamente Ativa (PEA) do Brasil tinha apenas cinco anos de escolaridade, ou seja, metade dos dez anos de escolaridade média dos países de língua inglesa e da Europa Continental. Os famosos "tigres asiáticos", em 1960, tinham uma escolaridade correspondente a 62% da média dos países de língua inglesa, proporção essa que no ano 2000 tinha alcançado 85%. O Brasil avançou, mas o resto do mundo avançou mais: ficamos para trás.[12] Embora esses dados se refiram a um texto com informações já algo defasadas no tempo, o fato é que, posteriormente, continuamos avançando, mas o *gap* se manteve: os outros países emergentes também o fizeram — e muitos, bem mais rapidamente do que nós.

Se nos indicadores de qualidade da educação o Brasil se sai pessimamente em qualquer comparação que for feita — seja pela lenta melhoria de indicadores como o IDEB nacional, seja pelo contraste de nossos resultados no PISA *vis-à-vis* o da grande maioria dos países que participa desses testes internacionais — é por deficiências que se acumulam há décadas, em função de nosso descaso com o tema.

É muito difícil mudar uma realidade social e econômica marcada pela desigualdade gritante. A chave do sucesso para conseguir isso ao longo do tempo está na chamada "mobilidade intergeracional". Ou seja, trata-se de conseguir que o filho de uma pessoa humilde em termos econômicos possa ter uma escolaridade maior que a de seus pais e assim alcançar uma certa mobilidade social, possibilitando que o filho de um faxineiro seja um operário especializado ou a filha de um porteiro se torne uma advogada. "Igualdade de oportunidades" é provavelmente uma utopia, pois é impossível que as condições de estudo de um garoto de 10 anos, filho de pessoas que vivem de "biscates" que geram pouca renda, e que mora em uma favela, se igualem com as de uma criança da mesma idade que mora em Ipanema no Rio de Janeiro ou nos Jardins paulistanos. Porém, é evidente que romper o círculo vicioso da reprodução da desigualdade passa por "nivelar o campo de jogo" e permitir que a escola frequentada pelos pobres se assemelhe à escola à qual vão os filhos dos ricos.[13]

Talvez a melhor síntese do descaso histórico do país com a questão educacional esteja na seguinte passagem de um texto de Américo Barbosa de Oliveira escrito na década de 1950. Trata-se de um economista considerado nacionalista e próximo a Celso Furtado, com quem fundou uma revista para ser o contraponto às ideias ortodoxas da época. Atualmente, a reivindicação de mais recursos para a educação é associada, no debate político local, às causas ditas "progressistas", mas sete décadas atrás essa corrente ideológica parecia ter outras prioridades, à luz do que se depreende desta passagem, bastante citada em anos posteriores pelo que representou em termos de síntese de uma filosofia da época: "Embora a educação ou a saúde pública sejam fatores necessários ao desenvolvimento econômico, isso não significa que constituam a mola desencadeadora do processo de desenvolvimento, a ponto de justificar a absorção de recursos excessivos em prejuízo de investimentos em indústrias, transportes, maquinaria agrícola, abastecimento de energia elétrica etc. [...] O problema principal da coletividade brasileira é o desenvolvimento. Se este marcha bem, os outros problemas vão encontrando solução. Se o desenvolvimento estanca, todos os problemas se agravam e a própria ordem social periga".[14]

Não é de estranhar, portanto, que ao fazer alusão à famosa fábula da "Belíndia" do economista Edmar Bacha, que na década de 1970 retratou um país com um lado desenvolvido (Bélgica) misturado com outro lado que permanecia no atraso (Índia), o educador Creso Franco, há alguns anos, tenha diagnosticado, com precisão cirúrgica, que "na educação, o lado Bélgica do Brasil tem as dimensões de Andorra".

O país tem, a rigor, dois problemas associados a isso. O primeiro é que nossos indicadores educacionais continuam deixando muito a desejar. O segundo, mais premente, de certa forma, é que a maior parte da população que "tocará" o país nos próximos vinte anos já saiu da escola. Aqueles que estarão na força de trabalho com 30 anos de idade em 2030 já não frequentam mais o ensino básico. Quem tem 25 anos hoje, provavelmente já acabou a faculdade — se a frequentou — e tem mais 35 a 40 anos pela frente no mercado de trabalho. Essas pessoas terão que encarar um mundo com todas as deficiências da sua formação. É um desafio que assusta — a elas e ao país.

Antes de descrever o processo que marcou a trajetória da economia brasileira nas últimas décadas, vamos falar de alguns de nossos "fantasmas".

02

FALÁCIAS POPULARES

"O povo não gosta de amar. O povo gosta de odiar. Onde estão os inimigos?"

— Jânio Quadros

Em 1961, em diálogo com Roberto Campos, a propósito de uma entrevista que o então Presidente da República teria que dar, apresentando a reforma cambial e onde queria explicar quais "inimigos do povo" seriam afetados pela medida, pormenor ausente na versão preliminar do discurso que Campos tinha preparado para ele.

Jânio Quadros era dado a rompantes tão curiosos quanto engraçados, dos quais o comentário da epígrafe é apenas um em seu vasto repertório. Combinando habilidade política com uma dose evidente de autoritarismo e pitadas de leviandade, foi o abuso desta última que o levou a tentar um *coup d'État* tupiniquim ao renunciar ao mandato naquele fatídico agosto de 1961, na tentativa de voltar na forma de um presidente forte, sem as amarras que lhe estavam sendo impostas por um Parlamento com o qual revelava pouca aptidão para negociar. Com esse gesto irresponsável, prontamente aceito pelo Congresso, ele jogou o país numa crise política da qual, de certa forma, só sairia — *manu militari* — em 1964. Como diria, anos mais tarde, Affonso Arinos de Mello Franco, político que conhecia de perto o ambiente palaciano, "nós deveríamos ter trancado o Jânio no banheiro"...

Em que pesem as maluquices, Jânio soube, como poucos, "ler" a alma nacional, inicialmente fazendo uma campanha eleitoral que apelou a todos os truques do populismo mais rasteiro — e eficaz — e, já no Governo, promovendo atos de inequívoco apelo popular. Em alguns casos, fazendo eco a crenças já enraizadas no povo, como a de que o país era dominado pela corrupção, tema recorrente — aqui e em outros países — ao longo da História, e que ele abraçou com a imagem de que levaria uma "vassoura" para "varrê-la" do país. Em outros, contribuindo para reforçar opiniões que começavam a ser parte de "teorias da conspiração" que, com o tempo, se fizeram mais e mais populares. Entre elas, estava a percepção de que, na raiz de nossos problemas, estavam aqueles que se aliavam "contra os interesses do povo", fossem eles os "grandes grupos", os "inimigos externos" ou as "forças ocultas" que entraram para a História ao serem denunciadas por ocasião da sua renúncia.[1]

Essas questões passaram a ser parte, de alguma forma, da "psiquê" nacional e compõem um traço indelével de nosso subdesenvolvimento, que nos impede de enxergar claramente que os problemas que freiam nosso desenvolvimento são nossos e são evidentes, ao invés de serem causados por terceiros de uma forma opaca e confusa.

Este capítulo se destina a esmiuçar essas questões, começando por uma discussão acerca dessas "patologias" nacionais e continuando por algumas de suas manifestações historicamente mais importantes, em algumas oportunidades misturadas com certo grau de delírio. Passaremos, nesse "passeio" na forma de "pinceladas", pelas nossas "taras" nacionais, pelos equívocos históricos da figura fundadora icônica do progressismo brasileiro — que foi o líder comunista Luís Carlos Prestes — pelo suicídio de Getúlio Vargas, pela irrupção do nacionalismo extemporâneo no final do governo Juscelino Kubitschek, pelo golpe de 1964, e pelos acontecimentos políticos de 2014/2016.

"Onde estão os inimigos?"

Identificar um inimigo para canalizar as energias de um país no combate contra um adversário, real ou imaginário, é um clássico da política. Em determinadas circunstâncias, isso é não apenas inevitável como também necessário. Winston Churchill uniu os britânicos atrás dos seus discursos em um dos momentos mais críticos da História, na luta contra o nazismo.

Em outras circunstâncias, arrumar um inimigo — muitas vezes, externo — é uma escapatória fácil para expiar as próprias culpas. O governo dos militares na Argentina embarcou numa guerra louca contra a Inglaterra pela posse das Ilhas Malvinas, em 1982 — não por acaso, pouco depois do primeiro grande protesto em seis anos de ditadura, em oposição às autoridades da época —, julgando — equivocadamente, como se viu — que a Grã-Bretanha não se mobilizaria para recuperar um par de ilhas tão distantes. Conseguiu um sucesso efêmero inicial, com uma manifestação multitudinária na Praça de Maio saudando pelo feito o tristemente célebre General Leopoldo Galtieri. A glória dos heróis, convertidos em *instant celebrity*, durou pouco e, algumas semanas depois, os militares tiveram que assinar uma rendição humilhante, da qual o retorno do país à democracia, em 1983, foi o corolário óbvio. Talvez a história teria sido diferente se Margaret Thatcher não tivesse agido com tanta firmeza na ocasião — e a procura de um inimigo teria se revelado bem-sucedida. No mesmo país, recentemente, o Presidente Javier Milei tem utilizado o mesmo truque, com sua bem-sucedida campanha eleitoral contra o que ele denomina de "casta política" — esta, no caso, um inimigo interno.

Em geral, as maiorias não sabem muito bem por que são levadas a se engajar em certas causas, mas elas o fazem com a paixão dos conversos. "Povo gosta de tomar partido. Todo mundo gosta de ser contra ou a favor", já disse o genial Nelson Rodrigues, talvez um dos melhores intérpretes da alma humana que o Brasil produziu.

Aqui no Brasil, Leonel Brizola — um campeão na arte de identificar inimigos, sempre com fins políticos, raras vezes reais, nunca com razões expostas de forma clara — quase se elegeu Presidente da República com a bandeira de ser contra as "perdas internacionais", as quais nunca se soube exatamente em que consistiam, nem a quanto montavam, e muito menos — já que internacionais seriam — como poderiam ser combatidas com eficácia por políticas nacionais. Nada disso era relevante para o discurso — a "narrativa", dir-se-ia hoje em dia — uma vez que o importante era ter uma espécie de "vudu" sobre o qual fazer convergir as energias negativas da nação — e do eleitorado.

Jânio Quadros não inventou nada, portanto, quando reclamou a Roberto Campos, conhecido pelos seus ares de tecnocrata racional, que faltava um personagem nos "*bullet points*" preparados por ele para a coletiva de imprensa: o inimigo!

"O povo gosta de odiar"

A frase do Jânio de que "o povo gosta de odiar" é irmã gêmea da pergunta acerca dos inimigos. Os políticos e os craques do marketing político perceberam isso há muito tempo. Outro personagem famoso da política, Richard Nixon, já tinha dito, décadas atrás, que "as pessoas reagem ao medo, não ao amor. Ninguém aprende isso nas aulas de catecismo, mas a verdade é essa". Décadas depois de Nixon, Jonathan Haidt, psicólogo social norte-americano, bateria na mesma tecla, de posse dos instrumentos da psicologia moderna, combinados com o conhecimento e a metodologia da ciência política: "Se você quer saber como alguém vai votar, não pergunte quais são seus desejos e aspirações: tente averiguar quem a pessoa odeia".

O Brasil parece ter sido uma experiência de laboratório para essas teses, nos últimos vinte anos. A disputa inicial de muitos anos entre o PSDB e o PT foi sucedida pela polarização tóxica entre o bolsonarismo e o antibolsonarismo. Em ambos os casos, a responsabilidade principal do ambiente reinante coube ao Poder Executivo, com seus respectivos ocupantes.

No primeiro caso, na origem desse ambiente de "nós x eles", situa-se a lógica da "luta política" do PT de identificar os "tucanos" como inimigos do povo. Essa questão começou com a tese da "herança maldita" de 2002 e acabou em argumentos como os de que "a elite se insurgiu contra o fato de que agora pobre anda de avião", cuja representação simbólica foi a famosa intervenção de Marilena Chauí, em um encontro em São Paulo, dizendo que ela "odiava a classe média". Independentemente da existência de bolsões de reacionarismo na sociedade brasileira, com resquícios da mentalidade escravocrata, do ponto de vista lógico, a tese não fazia o menor sentido. Isso porque a esmagadora maioria das pessoas que compõem a classe média alta — que é o que sociologicamente, a rigor, o discurso político tem em mente quando se menciona de modo crítico a "classe média" — sofre no dia a dia com as mazelas sociais de nossa desigualdade e aspiraria a que a sociedade brasileira se parecesse mais, nesse sentido, com a europeia.

No segundo caso, Jair Bolsonaro, durante a sua Presidência, transformou o Planalto num verdadeiro "*bunker*" de geração de matérias contra algo, fosse pessoa, país ou instituição. Dali surgiram iniciativas virulentas contra o governador João Dória, contra outros governadores, a China, a esquerda, a elite internacional etc., sempre com o intuito principal de desviar a atenção acerca da responsabilidade do seu próprio governo em relação a cada um dos problemas. Os méritos, com base nessa abordagem, eram sempre do Executivo Federal, enquanto a responsabilidade era tradicionalmente "terceirizada". O caso mais emblemático disso foi o que aconteceu com o ICMS. Em vez de assumir, em 2022, que parte relevante do problema do preço elevado em R$ das cotações dos derivados de petróleo se devia a uma desvalorização do Real significativamente mais acentuada do que a observada em outros países — e nisso o estresse político permanente emanado de Brasília naqueles anos tinha uma responsabilidade clara — a opção foi jogar o foco sobre a alíquota do ICMS incidente na gasolina e no diesel, embora isso afetasse o nível dos preços e não a taxa de inflação, naturalmente.

A tática de arrumar um inimigo politicamente se revelou eficiente na História brasileira ao longo das décadas. Ela é, porém, profundamente deseducativa para o entendimento das questões por parte da população. Geralmente, conduz a teorias da conspiração com pouca aderência à realidade e que prejudicam a tarefa de encontrar soluções para os verdadeiros problemas do país.

O "axioma de Pagni" e as lições de FHC

Carlos Pagni é um dos melhores jornalistas da Argentina. Em um seminário organizado pelo Instituto Fernando Henrique Cardoso, anos atrás, para tratar das eleições então em perspectiva no país vizinho, ele fez uma colocação precisa acerca da opinião média do cidadão comum, naquela época: "Há três axiomas enraizados na mentalidade argentina: sempre, em qualquer contexto, *a priori*, o público é melhor que o privado, o nacional é melhor que o estrangeiro, e os pobres têm razão diante dos ricos". A frase, sem tirar nem pôr, poderia ser aplicada ao caso brasileiro: não somos diferentes, nesse aspecto.[2]

Fernando Henrique Cardoso tinha emitido uma opinião parecida, em 1999, quando estava preparando Armínio Fraga para a sabatina que este teria que enfrentar dias depois no Senado, para ser sacramentado como o Presidente do Banco Central, e lidar com a crise cambial que o Brasil vivia, naquele difícil começo de ano. Em comentário que o então Presidente depois transcreveu mais de uma vez em seus livros posteriores sobre o seu período de governo, dito mais com "chapéu" de sociólogo do que com o de chefe da nação, ele ensinou ao seu futuro auxiliar uma lição-chave: "Armínio, o Brasil não gosta do sistema capitalista. Os congressistas não gostam do capitalismo, os jornalistas não gostam do capitalismo, os universitários não gostam do capitalismo... O ideal, o pressuposto que está por trás das cabeças, é um regime não capitalista e isolado, com Estado forte e bem-estar social amplo". Gustavo Franco, em mais de uma oportunidade, ressaltou com ênfase esse ponto de vista no seu diagnóstico: "É fortíssimo, no Brasil, esse DNA rentista, propenso ao extrativismo e avesso ao suor, ao individualismo e à produtividade".

Mudar isso é difícil. Muito difícil. Exige uma combinação exaustiva de um longo trabalho de catequese, uma complexa mudança legislativa e uma articulação política infernal, onde o acordo para votar uma Proposta de Emenda Constitucional no primeiro turno não garante a aprovação no segundo, e onde os eternos "criadores de dificuldades para a venda de facilidades" proliferam numa extensão desanimadora.

É muito mais fácil, em vez de se debruçar sobre o que é preciso fazer para avançar uma agenda de modernização do país, apontar inimigos que possam ser detestados. Isso muitas vezes dará ao governante a popularidade necessária para superar as dificuldades políticas do momento. Não resolverá nenhum dos problemas de longo prazo que afetam a capacidade de crescimento do país, mas, às vezes, isso pode estar tão distante dos interesses do governante quanto o Madureira da possibilidade de ser campeão mundial.

Os delírios de Prestes

Este capítulo se destina a exorcizar a tendência, presente tantas vezes na História brasileira, de colocar a culpa por nossos problemas em inimigos imaginários, em vez de o país se concentrar nas causas efetivas de nossas mazelas. Nesse sentido, o pensamento hegemônico da esquerda brasileira tem uma responsabilidade grande em muitos desses episódios. Isto é dito aqui não com ânimo de reivindicar uma posição ideológica oposta — o que não é o caso — mas sim de desmistificar uma série de equívocos que têm se repetido ao longo das décadas e cuja compreensão é importante para que o país possa ter clareza acerca dos seus problemas e avançar na busca por solucioná-los.

Nesse sentido, as duas questões mais importantes a analisar aqui são a queda de Getúlio e o golpe de 1964, fatos históricos sujeitos a uma série de erros interpretativos. Cronologicamente, porém, é preciso recuar mais um pouco e apontar as falências de quem, durante muitos anos, foi uma figura icônica da esquerda brasileira: Luís Carlos Prestes, o "Cavaleiro da Esperança", líder do Partido Comunista Brasileiro (PCB). Tendo surgido como figura nacional na famosa "Coluna Prestes", na década de 1920, Prestes inicialmente se notabilizou, naquele episódio, pela sua sagacidade estratégica como militar. Politicamente, porém, sua trajetória foi marcada por diversos erros, muitos dos quais enormes, que revelaram uma leitura dos fatos, *ex post*, divorciada do rumo que eles vieram a tomar. Em 1954, por exemplo, após os ziguezagues dramáticos da sua relação pessoal com Getúlio Vargas — responsável direto pela deportação de sua esposa, Olga Benário, para morrer nas câmaras de gás da Alemanha nazista e a quem, anos depois, por razões políticas, viria a apoiar — declarou, com todas as letras, que "Getúlio Vargas é um agente ianque".[3] Além da frase ser um completo disparate, *a posteriori* se revelou politicamente suicida, com a reviravolta provocada pelo suicídio do então Presidente.

Como exemplo do grau de irracionalidade e desvario da esquerda brasileira, naquela época intelectual e politicamente liderada pelos comunistas, cite-se o fato de que, na manhã do dia 24 de agosto de 1954, antes do suicídio ocorrido no Palácio do Catete se tornar público, o jornal *Imprensa Popular*, vinculado ao Partido Comunista, publicou uma entrevista em que Prestes defendia "pôr abaixo o governo de Vargas e substituí-lo por um governo democrático de libertação nacional, que liberte o país do jugo imperialista".[4] Poucas horas depois, o jornal se empenharia em retirar de circulação os exemplares remanescentes, devido ao risco de a população, enfurecida com a morte de Getúlio, queimar a sua sede.

Construiu-se uma lenda acerca de Prestes, mas quem leu com atenção a história daquelas décadas percebe claramente que os erros de interpretação de Prestes e dos comunistas foram crassos, contribuindo, em parte, para as crises políticas da época, tanto em 1954 como em 1964.

Quase dez anos depois daquela situação, em 1963, com o PCB seguindo as teses em voga em plena Guerra Fria sobre a possibilidade de exportar o processo que estava em curso na antiga União Soviética e nos países da chamada "Cortina de Ferro", Prestes declararia que "os comunistas estão no governo, mas ainda não no poder". Evidentemente, não foi uma declaração das mais felizes, em momentos em que a ameaça de um golpe militar de direita começava a se esgueirar claramente no horizonte da época. Tal manifestação gratuita — que atiçaria a irritação dos setores mais duros das Forças Armadas, os quais viviam alertando acerca da "ameaça comunista" — só se explicaria pela visão de que, na configuração de forças políticas da ocasião, o golpe não teria qualquer chance de sucesso. É essa a perspectiva que se depreende da declaração do mesmo Prestes de que "o movimento popular hoje é tão forte que a reação não conta com forças para deter o avanço democrático. Uma tentativa das forças reacionárias de levar à prática um golpe de Estado conduziria à guerra civil, cujo desfecho seria apenas um: a vitória do povo".[5]

A alienação da realidade chegou a tal ponto que, no dia 29 de março de 1964, Prestes repetiria pela enésima vez que não havia condições para um movimento militar, mas que, caso ocorresse, "os golpistas teriam as cabeças cortadas".[6] Dois dias depois, os tanques do General Mourão mudariam a História do país, interrompendo por mais de vinte anos o processo democrático brasileiro.

Tendo analisado esses erros, vamos ao personagem principal do enredo: Getúlio Vargas, que de certa forma é o grande responsável pela ideia, tão presente no imaginário de tantas pessoas — e eleitores! — de que as razões de nosso insucesso estão fora das fronteiras nacionais e não na nossa incapacidade de analisar as questões que nos afligem, elaborar um diagnóstico adequado e estabelecer um roteiro de ações necessárias para enfrentar e resolver os problemas.

A carta-testamento e o contragolpe de Getúlio

A disputa de narrativas políticas, muitas vezes em geral e na América Latina em particular, está sujeita a algum grau de delírio. Em 1994, em entrevista à *Folha de S.Paulo*, Mário Vargas Llosa, Prêmio Nobel de Literatura, disse: "No campo político, é preciso manter a lucidez, mesmo que isso pareça uma espécie de loucura, num contexto em que a loucura é a norma. No campo literário, não. Estou a favor da loucura, da fantasia, dos fantasmas, dos mitos". Com uma inversão que outorgue a devida ênfase à política, a frase poderia ser reinterpretada da seguinte maneira: "No campo literário, estou a favor da loucura, da fantasia, dos fantasmas, dos mitos. Já no campo político, é preciso manter a lucidez, mesmo que isso pareça uma espécie de loucura, num contexto em que a loucura é a norma". A frase cai como uma luva ao interpretarmos os acontecimentos trágicos ocorridos na História brasileira, no já longínquo ano de 1954, mas que deixa sequelas até agora.

Getúlio foi um presidente-ditador entre 1930 e 1945 e voltou, como se sabe, "nos braços do povo", eleito no começo da década de 1950, quase cinco anos depois de ser deposto. Tendo começado o governo com elevada popularidade, teve dificuldades para o exercício do cargo, sem a conveniência outorgada pelos dispositivos ditatoriais dos quais dispunha na sua anterior passagem pela Presidência. A uma situação já, *per se*, naturalmente difícil pelos embates — normais em uma democracia — entre os segmentos empresariais e sindicais, pelo aumento da influência no seu governo, pelo agravamento paulatino da situação macroeconômica (Gráfico 2.1) e por um certo arrefecimento do crescimento econômico, se somaram episódios de enorme gravidade institucional, com destaque para três deles:

- o atentado contra Carlos Lacerda — principal líder oposicionista, que estava em campanha furibunda contra o governo — no qual foi assassinado o seu custódio, o major-aviador Rubens Vaz;
- a apuração do atentado a cargo da Aeronáutica, em uma situação de virtual insubordinação em relação aos poderes constituídos, no que ficou conhecido como "República do Galeão", uma espécie de prenúncio de um possível golpe contra o Presidente, refletido também na erosão evidente da ascendência deste sobre o Exército;
- a descoberta, nesse contexto já muito rarefeito, de que o atentado tinha as pegadas digitais do chefe da guarda presidencial, Gregório Fortunato, conhecido nos meios políticos como alguém intimamente ligado a Getúlio.[7]

GRÁFICO 2.1

Inflação anual: IGP (%)

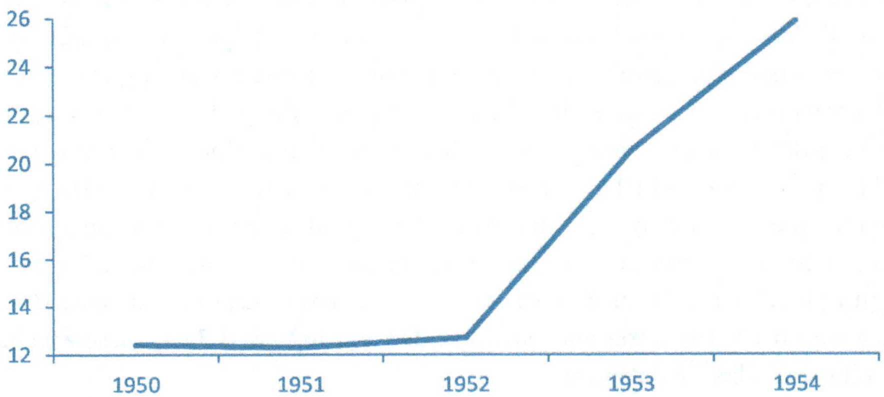

Fonte: Fundação Getulio Vargas (FGV).

Embora não se tenha constatado que o Presidente tivesse responsabilidade pessoal como eventual mandante do atentado, a sua responsabilidade política era óbvia e inquestionável. Dada a importância do acontecido — nada menos que a tentativa de tirar a vida do principal líder oposicionista, a morte de um oficial da Aeronáutica, e o fato desse líder ser alguém com uma verborragia incendiária como Lacerda, cuja contundência, posteriormente, o fez merecedor da fama de "demolidor de Presidentes" — a permanência de Getúlio no cargo, a partir de certo ponto, tornou-se praticamente impossível. Aparentemente perdido, sem saber o que fazer, tendo revelado anteriormente, na intimidade, algumas tendências suicidas, não dispondo dos elementos discricionais permitidos pela Constituição do Estado Novo de 1937, tendo a imagem seriamente abalada pela crise econômica e pelos acontecimentos políticos, assistindo à intensificação das passeatas contra o seu governo, sendo abandonado pelos antigos sócios políticos, o risco que Getúlio corria era, no mínimo, cair no ostracismo ou ser vítima da sanha dos seus inimigos por meio de uma feroz campanha de desprestígio. No máximo, o risco era ser preso e passar anos numa cela, o que, se já é uma perspectiva terrível para qualquer pessoa, afigurava-se como inaceitável para quem, durante quase vinte anos, somando ambos os períodos presidenciais, tinha sido a pessoa mais importante da nação.

Em um instante, com o tiro que deu no peito, um lance humanamente dramático e politicamente ousado, Getúlio mudou em 180 graus o curso dos acontecimentos. De perseguido passou a acusador, por assim dizer, "inimputável" — posto que já morto — enquanto seus perseguidores, subitamente, passaram a ter que se esconder da fúria popular de quem sentia que seu líder tinha sido levado a um ato extremo pelos... — eles, novamente — inimigos do povo!

Ainda que muitos historiadores interpretem, com alguma razão, que o suicídio de Vargas, de certa forma, adiou em dez anos o golpe que veio a ocorrer em 1964, isso não significa que, por mais golpistas que fossem alguns de seus adversários em 1954, suas dificuldades decorriam de qualquer conspiração e não das deficiências do seu governo. Com os problemas típicos de uma economia com tensões — inflação crescente, dificuldades fiscais e insuficiência de financiamento externo —, com uma coalizão política em processo de dissolução, e com um círculo íntimo marcado pela presença de notórios capangas — alguns, inclusive, membros de sua família — o maior responsável pela *debacle* do governo, em 1954, atendia pelo nome de Getúlio Vargas. Negar isso é fechar os olhos à realidade da época.

À luz das circunstâncias vigentes até a véspera do suicídio, a famosa carta-testamento, tantas vezes citada desde então, e que ficou como o legado póstumo de

Getúlio, é uma brilhante peça de retórica política — e uma incursão surrealista pelo terreno da fantasia.

Dizem os termos do documento: "Mais uma vez as forças e os interesses contra o povo coordenaram-se e novamente se desencadeiam sobre mim. [...] Depois de decênios de domínio e espoliação dos grupos econômicos e financeiros internacionais, fiz-me chefe de uma revolução e venci. [...] A campanha subterrânea dos grupos internacionais aliou-se à dos grupos nacionais revoltados contra o regime de garantia de trabalho. [...] Tenho lutado mês a mês, dia a dia, hora a hora, resistindo a uma agressão constante, incessante, tudo suportando em silêncio, tudo esquecendo, renunciando a mim mesmo, para defender o povo, que agora se queda desamparado. Nada mais vos posso dar, a não ser o meu sangue. Se as aves de rapina querem o sangue de alguém, querem continuar sugando o povo brasileiro, eu ofereço em holocausto a minha vida. [...] Cada gota de meu sangue será uma chama imortal na vossa consciência e manterá a vibração sagrada para a resistência. [...] Lutei contra a espoliação do Brasil. Lutei contra a espoliação do povo. Tenho lutado de peito aberto. O ódio, as infâmias, a calúnia, não abateram meu ânimo. Eu vos dei a minha vida. Agora ofereço a minha morte. Nada receio. Serenamente dou o primeiro passo no caminho da eternidade e saio da vida para entrar na História".

"Espoliação dos grupos econômicos e financeiros internacionais", "renunciando a mim mesmo", "nada mais vos posso dar a não ser o meu sangue", "ofereço em holocausto a minha vida", "contra a espoliação do povo"... Em matéria de retórica política brilhante, ali não falta nada. Nessa peça que, certamente, foi meditada com extremo cuidado, até as vírgulas foram meticulosamente pensadas. Estão ali todos os clichês que — ele sabia — incendiariam a imaginação popular: a menção ambígua aos "interesses contra o povo", aos "decênios de domínio", aos "grupos econômicos e financeiros internacionais", àqueles que se opunham à "garantia de trabalho", ao seu martírio pessoal (ainda que sem o uso da palavra, implícito em termos como "agressão constante" ou "renúncia a mim mesmo"), às "aves de rapina" que "sugam o povo brasileiro", à "espoliação do Brasil", ao "ódio e a calúnia"; como *grand finale*, o fecho praticamente cinematográfico citando "cada gota do meu sangue" e a alusão, de grande impacto literário, a "dar a vida" e "oferecer a morte" para "entrar na História".

Como dizia um professor do autor, de modo mordaz, ao ler trechos do livro de um economista que era seu desafeto, "isso tudo é muito bonito; seria melhor ainda se fosse verdade". Se a carta-testamento, como peça política, teve um impacto enorme no desenrolar dos acontecimentos, como relato dos fatos se aproxima de uma fraude. A intensificação da crise de 1954, antes do suicídio de Getúlio, decorria, fundamentalmente, não de uma conspiração contra seu governo — embora ela de fato existisse — mas sim dos problemas que foram se agravando em 1953 e 1954, sem que Getúlio acertasse em encontrar uma solução para eles. Isso com o agravante de que a tentativa de assassinato de Lacerda tinha elevado o ruído político em muitos decibéis. O fato de que a inflação estava em aumento, as contas fiscais em desordem e o Balanço de Pagamentos em crise, pouco tinha a ver com "decênios de espoliação dos grupos internacionais" mas sim com desequilíbrios macroeconômicos, típicos de uma economia com problemas. No mais, tem-se no documento o uso e abuso de uma retórica rica em adjetivos e pouco respaldada nos fatos. Este divórcio aparecerá com frequência em outras passagens relatadas no presente livro.

A insensatez ataca Juscelino

Juscelino Kubitschek talvez seja o ex-Presidente brasileiro com melhor imagem na memória coletiva do país, por merecidas razões. Getúlio é também reverenciado, mas a mácula dos quinze anos que passou como ditador depõem contra a lembrança histórica do seu nome. Dentre os outros presidentes do pós-guerra, Dutra não tinha qualquer carisma, nenhum dos presidentes militares foi muito popular e os demais que surgiram após a redemocratização de 1985 ainda estão muito próximos das nossas vidas para que o processo histórico tenha decantado devidamente.

Juscelino passou à História como o Presidente com urgência para o país se desenvolver, com seu lema de "50 anos em 5" e, é claro, o símbolo da construção de Brasília, fruto de sua obstinação pessoal. Brasília uniu o gênio de Oscar Niemeyer a uma combinação zodiacal singular ocorrida naqueles mesmos anos — com destaque para o surgimento da bossa nova e o bicampeonato brasileiro de futebol nas Copas de 1958 e 1962 — que projetou o nome do país no cenário mundial. Naquela época, o Brasil estava na moda no mundo.

Além disso, JK era uma figura de inigualável simpatia (mais de um interlocutor, com algumas variações na construção da frase, sinalizou que "quem quisesse brigar com Juscelino, tinha que ficar distante dele", porque se estivesse perto seria impossível), e claramente reconhecido como um democrata. Ele soube, durante alguns anos, equilibrar-se entre os dois polos que, de forma algo caricatural, demarcam a ação dos presidentes de qualquer país: por um lado, o daqueles que, ligados ao mundo das finanças, estão "preocupados com as contas fiscais"; e, por outro, o das forças políticas interessadas em "fazer coisas", algo que deve ser entendido, naquele contexto histórico, como abrir estradas, construir hidrelétricas e estender novas ferrovias país afora.

A construção de Brasília, porém, cobrou seu preço: as contas públicas passaram a refletir os custos daquela obra ciclópica; a inflação, que no meio do seu mandato era da ordem de grandeza de 10%, escalou a quase 40% em 1959; os números do setor externo pioraram; e o país teve que recorrer ao Fundo Monetário Internacional (FMI), com todas as tensões decorrentes em função da diferença de perspectivas entre a visão dos técnicos do Fundo e a dos negociadores brasileiros. Já em plena disputa sucessória, premido pela oposição que denunciava supostos atos de corrupção associados às obras em curso, desgastado pelas dificuldades econômicas que não podia enfrentar adequadamente, provavelmente cansado pelo exercício da função após vários anos, e pressionado pelas exigências inerentes a qualquer negociação com o FMI, Juscelino passou a ter reações cada vez mais parecidas com as de um típico populista. Elas eram politicamente compreensíveis, mas tecnicamente insensatas, e acabaram desaguando num rompimento cinematográfico com o FMI. A ruptura, todos sabiam, nunca poderia ser definitiva, porque ninguém rompe com o FMI "pela vida toda" e, cedo ou tarde, precisa retomar as negociações; porém, atendia aos interesses políticos imediatos de assumir a liderança da causa nacionalista, quando a memória da carta-testamento de Getúlio ainda estava fresca na cabeça de todos.

Quem melhor descreve esse processo final, algo típico do "realismo fantástico" latino-americano, é Roberto Campos na sua biografia *A Lanterna na Popa*: "Percebi que àquela altura Juscelino já havia embarcado na teoria conspiratória da história, alimentada inclusive intelectualmente pelas teses do desenvolvimentismo nacionalista [...]. Referia-se indignadamente a uma 'conspiração contra Brasília', ora a uma 'conspiração contra o desenvolvimento brasileiro'. Diz ele, textualmente, em suas memórias [que] 'uma única conclusão se impunha, portanto: a de que o seu comportamento (do FMI) obedecia a um esquema secreto, tendo por objetivo conservar as nações subdesenvolvidas da América Latina sempre subdesenvolvidas'".[8]

Campos, observador privilegiado daquele episódio, complementa: "Como animal político de instintos superagudos, Juscelino percebeu que as oposições internas à questão, associadas à crescente hostilidade ao FMI, criavam uma excelente oportunidade para um gesto de *panache* nacionalista. As dificuldades internas tornavam oportuna a busca de um bode expiatório externo. [...] Numa dessas terríveis simplificações da história, Juscelino acabou intoxicado pela ideia de que tinha de optar entre a retidão financeira pedida pelo FMI e seu esfuziante empuxe desenvolvimentista. Foi aí que se entregou à mobilização de apoio popular para o comício de ruptura, durante o qual falaria ao povo da sacada do Catete, tendo a seu lado Luís Carlos Prestes".[9] Repare o leitor neste último detalhe, cuja importância fala por si mesma.

O mesmo Campos arremata: "No ver de Juscelino, como relata em suas memórias, 'tinha sido salvo o Plano de Metas'. Em realidade, ele tinha apenas decretado a permanência de um modelo errado de desenvolvimento. Errado e insustentável. E tinha condenado o país à bancarrota cambial..."[10]

E assim caía o telão — até a seguinte crise.

O suicídio (político) de Jango e a ópera bufa da "Operação *Brother Sam*"

Tendo já tratado no começo do capítulo do episódio algo ridículo da renúncia de Jânio Quadros e tendo nos detido brevemente nos epílogos dos Governos Getúlio e JK, cabe agora tratar de outro episódio traumático da vida nacional: o golpe militar de 31 de março de 1964 contra o Presidente João Goulart.

É curioso registrar que a expressão "reformas", que no Brasil dos últimos vinte a trinta anos, no debate, passou a estar associada a uma reivindicação do "mercado", da "direita" ou das "forças conservadoras" (como cada um quiser definir), no começo dos anos 1960, na linguagem simbólica da política, era vinculada às ideias entendidas como sendo de "esquerda". Entre elas, com destaque, devido às condições econômicas e sociais da época, estava um tema que sairia de moda nas décadas seguintes: a reforma agrária.

Entretanto, em que pese o fato de que todo o debate daqueles anos girava em torno das onipresentes reformas, o governo, na prática, pouco fez para aquela agenda avançar, o que dá razão a um economista amigo que, muitos anos depois, teria concluído que "no Brasil, há muita iniciativa e pouca acabativa".[11] Note-se, como parte do certo *nonsense* reinante na ocasião, que ninguém menos que Doutel de Andrade, líder do PTB — partido do Presidente na época — teria feito graça das supostas tendências reformistas de João Goulart — um notório latifundiário gaúcho, como todos sabiam — rebatendo um interlocutor que lhe manifestara "preocupação com os rumos da reforma agrária" com as seguintes palavras: "Mas o senhor acredita na reforma agrária do Jango?! No dia em que ele fizer uma reforma agrária, o que vai fazer depois?"[12] É por esse tipo de coisa que o jornalista Flávio Tavares certa vez escreveu que "no Brasil, o absurdo surge aos borbotões e coabita com a normalidade, e a convivência às vezes é tão próxima e tão íntima que parece, até, tratar-se de inseparáveis irmãos siameses".

Se, em relação à reforma agrária, pouco se avançou naquele momento, a outra grande reforma reivindicada naqueles anos era a Lei de Remessa de Lucros. Esta, porém, revelando a elevada dose de inépcia do governo da época, tendo sido sancionada pelo Congresso Nacional em setembro de 1962, só seria regulamentada em janeiro de 1964, praticamente um ano e meio depois.

Para entender o clima da época, lembremos que Leonel Brizola, peça-chave no esquema de sustentação política de Jango, de quem, aliás, era cunhado, se manifestou, exasperado, nos seguintes termos: "Conversar para quê? O Presidente não decide. Ama o poder, mas detesta o governo".[13]

Por isso, o historiador Marco Antônio Villa, no livro escrito especificamente sobre a figura de Jango, conclui sua análise enfatizando que: "Falar de Jango é falar das reformas de base. É quase impossível dissociar o presidente da bandeira das reformas. O mais surpreendente é que, em momento algum do seu governo, conseguiu construir uma proposta coerente de transformações diante de uma conjuntura econômico-política polarizada".[14]

A rigor, o conjunto composto pelo final de Governo de JK, o mandato de poucos meses de Jânio e o tumultuado Governo de Jango constituíram um *continuum* de crises sem fim. Sem muitas perspectivas de desfecho da crise política, com resultados ruins das transações correntes do Balanço de Pagamentos e dificuldades crescentes de acesso ao crédito externo, as reservas internacionais foram simplesmente minguando ao longo do tempo (Gráfico 2.2).

GRÁFICO 2.2

Reservas internacionais (US$ milhões)

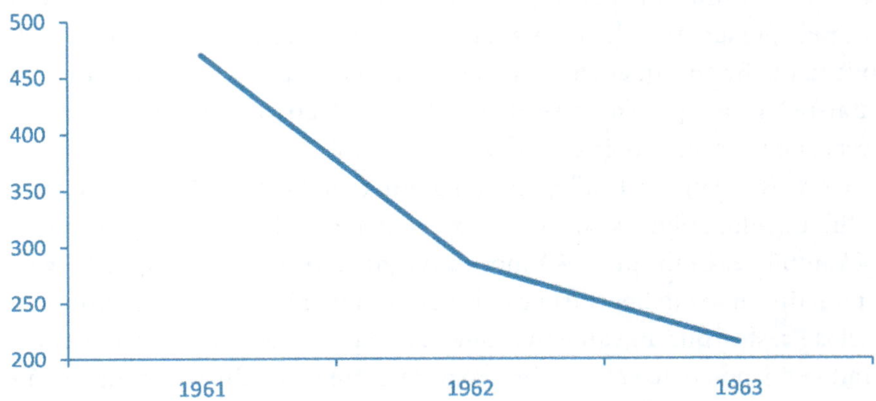

Fonte: Banco Central.

Nesse contexto político difícil, Brizola, em maio de 1963, acusara três dos ministros mais importantes do gabinete de João Goulart — San Tiago Dantas, Antônio Balbino e Amaury Kruel — de serem "traidores dos interesses nacionais". Pode-se imaginar a dificuldade dos potenciais financiadores estrangeiros — banqueiros e homens das finanças internacionais — entenderem como o cunhado do Presidente se referia nesses termos a três dos seus ministros mais notórios...

Goulart, num ambiente político crescentemente polarizado, passou a enfrentar dificuldades cada vez maiores na sua relação com o Congresso. Nesse contexto, Brizola — novamente ele — assumindo o papel de incendiário, fez um pronunciamento desses que se assemelham à imagem de jogar um fósforo aceso num barril de gasolina, ao declarar que: "O povo está exigindo uma saída. Mas o povo olha para um dos poderes da República, que é o Congresso Nacional, e ele diz não, porque é um poder controlado por uma maioria de latifundiários, reacionários e privilegiados. É um Congresso que já não dará nada mais ao povo brasileiro. A verdade é que, como está, não pode continuar. A única saída pacífica é fazer com que a decisão volte ao povo por meio de uma Constituinte, com a eleição de um Congresso Popular em que participem os trabalhadores, os camponeses, os sargentos e oficiais nacionalistas, os homens públicos autênticos e do qual sejam eliminadas as velhas raposas da política tradicional. Dirão que é ilegal. Dirão que é subversivo. Dirão que é inconstitucional. Então, por que não resolvem a dúvida através de um plebiscito? Verão como o povo votará pela derrogação do atual Congresso".[15]

Nesse ambiente, no começo de 1964 irrompeu no cenário político a famosa Rebelião dos Marinheiros, algo politicamente explosivo para as Forças Armadas, pela perspectiva de quebra da disciplina, inerente à lógica militar. E foi novamente Brizola quem fez jus à sua já citada fama de incendiário e declarou tratar-se "de um gesto nobre e altamente significativo, que não pode deixar de merecer o irrestrito apoio de todos os patriotas".[16]

Com esse pano de fundo, revelando uma total falta de tato para lidar com as dificuldades políticas do momento, em março de 1964, Jango, em cerimônia do Automóvel Clube pelos 40 anos da Associação dos Suboficiais e Sargentos, leu um discurso em boa parte escrito por ninguém menos que o próprio Luís Carlos Prestes, que, novamente, como no final do Governo JK, estava no lugar errado e no momento errado, por erro de julgamento do Presidente da República em pessoa — antes, JK e então, Goulart. Após isso, seus ministros, revelando o mesmo bom senso do chefe e tendo considerado o ato um êxito, foram comemorar em um restaurante. Nessa mesma noite, com uma leitura muito mais realista dos fatos, assistindo ao evento em sua residência, Amaral Peixoto, um dos políticos mais argutos daquele período, chegaria a um diagnóstico preciso: "O Jango não é mais Presidente da República, porque nesta hora tenho certeza de que sua deposição já está decidida pelos militares".[17]

Independentemente da interpretação que cada um fizer acerca do golpe de 1964 e suas motivações, e das consequências na vida do país dos 21 anos de governos militares, com sua mistura de desenvolvimento econômico e autoritarismo, crescimento e prisões políticas, redução da inflação e torturas compondo um todo único, o fato é que se trata de um reducionismo infantil concluir que, nesse contexto, a interrupção da democracia teria sido "decidida pelo governo dos EUA" e não fruto dos problemas que nós, brasileiros, deixamos que se acumulassem ao longo dos anos.

Aqui precisamos introduzir um novo personagem: a "Operação *Brother Sam*". A *Wikipedia* se refere a ela nos seguintes termos: "A Operação *Brother Sam* foi a utilização da Marinha e Força Aérea dos Estados Unidos em apoio ao golpe de Estado no Brasil em 1964. Com a deterioração nas relações com o governo de João Goulart e a atitude favorável aos grupos em conspiração contra ele, surgiu a ideia de uma operação para garantir o sucesso de uma sublevação. A questão foi discutida entre o embaixador dos EUA no Brasil, Lincoln Gordon e oficiais em Washington ao longo do governo do Presidente John F. Kennedy e seu sucessor Lyndon B. Johnson. Pensaram em apoio logístico, o posicionamento de uma esquadra no litoral brasileiro para 'mostrar a bandeira' e mesmo, numa situação extrema, num plano para uma gigantesca operação terrestre, que não chegou a ser usado. A operação foi planejada mantendo contato com conspiradores brasileiros como o general Castelo Branco, e tinha como pressuposto a formação de um governo provisório que solicitasse ajuda externa. Com a deflagração do golpe de Estado, a operação foi acionada para transferir pelo mar combustíveis como gasolina aos militares insurretos, deixar uma esquadra perto do Brasil e levar suprimentos bélicos por via aérea. O componente naval consistia no porta-aviões USS *Forrestal*, um porta-helicópteros e seis destróieres da Segunda Frota, além de quatro petroleiros. O porta-aviões partiu da Virgínia, enquanto os petroleiros deveriam carregar no Caribe. O componente aéreo eram sete aviões C-135, oito aviões de abastecimento, um de apoio e socorro aéreo, oito caças, um avião de comunicações, um posto de comando aerotransportado, armas e munição. O general da Força Aérea George S. Brown recebeu o comando da missão, que foi coordenada pelo Comando Sul, no Panamá. Enquanto carregamentos aguardavam nas bases aéreas, os navios começaram a deixar seus portos. Entretanto, os militares oposicionistas no Brasil rapidamente derrubaram o governo de Goulart e Castelo Branco informou que o apoio logístico não seria necessário. A operação foi, assim, desativada antes de ter efeito físico no Brasil, mas demonstrou a disposição intervencionista do governo americano. Com a desclassificação de documentos, ela veio à público em 1976–1977".

A fantasia ideológica local alimentou a ideia de que o golpe militar que depôs João Goulart teria tido o suporte dessa força tarefa norte-americana. É útil acompanhar, novamente, as reflexões de Roberto Campos sobre o episódio. Embora Campos estivesse longe de ser neutro na análise do episódio, não por isso seus comentários deixam de ser certeiros: "Num exemplo de história fabricada, Darcy Ribeiro, em seu livro *Aos trancos e barrancos*, diz textualmente: 'Preparando-se para um levante militar, o governador Magalhães Pinto reestrutura o secretariado do governo de Minas Gerais com um ministério nacional, entregando a pasta das relações exteriores a Afonso Arinos, que *solicita a intervenção armada norte-americana e é atendido*. Assim é que a operação *Brother Sam*, em lugar de dirigir-se para Santos [...] lança-se precipitadamente para Vitória, com o objetivo de socorrer e sustentar o governo de Minas Gerais com homens, armas e combustíveis'. Essas afirmações são puramente ficcionais. [...] [N]ão encontram confirmação em nenhum registro histórico, e, quando eclodiu a revolução de 1964, a força-tarefa americana se encontrava a onze dias de navegação das costas do Brasil!"[18]

É útil, a propósito, corroborar essa impressão com a de outro ilustre analista desse mesmo episódio, com os olhos de quem reporta os fatos com o benefício da passagem do tempo: Elio Gaspari. Na sua monumental recopilação histórica sobre o golpe de 1964, ele afirma, acerca da famosa operação, de fato, vagamente tratada numa reunião do então Presidente John Kennedy ocorrida na Casa Branca no dia 7 de outubro de 1963 — soube-se muitos anos depois —, que "um estudo preliminar mostrara que seria necessária uma 'ação militar maciça', envolvendo 'seis divisões, (...) navios e apoio aéreo. Uma operação dessa envergadura mobilizaria 60 mil homens. Ao final de 1963 os Estados Unidos tinham apenas 16.300 homens no Vietnã. No campo das conjecturas, a 'ação militar' estudada para o Brasil seria a maior intervenção militar americana desde a Guerra da Coreia".[19]

Em resumo, a operação existiu, mas o fato é que, sem negar a gravidade diplomática do fato — inaceitável entre Nações soberanas — a vinda maciça de um Exército de *marines* foi mais uma possibilidade de apoio simbólico do que algo orquestrado e preparado em detalhes. Concretamente, primeiro, a operação não envolvia o desembarque de tropas; segundo, para ter efeito, ela implicaria um contingente de homens da ordem de quatro vezes superior ao que foi mobilizado para o Vietnã, hipótese simplesmente delirante no mundo real das relações internacionais, mesmo no contexto da Guerra Fria; e terceiro, no dia 31 de março, simplesmente não havia um único homem da operação sequer minimamente perto de terras brasileiras.

Mais uma vez, a responsabilidade do que aconteceu — como em 1954 com Getúlio e em 1959/60 com Juscelino — foi nossa, brasileira, aqui e agora — e não "dos americanos", de "grupos internacionais" ou de que estrangeiro for.

A CIA e a Lava Jato

O jornal *O Globo* de 30 de dezembro de 2010, penúltimo dia do mandato do então Presidente Lula, trouxe uma matéria que tinha como título "Foi gostoso ver os EUA em crise". Nela aparecia a seguinte declaração do então Presidente: "Foi gostoso passar pela Presidência da República e terminar o mandato vendo os Estados Unidos em crise, vendo a Europa em crise, vendo o Japão em crise, quando eles sabiam tudo para resolver os problemas da crise brasileira, da crise da Bolívia, da crise da Rússia, da crise do México". Considerando que, nos dez anos seguintes, o PIB dos EUA teve uma expansão acumulada de 18% e o nosso de apenas 3%, é difícil não concluir que aquela frase não passou de uma "patriotada" barata. Ela é mais do que isso, porém: é uma expressão anedótica do antiamericanismo grotesco que grassa em certos círculos da política e da *intelligentsia* brasileira.

O então Presidente reincidiria várias vezes nessa postura. Em novembro de 2016, poucos meses após o impeachment de Dilma Rousseff e insinuando que os Estados Unidos teriam tido alguma coisa a ver com o enredo da crise que levou àquele desfecho, ele iria rememorar, em comício, como fazendo alusão a uma espécie de nova "operação *Brother Sam*", que "depois que nós anunciamos o pré-sal, em 2007, [os Estados Unidos] renovaram a Quarta Frota para tomar conta do Atlântico". Só cabe dizer: "Meu Deus"...

Para quem conhece a frase, lendo ou ouvindo tal coleção de disparates, é difícil não lembrar a sentença, ao mesmo tempo dura e triste, do escritor mexicano Octavio Paz acerca da ideologia de uma esquerda completamente ultrapassada, que continua vigente na América Latina, em contraste com o *aggiornamento* ideológico observado em diversos países da Europa dessas ideias que tiveram a mesma matriz marxista, perdida no tempo aqui, porém modernizada do outro lado do Atlântico: "Os pequenos grupos radicais converteram-se numa orquestra crepuscular de sapos e grilos, tocando uma delirante musiquinha, à margem da realidade. O tema dessa estridente partitura, seu estribilho, é 'a revolução agora', mas o seu significado verdadeiro, aquilo que os psicanalistas chamam de 'conteúdo latente', é o suicídio político" (carta ao prisioneiro político Adolfo Gilly, em 1972).

O antiamericanismo latente, presente em alguns desses grupos, veio à tona em toda a sua intensidade no contexto político dos fatos que levaram à substituição de Dilma Rousseff por Michel Temer em 2016, episódio que seguiu todos os ritos legais observados também no episódio do impeachment de Fernando Collor 24 anos antes, mas que o PT insistiu em rotular sempre como "golpe", em analogia com os episódios típicos dos anos 1960 e 70, tradicionalmente associados aos EUA, especialmente em função do caso — esse sim, com notória participação da CIA — de Pinochet no Chile, em 1973.

Independentemente das justificadas considerações críticas que possam ser feitas acerca da Lava Jato — que, inegavelmente, deixou de seguir o roteiro esperado de um julgamento normal, com clara separação entre o papel dos procuradores e do juiz, que não é aqui o objeto central da discussão — e do debate pertinente acerca de que caminhos alternativos poderiam ter sido seguidos para que o conjunto das principais empresas de construção civil do país não fosse "dinamitado" pela operação, a questão é que, para o bem ou para o mal, tratou-se de fatos cuja matriz, novamente, foi autenticamente brasileira. A operação, os agentes, as empresas, o juiz, os procuradores, os principais acusados e, *last but not least,* o elemento gerador — ou seja, a corrupção — eram todos brasileiros. Alegar, como chegou a ser dito, que o que ocorreu seria "coisa da CIA" beira o ridículo.

Havia em curso, entre 2014 e 2016, uma crise política de gravidade descomunal. Entre os trimestres iniciais de 2014 e de 2016, o PIB trimestral, em termos reais, teve uma queda acumulada brutal, de nada menos que 8% (Gráfico 2.3). Nesse mesmo período, o investimento teve uma contração real acumulada ainda maior, de impressionantes 26%.

GRÁFICO 2.3

PIB com ajuste sazonal (base 2014-I:100)

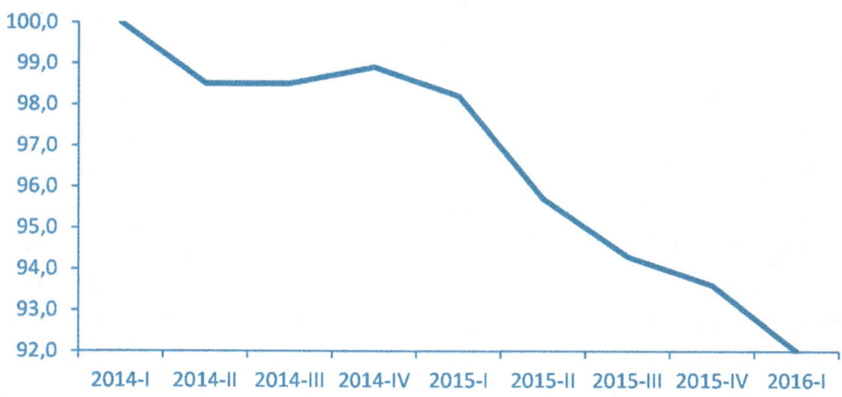

Fonte: IBGE.

Em 2015, com uma crise econômica galopante, a então Presidente da República, recentemente reeleita, chamou como novo "xerife" da economia Joaquim Levy, em substituição ao desgastado Guido Mantega. Contestado desde o primeiro minuto da sua gestão pelo PT, Levy duraria menos de um ano no cargo. No final da sua curta gestão, em um comício em São Paulo, a *Folha de S.Paulo* captou numa foto que estampou na primeira página a imagem simbólica do cartaz de um militante, tendo escrita a inscrição "fora Levy", com o orador ao fundo: o ex-Presidente Lula. Se Dilma deveria ou não ser objeto de impeachment é tema de uma controvérsia legítima. Porém, que é muito difícil administrar um país onde a maior parte do partido da Presidente da República se opõe radicalmente às políticas do Ministro da Fazenda do(a) Presidente, é algo que parece incontestável. Independentemente dos crimes que possam ter sido ou deixado de ser cometidos, a saída de Dilma do poder em 2016 foi, na prática, consequência desse estado de coisas da época.

A vitimização está profundamente enraizada na alma nacional e é parte da explicação de nossas frustrações. Ao mesmo tempo, ela é irmã gêmea da incompreensão das regras que regem o funcionamento do sistema capitalista. Naquele mesmo ano de 2015, o autor publicou um livro de reflexão sobre algumas de nossas idiossincrasias nacionais. Nele se dizia que "o hábito nacional de questionar as bases do sucesso alheio se traduz, na prática, na crítica feroz dirigida de forma persistente, há décadas, a quatro ícones de sucesso e que são rotineiramente atacados pelos defensores de um suposto modelo alternativo de sociedade. Tais ícones são: o capitalismo como sistema; os EUA como maior potência desse sistema; o sistema financeiro nacional; e o sistema Globo".[20] Pouco mudamos nestes dez anos transcorridos desde então.

Sendo este livro um passeio pela história econômica do país nas últimas décadas, vamos agora tratar dos problemas tradicionais de nossa economia nas primeiras décadas do pós-guerra. Lá vamos nós.

03

AS TRÊS BESTAS-FERAS

"O que me surpreendeu, quando penetrei no ambiente do Palácio do Planalto foi o incessante, o insaciável, o infatigável, o destrutivo jogo de sutilezas inúteis. Eu ficava surpreso e alarmado diante da extraordinária capacidade do Presidente da República, do Ministro da Justiça e de outras entidades palacianas para saber de coisas que ninguém sabia e ignorar coisas que todos conheciam. Da faculdade extraordinária, também, de planejar com maestria incomparável soluções para situações que não existiam ou criar essas situações a fim de lhes planejar soluções. Confesso que não entendia aquelas manobras de bastidores, muitas vezes urdidas na calada da noite."

— Affonso Arinos

Em entrevista a Joel Silveira, em 2001, acerca do período Jânio Quadros)

Na citada aula à qual me referi na apresentação deste livro, fiz uma espécie de "passeio", na forma de breves pinceladas, pelos principais acontecimentos macroeconômicos do Brasil do pós-guerra. Mostrei que no Brasil, em todos os casos de crises, dos anos 50 do século passado em diante, esteve presente ao menos um dos seguintes três elementos: i) uma inflação alta e/ou crescente, com o conceito de "inflação alta" tendo variado ao longo das décadas; ii) contas fiscais fora de controle; e/ou iii) crise do Balanço de Pagamentos. Não raras vezes, como nos episódios de 1954 com Getúlio, de 1961 com Jânio e de 1964 com Jango, as crises econômicas acabaram derivando em crises políticas, algumas delas dramáticas.

Nessas crises, duas circunstâncias se fazem notar, para quem estudou os eventos que as cercaram. A primeira, certo grau de irresponsabilidade com o qual tanto o lado econômico quanto o político eram abordados por atores fundamentais do processo, beirando por vezes a leviandade. Como pequena amostra desse espírito, cite-se uma frase de um episódio mais recente, mas não por isso alheia a esse clima algo surrealista de muitos de nossos atores políticos. Trata-se da declaração do ex-Governador do Paraná, Roberto Requião, no dia da votação do impeachment de Dilma Rousseff. Com a impetuosidade de quem se apresta para mergulhar nas barricadas, declarou ele: "Entrincheirem-se, porque o conflito será inevitável". Nada disso aconteceu e o conflito (armado) não foi inevitável. Não houve barricadas nem sangue nas ruas, a transição foi pacífica e a Presidente saiu do Planalto como entrou, pacificamente, assim como em 1992 ocorrera com Fernando Collor. O mesmo espírito de leviandade, porém, em circunstâncias bem mais dramáticas, se depreende dos relatos do que se passava no Palácio do Planalto nos dias 30 e 31 de março de 1964, quando as tropas do General Mourão já estavam a caminho da capital do país e um cordão de acólitos de Goulart agia em Brasília como se o golpe não tivesse a menor chance de sucesso, confiando num "esquema militar" que nunca se materializou. No campo econômico, viveram-se episódios análogos de alienação.

A segunda circunstância que chama a atenção é o desligamento de parte dos responsáveis pelos rumos do país em relação às medidas que precisavam ser tomadas, muitas vezes dominados por questões da mais absoluta irrelevância. Isso fica patente da leitura de diversos depoimentos históricos, dos quais o comentário de Affonso Arinos é apenas mais um entre eles.

As questões abordadas neste capítulo só seriam atacadas com sucesso na década de 1990, com o Plano Real de 1994 e outras ações que se seguiram. Neste e nos próximos três capítulos, porém, trataremos dessas crises, aqui neste conjuntamente e, nos três seguintes, discutindo, individualmente, cada um desses três tópicos: inflação, déficit público e situação das contas externas. No capítulo atual, começaremos, cronologicamente, pelo final do Governo de Getúlio Vargas e continuaremos pelos Governos de Juscelino, Jânio e Jango, para tratar depois da crise causada pelo choque do petróleo de 1973, da "década perdida" dos 1980, da ameaça hiperinflacionária da primeira metade dos anos 1990, e da crise fiscal e externa de 1998.

O final wagneriano de Getúlio

Getúlio Vargas assumiu o seu segundo período no poder em 1951, após uma longa permanência de quinze anos — 1930 a 1945 —, em circunstâncias bastante favoráveis. O seu antecessor, Eurico Gaspar Dutra, entregou-lhe um país relativamente ordenado, com indicadores bastante positivos. Em 1950, o PIB havia crescido em torno de 7%, a inflação estava em 12% — relativamente baixa para os padrões regionais da época — e as transações correntes do Balanço de Pagamentos exibiam um pequeno superávit, com um resultado particularmente robusto da Balança Comercial. Em termos de inflação, particularmente, é interessante citar que na média dos cinco anos 1946/1950, medida pelo Índice Geral de Preços (IGP), ela tinha sido de 11%.[1]

As coisas começaram a se complicar inicialmente com a eleição, em 1952, do novo Presidente dos Estados Unidos, o general Dwight D. Eisenhower. Este apresentou duas diferenças marcantes em comparação ao relacionamento prévio de seu país com a América Latina. Em primeiro lugar, no contexto da Guerra Fria, o combate ao comunismo na região tornou-se prioritário; em segundo, especificamente em relação ao Brasil, linhas de financiamento existentes foram cortadas, por razões financeiras.

Em um contexto mais delicado, repetindo a tônica de sua atuação em outras ocasiões, Vargas se apoiava em duas pernas: por um lado, mantinha a economia sob a gestão do austero Oswaldo Aranha, com uma atuação vista como bastante ortodoxa; por outro, fortalecia o sindicalismo, através da figura do então jovem Ministro do Trabalho, João Goulart, uma *rising star* do PTB.

Entre esses dois polos, passou a haver uma tensão crescente a partir de 1953, ano no qual a inflação aumentou de 13% para 21%, gerando uma crítica intensa da cada vez mais aguerrida UDN, o partido que fazia oposição ao governo. As pressões se acirraram em 1954, quando os sindicatos começaram a pleitear um aumento de 100% do salário-mínimo, aproximadamente o dobro do que corresponderia pela recomposição da inflação desde o aumento anterior, e contra uma proposta da Fazenda que era de dar um aumento nominal de 33%. A isso se somava o fato de que, em 1953, o crescimento do PIB apresentou a menor taxa desde que o indicador começara a ser divulgado na década de 1940, junto com a piora do saldo da balança comercial e o aumento do déficit em conta corrente, tudo isso num contexto de dificuldades de financiamento externo e com os EUA preocupados com o crescimento das forças de esquerda no país.

Não eram, de modo algum, dificuldades intransponíveis. Ali, porém, o país fez jus à frase de Roberto Campos de que "a burrice no Brasil tem um passado glorioso e um futuro promissor". Uma série de eventos foram se sucedendo, acabando por levar ao desfecho trágico do suicídio do Presidente da República. Num contexto econômico difícil, o pano de fundo político era a acusação da oposição de que os diversos episódios de corrupção denunciados naquela época constituíam o que ela denominava, retoricamente, de "mar de lama", expressão popularizada naqueles anos.

A isso se somou a decisão de Getúlio de encampar a proposta de aumentar o salário-mínimo em 100% no dia 1º de maio de 1954, com um discurso dirigido aos trabalhadores, feito para conquistar o apoio das massas populares, e que foi considerado radical pela imprensa da época. A decisão gerou um grande desconforto no Ministro da Fazenda e acarretou um enorme desgaste político junto aos industriais e à classe média. Getúlio pretendia se apoiar nos militares e na maioria da classe trabalhadora, mas o apoio dos primeiros vinha sendo minguante, devido aos sucessivos atritos causados por certa inabilidade no trato de pequenas crises; e o dos segundos estava prejudicado pelo aumento da inflação.

Em tal situação, o atentado da rua Tonelero, que tirou a vida do major Rubens Vaz, e a descoberta que se seguiu, de que teria sido tramado por uma pessoa muito próxima ao Presidente — embora não houvesse indícios de que este conhecesse os planos — incendiaram o Brasil. Em poucas semanas, a crise escalou em intensidade. O país era um antes da decisão de aumentar o salário-mínimo, passou a ser outro depois do aumento, e esse cenário, que havia mudado significativamente entre 1º de maio e 23 de agosto por toda a deterioração política observada, foi submetido a um choque politicamente brutal com a notícia do suicídio do líder da Nação em 24 de agosto, data na qual, se não tivesse tomado tal decisão, ele já havia sido avisado de que seria deposto.

Com a elevação da inflação para níveis ligeiramente superiores a 25% em 1954, iniciava-se o convívio duradouro do país com taxas elevadas de variação dos preços (Tabela 3.1). A média de 21% da década de 1950, ainda influenciada para baixo pelas taxas modestas do começo da década, se transformaria em mais de três dígitos, três décadas depois. A partir de então, a carestia elevada acompanharia o país por um longo período. Este seria o grande problema macroeconômico do país nas décadas seguintes.

TABELA 3.1

Taxa de inflação média anual IGP (% a.a.)

Período	Inflação
1951/1960	20,6
1961/1970	41,5
1971/1980	40,3
1981/1990	354,8

Fonte: Fundação Getulio Vargas (FGV).

O "fé em Deus e improvisação" de JK

"Rumo ao norte, pé na tábua, fé em Deus e improvisação", conforme o relato de Roberto Campos em *A Lanterna na Popa*, era a definição do "estilo Kubitschek" dada por Glycon de Paiva, ex-Presidente do então BNDE (sem o atual "S") na década de 1950. Um otimismo inquebrantável se estabeleceu no imaginário coletivo do país naqueles anos, de que o país estava fadado ao desenvolvimento. O brasileiro, que, na imagem inigualável de Nelson Rodrigues, na época, "gostava muito de ignorar as próprias virtudes e exaltar as próprias deficiências, numa inversão do ufanismo", qual um "Narciso às avessas, que cospe na própria imagem", descobriu que podia erguer uma capital no meio do nada, construir estradas e hidrelétricas e, ainda por cima, em 1958, ser campeão do mundo de futebol, além de ter suas músicas cantadas no mundo inteiro.[2]

No quinquênio 1956/1960, o Brasil cresceu a uma taxa acumulada de quase 50%. O país era um em 1955 e outro em 1961. Havia não apenas estradas e maior geração de eletricidade, como também empresas estrangeiras em profusão — permitindo, entre outras coisas, o surgimento de uma pujante indústria automobilística. O investimento estrangeiro direto, que havia sido da ordem de apenas US$60 milhões/ano nos 9 anos 1947/1955, subiu para um valor de 2,5 vezes nos anos JK, alcançando uma média de aproximadamente US$150 milhões/ano durante 1956/1960. Estes valores podem parecer quase irrisórios hoje, mas eram muito significativos pelos parâmetros daqueles anos.

As marcas da transformação do país eram visíveis e continuam sendo até agora, sendo o caso da construção de Brasília o exemplo por excelência dessa mudança. Porém, também é verdade que os problemas foram se avolumando. As obras públicas em curso na ocasião cobraram um ônus fiscal expressivo, a inflação em 1959 ficou perto de 40% e o crescimento, naturalmente, tenderia a pressionar o Balanço de Pagamentos. O déficit em conta corrente, praticamente nulo em 1956, foi de mais de US$500 milhões em 1960, um número expressivo para as dimensões da economia na época. Se dividirmos esse resultado da conta corrente pelo PIB expresso em dólares, mediante a divisão do PIB das Contas Nacionais pela taxa de câmbio média do ano, chega-se a um desequilíbrio bastante expressivo, que se acentuou ao longo do Governo JK, constituindo o segundo grande problema macroeconômico presente na história da economia brasileira durante muitos anos (Gráfico 3.1).

GRÁFICO 3.1

Resultado Conta Corrente do Balanço de Pagamentos (% PIB)

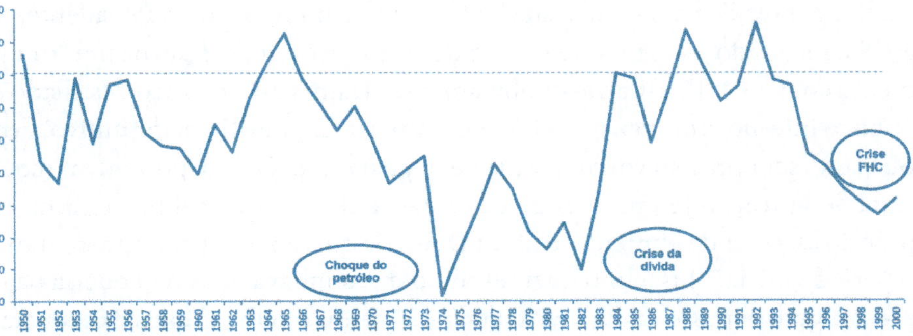

Fonte: Elaboração própria, com base em dados do Banco Central e do IBGE.

A consequência foi ter que recorrer ao auxílio do FMI. Isto se deu no contexto da implementação do Plano de Estabilização Monetária (PEM), elaborado pela dupla Lucas Lopes/Roberto Campos e encaminhado ao Congresso em outubro de 1958. O histórico desse processo é resumido por André Villela da seguinte forma: "As origens do PEM remontam à tentativa, pelo Brasil, de obter, no início de 1958, um empréstimo junto ao *Eximbank* dos Estados Unidos. Em resposta, o *Eximbank* condicionou o crédito à obtenção, pelo Brasil, de um aval junto ao Fundo Monetário Internacional (FMI). Este, por sua vez, exigiu uma série de medidas visando conter a elevação dos preços e o crescente déficit do Balanço de Pagamentos do país. Entre as medidas, estavam a contenção do gasto público e do crédito, a moderação nos reajustes salariais, a reforma do sistema de taxas de câmbio múltiplas ainda em vigor e o fim do plano de compras de café pelo governo".[3]

As recomendações do FMI geraram dois tipos de conflito. O primeiro, entre o governo e o Fundo, acerca da velocidade e intensidade da implementação do programa. O segundo, um entrechoque interno ao governo, entre a ala econômica — que advogava por medidas de contenção — e a ala política, reforçada pelo Presidente do Banco do Brasil, sensível aos humores dos congressistas e dos Governadores, e que se opunha a quaisquer restrições.

Observe-se que se repetia, de alguma forma, o enredo de 1954: um governo a caminho do fim, a luta sucessória aberta, o crepúsculo da força política do

Presidente — ao qual, também neste caso, somavam-se denúncias da oposição acerca da suposta existência de casos de corrupção —, dificuldades de financiamento e um conflito, tanto na sociedade quanto no interior do governo, acerca dos rumos a seguir. Se em 1954 — numa conjuntura muito mais dramática devido à tentativa de assassinato de Lacerda e as investigações em torno da *entourage* presidencial — o desfecho foi um tiro no coração do Presidente, em 1959 o resultado — mais ameno, sem dúvida — foi a encenação de um "rompimento com o FMI". Tratava-se, obviamente, de um gesto político destinado ao público interno, uma vez que ninguém rompe com o FMI em definitivo: cedo ou tarde, será preciso voltar à mesa de negociações. O fato, porém, marcou o final do Governo JK, parecendo dar razão à opinião que sobre ele tinha seu próprio assessor de imprensa, Autran Dourado que, anos depois, rememorando o período, diria: "Juscelino queria tudo o que sonhava, mas não queria pagar preço algum por esse sonho". Ele tentava desmentir o velho axioma da economia de que não existe almoço grátis (*there is no free lunch*).

A crise de 1961/63 e o desfecho de 1964

O ex-Presidente argentino Mauricio Macri, tendo que lidar com a forte herança ideológica de Juan Domingo Perón em seu país, tanto como governante quanto como oposicionista, alternando os papéis com o Partido Justicialista (quando um governava, o outro estava na oposição e vice-versa) declarou, na década de 2010, que "o peronismo está dominado pela irracionalidade". Com as diferenças de praxe, algo assim cabe falar do Brasil no começo da década de 1960. A situação motivou a frase debochada de Augusto Frederico Schmidt, escritor, além de dublê de amigo e assessor de Juscelino, que ironizando o nacionalismo da época — o qual convivia com a situação de "pedinte" do país para arrumar financiamento externo — cunhou a frase bem-humorada que refletia a forma como o Brasil se dirigia ao exterior: "me dá um dinheiro aí, seu canalha imperialista".

Os anos 1961/1963 foram uma continuação não resolvida da crise do final do Governo JK, marcados por uma sucessão de governos frágeis: o breve período de Jânio, interrompido pela renúncia; o período de Goulart sob parlamentarismo, desde o início constrangedor para ele; e a fase posterior, após a rejeição do parlamentarismo, na qual Jango já estava politicamente enfraquecido. Os ministros se sucediam, o "fogo amigo" se intensificava e nenhuma das grandes questões que afligiam o país era enfrentada, o que nos remete novamente ao espírito da epígrafe do capítulo.

Em 1963, o crescimento econômico foi de raquíticos menos de 1%, algo praticamente inaceitável na época pela classe política e empresarial do país, após a euforia dos anos JK; a inflação tinha escalado a 80%; o governo, preso a uma retórica radical, enfrentava dificuldades políticas intransponíveis para implementar um programa fiscal minimamente consistente; e a situação externa só melhorou, em termos dos fluxos do Balanço de Pagamentos, por causa da estagnação da economia, embora persistissem problemas enormes para poder realizar o refinanciamento das dívidas que venciam, devido à crescente desconfiança acerca do futuro do país a médio prazo, no contexto da Guerra Fria, e os sinais confusos emitidos pelo governo, que parecia "acender uma vela a Deus e outra ao diabo". A isso se somava um conflito crescente entre os dois maiores nomes do governismo na época: o do Presidente João Goulart, e o de seu cunhado, Leonel Brizola, que emergia como o grande líder do PTB em perspectiva e confrontava o Presidente, desafiando-o com atitudes cada vez mais hostis.

Com grandes passeatas de um lado e do outro do espectro político, e com rumores de golpe também de um lado e do outro, havia no país, naqueles meses, desde simpatizantes da Revolução Cubana dentro do governo, que teriam desejado promover uma espécie de "autogolpe" para assumir com plenos poderes, até oposicionistas que começaram a frequentar os quartéis para tentar um típico golpe militar latino-americano, tão comum nas décadas de 1950 a 1970.[4] Ambos os lados estavam se armando para, na expressão popular, "dar o bote". O desfecho deu-se em 31 de março de 1964. O resto, já sabemos — é História.

1973: O choque do petróleo

Em 1964, os militares resolveram, de modo *ad hoc*, os impasses políticos que se arrastavam havia cinco ou seis anos. A inflação foi combatida mediante uma combinação engenhosa de uma espécie de política de rendas, através de uma legislação salarial mais dura, com medidas restritivas clássicas baseadas em administrações fiscais e creditícias mais austeras. Essa gestão fiscal, por sua vez, beneficiou-se, por um lado, da maior margem de manobra que um governo autoritário tem para conter o gasto público; e, por outro, de uma reestruturação e modernização dos mecanismos de arrecadação, que permitiram *aggiornar* a estrutura institucional associada a essa função, incorporando algumas das melhores práticas do mundo naquele momento. Finalmente, a presença de uma equipe econômica ortodoxa e os bons vínculos do novo governo com o exterior permitiram acessar fontes de financiamento externo com relativa facilidade, pondo fim ao calvário que tinham sido as negociações com esse fim em anos anteriores.

O país só voltaria a ter problemas macroeconômicos clássicos em torno de 1973/1974, por duas razões. A primeira, o esgotamento da capacidade ociosa, que levou a uma pressão crescente sobre os preços. Houve, naquela ocasião, um grande debate acerca dos índices oficiais, que teriam sido manipulados em 1973, segundo a crítica da oposição ao governo militar. Se deixarmos de lado o acompanhamento desse índice e observarmos o deflator implícito do PIB — teoricamente, o indicador mais fidedigno da inflação de um país — constataremos que a sua variação passou de 20% em 1972, para 30% em 1973 e 35% em 1974, sinalizando claramente a existência de pressões de demanda próprias de uma economia superaquecida — lembremos que o crescimento do PIB foi de 14,0% em 1973.

O outro grande problema, além da inflação, foi a crise do petróleo, que fez simplesmente dobrar o valor das importações em dólares entre 1973 e 1974, pelo *boom* dos preços do produto. Com isso, o déficit em conta corrente do Balanço de Pagamentos, da magnitude de US$2 bilhões em 1973, passou a ser da ordem de US$8 bilhões um ano depois, gerando um desequilíbrio externo muito maior que o do final do Governo JK.

Tal fato viria a ter consequências significativas sobre o desenvolvimento brasileiro nos anos seguintes. Primeiro, porque empurrou a inflação para cima. Segundo, porque reduziu a taxa de crescimento do país, sob pena de gerar um desequilíbrio externo inadministrável. Terceiro, porque levou a um crescimento acelerado do endividamento externo, que desaguaria, anos depois, na "crise da dívida externa" da década de 1980. E quarto porque, em função de tudo isso, o fato esteve na raiz do processo histórico que levaria, pouco mais de dez anos depois, ao final do ciclo dos governos militares, em 1985.

A década perdida dos anos 1980

Os anos 80 do século passado passaram à História como a chamada "década perdida", pelo fato de que a renda *per capita* do país, em termos absolutos, caiu entre 1980 e 1990. Na raiz da mudança da economia em 1981 — quando, após o PIB ter crescido 9,2% em 1980, ele se contraiu 4,3% naquele ano — se encontravam três razões:

- o novo (segundo) choque do petróleo, em 1979, consequência da guerra Irã x Iraque;
- a brutal elevação da taxa de juros internacionais, com os juros de curto prazo do FED alcançando a quase inacreditável taxa de 19% em 1981;
- as pressões inflacionárias, que tinham feito a inflação, medida pelo IGP, passar de 41% em 1978, para 77% em 1979 e, finalmente, a 110% em 1980.

Mais do que isso, porém, o que estava em xeque era todo um modelo de desenvolvimento seguido, em linhas gerais, durante cinco décadas. Nas palavras de Rogério Werneck, que escreveu um texto jornalístico sobre o período, anos depois, "da Colônia à República, é com o governo que quase sempre foram feitos os melhores negócios. Não é de hoje que boa parte da elite vem sendo formada na crença de que o segredo da prosperidade é estabelecer sólidas relações com o Estado. Vender para o Estado, comprar do Estado, financiar o Estado, ser financiado pelo Estado, apropriar-se do patrimônio do Estado, receber doações do Estado, transferir passivos para o Estado, repassar riscos para o Estado e conseguir favores do Estado. A natureza dos favores variou no tempo, mas a lógica permaneceu a mesma. Quem não tinha condições de voar tão alto com frequência sonhava apenas em se tornar empregado do Estado e, especialmente, aposentado do Estado".

O fato, porém, é que a terapia ortodoxa, como política anti-inflacionária, revelou-se um completo fracasso. Em 1982 e 1983, o PIB *per capita* tornou a cair. No triênio 1981/1983, a contração acumulada do PIB foi de 6%, algo dramático dado que isso coincidia com uma expansão da população de 2,2% a.a., o que na época significava quase três milhões de pessoas a mais anualmente.[5] O fenômeno do desemprego elevado nos grandes centros urbanos, algo relativamente novo num país em que o processo de urbanização, durante cinco décadas, se dera concomitantemente com um forte crescimento da economia, tornou-se foco de preocupação central para as autoridades — e de angústia para muitas famílias, além das sequelas em termos de aumento dos indicadores de violência. E, ao mesmo tempo, três anos de uma recessão insólita assistiram à inflação mais do que dobrar em 1983 em relação ao seu nível de 1980.

Foi nesse contexto que muitos economistas brasileiros começaram a pensar que talvez as políticas ortodoxas não dessem conta, *per se*, de uma inflação como a que estava sendo observada na prática. "Talvez esse seja o remédio errado", começou a ser a reflexão que passou a povoar a mente de muitos especialistas.

1994: A hiperinflação

A expressão "inflação inercial" tinha começado a ser parte, de vez em quando, dos debates sobre a economia brasileira na década de 1960 — quando a alta anual de preços ameaçou chegar ao patamar de 100% — mas caiu em certo desuso anos depois. Ela voltou a frequentar o vocabulário dos economistas, inicialmente de forma tímida, nos anos 70 do século passado e, mais intensamente, nos anos 1980, quando foi ficando flagrante que uma inflação anual de 500% ou 1000% a.a. não poderia ser combatida com os mesmos instrumentos utilizados para reduzir uma inflação anual de 30% para 20% ou de 12% para 6%.

Na raiz dessa reflexão estava a constatação óbvia de que, como nos fenômenos da física, a inflação arrastava uma "inércia", que fazia com que um determinante fundamental da inflação de "hoje" fosse a inflação de "ontem". A isso se somou uma tendência aceleracionista observada a partir da segunda metade dos anos 1980, que tornava ainda mais desafiadora a tarefa de enfrentar o fenômeno, algo que iremos analisar em maiores detalhes no próximo capítulo.

O fato é que, se em outras crises observadas historicamente na economia brasileira no passado mais distante havia a presença, individual ou combinada, de um problema inflacionário, de um desequilíbrio fiscal e/ou de uma crise do Balanço de Pagamentos, na primeira metade da década de 1990 era patente para qualquer pessoa que o problema número 1, 2 e 3 a ser vencido por qualquer governo era a inflação, naquela altura elevadíssima e vestida com características de hiperinflação. Em junho de 1994, quando foi lançado o Plano Real, a inflação do mês (IGP) foi de 47%. Em 1993, a inflação anual, pelo mesmo termômetro, tinha sido de 2.708%. Como uma esfinge, a altíssima inflação parecia dizer para as autoridades: "Decifra-me ou te devoro". O "dever de casa" estava lançado. A equipe que elaborou o Plano Real, em junho de 1994, soube decifrá-lo a contento.

A dupla crise de 1998

Na introdução deste capítulo, foi dito que "em todos os casos de crises, dos anos 50 do século passado em diante, esteve presente ao menos um dos seguintes três elementos: i) uma inflação alta e/ou crescente, com o conceito de "inflação alta" tendo variado ao longo das décadas; ii) contas fiscais fora de controle; e/ou iii) crise do Balanço de Pagamentos. Não raras vezes, como nos episódios de 1954 com Getúlio, de 1961 com Jânio e de 1964 com Jango, as crises econômicas acabaram derivando em crises políticas, algumas delas dramáticas".[6]

No presente capítulo, vimos as mais importantes entre essas crises. Deixando de lado os casos de presidentes cujas gestões não estiveram associadas a grandes problemas, como o caso de Dutra, na segunda metade dos anos 1940, ou que permaneceram pouco tempo, como Café Filho após o suicídio de Getúlio, tanto no final do Governo Vargas, como no final do Governo JK, e na sucessão de problemas nos Governos Jânio e Jango de 1961/1963 e em 1964, estiveram presentes, em maior ou menor medida, com diferentes pesos dependendo da conjuntura, os três problemas: inflação alta, sérios problemas fiscais e dificuldades externas.

Em 1964, as três questões foram atacadas, mas em circunstâncias políticas obviamente muito específicas. Após os "*golden years*" do "milagre econômico" de

1968/1973, o Brasil foi sacudido pela crise do Balanço de Pagamentos associada ao choque dos preços do petróleo de 1973.[7]

Na década de 1980, tivemos a famosa "crise da dívida externa", com suas sequelas de moratória, empréstimos e negociações com o FMI, além de ajustes, e também sérios problemas fiscais; então a inflação mudou de natureza, assumindo uma trajetória sistematicamente ascendente.

Em 1994, por sua vez, o problema fiscal foi de certa forma "mascarado" pela alta inflação — como discutiremos posteriormente — e não havia um problema externo. Em compensação, a inflação enlouquecida tinha se tornado uma questão dramática para a sociedade.

Já em 1998, o problema era o oposto de 1994: enquanto a inflação não era uma preocupação naquele ano — a taxa de variação do índice oficial foi de menos de 2% — havia uma dupla crise, fiscal e externa, aguardando o país na "virada da esquina", logo após as eleições presidenciais. O déficit público em 1998 foi de elevados 7% do PIB e o desequilíbrio em transações correntes se aproximava do perigoso terreno de 4% a 5% do PIB, nível que em outros países havia gerado situações de *sudden stop* do financiamento externo. Isso propiciara corridas cambiais e ataques especulativos contra a moeda nacional nos anos anteriores, no México em 1994/1995, na Ásia em 1997 e na Rússia em 1998. Em tais circunstâncias, até as pedras da rua sabiam que no Brasil viria um ajuste fiscal em 1999, após as eleições presidenciais de outubro de 1998. A dúvida era se viria acompanhado de uma desvalorização cambial ou se a crise externa seria atacada por intermédio de uma correção baseada em minidesvalorizações e medidas que elevassem a competitividade da economia sem mexer bruscamente na taxa de câmbio, um desafio bastante difícil na presença de uma enorme desconfiança como a que existia na ocasião.

A dúvida, no entanto, desapareceria rapidamente. Após tentar evitar uma *debacle* cambial, o governo anunciou, na manhã do dia 13 de janeiro de 1999, que o Presidente do Banco Central, Gustavo Franco, sairia do cargo, sendo substituído por Francisco Lopes. No mesmo dia, este tentou explicar o funcionamento de uma incompreensível "banda diagonal endógena", com um esquema de "deslizamento" cambial que poderia ensejar desvalorizações graduais dentro de uma banda de flutuação com teto de R$1,32 por dólar. A cotação da moeda norte-americana, da ordem de R$1,20 até o anúncio da mudança cambial, pulou para o teto logo na apresentação do novo arranjo e lá ficou durante 48 horas, num esquema que obrigava a autoridade monetária a vender reservas para respeitar o teto da paridade cambial definido pela nova regra. Tendo feito as contas da sangria que isso implicaria e após "levar um baile" do mercado durante dois dias, no dia 15 de janeiro foi anunciada a livre flutuação, sem novas intervenções do Banco Central. No meio de um clima de incerteza, em poucos dias a cotação do dólar escalou acima de R$2,00 e, poucas semanas depois, o governo anunciou a renúncia de Francisco Lopes e a indicação de Armínio Fraga para o posto de Presidente do Banco Central. Com a troca de comando, o reforço da política monetária, o anúncio de novas medidas fiscais e um novo acordo com o FMI, o mercado se acalmou. No final do ano, a inflação — o grande receio das autoridades, especialmente após a desvalorização do México, quatro anos antes, onde havia ultrapassado 50% — só chegou a 9% e o anúncio do regime de *inflation target*, em meados daquele ano, com alvos declinantes para os anos posteriores, ancorou as expectativas quanto à evolução futura da economia.

A dívida líquida do setor público, indicador-chave da política fiscal naqueles anos e que tinha escalado de 28% no começo da estabilização, em 1995, até 44–45% do PIB no final da década, ficaria como legado para ser resolvido nos anos posteriores, ainda aumentando durante certo tempo (Gráfico 3.2).

GRÁFICO 3.2

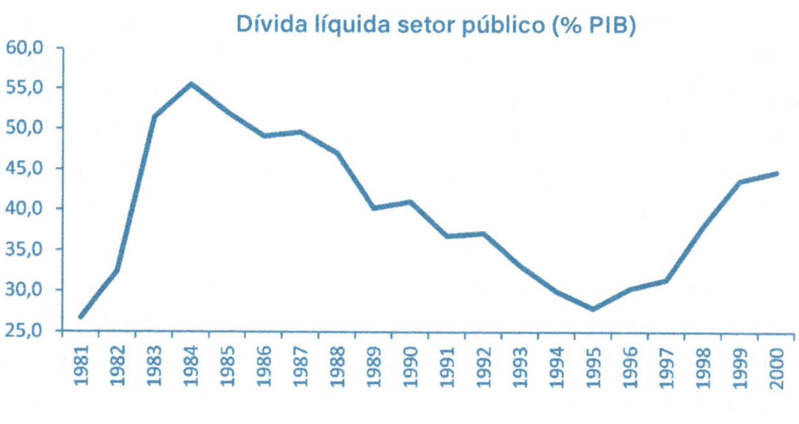

Fonte: Banco Central.

Embora de uma forma inteiramente não linear, combinando um pouco de liderança política em alguns casos — com destaque para a atuação de Fernando Henrique Cardoso —, o papel da tecnocracia da área econômica no enfrentamento das crises, a imposição das circunstâncias quando a protelação não mais é viável — como na opção inevitável pela flutuação cambial em 1999, pela impossibilidade de outras alternativas — e, por que não dizer, um pouco de sorte às vezes — como na "combinação zodiacal" que levou à bonança da primeira década do século atual — o fato é que, mal ou bem, o Brasil foi enfrentando em parte, aos poucos, alguns dos problemas históricos que tanto o afligiram.

Nesse sentido, 1994, com o Plano Real, marca um divisor de águas na trajetória da inflação — o primeiro dos problemas citados neste capítulo — da mesma forma que em 2008 o país mudou a natureza da sua relação com o exterior — lembremos os problemas do Balanço de Pagamentos, outro grande "calcanhar de Aquiles" de nossa história econômica — como veremos nos próximos capítulos. Falta ainda, porém, atacar de uma vez por todas a outra grande questão: o problema fiscal, que esperamos que o país consiga levar a cabo na década de 2020.

Enquanto isso, na vizinha Argentina, que no final da década de 1990 enfrentava problemas algo semelhantes aos nossos — uma política cambial rígida que não era modificada por receio de uma explosão inflacionária, uma crise fiscal latente e problemas sérios de falta de financiamento externo — o curso dos acontecimentos se revelou bem diferente do nosso nas décadas posteriores. Lá, a irracionalidade à qual já fizemos alusão algumas vezes se manteve muito mais intensa do que aqui e, de certa forma, se acentuou. Uma frase que, segundo um boato repetido diversas vezes no país *hermano*, teria sido dita nos últimos anos de vida por Fidel Castro à sua amiga Cristina Kirchner numa conversa que ambos tiveram em Havana, a modo de despedida do caudilho ("Néstor morreu, Chávez agoniza e eu estou doente. Agora, só resta você para defender as bandeiras da América Latina") explica um pouco por que os vizinhos seguiram a trajetória que os levou, mais de vinte anos depois, a ter uma inflação que novamente passou a ser de três dígitos anuais, em claro contraste com o Brasil. Nesse sentido, avançamos, apesar de tudo.

Vejamos agora essas questões — inflação, déficit público e crises do Balanço de Pagamentos — com maior atenção, em cada um dos próximos três capítulos, respectivamente.

04

A VELHA SENHORA

"Em matéria de política anti-iFnflacionária, estamos hoje no ingrato intervalo entre a aplicação do remédio e a cura da moléstia. O que se recomenda, no momento, é a firme aplicação da terapêutica monetária e fiscal. E uma paciência algo estoica, à espera dos resultados que, pela experiência, necessariamente virão."

— Mário Henrique Simonsen
Ex-Ministro da Fazenda, em 1976

A *Visita da Velha Senhora* é um drama de 1964, colaboração entre quatro países, produzido pela Fox, e que contou com nada menos que Ingrid Bergman e Anthony Quinn como protagonistas. O filme resultou da adaptação de uma peça teatral com o mesmo nome produzida por Friedrich Dürrenmatt em 1956. Por analogia com o enredo do filme, que não cabe aqui descrever, a "velha senhora" era uma forma frequente de referir-se à inflação, especialmente quando ela, parecendo vencida, retornava tempos depois para preocupar os países e as sociedades.

A matemática Tatiana Roque declarou certa vez, com razão, que "não há dois lados na ciência". A questão é: o que é "ciência"? Se formos consultar um dicionário, com algumas variantes, ele nos dirá que o termo está associado ao conhecimento que explica os fenômenos obedecendo a leis verificadas por métodos experimentais e se baseia na regularidade, na previsão e no controle de fenômenos que podem ser observados.

Assumindo que fenômenos econômicos sejam similares aos que podem ser vistos em campos como a física, a biologia ou a química, muitos interpretam que a economia seja uma ciência, no sentido de que ela pode estabelecer essas relações de causalidade. Thomas Carlyle, porém, já no século XIX cunhou a expressão "triste ciência" ou "ciência sombria" ("*the dismal science*"). Embora, na origem, a expressão estivesse associada à ideia de ser algo ligado às análises pessimistas, como a de Thomas Malthus, o termo também vale para algumas insuficiências práticas que, se ciência for, convertem a economia numa espécie de segunda categoria da mesma, pelas dificuldades de "provar" algumas coisas. Até pelo fato de que não é possível criar "condições de laboratório" para os experimentos econômicos e, muito menos, repetir os testes nas mesmas condições normais de temperatura e pressão que o experimento original.

Durante muito tempo, os economistas de linhagem ortodoxa julgavam que, para debelar a inflação, seria necessário adotar um conjunto de políticas baseadas na combinação de rigor monetário e fiscal, ideia-chave que a sentença de Simonsen acima resume à perfeição. Se as condições não estavam dadas para dar às autoridades a liberdade que elas gostariam de ter para praticar tais políticas, num mundo real, sujeito às condicionantes da política, era outra coisa. O fato é que, nesse campo, não havia dúvidas acerca do "que" fazer, embora surgissem obstáculos — que derrubaram mais de um Ministro da Fazenda ao longo da História — acerca de "como" fazer as coisas.

O problema com o qual os economistas se depararam na década de 1980, no Brasil, foi que passaram a ter dúvidas acerca de se o "que" fazer era de fato algo inequivocamente claro, entendendo que uma inflação de 4% ou 5% ao mês (60% a 80% ao ano) revelava características diferentes de uma taxa mensal de 40% ou 50% (5.600% a 12.900% ao ano), ainda mais quando, neste último caso, as taxas mensais teimavam em ser qualquer coisa menos estáveis. Se um fenômeno X1 tinha como prescrição de cura o tratamento através do remédio A, talvez esse mesmo remédio não fosse o mais adequado se o fenômeno, ao invés de ser de tipo X1, revelasse ser do tipo X2.

Tratar do debate sobre o combate à inflação no Brasil no pós-guerra implica trilhar um passeio pela história das ideias. É isso que iremos fazer neste capítulo, começando por traçar o panorama da inflação nas décadas de 1940 a 1960, para depois explicar o "começo de mutação" pelo qual passou o "vírus" da alta de preços na década de setenta do século passado, até chegar à sua versão mais mortífera, na forma do que tecnicamente caberia definir como "hiperinflação reprimida" das décadas de 1980 e começo dos 1990. Isso permitirá explicar as tentativas desesperadas de combater o fenômeno com os cinco planos de estabilização fracassados experimentados entre 1986 e 1991, para então entender como se chegou ao Plano Real de 1994, seu sucesso e a transformação do Brasil em algo mais parecido a um país normal.

As décadas de 1940 a 1960

Certa vez, quando trabalhava no BID, em Washington, coube-me participar de um seminário sobre a Colômbia, país do qual eu era *country economist*, ou seja, encarregado de acompanhar a sua macroeconomia. Era ali pelo começo da década de 1990 e, assim como existem os *scholars* "brasilianistas", existem também os "colombianistas". Lá fomos então para a Pensilvânia participar de um seminário de dois dias sobre o país, que reuniu autoridades, membros do *staff* dos organismos multilaterais, acadêmicos e políticos. A Colômbia, nos anos anteriores, era, na região, um exemplo de "inflação moderada", com taxas anuais entre 20% e 30%, baixíssimas para o contexto regional dos anos 1980, mas que começavam a ser altas em uma situação na qual países que, tradicionalmente, haviam tido uma inflação elevadíssima estavam ajustando as suas economias e tendo taxas de inflação bem inferiores aos números mencionados. O país discutia então uma estratégia gradual para ir reduzindo a taxa de variação dos preços para 20% inicialmente, 18% um ano depois, e assim sucessivamente. Lembro-me do impacto que causou a intervenção de um Senador colombiano que, depois de ter assistido a uma manhã de apresentações técnicas tratando de "curva de Phillips", "*passthrough*", "*inflation target*" e outras expressões próprias do linguajar técnico hermético dos economistas, chocou os demais participantes com sua franqueza um tanto brutal e nos disse: "Eu não entendo o que vocês estão conversando: para nós na Colômbia, 20% é zero". Foi engraçado porque nos mostrou a disparidade dos mundos em que vivíamos: os técnicos pensando em reduzir a inflação em 1% ou 2% a cada ano e os políticos sem ter a menor preocupação com o tema. *Ex post*, os técnicos estavam com a razão, e o país foi capaz de reduzir significativamente a taxa de inflação para níveis próximos de 5%, anos depois. Naquele contexto, porém, até 1992 ou 1993, o que o Senador nos disse realmente expressava a idiossincrasia dominante no país: quando a taxa ultrapassava 30%, todos se tornavam ortodoxos, mas quando ficava perto de 20%, todos se sentiam à vontade para seguir políticas expansionistas, no ritmo de "*e la nave va*".

O Brasil funcionou durante vinte ou trinta anos, até meados dos anos 1970, de forma algo parecida à da Colômbia anos depois, nesse sentido. Quando os índices de preços começaram a ser apurados após o surgimento do Índice Geral de Preços (IGP), em meados da década de 1940, passamos a ter um "termômetro" confiável, que foi durante anos o índice oficial de inflação do país. Nos 31 anos entre 1945 e 1975, as taxas de inflação anual do indicador tiveram a seguinte distribuição:

Menos de 10%:	**3 anos**
Entre 10% e 20%:	**11 anos**
Entre 20% e 30%:	**8 anos**
Entre 30% e 40%:	**5 anos**
Entre 40% e 50%:	**1 ano**
Entre 50% e 99%:	**3 anos**

Após o governo sem grandes sobressaltos de Dutra, tanto no governo de Getúlio como no governo de JK, o *script* foi parecido: a taxa de inflação começava o governo relativamente baixa e aumentava ao longo do mandato.[1]

Nessas oscilações, situações extremas eram raras. Dos três casos de taxas inferiores a 10%, dois deles ocorreram na década de 1940, com Dutra. Os quatro casos com taxas superiores a 40% se deram no período muito conturbado de 1961/1964. Tirando esses quatro exemplos negativos e o outro episódio restante de taxa de um dígito, nos demais anos entre 1950 e 1975 a inflação anual se manteve entre um mínimo de 12% — em 1950/51 — e um máximo de 39% — em 1959 e 1966.

O jogo político, nesses casos, era mais ou menos conhecido. Quando a taxa subia perigosamente, as autoridades tinham mais espaço para implementar políticas de controle creditício e fiscal. Quando a inflação cedia, os políticos ganhavam espaço para aprovar políticas populistas e oferecer apoio ao governo, em troca de verbas e nomeações. Data daquela época a frase famosa de Tancredo Neves, parlamentar do velho PSD, que ocupou cargos em diversas situações como representante de um partido visto como sempre próximo do poder: no clima da Guerra Fria, "entre a Bíblia e o Capital, o PSD fica com o Diário Oficial".

A desinflação do PAEG de 1964/1967

O começo dos anos 1960 foi uma época particularmente conturbada na vida do país, durante a qual bem que se poderia dizer que a racionalidade tinha saído de férias. Havia um impasse político muito difícil de superar, com um Executivo que queria ir além do que o Parlamento estava disposto a lhe conceder, uma animosidade permanente entre os Poderes, dificuldades de formar maiorias, e um ambiente de certa conflagração social. Quaisquer propostas de encaminhamento de um plano de governo minimamente consistente enfrentavam obstáculos insuperáveis e a sensação que se tinha era de uma espécie de "barco à deriva". Em 1938, o escritor francês André Breton, teórico do Surrealismo, sugeria aos amigos e leitores: "Não tente entender o México sob a ótica da razão". Algo assim poderia ser dito sobre o Brasil no início dos anos 1960.

O golpe militar, por vias transversas, acabou "resolvendo" o impasse político, permitindo às autoridades do Governo Castello Branco ter um raio de manobra do qual os antecessores no Ministério da Fazenda não puderam desfrutar, pelas condições da época. A isso se somou a competência da dupla Octávio Gouveia de Bulhões (Ministro da Fazenda) e Roberto Campos (Ministro do Planejamento), que instrumentaram o Plano de Ação Econômica do

Governo (PAEG) no período 1964/1967. O ambiente de acirramento político associado a um regime de características autoritárias — algo depois reforçado pelo ambiente político muito piorado após 1968, com a decretação do AI-5 e o "fechamento" do regime — impediu, durante muitos anos, que a qualidade daquelas mudanças fosse reconhecida. Hoje, passadas várias décadas, com quase todos os atores daquele período já falecidos e mesmo conservando-se as justas críticas a todo o arbítrio da época, os economistas são praticamente unânimes em reconhecer a qualidade das mudanças praticadas na economia entre 1964 e 1967. Foram elas que permitiram, em boa medida, a intensificação do crescimento nos anos posteriores, na fase conhecida como "milagre brasileiro" (1968/1973).

As transformações envolveram uma ação orquestrada em dois níveis. Por um lado, em termos institucionais, foram feitas várias reformas positivas e importantes, de natureza estrutural, entre outros: a criação do Fundo de Garantia por Tempo de Serviço (FGTS); a reforma tributária, que modernizou a estrutura de arrecadação; a criação de mecanismos de indexação que possibilitaram a convivência com a inflação, porém, minimizando as distorções desta; o fortalecimento do mercado de capitais. Por outro, em termos conjunturais, foi adotado um programa clássico de combate à inflação, envolvendo mecanismos de contração fiscal — com destaque para o aumento da arrecadação — e monetário/creditício. Esse tipo de programa enfrenta o desafio político do prazo de maturação, uma vez que seus resultados não são imediatos, o que muitas vezes, num ciclo político convencional, conspira contra suas chances de sucesso. Ao mudarem as regras do jogo, o governo autoritário da época dispôs de mais tempo para os frutos do ajustamento poderem surgir.

Os resultados, com a defasagem natural nesses casos, de fato apareceram. A inflação anual que, no período de 1961 a 1964, aumentara ao longo de todos os quatro anos em relação à do ano anterior, dos 31% de 1960 até os 92% de 1964, cedeu para a faixa de 30% a 40% anuais no biênio 1965/1966 e para 25% em 1967, criando as condições para uma retomada mais saudável da economia nos anos posteriores, uma vez debelada a urgência inflacionária existente em 1964. Já no contexto de um novo governo militar, que sucedeu a Castello Branco — inicialmente com Costa e Silva e depois com Médici — e com outra gestão econômica — agora sob o comando de Delfim Netto — a inflação continuaria cedendo, ficando na faixa de 10% a 20% nos cinco anos de 1969 a 1973, embora neste último ano, especificamente, com uma contestação importante em relação à veracidade do indicador oficial.

A "inflação por patamares" de 1973/1985

Após o sucesso da política anti-inflacionária de 1964/1967, reafirmado na gestão 1968/1973, a economia brasileira foi submetida a uma realidade bastante diferente nos anos posteriores, por duas razões. Primeiro, ao longo de 1968/1973 ela foi se aproximando da plena utilização de capacidade, o que gerava pressões crescentes de demanda, com o surgimento de pontos de estrangulamento que tendiam a pressionar a alta dos preços. Segundo, o choque do petróleo de 1973 causou uma onda expansiva de remarcação de preços de grande intensidade, em moldes algo parecidos ao que quase cinco décadas depois o mundo e o Brasil conheceriam em 2022 em função dos acontecimentos que se seguiram à guerra da Ucrânia, com o preço do petróleo também sendo o grande "vilão" da história, nesta década como naquela, acompanhado pela cotação de outras commodities. O resultado foi uma aceleração inflacionária forte. A taxa de variação dos preços, já agora sem qualquer contestação acerca de sua qualidade, aumentou de 16% em 1973, para perto de 30% no biênio de 1974/1975, com novas pressões elevando a taxa para a faixa de 40–45%, aproximadamente, no triênio 1976/1978. Em 1979, os reajustes salariais, até então, anuais, passaram a ser semestrais — num contexto político marcado por muitas greves e pelo surgimento do sindicalismo como um ator político relevante, do qual nasceu, justamente, a figura de Lula como líder metalúrgico — e isso, por sua vez, aumentou a inflação do ano (IGP) para 77%. Com o segundo choque do petróleo de 1979/1980, neste último ano, a inflação ultrapassou, pela primeira vez em nossa história, a marca de 100%, ficando aproximadamente nesse patamar pelos três anos 1980/1982. Dada a magnitude do salto ocorrido, as variações e oscilações dos anos anteriores perderam importância relativa e, em geral, o período 1974/1978 passou a ser tratado como um todo na historiografia econômica.

Foi nessa época que se começou a falar da noção de "patamares" de inflação. Assim, esta teria evoluído do "patamar" de 15–20% de 1969/1973, para o de 30–40% de 1974/1978 e, posteriormente, para o de 100% de 1980/1982, com o ano de 1979 sendo de "transição" entre patamares (Gráfico 4.1). No começo de 1983, a necessidade inevitável de uma mega-desvalorização, da ordem de 30%, provocou uma nova aceleração inflacionária, dos 100% de 1982, para o nível de 211% de 1983, onde permaneceria, *grosso modo*, com pequenas mudanças relativas — embora com alguma alta — até 1985, quando chegou a 235%.

GRÁFICO 4.1

A inflação por patamares: IGP (%)

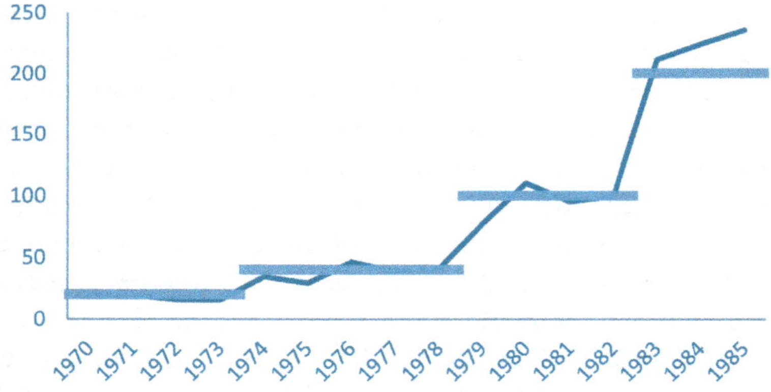

Fonte: Fundação Getulio Vargas (FGV).

No final do período de governo dos militares, tendo estes chegado ao poder em março de 1964, entre outras razões, com uma inflação que, em 1963, tinha sido de 80%, o então Ministro todo-poderoso da época, Antonio Delfim Netto, se notabilizaria por uma frase que denota a escassa ambição da época, num contexto em que os militares estavam em retirada e com poucas possibilidades de ação, assim como os civis em 1983: "Queremos apenas reduzir uma inflação indecente de 220% para um nível não menos indecente de 150% — depois, o próximo governo continuará a luta". Na verdade, sequer isso o Governo Figueiredo conseguiria, dado que a inflação de 1984 foi de 224%. O governo militar completaria seu ciclo de 21 anos no poder, em março de 1985, como dizem os espanhóis, *"sin pena ni gloria"*.

A dinâmica aceleracionista posterior ao Plano Cruzado: um animal diferente

Em 1986, algo parecia ter se rompido. Quando as taxas de inflação mensal começam a ser muito altas, o impacto de uma alta sobre a inflação anual é significativo. Se um país passa de ter uma inflação mensal de 3% a outra de 4%, a inflação anualizada correspondente a essas taxas passa de 43% a 60% (mais 17 pontos percentuais). Já se a taxa mensal passa de 6% para 7%, a inflação anualizada pula de 101% para 125% (mais 24 pontos percentuais). Uma taxa de inflação anual no "patamar" de 100% implica uma inflação mensal de 5,9%. Já o "patamar" de 200% está associado a uma taxa mensal de 9,6%. Em 1986, a taxa ameaçava claramente ir bastante além de 10% ao mês. Se a inflação mensal fosse a 15% e se conservasse estável, a taxa anual escalaria a assustadores 435%. O congelamento do Plano Cruzado, de 28 de fevereiro daquele ano, interrompeu essa dinâmica, mas, quando o plano fracassou, no final do ano, o problema ressurgiu *con tutti i fiocchi.*

Nesse contexto, em vez dos mecanismos de reajuste serem encarados pelos agentes econômicos como uma proteção contra uma inflação entendida como um fenômeno de natureza social praticamente constante, eles passaram a ser uma forma de proteção contra o aumento da própria velocidade de variação dos preços. Era como se, numa corrida, não apenas o corredor tivesse que manter o carro em alta velocidade porque os demais carros também estavam andando muito rápido, mas tivesse que acelerar cada vez mais porque os outros estavam fazendo o mesmo. Na economia, então, assim como no automobilismo, o risco era perder o controle desse processo.

Em uma economia com inflação anual mais ou menos estável de 40% ao ano, era absurdo não pleitear um aumento salarial próximo dessa taxa quando chegava a data-base de cada categoria de trabalhadores, pois, caso contrário, a perda real seria muito grande. Entretanto, quando se suspeita que a inflação a se verificar nos meses 13 a 24 deverá ser muito maior do que a observada nos meses 1 a 12, a inflação dos 12 meses anteriores ao reajuste será apenas um piso para as reivindicações futuras. As chamadas "expectativas aceleracionistas" serão dominantes no comportamento de cada indivíduo ou empresa. Na Suíça, de taxas anuais historicamente em torno de 1% a 2%, poucos pedirão um aumento salarial de 5% e quem pedir dificilmente irá consegui-lo. No Brasil, onde a taxa de inflação em um mês era de 12,0%, no outro de 13,5%, e no outro de 14,3%, pedir incrementos acima da inflação passada passou a ser a norma. Mais ainda: quem tinha salários indexados uma vez por ano passou a reivindicar dois reajustes por ano e quem tinha dois reajustes passou a reivindicar três. No final do processo, tudo se encurtava: a indexação salarial era mensal, as empresas recolhiam tributos para o fisco não uma, mas duas ou três vezes por mês, e a indexação dos títulos públicos no mercado financeiro passou a ser diária. Era um processo intrinsecamente instável e estressante — para as empresas, para a sociedade e para o mundo político.

O jornalista argentino Jorge Lanata disse certa vez que "na Argentina, a matemática é subjetiva: o resultado de 2 + 2 é 'depende' e não 4". Algo assim se passava no Brasil naqueles anos de inflação maluca dos anos 1980 e 1990. Imagine ter uma taxa de juros — hoje conhecida como SELIC — sendo definida diariamente pelo Banco Central, por meio de um instrumento que, naqueles anos, ficou conhecido como "taxa *overnight*". A inflação não é algo que possa ser conhecido instantaneamente: a taxa do mês *t* só será conhecida e divulgada com defasagem de tempo no mês *t+1*. Assumir um compromisso no começo do mês *t+1* referente a uma variável financeira é uma espécie de aposta no escuro. Considere-se o caso de uma inflação mensal de 30% — sim, havia essas coisas estranhas naquela época. Se existia a expectativa de que a taxa poderia se acelerar para, digamos, 32%, uma taxa de juros de 33% poderia, aparentemente, ser uma bela taxa real para o aplicador: 0,76% reais no mês.[2] Ou seja, 9,5% reais ao ano, uma taxa de retorno que, em qualquer país do mundo, seria espetacular. Porém, se ao invés da inflação aumentar de 30% para 32% ela aumentasse para 33,5%, a mesma taxa nominal citada de 33% implicaria uma taxa real negativa de 0,37%.[3] Ou seja, menos 4,4% ano. Atenção: não "menos de 4,4%" e sim "menos 4,4%" (taxa negativa). Em outras palavras, em termos reais, quem tinha 100,0, um ano depois teria 95,6. Dito de outra forma, ao invés de 10% reais positivos de retorno, 4% negativos. Que tal?

Quando, durante a década de 1970, a inflação no Brasil passou do "patamar" anual de 15–20% a outro de 30–40% a taxa mudou de nível, mas não de natureza. Essencialmente, a forma de as pessoas agirem e da economia funcionar era a mesma, numa situação ou na outra. Devido à vigência dos mecanismos de indexação, o mesmo se deu quando o "patamar" anual passou a ser de 100% — mantida a taxa relativamente estável, embora isso soe quase como um oxímoro. Porém, quando se estava no patamar anual de 200% e parecia que a taxa aumentaria mais ainda, algo aconteceu na "psiquê" e no comportamento dos agentes econômicos, e todos passaram a agir como se a inflação fosse aumentar indefinidamente.

As autoridades se viram então na presença de uma espécie de "animal" diferente. E, diante disso, entenderam que era preciso "fazer alguma coisa". Algo também diferente.

Os planos heterodoxos de 1986/1991

A perspectiva de aceleração da inflação e o aparente êxito que vinham tendo até então dois planos inovadores de estabilização, adotados na Argentina e em Israel, levaram as autoridades a decretarem, no final de fevereiro de 1986, o "Plano Cruzado". Este, considerado "heterodoxo", visava cortar o mal do fenômeno da indexação pela raiz. O argumento, resumidamente, era que, se todos os preços aumentavam mais ou menos à mesma taxa, a inflação deixava de ser um mecanismo de perda para alguns e ganho para outros em termos reais, pois os preços relativos da economia se manteriam. Assim, se "magicamente" os preços deixassem de aumentar, a distribuição de renda no ano se manteria também e ninguém sairia nem ganhando nem perdendo. Assim, os preços foram congelados no nível de 28 de fevereiro e a economia foi subitamente desindexada. Iniciava-se assim a "era dos planos heterodoxos". Seriam vários daí em diante.

Sem entrar em discussões técnicas, que encheram inúmeras páginas de jornais e textos acadêmicos naqueles anos, o plano tinha dois problemas. O primeiro era que, embora, eventualmente, ele pudesse fazer sentido para "congelar" a estrutura de preços relativos na economia, não resolvia o problema representado pelo fato de que, daí em diante, haveria um déficit público a financiar e ele poderia causar inflação na nova moeda. O segundo era que, ao serem congelados os preços na posição de 28 de fevereiro, os comerciantes que tinham acabado de reajustar seus preços naquela manhã ficariam felizes da vida — pois, em termos reais, os preços estariam "lá em cima", enquanto os comerciantes passariam a comprar insumos, daí em diante, congelados. Já aqueles que planejavam fazê-lo dia 1º de março estariam quebrados — pois seriam pegos com seus preços "lá embaixo", tendo que comprar matérias-primas, de um modo geral, mais caras que o preço delas quando o comerciante tinha aumentado seu produto, no começo de fevereiro. O resultado é que, embora os preços relativos pudessem estar "em equilíbrio" na média real do mês, estavam todos desequilibrados na posição específica de 28 de fevereiro.

Começou ali a "batalha das correções". Os empresários dos setores prejudicados iniciaram uma romaria às autoridades pedindo para "descongelar" ou "atualizar" os preços dos produtos X, Y e Z. Era a famosa "inflação corretiva". As autoridades, como costuma acontecer nesses casos, fecharam-se em copas, surdas aos apelos e tentando resistir para "salvar o plano". Com isso, apareceram os sintomas típicos de processos longos de congelamento, ou seja, o ágio, o desabastecimento ou, alternativamente, o "quilo de 900 gramas", forma original de "driblar" o congelamento, pela qual, em vez de vender o quilo por um valor mais caro, vendia-se pelo mesmo preço uma quantidade menor. De novo, as leis econômicas se faziam presentes. O governo fez de tudo para chegar às eleições parlamentares de 1986 em condições eleitorais favoráveis e, poucos dias depois do pleito, anunciou um "tarifaço" da gasolina. Daí ao fim do congelamento foi só um passo. Imagine o leitor o que acontece com a água numa panela de pressão que, subitamente, se abre e terá uma ideia do que aconteceu. No meio do "salve-se quem puder" de um descongelamento selvagem, a inflação mensal, que era de 3% num mês, passava a ser de 5% noutro e de 7% no terceiro. No desespero absoluto, a sociedade, meses depois, o que exigia? Bingo: um novo congelamento.

O Brasil ingressava, assim, no que, em termos técnicos, correspondeu a um período de "hiperinflação reprimida", em que uma tendência sistematicamente ascendente não apenas dos preços, mas da própria taxa de inflação, era apenas artificialmente reprimida, durante um curto período, por planos de estabilização baseados em formas diversas de intervenção no mercado financeiro e congelamento de preços (ver Gráfico 4.2).

GRÁFICO 4.2

Inflação mensal: IPCA (%)

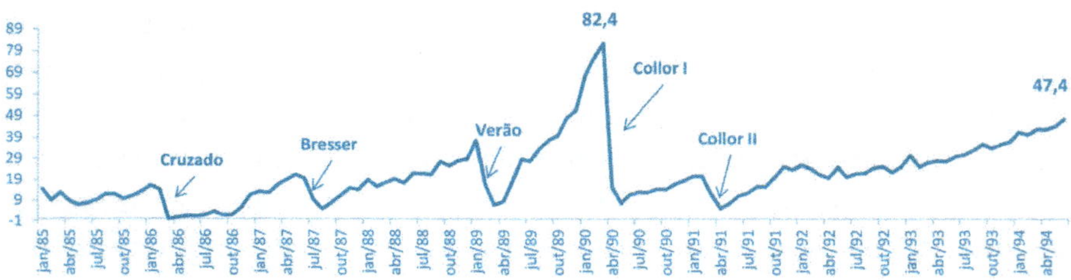

Fonte: IBGE.

O gráfico da inflação mensal assumiu, então, o formato característico de uma curva ascendente, interrompida por uma queda brusca, seguida de nova aceleração.[4] Ao todo, entre 1986 e 1991, foram cinco planos diferentes:

- Plano Cruzado (fevereiro de 1986)
- Plano Bresser (junho de 1987, implementado pelo então Ministro Bresser Pereira)
- Plano Verão (janeiro de 1989)
- Plano Collor I (março de 1990, acompanhado do confisco temporário dos ativos financeiros)
- Plano Collor II (janeiro de 1991)

No final desse processo, a sociedade parecia ter jogado a toalha. A sucessão de planos criava uma dinâmica terrível, pois

i) eles tinham cada vez menos credibilidade: da grande expectativa despertada pelo Plano Cruzado em 1986, chegou-se ao completo ceticismo com que foi recebido o Plano Collor II em 1991;

ii) o sucesso era cada vez mais efêmero: o país demorou muitos meses para o primeiro plano fracassar, ao passo que no último isso se tornou evidente com poucas semanas de vigência;

iii) o retorno da inflação se dava a velocidades cada vez mais intensas de aumento dos preços.

No último mês antes do Plano Collor I, de março de 1990, a taxa de inflação foi de 82%. Em um mês de 21 dias úteis — praxe do mercado, considerando um ano financeiro de 252 dias úteis — isso corresponde a uma taxa diária de 2,9% por dia útil. Ou seja, similar à meta de inflação de 3% para 2025 — para o ano inteiro. Naqueles anos, o Brasil tinha por dia a mesma taxa que agora pretendemos ter por ano. Eram tempos loucos.

Com a nova aceleração após o último plano fracassado, a taxa de inflação mensal em junho de 1994 — quando no dia 30 foi lançado o Plano Real — foi de 46,6% pelo IGP e de 47,4% pelo IPCA.

O Plano Real de 1994

Roberto Cachanosky, economista argentino, ao opinar sobre as medidas do governo de seu país na década de 2020 relacionadas ao controle de preços — como se elas no final não acabassem gerando mais inflação meses depois — disse que aquilo era "como ver duzentas vezes o filme Casablanca, esperando que alguma vez o final seja diferente". Algo assim ocorria com os planos de estabilização daqueles anos. Alguém, certa vez, definiu a hiperinflação como o regime em que ninguém sabe qual é a taxa de inflação anual. É uma definição que parece apropriada. Se, naqueles anos, se perguntasse em um dia qualquer aos dez economistas mais importantes do país qual era a taxa de inflação dos doze meses anteriores, provavelmente ninguém saberia porque, de certa forma, ela não tinha nenhuma importância. Quando nada aumenta apenas uma vez por ano, a inflação em doze meses perde significado, embora, obviamente, seja um indicador do grau de desorganização de um país. Nos doze meses anteriores ao Plano Collor I, de março de 1990, a inflação acumulada foi de mais de 6.800%, associada a uma inflação média mensal da ordem de 42%. Já nos doze meses que antecederam o Plano Real, a taxa em doze meses estava em mais de 4.900% (inflação média mensal perto de 39%) e em ascensão (Gráfico 4.3).

GRÁFICO 4.3

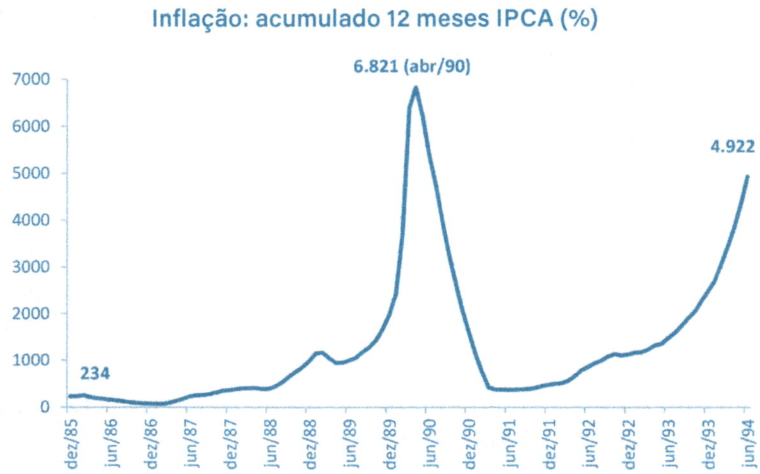

Fonte: IBGE.

A única vantagem desse fracasso dos planos anteriores é que eles permitiram às autoridades aprender com os erros. O ensinamento mais importante que restou foi que, para que um eventual novo plano pudesse ser bem-sucedido, ele teria que chegar ao "dia D" com os preços relativos efetivamente em equilíbrio — no dia e não no mês. Para isso, era fundamental incorporar à formulação do plano o fato de que muitos preços da economia aumentavam diariamente — ou várias vezes por mês — e não apenas uma vez por mês. Em outras palavras, era necessário encontrar uma espécie de "truque" para resolver a questão, por meio da criação de uma referência diária de indexação. Esse "truque" foi a Unidade Real de Valor (URV).

O Plano Real foi concebido no segundo semestre de 1993 e teve três grandes diferenças em relação aos planos anteriores:

i) o fato de ter sido lançado com antecedência, com explicações claras, em etapas, e sem que houvesse nada a esconder, com total transparência;[5]

ii) o papel-chave da URV, como forma de transição entre o lançamento inicial do plano e o dia D; e, *last but not least,*

iii) a circunstância de que, ao chegar o grande dia, a moeda anterior seria substituída não apenas por uma nova — coisa que já havia ocorrido em alguns dos planos anteriores — mas esta atenderia, não por acaso, pelo nome de "Real", algo semanticamente associado à noção de valor (real!) constante.

O *modus operandi* adotado é descrito a seguir. No começo de março de 1994, foi lançado o instrumento da URV. Esta era uma espécie de "moeda virtual", que cumpria as funções de unidade de conta, embora não fosse uma moeda física, e cuja cotação — na moeda da época — variaria diariamente e seria igual ao dólar norte-americano.[6] Era, em outras palavras, uma espécie de "dólar brasileiro" — hoje provavelmente o chamaríamos de "dólar virtual" — mas de natureza meramente contábil, pois não existia na forma de notas e moedas. Foi uma forma engenhosa de evitar a dolarização física da economia, procedimento que envolveria questões muito mais complexas — associadas à perda de uma referência-chave de uma nação, como é uma moeda própria — e que, de qualquer forma, era impossível na prática, uma vez que o Banco Central não tinha dólares suficientes para atender à demanda por moeda da economia.

As autoridades solicitavam à população que nos meses anteriores à implantação da fase final do plano, os diversos contratos e transações, na medida do possível, passassem a usar a URV como referência, enquanto a realização efetiva das transações financeiras continuaria a ser feita na moeda da época, mediante a simples multiplicação do valor mutuamente acordado pela cotação da URV do dia. Assim, criou-se uma "cultura da URV", associada a uma percepção de estabilidade. Algo poderia mudar muito de preço na moeda da época, mas, de um mês para outro, continuaria custando as mesmas "3 URVs", ou "35,4 URVs". Assim, salários, o preço da gasolina, o pãozinho, o aluguel etc., passaram a ser referenciados "em URVs".

Quando, no dia 30 de junho, conforme previamente anunciado, fosse anunciada a URV daquele dia, fixada em 2.750 na cotação da moeda da época, e, como também previamente anunciado, a moeda vigente até então passaria a ser substituída pelo Real, divulgou-se que a cotação dos produtos em R$ implicaria dividir os valores na moeda "antiga" — a partir daquele momento — por 2.750. Assim, o que custasse 2.750 passaria a custar R$1, e qualquer produto seria então calculado em R$ fazendo a citada divisão. Se, por exemplo, na moeda até então vigente — o "Cruzeiro real" — algo custasse 5.580 unidades, o preço em R$ seria de 5.580/2.750, ou seja, R$2,03.

Em poucos dias, a partir do dia 1º de julho, toda a base monetária na moeda "velha" foi substituída fisicamente, na rede bancária, pela moeda "nova". Iniciava-se, então, o Plano Real e uma nova fase da economia brasileira — voltaremos a este ponto daqui a alguns capítulos.

Um país mais normal

A inflação dos primeiros doze meses na nova moeda — medida ao comparar os preços "em R$" em julho de 1994 com os preços "em URV" em junho daquele ano — até junho de 1995 foi de 33%, tanto pelo IPCA — a rigor, 33,0% exatos — quanto pelo INPC — 33,4% neste caso. Pelo IGP foi maior (52%), pelo fato de que esse índice considerou a comparação das variações nominais em julho de 1994 com os preços na moeda anterior, porém, nos doze meses concluídos em julho de 1995 já tinha caído para 25%. Nos primeiros meses do Plano Real, houve alguns reajustes de preços relativos que ainda acabaram "contaminando" as taxas de doze meses durante algum tempo. De qualquer forma, nos doze meses completados em dezembro de 1995, a inflação anual já tinha caído para 22% pelo IPCA e pelo INPC — novamente, com pequenas diferenças de décimos entre eles — e para 15% pelo IGP.

Durante alguns meses — considerando que o Plano Cruzado havia demorado nove meses para fracassar — não se sabia exatamente se as baixas taxas de inflação observadas significavam que o Plano Real era de fato um sucesso ou se teria uma estabilidade inicial maior, como o de 1986, mas acabaria também fracassando. Hoje sabemos que foi um sucesso e veio para ficar, mas 1995 foi um ano difícil, de conquista da confiança de que "desta vez seria diferente". No final, acabou sendo, mas, naqueles meses angustiantes, ainda não se tinha plena certeza.

Depois, viriam os problemas. Derrubar uma inflação de 5.000% ao ano para 20% ou 30% ao ano pode ser alcançado com um "truque", mas trazer a inflação desses níveis para algo efetivamente bem baixo, entre 3% e 4%, pode demorar anos. O Brasil adotou o regime de metas de inflação em 1999 e a meta de inflação só foi definida como 3% para 2024, ou seja, três décadas depois do ano de lançamento do Plano Real.

Inicialmente, a inflação foi cadente ano a ano mas num processo difícil, no qual a inflação foi de fato bem baixa apenas em 1998 — quando, porém, a ameaça de uma desvalorização, que poderia empurrar a taxa novamente para cima, parecia iminente, como de fato aconteceu. E depois houve diversos altos e baixos: os problemas do segundo Governo FHC (1999/2002); a desobediência ao centro da meta no Governo Dilma; o pico inflacionário de 11% de 2015; e, mais recentemente, todos os problemas associados à pandemia, à crise das cadeias globais de produção, e à pressão inflacionária decorrente da guerra da Ucrânia, nestes casos como fenômenos globais, nos anos de 2021 e 2022. O fato é que, sob esse ponto de vista, embora com uma inflação maior do que a das economias desenvolvidas, como os EUA ou a área do euro, nos tornamos um país mais "normal". Mesmo com um resto de "dever de casa" ainda a fazer para realmente levar a inflação até a meta de 3%, ao olharmos para o *check list* das grandes tarefas realizadas, comparativamente ao desafio que o país enfrentou entre as décadas de 1970 e 1990, tem-se a impressão de que o "problema da inflação" parece ter sido relativamente encaminhado.

Há um problema, porém: para "cantar vitória" em definitivo, falta equacionar a questão fiscal. O que nos leva ao próximo capítulo.

05

O ETERNO COMPANHEIRO

"A dívida pública se assemelha a uma gravidez indesejada. Ela é geralmente a consequência não desejada e defasada de atos praticados com outros fins por mais de uma pessoa."

— Ricardo Hausmann
Economista venezuelano

Graduei-me em economia em dezembro de 1983. Naquele ano, o Brasil oficializou o pedido de ajuda ao FMI. Em matéria de estatísticas fiscais, vivíamos na idade da pedra lascada. Não havia nada sequer vagamente parecido ao conjunto de estatísticas, disponível na internet, divulgadas todo final de mês, e inteiramente críveis, que temos hoje. Quando as contas públicas começaram a ser apuradas, com um conhecimento, desde 1985, relativamente próximo ao do sistema de estatísticas que o Banco Central divulga até hoje, abrindo os dados do déficit público pelos componentes do Governo Central (Governo Federal e Banco Central, Estados e Municípios, empresas estatais), o déficit, no conceito da época, na média dos cinco anos 1985/1989, foi da ordem de 5% do PIB. Em 2023 — agora no conceito nominal — ele foi de 9% do PIB. A dívida líquida do setor público é hoje de mais de 60% do PIB e a dívida bruta do Governo Geral no Governo Lula 3 deverá se aproximar de 80% do PIB. Na estabilização de 1994, acreditava-se que o problema fiscal brasileiro poderia ser finalmente enfrentado. Ledo engano. Em 1995, o déficit nominal foi de 7% do PIB. Desde então, com altos e baixos, ele seguiu sendo elevado. Nunca foi inferior a 1% do PIB, em duas oportunidades (2015 e 2020) o déficit nominal do ano ultrapassou 10% do PIB e ainda agora desafia o Governo. Para toda a minha geração, o déficit público foi nosso eterno companheiro: acompanhou-nos a vida toda. Quem hoje tem mais de 60 anos tem seguido a saga fiscal há mais de 4 décadas. Nesse período, a inflação foi enfrentada com relativo sucesso. O problema fiscal, não.

Opinando sobre o período em que lhe coube exercer o comando da economia do país na década de 1960, Celso Furtado (que, note-se, nunca foi uma grande referência como economista da ortodoxia fiscalista) declarou acerca do seu colega de gabinete no Governo João Goulart e prezado amigo, Darcy Ribeiro, que "tudo o que o Darcy Ribeiro fazia, quando estávamos no governo, era impregnado do sopro utópico que emanava de sua imaginação. Já minha formação de economista prevenia-me contra o uso imoderado da fantasia".

Esse "uso imoderado da fantasia" por parte do personagem em questão foi testemunhado pessoalmente por mim, ao vivo, em 1982. Era o ano das primeiras eleições diretas para governador desde a década de 1960 e o ambiente político era efervescente. Darcy, uma estrela nos ambientes intelectuais de esquerda, ícone entre os educadores e candidato a vice-governador de Leonel Brizola — que foi o vencedor da eleição — compareceu a um debate no Teatro de Arena, na UFRJ, na Praia Vermelha, onde eu era estudante de economia. Eis que, como parte das suas promessas de campanha, ainda com muito vigor físico e visivelmente empolgado, Darcy solta a seguinte pérola: "Nós vamos dobrar a oferta de vagas na Universidade Estadual do Rio de Janeiro – UERJ, a cada ano. Nos quatro anos de mandato, vamos dobrá-la no primeiro ano, depois novamente no segundo e assim, até o final do mandato de quatro anos". Obviamente, a "galera" aplaudia em êxtase. Eu já estava no sexto período da faculdade (terceiro ano) e estava aproximadamente a um ano da formatura, portanto, tinha alguma ideia do que era razoável e do que não fazia sentido em matéria de economia. Além disso, no ensino médio, tinha aprendido o que é uma PG (progressão geométrica). É elementar mostrar que o número 2, elevado à quarta potência, dá 16. Em outras palavras, o provável futuro vice-governador, encarregado pelo provável futuro governador de cuidar da área de educação, estava prometendo multiplicar por dezesseis vezes o gasto de uma Universidade sustentada pelo Estado. Na época, Ricardo Hausmann não tinha dito a frase da epígrafe do capítulo, mas, sem dúvida, o comentário dele se aplicaria às consequências de tamanho desvario. Não é de estranhar que, com esse tipo de mentalidade enraizada em parte importante da população, o Estado do Rio de Janeiro tenha quebrado, pouco mais de três décadas depois.

Esse é o tema deste capítulo: o déficit público e seu corolário — a dívida pública. Depois de explicar as origens de nossa problemática fiscal, discutiremos as questões estatísticas, desde o surgimento dos primeiros dados apurados com base em metodologia similar à atual, até as mudanças mais recentes. Isso nos permitirá mostrar, posteriormente, a evolução das contas ao longo de mais de quarenta anos de desequilíbrios fiscais, desde os primórdios da década de 1980, até os dias atuais.

Um passado opaco

Ricardo Paes de Barros — o "PB" — é um economista brilhante, especialista em mercado de trabalho, distribuição de renda e políticas sociais em geral, conhecido pela impressionante produtividade, capaz de trabalhar com várias equipes ao mesmo tempo, esmiuçando os microdados das estatísticas para produzir resultados sempre muito interessantes. Regis Bonelli, por sua vez, foi um economista reconhecido por seus estudos sobre desenvolvimento e produtividade e que, além disso, tinha um extraordinário bom humor, muito apreciado por todos os seus amigos e colegas. Nos anos 80 do século passado, na época em que o IBGE não tinha a política de divulgação de dados que vem tendo mais recentemente e "segurava" muitas informações úteis, Regis cunhou uma frase acerca do PB que ficou célebre no IPEA — onde ele trabalhava — ao dizer que "em matéria de informações, o IBGE parece um elefante com prisão de ventre e o PB um ratinho com diarreia".

Algo similar ao IBGE poderia ser dito, até aquela época, acerca do Banco Central e dos dados fiscais: vivia-se na mais absoluta escuridão. O Brasil não é como os Estados Unidos, que tem estatísticas às vezes seculares sobre *n* dados. Aqui, em matéria fiscal, há algumas boas fontes de dados mais antigas que foram descontinuadas e, ao mesmo tempo, ótimos dados atuais, mas que não têm séries retroativas muito longas. O resultado disso é que é impossível contar uma história fiscal do país, do pós-guerra em diante, usando a mesma fonte de referência de dados.

Fazer política fiscal até a década de 1980 deve ter sido algo realmente difícil, pois as autoridades contavam com um conjunto de informações minúsculo, comparativamente à profusão de estatísticas das quais se dispõe atualmente. O passado, à luz do "raio X" que podemos fazer da realidade fiscal no presente, é necessariamente opaco.

Além disso, com o decorrer dos anos — e das décadas — o olhar sobre o passado se torna, naturalmente, mais panorâmico. Questões e detalhes que eram importantes, quando vistos um ou dois anos depois, se perdem na bruma do tempo ao serem observados com o olhar longínquo de quem enxerga a história algumas décadas após os acontecimentos.

A isso se soma a escassez de alguns instrumentos, notadamente os mecanismos de endividamento público atualmente existentes. A dívida pública, como a conhecemos hoje, um conjunto de sofisticados instrumentos financeiros com diferentes prazos e mecanismos de indexação, não existia como tal num passado mais distante. O que havia eram outras formas de endividamento, muito mais toscas à luz da realidade de hoje, que envolviam complexas e demoradas negociações e renegociações, frequentemente com credores externos. Diversas dessas estatísticas se perderam no tempo ou demandam custosas pesquisas bibliográficas em fontes pouco acessíveis.[1]

A vantagem decorrente dessa limitação original é que, quando as estatísticas fiscais e de endividamento público começaram a ser apuradas, em moldes similares aos de hoje — deixando de lado pequenas mudanças metodológicas que não cabe aqui detalhar —, não havia uma dívida pública muito elevada. Com efeito, a dívida líquida do setor público em 1981 — primeiro ano para o qual existiam dados disponíveis na época — foi de 27% do PIB, muito inferior à de outros países e àquela que o Brasil viria a ter nos anos posteriores.

As estatísticas atuais: Os primeiros passos

Em novembro de 1982, após as eleições para o Congresso daquele ano, como no famoso conto, foi possível dizer: "O Rei está nu". O governo revelou a situação em que se encontrava e anunciou que iria recorrer ao FMI e implementar uma série de medidas de ajuste para o ano de 1983.

O que ficou para a opinião pública daquele período foi a imagem dos técnicos do Fundo "intervindo" na economia brasileira, com todo o impacto político que isso sempre tem em qualquer país. Aquele foi mais um acordo meio frustrado, que acabou não conseguindo realizar os seus objetivos e se perdeu no tempo, mas o que deixou de legado mais importante foi a cooperação técnica que compôs parte do *kit*. Com a *expertise* de quem acompanhava as contas fiscais de mais de 150 países, o Fundo Monetário foi chave para que o Brasil começasse a estruturar um sistema de acompanhamento da realidade fiscal, envolvendo o Banco Central, o Governo Federal, o INSS, Estados e Municípios, bem como as empresas estatais.[2]

Tais estatísticas começaram a ser apuradas em 1983, sendo, em alguns casos, retroativas a 1981. Os dados iniciais, tanto os desses três anos, como também os de 1984, eram de uma qualidade sofrível. Em matéria estatística, às vezes é muito difícil, quando se estrutura um sistema de acompanhamento, conseguir retroagir a informação de forma fidedigna. Assim, sistemas que começaram a ser concebidos em 1983 — com a preciosa ajuda da equipe do Banco Central e a contraparte dos funcionários do FMI envolvidos na assistência técnica — e implementados em 1984 só passaram a ter informações plenas, já com base naqueles novos sistemas, em 1985. Por isso, muitas estatísticas ou só começaram de fato em 1985, ou existem desde 1981, mas com dados de fato mais confiáveis só a partir de 1985.

O Banco Central era encarregado de apurar as informações, no jargão fiscal, "abaixo da linha", através da mudança do endividamento. O termo remete à expressão gráfica de uma conta de subtração, em que se coloca um número, na linha de baixo se subtrai outro, e depois se faz uma linha para ter o resultado da conta de fazer o primeiro número deduzido do segundo. No mundo real, embora, por definição, a variação da dívida financie o déficit e este resulte da diferença entre receita e gastos, como se trata de estatísticas diferentes (de resultado fiscal e de dívida), os dados "não batem", sendo "ajustados" pela rubrica — presente em qualquer sistema de apuração contábil — de "erros e omissões", conhecida no jargão fiscal como "discrepância estatística".[3] As estatísticas "acima da linha" de receitas e despesas do Tesouro Nacional só vieram a ser implementadas anos depois, mas o dado oficial acerca do déficit público continua sendo, até agora, o do Banco Central.[4]

O longo caminho da institucionalização

Quando as estatísticas fiscais começaram a ser apuradas com cuidado, na década de 1980, apareceram expostas algumas de nossas mazelas históricas. Lucio Mansilla, escritor argentino do século XIX, certa vez definiu o ideal de vida do seu país por meio da rima do desejo de "*nacer becado, vivir empleado, morir jubilado*" (nascer bolsista, viver funcionário público, morrer aposentado). Na ocasião, isso se revelou, de forma marcante, quando começaram a aparecer os dados das empresas estatais. Embora muitas delas tenham prestado um serviço importante ao país na sua origem e, em alguns casos, durante algumas décadas, o fato é que, em determinadas situações, a sua função tinha sido objeto de diversas distorções ao longo do tempo, que acabaram funcionando como argumento em favor de sua privatização.

Seja porque tinham virado "cabide de empregos", seja pela politização dos respectivos cargos de comando — com o Diretor A indicado pelo partido X, o Diretor B pelo partido Y etc. — o fato é que, com o tempo, muitas se guiaram por objetivos distantes da eficiência desejada em empresas que eram parte do setor produtivo. O ex-Ministro Delfim Netto, que no cargo vivenciou esse drama de perto quando o governo criou a Secretaria Especial de Controle das Empresas Estatais (SEST) em 1979, costuma repetir, com sua mordacidade habitual, que "quando um órgão público é criado para resolver um problema, ele não o resolve e ainda cria outro".

Nesse sentido, a situação do governo no começo dos anos 1980 assemelhava-se à de um avião com um painel de controle com apenas dois ou três botões — e que, além disso, sequer funcionavam bem. Curiosamente, embora o país esteja convivendo há mais de quarenta anos com um déficit público relativamente elevado — e, em algumas ocasiões, muito elevado — o ambiente institucional em que se dá a atuação do governo melhorou bastante, devido à maior capacidade potencial de controle sobre as variáveis fiscais. Nesse sentido, cabe destacar, em particular, os seguintes avanços:

- o já citado nascimento da SEST, em 1979, para melhorar a gestão das empresas estatais;[5]

- a criação da Secretaria do Tesouro Nacional, na década de 1980, chave para a administração do caixa do Governo Federal;
- o fim da chamada "conta movimento", também nos anos 1980, conta essa que, até então, permitia ao Banco do Brasil financiar uma série de programas federais, na prática transformando a instituição numa fonte de emissão monetária sem o menor controle;
- o fim do sistema de orçamentos paralelos, mediante a inclusão de uma série de programas no Orçamento Geral da União, a partir da Constituição de 1988; e
- a privatização de muitas empresas estatais, na década de 1990.

O fato de o país não ter sido capaz de resolver seu problema fiscal demonstra que esses avanços institucionais não são, *per se*, condição suficiente para que ocorra um ajuste das contas públicas, mas eles certamente eram condição necessária para que isso pudesse ocorrer. Hoje o "painel de controle" que está à disposição do "piloto" — o Ministro da Fazenda, do Planejamento ou da Economia — é muito mais completo e complexo do que aquele que existia há quarenta anos, dando a ele condições de "apertar os botões" e ter êxito, ajudado, no caso, pelos avanços estatísticos também verificados nessas quatro décadas e aos quais ainda iremos nos referir. Se o ministro tem poder para, efetivamente, apertar ou não tais botões são "outros quinhentos", como se diz popularmente, mas que o painel de informações é muito mais sofisticado do que aquele do qual dispunham Mário Henrique Simonsen ou Delfim Netto quando ocuparam a pasta nas décadas de 1970 e 1980, isso é fato.

Quando o Brasil fez o FMI inovar

Quando o FMI começou a apurar e acompanhar as contas fiscais do país, em 1983, no contexto do acordo vigente naquela ocasião, a economia estava a caminho de uma inflação anual da ordem de 200% ao ano. Em qualquer país, o déficit público é expresso na moeda nacional, mas, isoladamente, isso não quer dizer nada. Nem um Prêmio Nobel de Economia conseguiria entender *a priori* o que significa, por exemplo, um déficit, digamos, por exemplo, de 20 bilhões de unidades da moeda do Zimbabwe. Na macroeconomia, a importância relativa dessa variável é expressa em relação ao tamanho da economia, medida pelo Produto Interno Bruto (PIB), ou seja, a quantidade de bens e serviços que um país consegue produzir ao longo de um ano. Um déficit público de 10% do PIB é, certamente, muito elevado. Outro de 1% do PIB, provavelmente, não será visto como algo preocupante.[6]

Por razões técnicas que não faz sentido esmiuçar aqui, a relação entre o déficit e o PIB é uma função da taxa de inflação. Embora esta afete tanto o numerador como o denominador da fração, a relação entre um e outro depende da inflação. Tudo o mais constante, um país com uma inflação anual de 100% terá um déficit nominal, como proporção do PIB, maior do que um país com uma inflação de 3%. Essa era uma questão que os brasileiros aprenderam a identificar quando a inflação aumentou rapidamente, na década de 1980. Os números abaixo dão uma ideia clara disso e mostram o déficit nominal como proporção do PIB, até o Plano Real:[7]

1985	29
1986	13
1987	32
1988	53
1989	83
1990	30
1991	27
1992	46
1993	65
1994	25

A inflação de dezembro a dezembro, por sua vez, medida pelo IGP, teve a seguinte trajetória:

1985	235
1986	65
1987	416
1988	1038
1989	1783
1990	1477
1991	480
1992	1158
1993	2708
1994	1094

A relação entre ambas as variáveis é clara:

- em todos os casos, aumentos de inflação geraram incrementos da relação Déficit Nominal/PIB e reduções da taxa anual estiveram associadas a uma queda desse indicador fiscal;
- o ano de menor déficit foi justamente o de menor inflação dos dez anos considerados.[8]

O déficit nominal é fortemente influenciado pela inflação, por embutir o componente inflacionário implícito na despesa de juros da dívida pública. Imagine o leitor que tem uma aplicação de R$100.000 em títulos públicos, com rendimento real anual de 5%. Na ausência de inflação, os juros que o governo lhe pagará todo ano correspondem a R$5.000. Já se a inflação fosse de 50%, os juros reais incidiriam sobre R$150 mil e, deixando de lado outros detalhes, *grosso modo*, os juros recebidos serão de R$7.500. Em termos do que esses recursos permitirão a um indivíduo comprar, porém, os dois números são equivalentes, ou seja, seu efeito é puramente contábil: R$5 mil, sem inflação, valem a mesma coisa que R$7,5 mil com inflação de 50%.

O FMI tinha muita experiência internacional lidando com países, mas não tinha experiência de ter programas em países com a peculiaridade de apresentarem: a) uma inflação tão alta; b) uma dívida interna importante; c) os mecanismos de indexação que existiam no Brasil.

Quando chegou aqui com sua "receita de bolo" tradicional, que algum economista na época definiu — brincando, mas não muito longe da verdade — como sendo "calcular o déficit e cortar pela metade", o Fundo verificou o seguinte:

i) a inflação continuava "muito bem obrigado", devido ao sistema de indexação; e

ii) cortar o déficit nominal pela metade, nessas circunstâncias, seria uma brutalidade, implicando uma redução do gasto real tão expressiva que seria impossível de levar a efeito.

Foi o Brasil, portanto — e os técnicos do governo em particular — que convenceram o FMI — inicialmente algo a contragosto deste — a "mudar os seus conceitos" e adotar, como critério de desempenho fiscal, não o déficit nominal mas sim o que na época se chamava de "Necessidades Operacionais de Financiamento do Setor Público". Isso nada mais era do que uma medida "real" do déficit público, que contabilizava na despesa de juros apenas o componente real deles, expurgando o efeito inflacionário.

O fato é que o déficit nominal, naquela época de inflação absurda que o país viveu, não tinha o menor significado econômico. Portanto, em bom português, ninguém "dava a menor bola" para o indicador. Era calculado, mas ninguém — nem as autoridades, nem os economistas, nem o mercado — prestava atenção nele. O dado que todos acompanhavam com lupa, sim, era o déficit medido pelo resultado operacional, chamado, tecnicamente, de "necessidades de financiamento", uma vez que ele mede a necessidade do governo de se financiar pelo desequilíbrio das suas contas (Gráfico 5.1).

GRÁFICO 5.1

Necessidades Operacionais de Financiamento do Setor Público (% PIB)

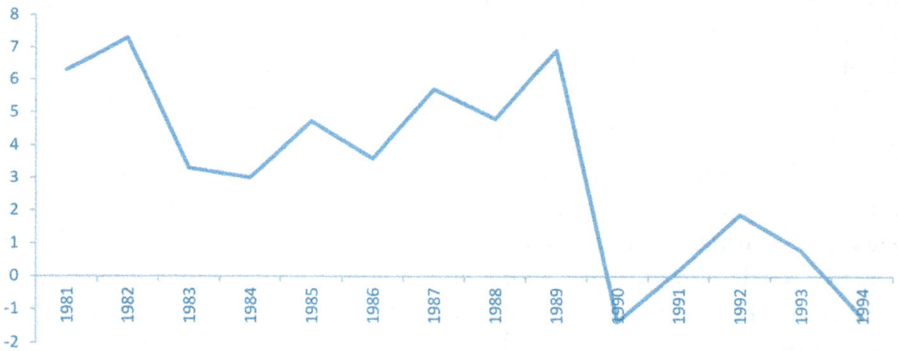

Fonte: Banco Central.

Milton Friedman, Prêmio Nobel de Economia, dizia que "a indexação é um mecanismo de primeira categoria para economias de segunda classe". Com a inflação que tinha na época, o Brasil, evidentemente, era uma economia de segunda classe (ou de terceira, na época da hiperinflação). Em tais circunstâncias, a indexação era um fenômeno inevitável. Quando, após a estabilização de 1994, a inflação cedeu drasticamente, a situação se inverteu: o cálculo operacional continuou a ser feito, mas ninguém mais ligou para ele — todos passaram a olhar o déficit nominal.

Ele é a soma de dois componentes: o déficit dito "primário" — ou seja, a diferença entre o gasto, excluindo a despesa de juros, de um lado, e a receita, de outro — e a despesa de juros. Se a receita excede o gasto primário, tem-se um superávit primário e então o déficit nominal é igual à despesa de juros menos o superávit primário. Para haver um superávit nominal, é preciso que o superávit primário seja maior que a despesa de juros, situação que é bastante difícil de encontrar em outros países e, no Brasil, nunca se verificou no resultado anual.

O período pré-estabilização, a partir da redemocratização do país, pode ser decomposto em dois subperíodos diferentes: 1985/1989 e 1990/1994. No primeiro, o superávit primário foi baixo, de 0,7% do PIB e a conta de juros reais foi "salgada" — de 5,8% do PIB —, gerando um déficit operacional de 5,1% do PIB. Já na segunda metade desse período de dez anos, houve uma inversão: o governo aprendeu a usar a inflação em seu favor, reduzindo o valor real da despesa, mediante o atraso dos pagamentos, e subindexando a dívida pública para pagar menos juros reais, com o que o superávit primário aumentou para 2,8% do PIB e a despesa real com juros caiu para 2,8% do PIB, resultando em um "equilíbrio" fiscal operacional. No entanto, como veríamos depois, quando a inflação caiu após o Plano Real, tratava-se de um equilíbrio algo "fajuto", ajudado pela inflação absurda daquela época.

Os avanços estatísticos

Comecei a lidar com finanças públicas em 1987. Naquela época, o país estava engatinhando em matéria de acompanhamento de indicadores fiscais. De alguma forma, nos anos seguintes, acabei sendo parte do debate especializado no tema, devido à minha atuação pública e à interação com autoridades, seja do mais alto escalão, seja das equipes técnicas de sucessivos governos, no Banco Central e na Secretaria do Tesouro Nacional.[9]

Quando o Banco Central começou a apurar os dados fiscais, no começo da década de 1980, o "problema fiscal" era representado, predominantemente, pela situação das empresas estatais (Gráfico 5.2). Com efeito, em 1981, a dívida destas correspondeu a nada menos que 57% da dívida líquida total do setor público como um todo — representado pela soma de Governo Central, Estados e Municípios, e empresas estatais dos três níveis de governo. Esse peso foi diminuindo, gradativamente, com o passar do tempo e, em 1994, já havia caído para apenas 24% do total.[10]

GRÁFICO 5.2

Composição da dívida líquida do setor público por tipo de devedor (%)

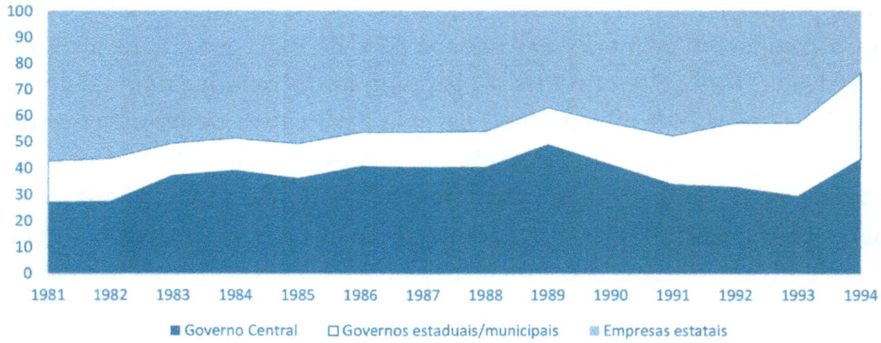

Fonte: Brasil – Programa Econômico, Boletim do Banco Central e notas para a imprensa do Banco Central.

Outra mudança relevante se deu com a composição por tipo de dívida. No começo da estatística da dívida atual, esta era predominantemente externa: representava 56% da dívida líquida do setor público em 1981 e subiu para 64% do total em 1983, com a maxidesvalorização daquele ano, que aumentou o valor real da dívida em dólares. Posteriormente, esse peso diminuiu, caindo para 28% em 1994 (Gráfico 5.3). Pouco mais de dez anos depois, em 2005, seria muito menos relevante, de apenas 7% do total da dívida líquida.

GRÁFICO 5.3

Composição da dívida líquida do setor público por tipo de dívida (%)

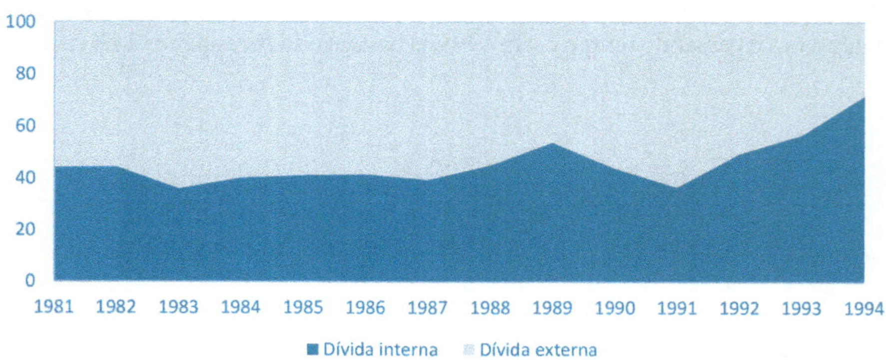

Fonte: Brasil – Programa Econômico, Boletim do Banco Central e notas para a imprensa do Banco Central.

Há alguns marcos que se destacaram como avanços na qualidade das estatísticas fiscais ao longo das décadas, em relação à situação inicial:

- a melhoria da confiabilidade dos dados ao longo do tempo, depois dos primeiros anos em que os índices divulgados inicialmente estavam sujeitos a grandes revisões, hoje praticamente inexistentes;
- o encolhimento dos "erros e omissões", expressivos até a década de 1990 e escassamente relevantes hoje;
- a prática de divulgar os dados mensalmente, a partir de 1995;
- a redução da defasagem de divulgação para apenas trinta dias entre o fechamento da estatística e a divulgação do dado, a partir de 1997;
- a desagregação do item "Estados e Municípios" entre "Estados" e "Municípios", a partir de 1998;
- a adoção das estatísticas de receita e despesa, com divulgação dos dados "acima da linha" do Tesouro Nacional, na década de 1990;
- a expressiva desagregação da estatística "acima da linha" do Tesouro, com uma grande granularização das informações divulgadas mensalmente, a partir de 2010.

Quatro décadas de desequilíbrios fiscais

A evolução dos resultados fiscais, ao longo das décadas, esteve associada, fundamentalmente, a cinco questões. Em primeiro lugar, a relação de forças entre os componentes técnico e político na tomada de decisões: situações nas quais os políticos "davam as cartas" estiveram associadas, historicamente, a casos em que, como dizia o falecido Deputado Luís Eduardo Magalhães, "tem muito Deputado que só pede coisas que têm cofre no meio". O domínio do caixa por setores representantes de partidos políticos tendeu muitas vezes a expandir o gasto público. Por outro lado, situações em que o ajuste se tornava uma imposição das circunstâncias favoreceram a colocação de limites por parte da área técnica.

Em segundo lugar, a situação fiscal foi influenciada pela disponibilidade de opções de financiamento: a ampla disponibilidade de capitais favorecia uma postura mais relaxada em relação à necessidade de controlar o déficit, ao passo que a contração do financiamento gerava pressões no sentido de controlar as variáveis de forma mais rígida.

Em terceiro, o resultado fiscal global dependeu da política monetária de cada fase. Como o déficit nominal tem um forte componente associado à despesa de juros, políticas monetárias mais restritivas geram propensão a um gasto maior com juros, que tende a refluir quando a SELIC passa por um período de queda.

Em quarto lugar, a institucionalidade cumpriu certo papel: a política fiscal, *ceteris paribus*, tendia a ser mais dura quando uma legislação rígida favorecia esse maior controle, como foi o caso da vigência do teto de gastos, entre 2016 e 2022.

Finalmente, é claro que o resultado fiscal depende, em parte, do nível de atividade, uma vez que situações de maior dinamismo econômico são mais propensas a serem acompanhadas de bons níveis de arrecadação, que ajudam na redução do déficit, situação que se reverte em casos em que a economia opera no terreno recessivo.

A Tabela 5.1 mostra o mesmo dado já apresentado no gráfico do resultado operacional até 1994, mas decompondo-o em detalhes por esfera de governo e entre os componentes primário e de juros. Na média dos dez anos citados, de 1985 a 1994, houve um déficit real de 2,6% do PIB, dos quais 1,0% do PIB foi de déficit do Governo Central, 0,6% do PIB de Estados e Municípios, e 1,0% do PIB das empresas estatais dos três níveis de governo. Pelo lado da composição alternativa do mesmo resultado, observou-se um superávit primário médio de 1,7% do PIB, com uma despesa real de juros de 4,3% do PIB, em média.

TABELA 5.1

Necessidades Operacionais de Financiamento do Setor Público (% PIB)

Composição	1985	1986	1987	1988	1989	1990	1991	1992	1993	1994
Governo Central	1,2	1,3	3,2	3,5	3,9	-2,4	0,1	0,7	0,7	-1,7
Estados e municípios	1,1	0,9	1,6	0,3	0,6	0,4	-0,7	0,7	0,1	0,8
Empresas estatais	2,4	1,4	0,9	1,0	2,4	0,6	0,8	0,5	0,0	-0,4
Nec. Financiamento	4,7	3,6	5,7	4,8	6,9	-1,4	0,2	1,9	0,8	-1,3
Resultado primário	2,7	1,6	-1,0	0,9	-1,0	2,3	2,7	1,6	2,2	5,2
Juros reais	7,4	5,2	4,7	5,7	5,9	0,9	2,9	3,5	3,0	3,9

Fonte: Banco Central.

Já a partir da estabilização de 1994, o "termômetro" mudou e o resultado a ser acompanhado com lupa foi o déficit nominal. Nos 29e anos entre 1995 (inclusive) e 2023, esse resultado, em média, foi de 5,2% do PIB, tendo começado com um déficit de 6,5% do PIB no primeiro ano da estabilização, com um máximo de 13,6% do PIB no "ponto fora da curva" de 2020 (ano da pandemia) e um mínimo de 2,0% do PIB em 2008, antes dos efeitos da crise do final daquele ano sobre o nível de atividade e a receita, em 2009. (Gráfico 5.4). Em 2023, especificamente, foi de 8,9% do PIB.

GRÁFICO 5.4

Necessidades de Financiamento do Setor Público – Conceito nominal (% PIB)

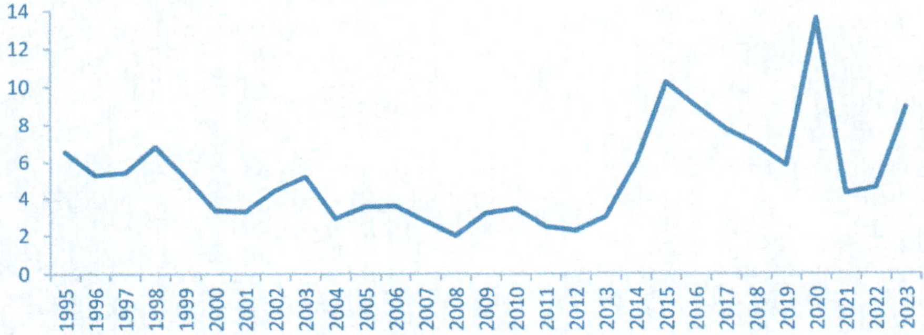

Fonte: Banco Central.

Nesse período entre 1995 e 2023, olhando para os dados com apenas uma casa decimal, podemos sintetizar a situação fiscal em função do número de anos com déficit nominal nos intervalos abaixo citados:

Até 3,0% do PIB:	**7 anos**
Acima de 3,0% até 5,0% do PIB:	**8 anos**
Acima de 5,0% até 7,0% do PIB:	**9 anos**
Acima de 7,0% até 10,0% do PIB:	**3 anos**
Acima de 10% do PIB:	**2 anos**

Sob essa perspectiva, não parece um desempenho tão assustador. Entretanto, os anos relativamente bons, com déficit abaixo de 3% do PIB, estiveram associados a situações vistas, em geral, como tendo poucas chances de perdurar, o que de fato acabou acontecendo. Por isso, combater o déficit público continua sendo uma das grandes "*asignaturas pendientes*", como se diz em espanhol — o nosso velho "dever de casa" — a ser ainda encarada pelo país. Voltaremos a essa questão mais adiante, neste livro. Tendo apresentado em detalhes duas das grandes "dores de cabeça" históricas do país — a inflação e o déficit fiscal — vamos agora analisar a terceira delas: as contas externas.

06

AQUILO QUE MATA

"A inflação aleija, mas o câmbio mata."

— Mário Henrique Simonsen[1]

Regis Bonelli e Pedro Malan escreveram, em 1976, um ensaio bastante comentado na época, no qual falavam dos "estreitos limites do possível".[2] A noção básica era que as condições de financiamento externo delimitavam, de alguma maneira, o espaço para o crescimento do país, em função do fato de que fases de crescimento mais acelerado poderiam se defrontar com obstáculos. Eles seriam decorrentes do ingresso da economia num terreno perigoso, no qual haveria dificuldades para financiar o "hiato de recursos" — na linguagem dos economistas —, resultante da insuficiência do financiamento doméstico, para o esforço de investimentos associado a uma expansão mais intensa.

Mário Henrique Simonsen refletia uma opinião parecida, de forma sintética, com sua famosa frase sobre a restrição externa. Em última instância, sintetizava seu raciocínio, os dois grandes problemas presentes em tantas ocasiões na economia brasileira — a inflação e as questões do Balanço de Pagamentos — tinham uma natureza diferente:[3] enquanto o aumento dos preços acarretava impopularidade e trazia tensões, de uma forma ou de outra convivia-se com ele; já no caso do setor externo, quando o financiamento estrangeiro era interrompido, de duas uma: ou a taxa de câmbio tinha que ser ajustada subitamente — e isso era sinal de grave crise na certa, pelos efeitos patrimoniais que acarretava para quem estava endividado nessa moeda — e/ou a necessidade de controlar e racionar as importações, para administrar os poucos dólares dos quais se dispunha — o que significava paralisar temporariamente a produção daqueles segmentos que não pudessem operar sem o abastecimento de matérias-primas e insumos importados.

Roberto Campos em *A Lanterna na Popa*, cita um caso constrangedor que revela a penúria em que viveu a economia durante décadas, obrigada quase que a "mendigar" financiamento externo para poder financiar seus desequilíbrios na conta corrente do Balanço de Pagamentos (BP). Campos rememora no seu livro um episódio ocorrido em 1952 e que ele presenciou *in loco*, quando o Brasil recebeu a visita de Dean Acheson, então todo-poderoso Secretário do Tesouro dos EUA. Escreve Campos: "Aberta a reunião, Acheson dirigiu a conversação exatamente do modo como eu previra. Os Estados Unidos se sentiam endividados em relação ao Brasil, pelo seu auxílio durante a guerra, mas esperavam que compreendêssemos que eventos subsequentes, como o deflagrar da Guerra Fria, as ameaças do comunismo na Europa e ultimamente o conflito na Coreia, tinham absorvido não só as atenções, como os recursos financeiros americanos. [...] Estava, entretanto, disposto a examinar propostas do governo brasileiro, que seriam atendidas na medida das possibilidades americanas. Houve a seguir um silêncio embaraçoso. Esperava-se que Getúlio Vargas iniciasse a resposta, mas ele se confinou a um mutismo inquietante. / Após esse silêncio embaraçoso, Vargas respondeu, ultralaconicamente, a Acheson, com uma só frase: — Nós precisamos de navios. / Para evitar maior embaraço, fiz uma interpretação construtivista. O Presidente queria dizer que o Brasil saíra da guerra com sua frota mercante destroçada, em vista da ação dos submarinos alemães e da obsolescência acelerada. De outro lado, os Estados Unidos mantinham ociosos em seus portos grande número de navios [...], tornados excedentes pelo esforço de guerra. Isso permitiria um auxílio imediato, sem o tempo que seria exigido pela construção de novos navios. Acheson acenou com a cabeça, num sentido de assentimento [...]".[4] Trata-se de uma pequena amostra do que era a dura vida das autoridades brasileiras da área econômica nas décadas de 1950 e 1960.

Tendo visto como evoluíram os outros grandes problemas que causaram as crises econômicas no passado — a inflação e a situação fiscal — este capítulo se concentra no terceiro grande problema, representado pelas crises recorrentes de nosso setor externo. Aqui discorreremos sobre a importância do financiamento externo; esmiuçar o significado da frase de Simonsen antes citada; sintetizar a situação vigente antes de 1964; tratar dos efeitos da crise do petróleo de 1973; expor o drama da crise da dívida externa do começo da década de 1980; e mostrar a importância da evolução dos termos de troca. Mais à frente, no livro, analisaremos a mudança ocorrida acerca da questão no atual século.

A questão do financiamento externo

Na década de 2020, ou seja, nos últimos anos, os brasileiros puderam acompanhar o "tango argentino" das negociações entre a Argentina e o FMI envolvendo o acordo de refinanciamento da dívida de US$44 bilhões com esse organismo, que tinha sido assumida pelo país no governo do ex-Presidente Mauricio Macri (2016/2019).

Aqui é necessário introduzir brevemente alguns conceitos básicos que os alunos de economia aprendem nas aulas de economia internacional do curso de graduação e que se relacionam com a estrutura da contabilidade das relações do país com o resto do mundo.

O Balanço de Pagamentos de uma economia, isto é, o retrato dos fluxos de entradas e saídas de recursos de um país, se divide basicamente em duas grandes contas, chamadas de "conta corrente" e "conta de capital e financeira". Na primeira, figuram as transações de bens (exportações e importações), serviços e rendas, enquanto na segunda são registradas as transferências de capitais de um país a outro, na forma, basicamente, de investimento direto, participações acionárias e empréstimos. Tradicionalmente, pela sua insuficiência de capitais, caberia esperar que um país em desenvolvimento, com menos recursos financeiros que os países desenvolvidos, apresente déficit nas suas transações correntes, compensado pelo financiamento recebido na conta de capital. Do resultado do balanço de ambas as contas dependerá o saldo global: se for positivo, o país acumulará reservas e, se for negativo, elas cairão — naturalmente, desde que o país tenha reservas para perder.

Essa estrutura cria um problema potencial para países nos quais o histórico de financiamento na conta de capitais se deu a partir de sucessivos empréstimos e não de investimentos diretos. Estes últimos envolvem decisões muito bem pensadas de alocação de capital de longo prazo, com fins eminentemente produtivos. Se a Shell decidir abrir trezentos postos de gasolina no Brasil ou se a nossa Havaianas decidir abrir uma fábrica na Colômbia, essas não são decisões a serem revertidas com muita facilidade, diante da primeira dificuldade econômica do país hospedeiro do investimento. A venda de uma empresa é algo que requer tempo. Acontece de vez em quando, mas é preciso tomar a decisão, contratar uma firma de avaliação, arrumar comprador, negociar, realizar a venda e repatriar o capital. Se vender um imóvel já requer, em geral, meses, o leitor pode multiplicar essas dificuldades por cinco para ter ideia do que significa vender uma empresa avaliada em milhões (ou até bilhões!) de dólares.

Já no caso dos empréstimos, a realidade é completamente diferente. Para começar, empréstimo tem data e prestações. Quando "vence" o capital da Shell aplicado em postos de gasolina no Brasil? Teoricamente, isso pode nunca acontecer: é como se fosse um "empréstimo" perpétuo, *sine die*. Já um empréstimo regular tem data de vencimento e prestações no meio do caminho. Isso significa que, se um país enfrentar problemas e o ato de emprestar para ele for percebido como mais arriscado pelos credores, esse país não apenas terá embaraços para financiar o seu déficit em transações correntes como, pior ainda, enfrentará dificuldades para refinanciar os passivos que vencem. Em outras palavras, nesse caso, não somente as transações correntes serão negativas, como a conta de capital também. Então, de duas uma: ou o país perderá reservas ou, se não as tiver, entrará em moratória — o famoso "devo, não nego, pagarei quando puder".

Os países podem se defrontar com situações do que a literatura denomina de *sudden stop*, ou seja, casos de "parada súbita" do fluxo de financiamento estrangeiro. Essas interrupções bruscas podem decorrer de problemas internos ou globais. Se o problema é interno, nada muda no mundo, mas as questões locais motivam uma "parada técnica" na entrada de recursos do exterior. Foi, por exemplo, o que aconteceu no Brasil em 2002 diante das incertezas acerca de qual seria o rumo do país após as eleições de outubro daquele ano.

Já se o problema é externo, um estresse na economia mundial reduz as possibilidades de financiar-se o déficit em transações correntes, em cujo caso o país tem que "se virar" para poder pagar suas contas. Foi isso o que aconteceu com os países latino-americanos no começo dos anos 1980, quando a alta das taxas de juros dos EUA aumentou muito o interesse dos grandes capitais internacionais em manter seus recursos nos próprios EUA e nos países centrais que seguiram essa tendência, reduzindo assim o interesse em alocar seus portfólios em países mais arriscados.

Mais recentemente, tivemos um caso próximo ao *sudden stop* na Argentina, em 2018. Macri tinha assumido a Presidência do país vizinho, em dezembro de 2015, com grandes problemas a resolver e uma situação externa bastante benigna. Ele precisava fazer um ajuste fiscal significativo para compensar o desarranjo que tinha sido deixado por Cristina Kirchner, mas isso certamente teria um custo político, uma vez que ajustar as contas nunca é fácil. Numa situação de fragilidade política, sem maioria no Congresso e tendo seus candidatos a governador perdido as eleições na maioria das províncias (estados), correta ou incorretamente, o fato é que Macri optou pela estratégia gradualista. Ela visava promover um ajuste fiscal aos poucos, baseado, basicamente, na recuperação da receita ao longo do tempo, seguindo o nível de atividade e assim evitando maiores traumas.

A estratégia envolvia uma lógica política, mas também tinha riscos. Como implicava conviver durante alguns anos com déficits — público e de transações correntes —, ela exigia duas coisas: tempo e financiamento externo. Até 2017, funcionou parcialmente. Em 2018, porém, problemas na Turquia fizeram os grandes investidores internacionais voltarem a ficar preocupados com países que tinham déficits elevados em conta corrente — e a Argentina estava no topo dessa lista. Assim, quase da noite para o dia, passou a haver uma fuga de capitais do país: temendo uma desvalorização do peso — que reduziria o valor do capital em dólares — muitos detentores de ações as venderam e saíram do país, e muitos empréstimos deixaram de ser renovados. Diante disso, em questão de duas semanas, a Argentina, que parecia ter deixado para trás a lembrança dos técnicos do organismo "escarafunchando" as contas, teve que recorrer novamente ao Fundo Monetário. Na prática, não é que a dívida tenha "estourado", mas sim que houve uma substituição de credores: antes, o país não devia ao FMI, mas devia muito a credores privados. Como uma parte destes se retirou, a dívida com eles diminuiu e a Argentina teve que assumir um pesado endividamento junto ao FMI. O impacto político disso, porém, foi enorme; um ano depois, Macri perdeu as eleições presidenciais para Alberto Fernández. Como diria Nelson Rodrigues, era "a vida como ela é".

O princípio de Simonsen

A frase de Mário Henrique Simonsen citada na epígrafe do capítulo retrata uma realidade presente diversas vezes na história brasileira. O país enfrentou essas dificuldades ao longo das décadas, basicamente de duas formas: em alguns casos, durante muitos anos, impondo controles severos às importações, sujeitas a racionamentos burocráticos de todo tipo;[5] em outros, quando mesmo controles draconianos não impediam uma erosão das reservas, e quando estas já estavam no limite, aceitando uma desvalorização do câmbio.

Mexer no câmbio era negativo por duas razões. Primeiro, pelo óbvio impacto na inflação, variável essa com efeito direto sobre a popularidade dos governantes em qualquer país do mundo. E segundo, porque, num país acostumado por décadas a ter controles cambiais, mudar a taxa de câmbio era uma espécie de atestado de derrota para o governante de plantão.

Depois de 1950, nos 44 anos até o Plano Real, o Brasil só não teve déficits nas suas transações correntes do Balanço de Pagamentos com o exterior em 4 oportunidades (6 anos): em 1964/1965, numa situação que combinou baixo crescimento econômico — que reduzia a pressão sobre as importações — com uma conjuntura muito favorável dos termos de troca; em 1984, ano de um *boom* das exportações, numa conjuntura mundial exuberante; em 1988/1989 quando, devido à moratória de Dilson Funaro, o país, ao voltar a negociar com os credores, teve que "ajustar ou ajustar" e gerar superávits para pagar parte da dívida externa, que caiu naquele biênio; e em 1992, quando a recessão e as dificuldades políticas do ano em que Collor sofreu o impeachment causaram uma combinação de elevação de saldos exportáveis e redução de importações para arcar com os compromissos externos, numa situação em que a negociação com os credores complicara-se novamente. Essa evolução esteve associada à dinâmica da trajetória da dívida externa bruta brasileira, que, nesses mesmos 44 anos, também caiu em apenas 4 oportunidades, embora os anos não tenham sido exatamente os mesmos que os de superávits em conta corrente.[6]

Um caso interessante para entender em que consistia o papel das autoridades no contexto que o Brasil viveu durante várias décadas foi o que aconteceu em 1982. No final daquele ano, em linguagem popular, "o país quebrou". O Banco Central ficou praticamente sem reservas, o financiamento do Balanço de Pagamentos no ano seguinte parecia impossível e, com o resultado das eleições parlamentares para governador, de novembro daquele ano, a incerteza política aumentou muito, com a perspectiva clara do fim do governo militar, após o que não se sabia exatamente o que poderia vir. Sem crédito externo, o governo, na ocasião, agiu em quatro frentes diferentes, cada uma delas com uma negociação específica:

- **Linhas de financiamento de exportações.** Em muitos casos, as exportações eram pré-pagas, ou seja, o exportador recebia o pagamento e depois exportava. Se essas linhas de crédito não fossem renovadas (para as exportações seguintes) o Brasil teria que ficar na contingência de "exportar dois por um", ou seja, teria que remeter para o exterior produtos já pagos, mas ainda não exportados e também as exportações regulares, mas só seria remunerado uma vez.
- **Refinanciamento de dívidas privadas.** Diante de empréstimos que venciam regularmente (a dívida externa brasileira, na ocasião, era da ordem de US$90 bilhões, portanto, todo ano havia muitos "papagaios" vencendo) era essencial tentar garantir que os credores aceitassem renovar esses empréstimos, evitando ter que assumir uma conta pesada de fluxo financeiro negativo na conta do Balanço de Pagamentos.
- **Renovação dos empréstimos oficiais.** Na época, havia uma dívida externa relevante com o chamado "Clube de Paris", que representava os países que haviam feito empréstimos ao Brasil e que, obviamente, não queriam ser objeto de um "calote" (*default*). A lógica financeira era a mesma do parágrafo anterior, mas a dinâmica negociadora era diferente, envolvendo mais esforço de diplomacia e entendimento com os governos dos países fortes.
- ***"New Money".*** Dada a magnitude dos desequilíbrios, em 1983 seria ainda necessário obter um volume considerável de recursos novos, pois todo o esforço que, realisticamente, o país conseguisse fazer, não seria suficiente

para evitar ter-se que incorrer na necessidade de obter novos empréstimos naquele ano.[7]

A essas iniciativas se somaram mais duas: i) uma expressiva desvalorização cambial no começo de 1983, que se, naquele ano, por um lado, colaborou decisivamente para dobrar o patamar de inflação de 100% para 200% e assim arrastar o que restava de popularidade do governo, por outro foi decisiva para o salto da Balança Comercial que veio a resultar da medida; ii) o programa com o FMI, cujos recursos foram essenciais para o financiamento do Balanço de Pagamentos na crise.

A situação antes de 1964

Situações como as acima explicadas eram correntes na vida das autoridades fazendárias do Brasil nas décadas de 1950 e 1960. A imagem de "passar o pires", tentando obter dinheiro do exterior, povoou muitas caricaturas dos Ministros da Fazenda naquela época, cabendo lembrar que não apenas a economia brasileira era muito diferente da que é hoje, como também o próprio mercado financeiro internacional era completamente diverso do atual, com os credores externos sendo essencialmente governos e, em algumas ocasiões, um grande banco internacional ou alguns deles.

Não é por acaso que diversos presidentes brasileiros tiveram como Ministros da Fazenda homens ligados diretamente ao mercado financeiro. A ideia de ter banqueiros como ministros estava associada à noção de que, para eles, seria mais fácil negociar com seus pares nos países desenvolvidos, por incluir, de alguma forma, uma conversa entre iguais. Foi por essa razão que, já antes, Dutra tivera no banqueiro Gastão Vidigal seu Ministro da Fazenda, prática depois repetida por Jânio Quadros com Clemente Mariani e por João Goulart com Walter Moreira Salles.

Fossem eles banqueiros ou apenas "homens fortes" na área econômica, na qualidade de ministros poderosos das suas pastas, o *script* era sempre o mesmo: parte importante de seu tempo era empregado em viagens ao exterior, negociações com governos e banqueiros estrangeiros, além das idas e vindas e tensões próprias desse tipo de situações. A agenda externa tomava um tempo relevante da vida cotidiana desses ministros. Foi assim com os nomes mencionados, da mesma forma que com o Ministro Oswaldo Aranha no segundo governo de Getúlio Vargas nos anos 1950, com Lucas Lopes durante o governo de JK e com Celso Furtado no governo de Jango.[8]

O roteiro dessas situações era quase sempre o mesmo: ida a Washington para negociar com o FMI e o Banco Mundial (às vezes, também com o *Eximbank*), contatos com alguns parlamentares-chave (especialmente aqueles ligados a comitês do Congresso norte-americano, que envolviam relações externas do governo dos EUA), ida a Nova York para conversar com alguns bancos e, algumas vezes, viagens à Europa para ter um périplo com características algo similares (porém, com menos interlocutores) nas praças financeiras de Londres e Paris — a Alemanha, na época, não tinha a importância atual. Em algumas oportunidades, havia uma extensão da viagem para negociar com bancos japoneses — neste caso já nos anos 1960, quando a Segunda Guerra Mundial havia ficado para trás e o Japão virara uma potência.

Excepcionalmente, como parte da tentativa de "sedução" visando à obtenção de capitais, a estratégia poderia envolver uma ida presidencial a Washington, embora isso fosse bem mais raro, por várias razões. Primeiro, o Presidente dos EUA se relaciona tradicionalmente com 150 a 200 países e quase todos seus representantes querem tirar uma foto na Casa Branca, portanto havia um óbvio problema de agenda. Segundo, de um modo geral, os presidentes brasileiros eram pouco versados na língua inglesa, o que os tornava pouco propensos a uma conversa que, para alguns deles, poderia ser algo humilhante — lembremos a cena já descrita com Getúlio e Acheson, em parte explicada pelas dificuldades linguísticas do brasileiro. Terceiro, essas conversas entre os presidentes, a rigor, tendem a ser em geral dispensáveis, pelo fato de que os elementos técnicos podem ser discutidos entre especialistas ou ministros, sendo as decisões a serem tomadas pelos presidentes mais de natureza geopolítica e estratégica. Esses aspectos eram fundamentais para determinado tipo de decisões, mas pouco relevantes quando o que se estava discutindo era se um crédito que venceria no ano X seria rolado por dez ou por doze anos e qual seria a taxa de juros.

Essa realidade que descrevemos até agora mudou sensivelmente em 1964, após a formação do novo governo. Isso não é difícil de entender:

- em plena Guerra Fria e após o "flerte" do Brasil com Cuba no começo dos anos 1960, o alinhamento do novo Governo brasileiro com os EUA era total;
- com o programa de ajuste e as reformas do Plano de Ação Econômica do Governo (PAEG), somadas à melhoria dos termos de troca, o Balanço de Pagamentos passou a ter um perfil muito mais confortável;
- a nova equipe econômica, em particular devido à presença de Roberto Campos, de estreitos laços com a comunidade financeira internacional e fluidos contatos em Washington, não tinha dificuldade em acessar

> as fontes de financiamento convencionais tradicionalmente disponíveis para os países em desenvolvimento, fossem elas governamentais ou privadas.

Essa realidade só seria ameaçada em 1973, com o choque do petróleo daquele ano.

A "reciclagem dos petrodólares" e o ovo de avestruz

O mundo mudou muito em 1973, com o choque do petróleo. Este alterou radicalmente os preços relativos — o petróleo se tornaria algo muito mais caro nas décadas seguintes — e trouxe consequências de curto e médio prazos, arrefecendo drasticamente o crescimento da economia mundial e, de um modo geral, aumentando as taxas de inflação em praticamente todos os países — não muito diferente do que ocorreu na década atual, com a guerra da Ucrânia e suas consequências. A principal mudança, porém, foi que criou os poderosos "novos ricos" do planeta Terra: os países árabes, grandes produtores de petróleo. Anteriormente considerados mais ou menos irrelevantes no cenário mundial, passaram, de repente, a fazer parte do xadrez geopolítico global, como aliados privilegiados dos EUA ou da Rússia e ficando ricos, muito ricos. Como as oportunidades de aplicação de grandes massas de capitais em lugares que se assemelham ao deserto são, pelas características físicas da região, limitadas, o que fizeram os detentores desses capitais? Aplicaram-nos, com bons rendimentos, nos principais centros financeiros do mundo.

E o que os bancos que receberam tais recursos, em Londres, Paris, Berlim, Amsterdã, Nova York, Tóquio etc., fizeram com esses recursos? Ora, dinheiro não é para ficar parado: os bancos vivem de emprestar. E a quem os bancos emprestaram os recursos? Não seria aos países árabes, evidentemente, que já não sabiam o que fazer com tanto dinheiro. Eles passaram a financiar quem estava necessitando de recursos. Por exemplo, os países do Terceiro Mundo com grandes déficits nas contas correntes. O círculo se fechava, então: a chamada "reciclagem dos petrodólares" estava completa. Assim, a dívida externa bruta do Brasil, que era de US$15 bilhões no final de 1973, chegou a US$64 bilhões em 1980.

Havia, porém, um pequeno detalhe: tais recursos eram emprestados a taxas de juros flutuantes. Mal comparando, era como endividar-se com base na taxa SELIC, que é variável: hoje pode ser 6%, um ano depois 2% e, no outro ano, 12%.

Esse processo de endividamento brasileiro passaria a enfrentar obstáculos para se manter nas chamadas "CNTS" (condições normais de temperatura e pressão). Foi naquela época que começou a aparecer a expressão "bola de neve" para definir o processo de endividamento em curso. A pergunta natural era: se, além dos déficits associados à diferença entre importações e exportações, o país tivesse que pagar os juros da dívida e, para isso, assumisse novos empréstimos, até onde esse processo iria? Em algum momento, os credores poderiam desconfiar de que essa dívida não seria paga — e, nesse caso, alguém deveria gritar: "Houston, temos um problema".

Se, já em condições normais, conseguir evitar um "calote" da dívida externa seria um desafio, as coisas se precipitaram em 1979/1980, quando o Brasil foi sacudido por dois movimentos que, conjuntamente, foi como se uma cidade tivesse que enfrentar, ao mesmo tempo, um terremoto e um tornado. De um lado, a alta das taxas de juros internacionais, que chegaram a "flertar" com o patamar da ordem de 20% — em dólares... De outro, o novo choque do petróleo, que gerou um novo aumento das importações do país, que ainda era muito dependente do abastecimento externo do produto. Com isso, o déficit em transações correntes do Brasil, já de US$7 bilhões em 1978, praticamente dobrou em 1980. Com a dívida parecendo ser impagável, o mercado externo se fechou para nós em 1981.

Foi nesse contexto, em meio a esse processo, durante a transição do governo militar iniciado em 1964, que dava mostras de exaustão mas ainda não tinha um esquema planejado de entrega ordenada do Poder aos civis, que, sendo dono de um vocabulário bastante peculiar, conhecido na época de todos os brasileiros, o então Presidente da República, João Batista Figueiredo, no final de 1979, ao convidar Antonio Delfim Netto para ser Ministro do Planejamento e consertar os estragos do endividamento externo, pediu ao novo ministro, conforme depoimento dele anos depois: "O Brasil é um pinto, mas o Geisel o fez botar um ovo de avestruz. Vá lá agora e costure o rabo do pinto".

O desastre dos 1980

Nicolás Wiñaski, jornalista argentino, disse no começo da década de 2020 que "a Argentina parece um desses hamsters de gaiola que ficam numa rodinha: correm o tempo todo, gasta uma energia enorme, mas estão sempre no mesmo lugar". É como no filme *Feitiço do Tempo*, em que o personagem principal acorda todos os dias para viver os mesmos acontecimentos.

De alguma forma, algo assim acontecia com o Brasil no que tange às crises do setor externo (ver Gráfico 6.1). Não é o mesmo um país ter uma dívida externa de US$50 bilhões quando tem um PIB de US$200 bilhões do que quando tem uma economia de US$1 trilhão. Ao mesmo tempo, como a mensuração do PIB em US$ está sujeita às flutuações cambiais, a dimensão relativa do endividamento externo tende a ser acompanhada pela comparação da dívida externa (em

US$) com outra variável expressa na mesma medida, ou seja, usando o mesmo termômetro — tipicamente, as exportações. Como a dívida se paga gerando recursos e estes provêm, em boa parte, dos produtos exportados, a relação Dívida externa/Exportações tende a ser considerado um bom indicador da capacidade de solvência externa de um país.

GRÁFICO 6.1

Dívida externa líquida/Exportações

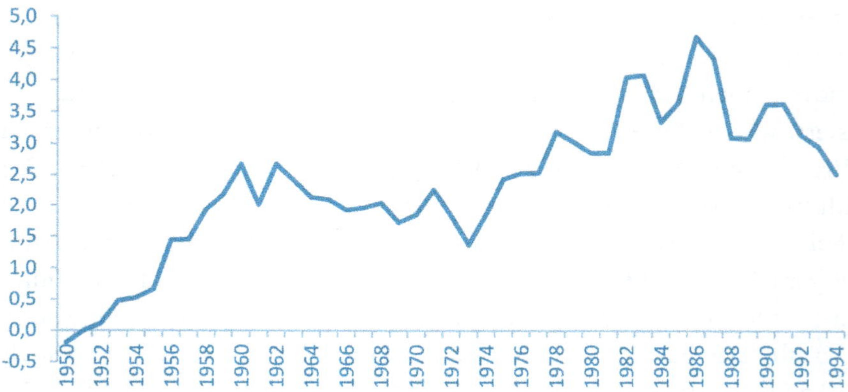

Fonte: Banco Central.

Da mesma forma que uma pessoa endividada mantém os recursos no banco, sem alterar, na prática, sua situação patrimonial, o conceito de dívida considerado tende a ser o da dívida líquida, que deduz do valor da dívida externa bruta as reservas internacionais do país.[9] O indicador Dívida externa líquida/Exportações de bens teve uma trajetória muito nítida ao longo das décadas, até a chegada da estabilização. Ele aumentou rapidamente na década de 1950 e, no final dela, o seu elevado coeficiente esteve associado à crise no epílogo do Governo JK, à qual já nos referimos anteriormente. A sua dimensão, a falta de solução das questões e o receio dos credores em se comprometer mais com o país, sem que os problemas fossem equacionados, levaram a uma espécie de "congelamento" desse indicador de endividamento durante alguns anos. Observou-se uma pequena queda em anos de grande desempenho do setor exportador, até que, em meados da década de 1970, a crise do petróleo, os grandes déficits que ela gerou e a necessidade de financiá-los mediante a "reciclagem dos petrodólares" levou a novo ciclo de forte endividamento, que gerou a crise dos anos 1980. O violento ajuste da economia, com uma recessão dramática no triênio 1981/1983 e a maxidesvalorização de 1983, mais os efeitos da própria renegociação da dívida após a moratória dos anos 1980, que acarretou um deságio de parte da dívida com os credores privados, geraram então uma combinação de contenção da dívida e aumento das exportações. Isso reduziu fortemente a relação Dívida externa líquida/Exportações entre meados da década de 1980 e o começo do Plano Real, em 1994, antes de voltar a aumentar com os déficits em conta corrente do Governo Fernando Henrique Cardoso.[10]

O ajuste dos anos 1980 não se fez sem grandes sacrifícios. No triênio 1981/1983, para gerar saldos exportáveis, foi preciso que as importações em dólares caíssem a uma taxa acumulada de 33%. Nesse contexto, o ajuste, bastante draconiano, arrastou o investimento — com queda acumulada no triênio de 31% — e, até mesmo, o consumo, que ao todo caiu 4%. Algo similar voltou a acontecer quase uma década depois, no triênio 1990/1992, quando a contração acumulada do investimento foi de 21% e o consumo total se estagnou.

Em alguns anos específicos, a dinâmica do indicador relativo do endividamento foi movida mais por movimentos do denominador (as exportações) que do numerador (a dívida). Isso ocorreu, por exemplo, em 1982, quando as exportações caíram de US$23 bilhões para US$20 bilhões devido ao péssimo desempenho da economia mundial, combinado com alguma queda dos preços de nossos produtos; em 1986, quando o *boom* de consumo do Plano Cruzado levou a uma redução dos saldos exportáveis e a uma queda das exportações de US$26 bilhões para US$22 bilhões; e em 1990, quando certa desorganização interna, devido ao confisco de ativos do Plano Collor, em março daquele ano, reduziu as exportações de US$34 bilhões para US$31 bilhões.

O capricho dos deuses

Além das consequências associadas às políticas nacionais, que, por suas características e desdobramentos, poderiam implicar uma melhoria ou uma piora dos indicadores de endividamento, a situação do setor externo brasileiro dependeu, ao longo das décadas, do imponderável, ou seja, a evolução dos termos de troca: a relação entre os preços de exportação e os de importação. Quando o país dá sorte e eles melhoram, o mesmo intercâmbio físico na Balança Comercial resulta em mais divisas para o Banco Central e o contrário ocorre quando o país dá azar e esses termos pioram. O Gráfico 6.2 mostra o que aconteceu com esse indicador entre o pós-guerra e a estabilização de 1994.

GRÁFICO 6.2

Termos de troca (1980 = 100)

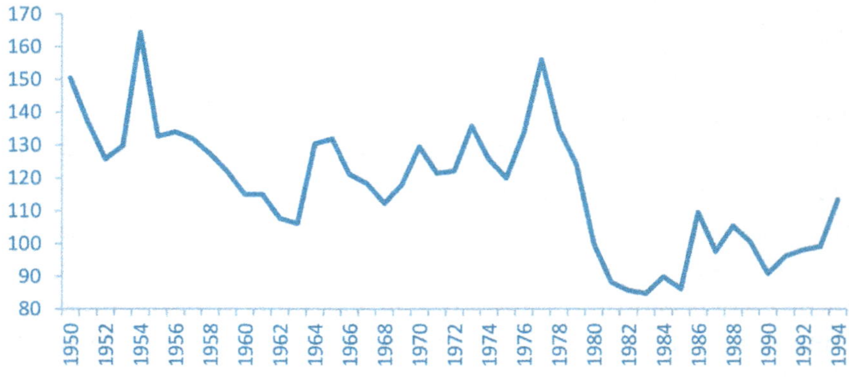

Fonte: FUNCEX.

Deixando de lado pequenas oscilações temporárias, observou-se, nesse período de quatro décadas e meia, basicamente, um conjunto de ciclos:

- uma fase de baixa das cotações relativas do país, bastante acentuada, entre 1950 e 1963, período no qual os termos de troca se deterioraram a uma taxa acumulada de 29%;
- anos positivos, entre 1964 e 1977, com um *boom* das commodities e nos quais a melhora acumulada dos termos de troca foi de 47%;
- anos negativos, entre 1978 e 1983, período de seis anos muito ruins para o mundo e, particularmente para o Brasil, no decorrer dos quais a perda acumulada dos termos de troca foi enorme, chegando a 46%;
- um período favorável, entre 1984 e 1994, de bom crescimento da economia mundial e melhora de 34% nos termos de troca.

No fim, ficou um certo sabor amargo do conjunto de 45 anos: os termos de troca do Brasil, em 1994, ainda estavam 25% abaixo em relação a 1950.[11]

Hegel disse, com amargura diante da repetição de certos problemas no mundo, que "o que aprendemos com a História é que não aprendemos nada". A rigor, neste caso específico, alguma coisa aprendemos com a História, como veremos daqui a alguns capítulos. As crises sucessivas do setor externo pelas quais o Brasil passou nos mostraram a necessidade de construir mecanismos de proteção para lidar melhor com os altos e baixos da economia internacional, os ciclos de abundância e escassez de liquidez no mercado global e a trajetória dos termos de troca. Aos trancos e barrancos, um pouco por mérito associado a esse aprendizado e um pouco por sorte, anos depois, teríamos a oportunidade de mudar as coisas, nesse ponto específico, o que implicou uma transformação estrutural para o país, como veremos daqui a algumas páginas.

Por enquanto, à guisa de síntese, cabe resgatar o seguinte: durante muitas décadas, processos de crescimento no país foram mitigados, interrompidos ou compensados negativamente pela presença, na economia, de um ou mais dos seguintes problemas: inflação, desequilíbrios em conta corrente no setor externo ou contas fiscais em situação crítica. Na década de 2020, este terceiro problema permanece como o grande enigma a ser ainda decifrado. Os outros dois, porém, foram atacados de frente, com soluções que nos aproximaram dos países que dão certo e onde a tendência ao crescimento de longo prazo não é afetada pela taxa de inflação ou pela situação externa.

Esse processo de avanços no Brasil tem três marcos: o Plano Real de 1994, a flutuação cambial de 1999, e a mudança externa de 2008. Veremos cada um desses três momentos da economia brasileira por separado, nos próximos três capítulos.

07

1994: ANTES E DEPOIS

"Um pouquinho de inflação não é ruim para um país."

— Hugo Moyano

Líder sindical argentino, em 2010

Depois do fracasso dos cinco planos de estabilização, de 1986/1991, o Plano Real, lançado em 30 de junho de 1994, foi recebido com um misto de ceticismo e torcida. Ceticismo, porque, após cinco frustrações, toda a população estava, de alguma forma, "escaldada" com tantas decepções. Torcida, porque, exatamente por isso e sentindo que o novo plano tinha características algo diferentes, havia uma vontade majoritária de que "desta vez desse certo".

O plano divide a história da economia brasileira em um antes e um depois da data de junho de 1994, por duas razões. Primeiro, porque é óbvio que não é a mesma coisa ter uma inflação anual de 3.000% ou 4.000% a.a. que outra de 20%. E segundo, porque ao ter uma economia relativamente estável, a população recuperou a noção de comparabilidade de preços, que tinha sido perdida na década de 1980. Se a inflação é de 40% ao mês, quem vai ao supermercado não tem como saber se um produto é "barato" ou se simplesmente ele terá seu preço ajustado no dia seguinte. Um indivíduo pode achar uma TV "cara" na Loja A, comparativamente ao preço que viu associado a ela uma semana antes na Loja B, mas sabe que corre o risco de, ao voltar a esta, o preço da TV ter sido reajustado e agora estar mais alto do que na Loja A. Já com uma inflação mensal na faixa de 1,0% a 1,5%, essas comparações se tornam muito mais claras e se estabelece uma competição maior entre os produtos e entre as empresas.

Os formuladores do Plano Real, porém, tinham em mente um projeto muito mais amplo que o de "apenas" reduzir a inflação. O objetivo era gerar uma verdadeira transformação das características da economia brasileira, vista como uma vítima de políticas que, se podiam ter sido justificadas no passado, não mais eram adequadas à realidade da época. Jorge Fernández Díaz, jornalista e escritor argentino, muitos anos depois, num diagnóstico sobre a crise em seu país, de longa data, escreveria sobre a idiossincrasia nacional vizinha nos seguintes termos, que se aplicavam em parte à nossa realidade: "Para o pensamento nacional argentino, defender a integração com o mundo é ser entreguista, ajustar a economia para ser fiscalmente sustentável é neoliberal, competir é darwinismo selvagem, meritocracia é coisa da direita, o agronegócio é colonial, a lei favorece os poderosos, toda atividade merece ser fomentada com subsídios, o estatal é melhor que o privado, o nacional é superior ao resto do mundo, o empreendedorismo é suspeito, o esforço é reacionário, a gratuidade é um direito, a aspiração à ordem é fascista e aplicar a autoridade é repressivo". Não é exagero dizer que tais palavras descrevem com rara precisão o que a equipe econômica tinha em mente quando o líder político desse processo, o então Presidente Fernando Henrique Cardoso (FHC), dizia que o Brasil tinha que "deixar para trás o varguismo".[1]

O Partido dos Trabalhadores, que liderava todas as pesquisas de opinião para a eleição presidencial que seria realizada no final daquele ano, cometeu um dramático erro de avaliação acerca das chances de sucesso do plano. Uma das figuras mais categorizadas do partido escreveu na *Folha de S.Paulo*, no dia 29 de julho, menos de um mês após a implementação, que "o Plano Real foi calibrado para chegar às vésperas das eleições. Com ele, o *apartheid* social vai se agravar", com isso sugerindo que, após as eleições, o plano teria o mesmo destino que os outros cinco anteriores e que o país empobreceria, com o aumento das desigualdades.[2] Ocorreu exatamente o oposto: o plano teve uma trajetória claramente diversa em relação aos seus antecessores — e houve um *boom* de consumo, beneficiando principalmente as camadas mais pobres da população. Esse erro crasso de interpretação afetaria a relação entre as duas principais forças políticas do país na época — o PT e o PSDB — pelos vinte anos seguintes.

Este capítulo contará um pouco dessa história, explicando o processo de evolução das ideias que levaram ao plano; mostrando o caráter de divisor de águas que este teve; reconhecendo que parte das aspirações de transformação do Governo FHC se viram frustradas; explicando algumas das mudanças ocorridas; listando as dificuldades derivadas da falta de coordenação de políticas; e apontando para o problema das elevadas taxas reais de juros que perduraram por mais de duas décadas.

Se, no passado, a Argentina e o Brasil tiveram histórias inflacionárias parecidas, isso mudou radicalmente desde os anos 1990 para cá. Em 2010, Hugo Moyano, um dos líderes do sindicalismo argentino, disse a frase que abre como epígrafe este capítulo. As consequências dessa filosofia desaguaram na inflação de mais de 200% registrada nos primeiros meses de 2024 no país vizinho. Felizmente, o Brasil se diferenciou claramente desse destino. Este capítulo explica essa saga.

Um longo aprendizado

"A clareza é a cortesia do filósofo", dizia Ortega y Gasset. "Clareza" é um termo-chave para entender o sucesso do Plano Real, após o fracasso dos planos anteriores. Aquelas experiências prévias tinham deixado uma sensação amarga, não apenas na sociedade brasileira, mas também nas sucessivas equipes que implementaram esses planos e acabaram, todas elas, fracassando. Com o passar do tempo, porém, e com a reflexão decorrente delas, três coisas foram ficando claras para os economistas:

- i) entrar no plano com os preços relativos ajustados seria condição *sine qua non* para ter êxito, premissa essa sem a qual todo plano estaria fadado ao fracasso;
- ii) evitar a "surpresa" do dia do plano, em que após sucessivas negativas, um belo dia ele era anunciado, era chave para a conquista de credibilidade;
- iii) explicá-lo de forma detalhada à população, didaticamente, era essencial para ter apoio e chances de sucesso.

O plano foi revestido também de um conjunto de medidas supostamente tendentes a viabilizar um ajuste fiscal. Porém, como este não se concretizou e, mesmo assim, o plano foi um sucesso, não enfatizamos esse aspecto aqui por não ter sido chave para o êxito da iniciativa.

O Plano Real foi apresentado como constando de três etapas. Na primeira, seria aprovado um conjunto de propostas para melhorar as contas fiscais de 1994/1995, supostamente como pré-condição para o êxito.[3] Na segunda, que se iniciou no dia 1º de março de 1994, o país passaria a conviver com a Unidade Real de Valor, conforme o mecanismo descrito em capítulo anterior. Finalmente, na terceira, que foi lançada dia 30 de junho, seria definido que uma URV corresponderia a um Real e que todo numerário em circulação na moeda prevalecente até então seria fisicamente substituída pela nova unidade monetária.

O mecanismo tinha um paralelo com o fim de algumas hiperinflações clássicas existentes na história do século XX, notadamente o do caso alemão de 1922 — não por acaso, objeto de estudo da tese de doutorado em Harvard de Gustavo Franco, um dos criadores do novo plano. O objetivo era promover uma "aterrissagem suave" da economia na nova situação, sem os traumas de uma recessão, mediante a adesão paulatina da população a um novo padrão monetário que passasse a ser associado à estabilidade, o que em parte explica o nome da nova moeda ("Real", justamente, para se diferenciar da ideia de variáveis meramente "nominais", que pouco significavam na época da alta inflação).

Como, nas demais ocasiões, o começo dos planos também havia sido alvissareiro, com um certo período de inflação baixa, inicialmente não se sabia se a menor inflação inicial seria o prenúncio do sucesso ou se apenas estaria se repetindo o padrão anterior, de taxas baixas nos primeiros meses do plano, seguidas por uma explosão dos preços. Com o passar dos meses, porém, foi ficando claro que o país não estava na presença do sexto plano de estabilização fracassado, mas sim do primeiro bem-sucedido.

Um antes e um depois

O Plano Real é um claro divisor de águas na história da economia brasileira, como fica claro observando o Gráfico 7.1, onde uma linha vertical separa o período anterior e posterior a 1994. Comparações similares poderiam ser feitas com outros índices de preços e não apenas com o IGP mostrado no gráfico.

GRÁFICO 7.1

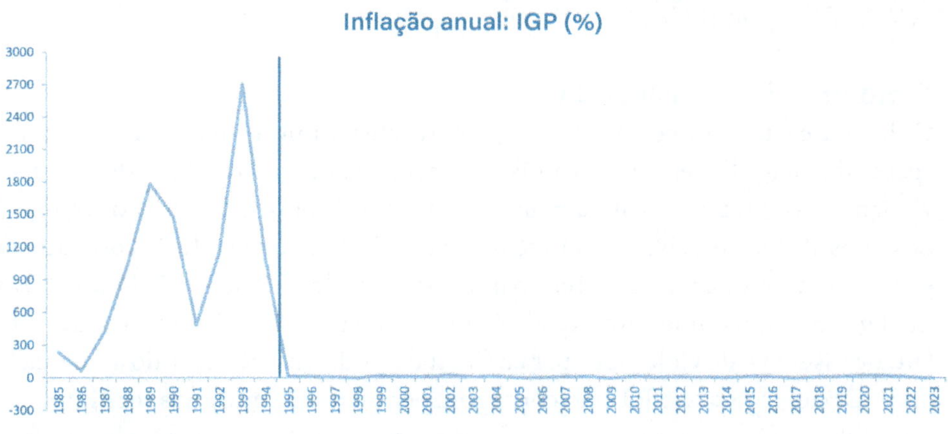

Fonte: Fundação Getulio Vargas.

A inflação desse indicador havia sido de 235% em 1985 e de 65% em 1986, ano do Plano Cruzado, com dois meses de inflação elevada antes do plano e dois meses de inflação em processo de alta em novembro e dezembro, quando o plano começou a fazer água por todos os lados. A partir daí, a anualização da inflação tendeu sempre a ser superior a 1.000% no ano, com a taxa anual só ficando abaixo disso — na faixa de 400% a 500% — nos anos de 1987 e 1991, em ambos os casos de modo artificial, devido ao sucesso inicial dos Planos Bresser

— de junho de 1987 — e Collor II — de janeiro de 1991 — que permitiram ter alguns meses de inflação mais contida na fase do congelamento inicial de preços. Já após o último desses planos, a inflação anual foi ascendente, sendo de 480% em 1991, 1.158% em 1992 e 2.708% em 1993. Em 1994, mesmo com a economia relativamente estabilizada na segunda metade do ano, a inflação anual em dezembro acabou alcançando novamente mais de 1.000% — 1.094%, para ser precisos, em todos os casos conforme o IGP.

As variações normais da inflação anual, a partir de 1994, perdem relevância diante da escala da inflação anterior: uma queda da inflação anual de 20% para 10%, por exemplo, é praticamente imperceptível num gráfico no qual a escala vai até 2.000% ou 3.000%. No IGP, nos primeiros doze meses de um ano completo (janeiro/dezembro) a inflação foi de 15% pelo IGP e 22%, tanto pelo INPC como pelo IPCA — com pequena diferença entre eles.

Nos quatro anos seguintes, coincidindo com o primeiro mandato do Governo de FHC, a inflação seguiria uma trajetória cadente: entre 1994 e 1998, a inflação, a cada ano, se revelava inferior à do ano anterior, em cada um desses três indicadores de preços. No ano de 1998, ela foi de 2% tanto pelo IGP, como pelo INPC e pelo IPCA.

A modernização truncada

O Plano Real foi uma construção engenhosa que permitiu, quase como por um "passe de mágica", deixar para atrás um problema que vinha afetando negativamente — ou muito negativamente — a economia brasileira desde o começo dos anos 1970: é preciso recuar até o ano de 1957 na série histórica do índice para encontrar uma taxa de inflação inferior à taxa do IGP de 1995 (14,8%).[4] "A inteligência é um crime para o qual não existe anistia", dizia Carlos Lacerda, e o fato de esse "ovo de Colombo" para o fim indolor da inflação ter tido a "marca" do PSDB foi algo que o PT não conseguiu perdoar nos vinte anos seguintes, o que acabou colocando os dois partidos em polos opostos da política brasileira nas seis eleições presidenciais que se seguiram ao Plano Real — 1994, 1998, 2002, 2006, 2010 e 2014. Em todos os casos, ou o vencedor foi o PSDB no primeiro turno — caso das vitórias de FHC em 1994 e 1998 — ou houve um segundo turno entre os representantes do PT e do PSDB — com as quatro vitórias consecutivas do PT, com Lula e Dilma, em ambos os casos duas vezes.

A fragmentação partidária — crescente a partir de então — combinada com a oposição aguerrida do PT às reformas desde o lançamento do Plano Real, e certa "fadiga" após o forte investimento de capital político do Governo FHC na quebra dos monopólios nas áreas de petróleo e telecomunicações em 1995, geraram uma espécie de "modernização truncada" da economia brasileira nos anos que se seguiram ao Plano Real.

Por um lado, houve mudanças importantes. Além da inflação, destacam-se as seguintes, a serem em parte explicadas ainda no presente capítulo:

- o fim dos monopólios da Petrobras e da Telebras, o que motivou um intenso processo de investimento nos segmentos de petróleo e telecomunicações nos anos posteriores a 1994;
- o forte ingresso de capitais estrangeiros, fruto também de outras reformas aprovadas no período, como a mudança constitucional permitindo a presença de capitais estrangeiros no setor elétrico e a mudança no conceito de empresa nacional;
- uma intensificação do processo de privatização.

Por outro, houve intenções iniciais da equipe econômica da época que acabaram se frustrando, entre as quais, notadamente:

- a impossibilidade política de promover uma reforma previdenciária relevante, para dar conta do desafio demográfico associado ao envelhecimento da população, processo esse apenas restrito a uma reforma modesta e que só veio a ser concretizado no país com a que foi realizada mais de duas décadas depois, em 2019, quando a despesa do INSS já tinha se expandido fortemente nas duas décadas e meia anteriores;
- a ausência de maiores progressos no processo de exposição do país a uma maior concorrência internacional, após a abertura comercial dos Governos Collor e Itamar Franco (1990/1994);
- a inexistência de qualquer avanço, durante anos, nas discussões sobre a autonomia operacional do Banco Central;
- as dificuldades para aprovar uma reforma trabalhista, proposta essa que só avançou parcialmente no processo legislativo no final do Governo FHC, em 2002, sem ter chegado ao último estágio de aprovação e sendo "engavetada" pelo Governo Lula em 2003.

Cabe registrar ainda um recuo posterior em relação ao avanço observado nos anos FHC, que foi o papel das agências reguladoras. Estas foram criadas naquele governo, com o fim de substituir o papel regulatório que, até então, era exercido pelos ministérios de cada pasta. Cabe aqui destacar, em particular, os casos do petróleo, com a Agência Nacional de Petróleo (ANP); das telecomunicações, com a Agência Nacional de Telecomunicações (ANATEL); e da energia elétrica, com a Agência Nacional de Energia Elétrica (ANEEL). Todas elas surgiram, de um modo geral, com um forte componente técnico e suas diretorias foram lideradas por executivos com um pronunciado viés técnico. Com o passar dos anos e dos governos, porém, a pressão política acabou derivando em indicações cada vez menos técnicas e mais politizadas, que distorceram a função das agências, piorando a qualidade das políticas públicas. Raciocínio similar pode ser feito acerca do fortalecimento inicial nos anos FHC e posterior politização do Conselho Administrativo de Defesa Econômica (CADE) como órgão de defesa e estímulo da concorrência.

Dito de outra forma, o "varguismo" ficou algo mais acanhado depois do Governo FHC, mas esteve muito longe de morrer. O "Brasil profundo" se fez notar novamente...

A abertura para o mundo

Em que pesem os tropeços mencionados, houve dois elementos de clara mudança nos anos que se seguiram ao Plano Real, em relação ao padrão da economia brasileira até 1994. Um deles foi o papel do capital estrangeiro (ver Gráfico 7.2, no qual o ano de 1994 também aparece com uma linha vertical, para diferenciar os anos posteriores e os anteriores a ele). A partir da queda do Muro de Berlim, em 1989, o fenômeno da globalização se acentuou muito em diversos países. Esta se manifestou de diversas formas e não apenas na intensificação das trocas comerciais. Uma dessas manifestações foi o aumento da migração de capitais, com empresas norte-americanas entrando na China, capitais europeus indo para outros países da Ásia, empresas japonesas estabelecendo filiais nos EUA etc.

GRÁFICO 7.2

Investimento direto estrangeiro: US$ bilhões

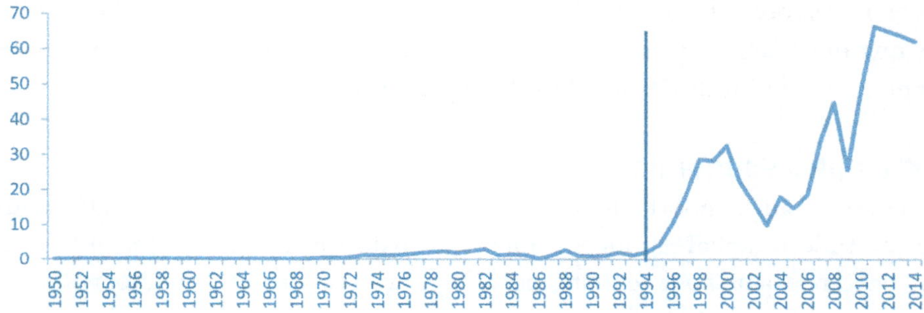

Fonte: Banco Central.

O Brasil, nos primeiros anos, permaneceu relativamente alheio a esse processo, visto por muitos economistas como virtuoso, por duas razões. Primeiro, pelas possibilidades de financiar desequilíbrios do Balanço de Pagamentos sem a ameaça de não renovação que se sempre paira sobre a concessão de empréstimos externos. Segundo, pela possibilidade inerente à maior incorporação de tecnologias que, supõe-se, tendem a vir acopladas a investidores oriundos de países mais avançados que o nosso.

Muitos anos mais tarde, tentando integrar-se a essa tendência, Mauricio Macri, ao tomar posse como Presidente da Argentina em dezembro de 2015, manifestou, no seu discurso de posse, a intenção de transformar a Argentina num "país produtivo, aberto ao mundo, inovador, pacífico e cultivador de consensos". Um propósito similar já estava na cabeça dos dirigentes que lideraram o Brasil na segunda metade da década de 1990, com o objetivo de dar um salto no processo de modernização da economia e integrar o país às grandes tendências observadas do mundo.

Nesse sentido, assim como no caso da inflação, a transformação observada após 1994 foi notável. Até o começo da década de 1990, o fluxo anual de investimento direto estrangeiro no Brasil era da ordem de grandeza de US$1 bilhão/ano, aproximadamente. De fato, o investimento médio nessa rubrica foi de U$1 bilhão/ano na média de 1985/1994, sendo apenas ligeiramente superior — comparativamente ao salto posterior — em 1994, quando alcançou US$2 bilhões. A partir daí, a escalada foi impressionante, com o valor da variável indo a US$4 bilhões em 1995, US$11 bilhões em 1996, US$20 bilhões em

1997 e uma média de US$26 bilhões nos dez anos de 2001 a 2020, chegando a um pico de US$67 bilhões em 2011. Evidentemente, a variável apresentou oscilações expressivas no século atual, com muitos altos e baixos, dependendo dos humores da economia mundial e da maior ou menor percepção de risco, como se pode ver no Gráfico 7.2, com as incertezas políticas de 2001/2003 ou os efeitos sobre a disponibilidade de capitais da crise internacional de 2008; de qualquer forma, porém, a diferença entre a dimensão da variável antes e depois de meados da década de 1990 é perceptível a olho nu.

Uma outra economia

A outra mudança importante que ocorreu no "mundo real" nos anos FHC, além da abertura ao capital estrangeiro, foi o avanço da privatização. Esta já tinha tido um papel relevante nos anos anteriores, em relação aos processos muito modestos observados nos anos 1980, fato simbolizado pelo dado de que a primeira privatização do Governo Collor — a Usiminas — arrecadou mais do que todas as quase quarenta privatizações ocorridas na década de 1980. Entretanto, os números das vendas de empresas estatais feitas nos Governos Collor e Itamar Franco, por sua vez, empalidecem diante do volume das operações realizadas posteriormente (Tabela 7.1).

TABELA 7.1

Receita de privatização: 1991/2000 (US$ bilhões)

Setores	1991	1992	1993	1994	1995	1996	1997	1998	1999	2000	Total
Siderurgia	1,9	1,6	3,8	0,9							8,2
Petroquímica		1,5	0,2	0,5	1,2	0,3					3,7
Fertilizantes		0,3	0,2								0,5
Energia elétrica					0,4	4,0	13,7	9,7	2,5	2,0	32,3
Telecomunicações						0,7	4,7	25,8	0,4		31,6
Bancos							0,7	0,6	0,2	4,3	5,8
Vale Rio Doce							6,9				6,9
Outros	0,1			0,9		1,5	1,7	1,3	1,3	4,5	11,3
Total	2,0	3,4	4,2	2,3	1,6	6,5	27,7	37,4	4,4	10,8	100,3

Fonte: BNDES.

A literatura sobre o tema sublinha a existência de diferenças importantes entre as privatizações feitas nas décadas de 1980 e aquelas que ocorreram de 1991 a 1994. Em particular, entre elas, se destacam:

- nos anos 1980, a maioria das empresas vendidas era, de um modo geral, de porte médio, ao passo que na década de 1990 passaram a ser vendidas empresas efetivamente significativas em termos de faturamento e valor dos ativos;

- na década de 1980, tratou-se basicamente de "reprivatização" de empresas que tinham caído em mãos do Estado como forma de salvá-las — muitas vezes, através da ação saneadora do BNDES — enquanto na primeira metade dos anos 1990 observou-se a privatização de empresas que, desde o início, tinham sido estatais;
- as privatizações dos anos 1980 se deram de forma pulverizada pelos mais diferentes segmentos, ao passo que no período 1991/1994 o destaque foi para a privatização de setores inteiros (siderurgia, petroquímica e fertilizantes);
- as privatizações da década de 1980 não obedeceram a uma política governamental clara, mas, sim, foram iniciativas formalmente adotadas pelo BNDES, como detentor das empresas, na maioria dos casos, sem maior envolvimento do Governo Federal;
- ao contrário das privatizações dos anos 1980, feitas *ad hoc* e sem terem um marco legal definido, as dos anos 1990 se deram na vigência de uma Lei Geral das Privatizações, aprovada no início do Governo Collor, em 1990, ainda que depois tenha sofrido modificações posteriores.[5]

Já as diferenças entre as privatizações de 1991/1994 e as que se seguiram referiam-se aos seguintes aspectos:

- houve um claro diferencial no montante, com um nítido aumento, novamente, da escala do volume das operações;
- as novas privatizações alcançaram também a alçada estadual, muitas vezes como contrapartida do apoio federal a algumas iniciativas dos governos estaduais; e, principalmente,
- enquanto as privatizações de 1991/1994 afetaram basicamente indústrias, as de 1995/2000 envolveram fortemente os serviços públicos, em particular os setores de telecomunicações e energia elétrica.[6]

No total de dez anos 1991/2000, a receita de privatização foi equivalente a US$100 bilhões.[7] Este valor pode ser decomposto de diversas maneiras:

- US$82 bilhões de receita direta de vendas e US$18 bilhões de transferência de dívidas das empresas vendidas aos novos detentores;

- US$66 bilhões de privatizações federais e R$34 bilhões de privatizações de empresas estatais estaduais;
- US$94 bilhões de privatizações do "setor real" da economia e US$6 bilhões de privatização de bancos, com destaque para o caso do Banespa; e
- US$12 bilhões associados às privatizações de 1991/1994 e US$88 bilhões às privatizações de 1995/2000.

Nesse sentido, pode-se dizer que a economia brasileira no final da década de 1990 tinha um perfil razoavelmente diferente daquele revelado dez anos antes, com uma atuação maior do capital privado *vis-à-vis* o estatal e uma maior presença do capital estrangeiro.

As políticas divorciadas

A política econômica é feita, no dia a dia, por meio da combinação de duas políticas específicas: a monetária e a fiscal. Embora teoricamente ambas sejam "braços" operando sob a direção do mesmo "cérebro", na prática, nem sempre, como se diz na linguagem coloquial, elas "falam entre si" ou "andam juntas". O descompasso pode decorrer de diferentes situações, por exemplo:

- a existência de diferentes alçadas: a política monetária está sujeita a um Banco Central, na prática, autônomo, enquanto a fiscal fica a cargo de ministros nomeados por outras autoridades eleitas, que podem demitir aqueles a qualquer momento;
- a diferença de postura entre autoridades, quando o Banco Central, por exemplo, é mais ortodoxo que as autoridades da área fiscal;
- a maior permeabilidade da política fiscal às definições de políticas geradoras de déficit, pela pressão por aumentar gastos ou diminuir impostos etc.

Desde o fracasso dos planos de estabilização anteriores ao Real, os economistas — ou a maioria deles — vinha repetindo, como uma espécie de "mantra", que um plano ideal deveria envolver a combinação de três elementos:

- um mecanismo de desindexação que quebrasse a inércia inflacionária;
- um ajuste fiscal, para evitar a necessidade de monetizar déficits futuros, que pressionassem os preços; e

- uma política monetária apertada, num primeiro momento, para evitar a "tentação" de apostar contra o sucesso do plano, retendo assim os recursos de potenciais especuladores no sistema financeiro e evitando que se destinassem à especulação com estoques ou ativos financeiros.

A essa prescrição inicial se somou uma circunstância específica, representada pelo fato de que, em dezembro, pouco tempo depois do lançamento do Plano Real de junho de 1994, a estabilização do México — que em parte servira de referência ao Plano Real — foi por água abaixo, com o peso mexicano sofrendo uma drástica desvalorização e a inflação daquele país escalando rapidamente. Sob a ameaça de que algo similar ocorresse com o Brasil, as autoridades enfrentaram um início de ataque especulativo contra o Real — que, se fosse bem-sucedido, implicaria o fracasso do plano, provavelmente — e foram levadas a aumentar as taxas de juros. Depois, por uma razão ou outra, os sucessivos processos de redução de juros se viram interrompidos, abortados ou atropelados, nos anos seguintes, de modo que, durante muitos anos, as taxas reais de juros foram extraordinariamente elevadas.

De um modo geral, tirando algumas fases curtas, quando se olha para o panorama de períodos longos, pode-se falar que as políticas fiscal e monetária estiveram "divorciadas" entre si durante boa parte dos anos posteriores a 1994, com a política fiscal exercendo impacto expansionista, para estimular a economia através das políticas de demanda, enquanto a política monetária era contracionista, com taxas de juros reais fortemente elevadas durante muito tempo.

Em linhas gerais, mal ou bem, a combinação de políticas acabou levando a uma trajetória favorável da inflação (Tabela 7.2). Analisando especificamente a evolução do IPCA, índice oficial de inflação, observa-se que ele passou a ser mais favorável ao de um país "normal", em contraste com a completa falta de normalidade associada às taxas de inflação extremamente elevadas, vigentes até 1994. Assim, a taxa de inflação, ainda de pouco mais de 20% por esse índice, no início da estabilização, em 1995, caiu até 2% em 1998; sofreu uma aceleração, com oscilações, no segundo Governo FHC, quando em 2002 chegou a 13%; após ceder em 2003/2004 oscilou, *grosso modo*, entre 3% e 6% nos dez anos entre 2005 e 2014; enfrentou uma forte alta, para 11% no ano crítico de 2015, com forte pressão derivada da crise política da época; caiu fortemente para 6% em 2016; oscilou entre 3% e 5% de 2017 a 2020; e sofreu as consequências da crise dos canais mundiais de abastecimento e da guerra da Ucrânia, aumentando para 10% em 2021, com quedas posteriores em 2022/2023 para a faixa de 4% a 6%.

TABELA 7.2

Inflação anual: IPCA (%)

Ano	Inflação	Ano	Inflação	Ano	Inflação	Ano	Inflação
		2001	7,7	**2011**	6,5	**2021**	10,1
		2002	12,5	**2012**	5,8	**2022**	5,8
		2003	9,3	**2013**	5,9	**2023**	4,6
		2004	7,6	**2014**	6,4		
1995	22,4	**2005**	5,7	**2015**	10,7		
1996	9,6	**2006**	3,1	**2016**	6,3		
1997	5,2	**2007**	4,5	**2017**	3,0		
1998	1,7	**2008**	5,9	**2018**	3,8		
1999	8,9	**2009**	4,3	**2019**	4,3		
2000	6,0	**2010**	5,9	**2020**	4,5		

Fonte: IBGE.

A "substituição de anomalias"

Quando os historiadores se debruçarem sobre a economia brasileira do final do século XX e primeiros anos do século XXI com a perspectiva histórica — em que os fenômenos tendenciais tendem a prevalecer sobre as questões menores do dia a dia — provavelmente eles concluirão que em 1994 houve uma espécie de "substituição de anomalias": o Brasil deixou de conviver com uma taxa de inflação anômala por qualquer ângulo do qual se olhe e, em compensação, passou a exibir taxas de juros reais dificilmente passíveis de serem observadas em outros países durante tanto tempo (Gráfico 7.3).

GRÁFICO 7.3

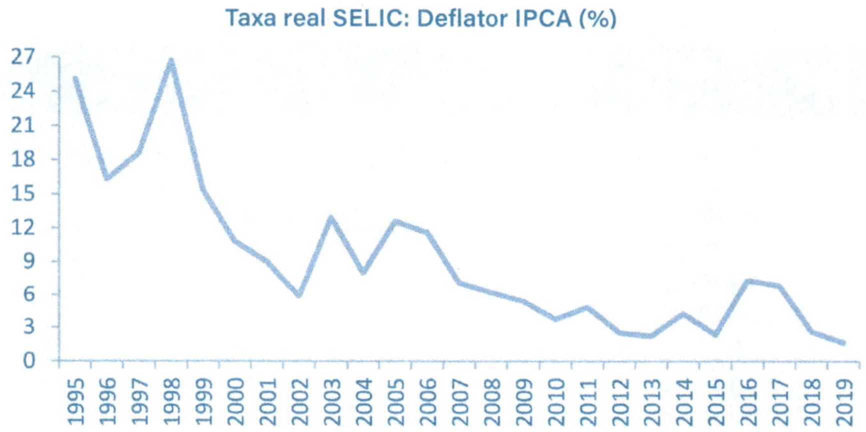

Fonte: Banco Central.

O Brasil iniciou o Plano Real com uma taxa real de curto prazo (SELIC), deflacionada pelo IPCA, em 1995, de 25%, pelas razões antes citadas, para "salvar o Plano Real". Passado o susto da crise mexicana, a taxa real caiu em 1996 para 16%, mas em 1997/1998 vieram as crises asiática e russa sucessivamente e, mais uma vez, para "salvar o Plano Real", a taxa real aumentou para extraordinários 27% em 1998 tentando evitar uma outra corrida especulativa. Após o insucesso da política, com a desvalorização de 1999, novamente, passada a crise inicial houve uma distensão e a taxa real caiu até 2002, no entanto, a necessidade do Governo Lula de demonstrar "comprometimento" com o rigor monetário levou o Banco Central a praticar uma taxa real de 13% em 2003, com queda posterior em 2004, seguida por um *boom* no preço das commodities internacionais que levou a uma nova alta, também para 13% reais, em 2005.[8] Tais altos e baixos foram se sucedendo, então, gerando na população a sensação permanente de que a luta contra a estabilização se tratava, de certa forma, de uma espécie de "tarefa de Sísifo", nunca plenamente completada.[9]

O resultado disso foi a vigência de taxas de juros reais enormemente elevadas por um período de tempo extraordinariamente longo (Tabela 7.3). Nos primeiros dez anos do Plano Real, a taxa real média da SELIC foi de nada menos que 15% — durante dez anos! Nos primeiros vinte anos, na média de 1995/2014, a taxa real média foi ainda de 10% — durante 20 anos! Na média completa de um quarto de século, nos 25 anos, de 1995 (inclusive) a 2019, essa taxa real média foi de notáveis 9% ao ano — durante 25o anos! É como se, para uma inflação, digamos, da ordem de 5%, a taxa nominal de juros ficasse entre 14% e 15% durante um quarto de século.

TABELA 7.3

Taxa SELIC real média por período de governo: Deflator IPCA (% a.a.)

Período	SELIC real
1995/98	21,6
1999/02	10,2
2003/06	11,3
2007/10	5,6
2011/14	3,4
2015/18	4,7
2019/22	0,2
2023	8,0

Fonte: Banco Central.

Cada decisão específica do Comitê de Política Monetária-COPOM — institucionalizado no final da década de 1990 para dar completa impessoalidade à política e ter mecanismos transparentes de *accountability* diante da opinião pública — pode ter sido plenamente justificada. Não obstante isso, porém, quando se olha — utilizando a velha metáfora — "não para a árvore e sim para a floresta", é evidente que ter uma taxa de juros real de 10% durante duas décadas significava que algo não andava bem com o país — no caso, tudo indica, o que não andava bem era a política fiscal. De qualquer forma, em que pese a evidente anomalia dessa realidade, o fato é que a tendência de longo prazo do indicador no período também foi favorável, o que pode ser aferido pela observação do Gráfico 7.4.

GRÁFICO 7.4

Taxa real SELIC - Média móvel 10 anos: Deflator IPCA

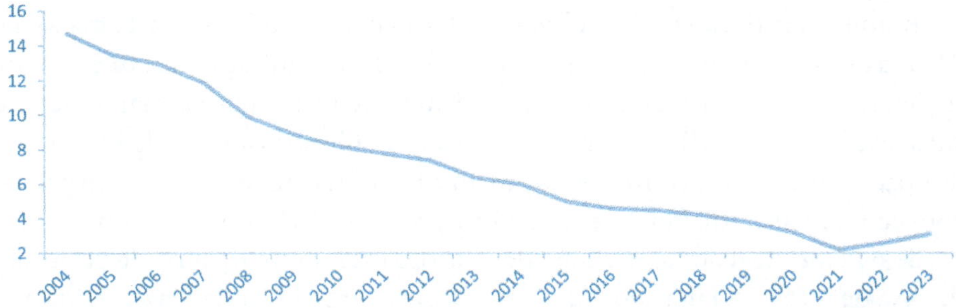

Fonte: Banco Central.

Se considerada a média móvel de dez anos, a referida taxa real média de 15% do período 1995/2004 cedeu continuamente em cada um dos anos sucessivos desde então, sem interrupção, até o final da década de 2010, até chegar a 4% reais na média de dez anos de 2010/2019, tendência essa posteriormente acentuada pelas taxas reais negativas posteriores de 2020 e 2021, com queda para uma média real de 2% nos dez anos concluídos em 2021.

Além disso, em termos nominais, os diversos ciclos comuns de altas e baixas da taxa de juros básicas do Banco Central mostraram, de um modo geral, ao longo do tempo — desde a alta do começo de 1999 para tentar evitar a desvalorização cambial que acabou ocorrendo — uma tendência clara de observação de "picos" e "vales" sucessivamente inferiores aos do ciclo anterior:

- os "picos", em termos de taxas arredondadas — deixando de lado as casas decimais, de menor relevância em períodos longos — foram, em cada um dos ciclos, de 45% em 1999; de 19% em 1999; de 27% em 2003, após as baixas anteriores; e, sucessivamente, de 20% em 2005; de 14% na crise internacional de 2008; de 13% em 2011; e de 14% na crise política de 2015, neste caso ultrapassando o pico anterior, mas por pouco e no contexto de uma crise dramática, que acabou levando ao impeachment da Presidente Dilma Rousseff;[10] e

- os "vales", posteriores a tais picos, foram de 15% em 2001, antes das crises daquele ano; de 18% em 2002; de 16% em 2004; 11% em 2007; 9% em 2009; 7% em 2012; e 4% em 2020 antes da chegada da pandemia em março daquele ano, que modificou completamente o panorama.[11]

Embora a inflação tenha voltado a "dar as caras" no Brasil no começo da década de 2020, neste caso — ao contrário da elevada inflação de 2015 — isso se deu não no contexto de uma crise tipicamente local, mas no marco de um surto expressivo da inflação mundial, que levou à observação, em alguns meses, de taxas de inflação em doze meses próximas aos dois dígitos, mesmo em países com economias tradicionalmente estáveis, como os EUA e a Alemanha.

Se o Plano Real nos aproximou do resto do mundo em matéria de evolução da taxa de inflação, falta agora descrever a outra grande mudança ocorrida em relação aos nossos grandes problemas históricos que travaram o desenvolvimento em décadas anteriores: a transformação do setor externo. Esta envolveu dois grandes marcos: a livre flutuação de 1999 e a mudança de posição líquida do país, já no século atual, devido à acumulação de reservas internacionais. Veremos essas duas questões nos próximos dois capítulos. Comecemos pela primeira delas.

08

A MELHOR POLÍTICA ECONÔMICA DO PÓS-GUERRA

"Os anos ensinam uma coisa muito clara no campo da literatura: nós só encontramos nosso lugar quando já estamos muito longe daqui. O veredicto não é dado pelos contemporâneos, mas pelo tempo. Se minha obra tem valor ou não, só se saberá quando eu já não tiver condições de ser informado."

— Mario Vargas Llosa

Para entender o período de Governo FHC (1995/2002), é preciso compreender uma questão algo psicanalítica, difícil de captar a princípio, e que é a seguinte: o PSDB implementou a política econômica naqueles anos quase que a contragosto. Nas palavras, que contêm boa dose de autoironia devido às suas ligações pessoais com os principais líderes do partido, o cientista político Bolívar Lamounier chegou certa vez a ser impiedoso ao escrever sobre aqueles anos, afirmando que "os tucanos parecem nutrir em segredo uma vontade de ser como o PT. Fogem do adjetivo liberal como o diabo foge da cruz. Gaguejam toda vez que falam em economia de mercado". Talvez não haja símbolo mais eloquente dessa postura que a frase do próprio FHC, que, em seu livro de memórias dos oito anos que passou na Presidência, publicou vinte anos depois, o que ele, a rigor, havia gravado no calor dos acontecimentos no exercício da função, refletindo sobre o destino: "Eu gostaria de ser Rodrigues Alves, mas sou Campos Sales, o que vou fazer? A História faz da gente o que a gente às vezes não quer ser".

Talvez por essa razão — além, obviamente, dos magros resultados alcançados na época —, a política econômica daquele período não tenha gozado de grande popularidade. Entretanto, queremos registrar aqui dois aspectos. Primeiro, que por trás do que para a História ficou como sendo o "Governo FHC" de oito anos houve, na verdade, dois períodos marcadamente diferentes, que coincidiram com os dois governos: um durante 1995/1998 e o outro durante 1999/2002. Segundo, que, muitas vezes, o efeito das políticas econômicas se percebe anos depois. Da mesma forma que na Argentina, mais recentemente, o Governo Macri, no período 2016/2019, pagou o preço das políticas do governo anterior de Cristina Kirchner — que, porém, conseguiu evitar que a economia "estourasse" na sua gestão, concluída em dezembro de 2015 — a gestão de FHC e, particularmente, o período 1999/2002, semeou em parte as bases para a expansão posterior, o que remete, de certa forma, a um paralelo entre a economia e a literatura, nos termos colocados na epígrafe de Mário Vargas Llosa.

O objetivo aqui será explicar a "Fase I" da segunda grande mudança operada na economia brasileira depois de 1994, além da mudança da redução da inflação: aquela que ocorreu com o setor externo. O presente capítulo tratará do que aconteceu em 1999 com a adoção da livre flutuação cambial. O próximo capítulo tratará da "Fase II" desse processo, com a acumulação de reservas internacionais e a transformação que isso promoveu na economia brasileira na segunda metade da década de 2000.

O capítulo começa pelos ensinamentos que as cinco décadas do pós-guerra deixaram, para explicar o que implica um país ser parte das engrenagens mundiais quando o mundo não colabora muito; segue, descrevendo algumas variáveis-chave e seu comportamento nos anos do segundo Governo FHC; continua, explicando o duplo ajustamento — fiscal e externo — do período; e retorna, no final, ao tema das lições da História e o que um português qualificaria como o desígnio dos fados, ou seja, aquilo que ocorre independentemente da vontade humana.

1945/1998: O que aprendemos? (e o "tripé macroeconômico" de 1999)

Ao longo da sua história, o Brasil adotou diversos tipos de política cambial. Houve anos de taxa de câmbio nominal fixa, outros períodos com algum grau de flutuação e, durante muitos anos, na época de inflação alta, mas não descontrolada, entre o final da década de 1960 e meados da década de 1980, prevaleceu, em linhas gerais, o regime chamado de *crawling peg*, com pequenas desvalorizações periódicas a intervalos muito curtos e que, *grosso modo*, mantinham os preços em dólares alinhados com os dos EUA, desvalorizando o câmbio conforme a inflação, descontada da inflação norte-americana. Todos esses sistemas, porém, tinham um denominador comum: eram sistemas controlados, nos quais o Governo, de uma forma ou de outra, determinava — ou tentava determinar — a taxa de câmbio, nominal em alguns casos e real em outros. Quando não conseguia, ele "tomava pela cara" uma maxidesvalorização, como ocorreu em 1979 ou em 1983.

Com o tempo, duas coisas foram ficando claras. Primeiro, que sustentar um nível desejado da taxa de câmbio era cada vez mais difícil em um mundo de ampla mobilidade de capitais, onde grandes massas de recursos se movimentam, tendendo a pressionar o câmbio ou levando a grandes movimentos das reservas cambiais de um país para sustentar uma cotação desejada. Segundo, que a dependência histórica do país em relação ao fluxo de financiamento externo era um problema do qual, se possível, era desejável fugir.

Ao mesmo tempo, sair de um regime de câmbio controlado nunca é fácil. Compreensivelmente, há um enorme "*fear to floating*" (medo de flutuar) por parte das autoridades, que sempre tendem a temer que "abrir a tampa da panela de pressão" do câmbio gere uma explosão da taxa e uma consequente escalada inflacionária.

O Brasil estava passando por essas circunstâncias em dezembro de 1998/janeiro de 1999, quando as autoridades tentaram, desesperadamente, sustentar o regime cambial que prevalecera nos anos anteriores e que havia contribuído para o sucesso da estabilização do Plano Real. Ao mesmo tempo, o desequilíbrio em conta corrente foi ficando expressivo e a sustentação da paridade cambial da época ficou insustentável. No dia 13 de janeiro, foi anunciado um novo esquema cambial, que implicava uma modesta desvalorização controlada, da ordem de 10%. Tendo sofrido uma perda significativa de reservas para sustentar o teto da banda cambial definida, o arranjo durou apenas 48 horas. No dia 15, as autoridades capitularam e anunciaram a livre flutuação.

A mudança, porém, ocorreu no contexto de uma guinada mais ampla da política econômica, que aos trancos e barrancos — dado que os dias posteriores à desvalorização foram algo caóticos — foram construindo um novo esquema de política econômica, batizado como "tripé macroeconômico". Este consistia em três pontos-chave: i) câmbio flutuante, ii) metas de superávit primário e iii) adoção do sistema de metas de inflação ("*inflation target*"). O Quadro 8.1 sintetiza isso.

QUADRO 8.1

O "tripé" macroeconômico

Tripé	Problema	Instrumento	Resultado esperado
Câmbio flutuante	Desequilíbrio externo	Taxa de câmbio	Ajuste Balanço de Pagamentos
Meta fiscal	Déficit público	Meta resultado primário	Trajetória sustentável Dívida/PIB
Meta inflação	Inflação alta	Taxa de juros	Retorno à meta de inflação

Fonte: Elaboração própria.

O câmbio flutuante foi uma revolução na forma de administrar a política cambial do país das décadas anteriores e partia do reconhecimento de que se tornara impossível ao Banco Central sustentar um esquema crível de política cambial. Em tais circunstâncias, as autoridades davam início a uma nova etapa na administração do Balanço de Pagamentos. Nela, o mercado de câmbio funcionaria livremente como outro qualquer, preservada apenas a possibilidade de atuação das autoridades para operar em situações de alta volatilidade ou diante de pressões indesejadas vistas como temporárias. Essa atuação poderia ocorrer diretamente no mercado, comprando ou vendendo divisas, ou, alternativamente, através de operações de *swap*.

As metas de superávit primário, no contexto do acordo com o FMI, eram a forma de demonstrar comprometimento com uma trajetória desejada e sustentável da dívida pública, procurando reconquistar credibilidade após o fracasso das medidas fiscais definidas no final de 1997 para 1998 e que tiveram pouco efeito.

Finalmente, ao adotar o regime de metas de inflação, o Brasil se somava a uma longa relação de países, liderados pela Nova Zelândia no começo da década de 1990, que haviam adotado metas formais de variação dos preços como balizadores das decisões de política monetária dos respectivos Bancos Centrais.

O Brasil inaugurava assim o que, na opinião de muitos analistas, era a melhor política econômica do pós-guerra, no sentido de que tentava atacar cada um dos três grandes problemas com os quais havia se deparado como obstáculos nas décadas anteriores. Diante de um eventual desequilíbrio externo, a flutuação cambial se encarregaria de desvalorizar a taxa de câmbio, a qual, mediante o estímulo às exportações e o desestímulo às importações, agiria endogenamente ajustando os fluxos comerciais e financeiros com o exterior até um novo equilíbrio. Crises externas como as do passado, portanto, tenderiam a serem autocorrigidas. Se o problema fosse originado nas finanças públicas, como ocorrera outras vezes, caberia ao governo "apertar os parafusos" da política fiscal, melhorando o resultado primário pela elevação de impostos ou o corte de gastos, até que a trajetória do endividamento público retomasse a sustentabilidade, como de fato foi feito com o expressivo ajuste de 1999 (Gráfico 8.1). Finalmente, se a inflação estivesse pressionada, o governo agiria por meio da política monetária, elevando os juros e fazendo com que a taxa voltasse a convergir rumo à meta desejada, após o que os juros poderiam retomar uma trajetória de queda.

GRÁFICO 8.1

Fonte: Banco Central.

Se mantida, a política tenderia a mitigar as possibilidades de graves crises como as que foram observadas em situações críticas como as descritas em capítulos anteriores deste livro. Por melhor que fosse a política, porém, ela não poderia evitar duas coisas: i) a dependência das condições iniciais; e ii) a influência externa. Sobre o primeiro ponto, há quem argumente que o único problema das políticas definidas em 1999 é que vieram com cinco anos de atraso e que, se tivessem sido implementadas em 1994, talvez outro teria sido o destino do Plano Real e não teríamos tido crise em 1998/1999. Nunca saberemos, porque não há como projetar uma história contrafactual, mas é fato que uma coisa é ter boas políticas numa situação equilibrada desde o início, e outra muito diferente é quando é preciso fazer um expressivo ajuste fiscal e externo simultâneo. Retomaremos o ponto ainda neste capítulo. Sobre o segundo ponto, valem algumas reflexões, expostas a seguir.

Um país não é uma ilha

É mais ou menos evidente que há mais vantagens em se viver em Nova York ou Paris, por exemplo, do que no meio da África, numa dessas comunidades perdidas que de vez em quando são afetadas pelo Ebola. Quando veio a crise do coronavírus, em 2020, porém, cidades tipicamente globais como as citadas — com um fluxo constante de pessoas indo e vindo das principais capitais do mundo — estiveram muito mais sujeitas ao contato com o novo vírus que algumas tribos que vivem praticamente isoladas no meio da selva. Por isso, morreu proporcionalmente muito mais gente nos Estados Unidos ou na França do que em muitos países da África. Não é por isso que as preferências dos indivíduos se alteraram e, em que pese a tragédia global da Covid-19, continua sendo mais vantajoso morar na Quinta Avenida ou numa rua próxima à Champs Élysées do que numa rua sem número num vilarejo perdido de Serra Leoa.

Relacionar-se com o mundo tem enormes vantagens, que dispensam comentários, por óbvios, mas acarreta, potencialmente, ônus inevitáveis próprios da situação. Dois deles são particularmente relevantes. Para entender o primeiro — o custo financeiro — vale explicar como os alunos do curso de economia são introduzidos aos conceitos básicos nas primeiras aulas de formação. Eles começam analisando como se relacionam os fluxos numa abstração chamada de "economia fechada", onde não existe o conceito de "resto do mundo" e, portanto, não há exportações nem importações. Tudo funciona dentro de um círculo fechado. A partir daí, esse círculo passa a ter aberturas para estabelecer relações com o exterior. Quando entram mais recursos físicos via importações do que os que saem via exportações, é preciso que o desequilíbrio seja financiado. E, se for por meio de empréstimo, isso se dará a um custo, associado à taxa de juros. O mesmo acontecimento passado pode gerar consequências posteriores diferentes, dependendo da taxa de juros cobrada por esses empréstimos. Para uma dívida de 100 unidades, uma taxa de 2% implicará uma despesa anual de 2 unidades. Outra de 3% elevará esses pagamentos a 3 unidades, e assim sucessivamente.

O segundo ônus potencial é a mudança de preços relativos. Quando, nas aulas de economia, se fala de uma "economia fechada", vale o princípio de que "o que ocorre aqui fica aqui". Ou seja, se o preço do tomate aumenta mais que o do fabricante de cadernos, por razões X, Y ou Z, pode haver uma distribuição de renda, na prática, dos fabricantes de cadernos para os produtores de tomates e mais nada. Quando há relações com o exterior, porém, e os preços das exportações correm por baixo dos preços de importação, é o país que se empobrece, em termos relativos. Em outras palavras, o "bolo" fica menor. Infelizmente para o Brasil — e para os responsáveis pela política econômica da época — foi exatamente isso o que aconteceu nos anos do segundo Governo FHC.

A conspiração dos deuses

A luta contra o populismo é sempre penosa para os defensores da racionalidade econômica. Na década de 1960, ficou famosa a frase de Adlai Stevenson, político norte-americano que rivalizava com a irresistível ascensão do jovem John Kennedy no Partido Democrata e disse certa vez, com resignação: "Eu sou mais culto, mais preparado e sei mais a doutrina. Mas a Kennedy todo mundo segue; e a mim, não".

Talvez ninguém encarnasse melhor o programa econômico daqueles anos do que Pedro Malan, o Ministro da Fazenda nos oito anos de Governo FHC. Burocrata weberiano da melhor tradição do IPEA, dono de um currículo notável, com passagens por diversos órgãos internacionais, falante de várias línguas, ex-negociador da dívida externa brasileira, técnico com capacidade de pegar o telefone e falar com algumas das pessoas mais influentes do mundo em Washington, Nova York, Londres ou Xangai, excepcional formador de equipes de grande talento, seria o continuador natural do trabalho de FHC, se tivesse sido candidato a presidente nas eleições de 2002.

Não era fácil, porém, enfrentar as eleições naquele ano. Após três candidaturas à Presidência da República, em 1989, 1994 e 1998, o candidato do PT, Luiz Inácio da Silva, o Lula, era conhecido por 100% dos brasileiros. Além disso, ele tinha uma relação de identificação óbvia com o cidadão comum, pela sua história familiar de filho de retirante nordestina e de antigo operário. Finalmente, estava mais maduro do que no começo da sua trajetória política e era beneficiado pelo desgaste natural de qualquer governo, após anos de exercício no poder. A isso tudo se somava o fato de ter com ele quem, na época, era visto como o melhor marqueteiro do país. Entre aquele que apresentava números e tinha se acostumado a trabalhar com a ideia de que a realidade limitava as possibilidades (Malan) e aquele cuja vida política toda tinha sido a de um hábil vendedor de sonhos (Lula) era razoável imaginar por quem o "povão" se inclinaria. O ministro, homem dos números, não teria vida fácil. Por isso e por entender que a política requeria características que ele julgava não ter, Pedro Malan acabou não aceitando o papel de ser o "candidato de FHC", que coube a José Serra.

Além dessas dificuldades naturais, porém, houve o azar... No capítulo sobre o Balanço de Pagamentos e a trajetória das contas externas brasileiras, colocamos "o capricho dos deuses" como título de uma das seções, chamando a atenção para o fato de que, além dos méritos ou deméritos de uma política, os resultados da mesma serão afetados pela maior ou menor sorte com que sua implementação se defrontar em função da conjuntura da época.

Neste caso, porém, o título da presente seção é "a conspiração dos deuses" porque, definitivamente, eles jogaram contra o país — e, portanto, contra o governante de plantão — naqueles anos. Vejamos a sequência de eventos negativos com os quais as autoridades tiveram que lidar, ao administrar a crise da saída da desvalorização, que é sempre um episódio traumático:

- no conjunto do período, os termos de troca do país se deterioraram em quatro dos cinco anos entre 1997 e 2002, ano em que estavam 13% abaixo do nível de 1997;
- em março de 2001, o Brasil foi obrigado a adotar um severo racionamento energético devido à escassez de chuvas, de severidade que se registra uma vez a cada várias décadas, que esvaziou os reservatórios das usinas hidrelétricas e ameaçou deixar o Sudeste sem energia, caso nos meses seguintes a curva dos reservatórios seguisse a trajetória sazonal normalmente esperada na época seca do ano;
- em setembro de 2001, os atentados terroristas da Al Qaeda nos EUA paralisaram os mercados, gerando um clima de insegurança acerca dos fluxos internacionais de capitais futuros;
- em 2001/2002, a incerteza acerca do que aconteceria com a política econômica no Brasil, em caso de vitória da oposição, levou a um fechamento dos mercados internacionais para o país, até que as diretrizes ficassem claras em 2003, pressionando fortemente a taxa de câmbio; e
- entre 1998 e 2001, a Argentina, então ainda um parceiro comercial muito relevante do Brasil, enfrentou quatro anos de encolhimento sucessivo da economia, para sustentar o seu plano de conversibilidade de paridade 1 a 1 do peso contra o dólar, até que, em dezembro de 2001, o país decretou a moratória da sua dívida externa e abandonou o mecanismo associado ao *currency board*.

Os Gráficos 8.2 e 8.3 dão uma ideia do impacto da "maré de azar" que se abateu sobre o país naqueles anos. O Gráfico 8.2 mostra a queda acumulada de 23% do índice de preços das exportações, em dólares, entre 1997 e 2002.

GRÁFICO 8.2

Índice de preços das exportações (1997 = 100)

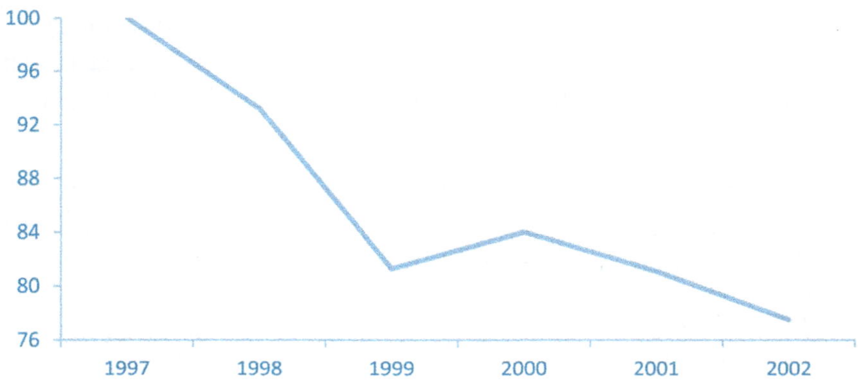

Fonte: FUNCEX.

Já o Gráfico 8.3 mostra a evolução da taxa de juros de curto prazo dos EUA durante 1999/2000. Justamente quando, no contexto da desvalorização do Real, teria sido mais interessante para o Brasil enfrentar um cenário externo benigno, devido às contingências da política monetária dos EUA, o FED estava em processo de elevação contínua dos FED *funds* e, no *board* análogo ao nosso COPOM, as taxas foram elevadas de cerca de 4,5%, no final de 1998, para níveis próximos a 6,5%, dois anos depois.

GRÁFICO 8.3

Fed Funds (%)

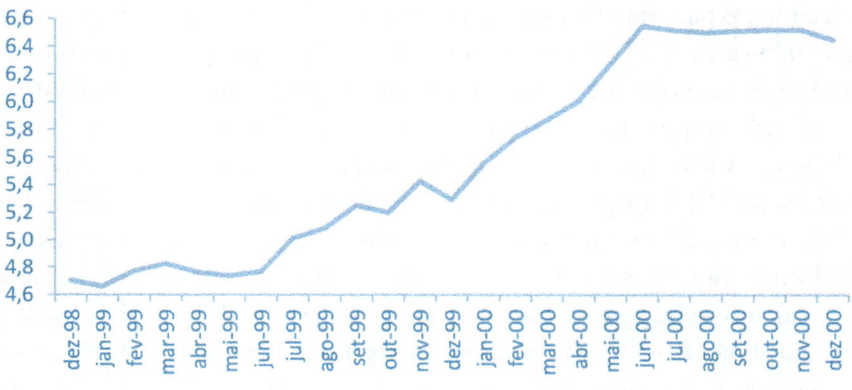

Fonte: Federal Reserve (EUA).

Tais variáveis contribuíram para que o Brasil fizesse uma espécie de "ajuste invisível" em suas contas externas, ou seja, um ajuste significativo, mas com pouco impacto financeiro. Nos quatro anos 1999/2002, o país fez um ajuste externo real verdadeiramente poderoso: nas Contas Nacionais, as exportações cresceram 39% em termos reais acumulados e as importações sofreram uma queda acumulada de 16% nesse mesmo período. Entretanto, quando se olhava para a realidade da conta corrente, o déficit de US$35 bilhões de 1998 ainda era de US$25 bilhões em 2001. Não só porque os termos de troca estavam piores, mas também porque a conta de juros, de US$11 bilhões em 1998, havia aumentado para US$14 bilhões três anos depois. Além disso, devido à desvalorização, o PIB brasileiro, que em dólares fora de US$864 bilhões em 1998, encolheu para US$560 bilhões em 2001 e ainda mais, para US$510 bilhões em 2002, o que significava que o encolhimento do déficit em conta corrente dólares não tinha se refletido numa redução similar da sua importância relativa. Na visão crítica de muita gente, o Brasil não estava fazendo um ajuste da dimensão que as circunstâncias requeriam. Ou seja, a desvalorização não estava servindo. Só em 2002 o déficit em conta corrente cairia bastante — mas, para o Governo, já seria tarde.

As dores do ajuste (I): a questão fiscal

"O Estado é um vampiro anêmico", declarou o consultor argentino Orlando Ferreres. Na Argentina, onde os anos Kirchner (do casal Nestor e Cristina) deixaram como sequela um inchaço enorme do setor público, com um empreguismo desenfreado e onde as províncias amigas do Poder Central tiveram financiamento para repetir essa realidade ampliada a nível local, isso pode ser plenamente verdade. No Brasil, era uma meia-verdade, porque o Estado cumpre uma série de funções que fizeram com que despesas inteiramente legítimas fossem sendo ampliadas com o passar dos anos, refletindo o que, de fato, era um desejo da sociedade. Assim, foi aumentando a despesa com aposentadorias e pensões do INSS, os gastos assistenciais do LOAS, o seguro-desemprego etc. O fato, de qualquer forma, é que a despesa primária do Governo Central — incluindo, neste caso, as transferências a Estados e Municípios — que em 1991 — quando começou essa série estatística — era de 13,7% do PIB, passara a 17,6% do PIB em 1998, aumentando em quase quatro pontos do PIB. E a receita, nesse período, tinha aumentado, porém um pouco menos: de 14,6% a 18,3% do PIB. Além disso, com um acordo com o FMI tendo que ser fechado em 1999, elevar o resultado primário — e muito — era um imperativo das circunstâncias. Parodiando o poeta, ajustar era preciso — e ajustar dói. A Tabela 8.1 fala por si.

TABELA 8.1

Resultado primário (% PIB)

Composição	1998	1999
Governo Central	0,5	2,1
Receita líquida	15,6	16,5
Despesa	14,9	14,6
Pessoal	4,5	4,4
INSS	5,3	5,4
Outros	5,1	4,8
Ajustes	-0,2	0,2
Estados e Municípios	-0,2	0,2
Empresas estatais	-0,3	0,6
Total	0,0	2,9

Fontes: Banco Central, Secretaria do Tesouro Nacional.

Todos os parafusos foram apertados: nos estados, as torneiras do crédito se fecharam; nas empresas estatais, a ordem era cortar, renegociar contratos, conceder menos aumentos salariais nominais, cortar investimentos etc.; e, no Governo Central, seguiu-se o cardápio tradicional de aumentar receitas e cortar despesas. Num ano ruim, com um crescimento do PIB de apenas 0,5%, a receita tributária federal, em termos reais, aumentou 5,6% e o gasto primário federal caiu, em termos reais, 1,3%, contra uma expansão da variável de espetaculares 7,8% a.a. no biênio anterior. FHC começava a dar adeus à sua pretensão de eleger seu sucessor.

O coro dos descontentes começou a aumentar. Em 1998, no setor público como um todo, o resultado primário — ou seja, sem contar os juros da dívida — foi nulo. Em 2002, tinha aumentado a 3,2% do PIB. Atribui-se a um famoso ex-governador de um dos estados mais importantes da Federação a igualmente famosa frase: "Quebrei o Estado, mas elegi meu sucessor". Parodiando-o, FHC poderia emulá-lo pelo avesso e declarar: "Salvei a Nação, mas não elegi meu sucessor". Qual foi exatamente o propósito e se agiu como estadista ou se simplesmente tinha a expectativa de que a melhoria da economia do ano 2000 se mantivesse e chegasse a tempo de ver sua política consagrada nas urnas, o fato é que, em matéria fiscal, FHC deixou a bola quicando na área para o seu sucessor "chutar a gol".

As dores do ajuste (II): a questão externa

Poucas coisas foram tão nocivas para a popularidade dos governos na América Latina quanto os processos de desvalorização cambial. Na Argentina, antes do desastre das Malvinas, a sorte do governo militar havia começado a mudar quando uma desvalorização indesejada colocou em xeque toda a política econômica da época. Na Bolívia, o câmbio derrubou vários presidentes ao longo da história. E aqui no Brasil, no último episódio de monta, a maxidesvalorização de 1983 e sua sequela de aceleração inflacionária certamente foram alguns dos ingredientes do processo sociopolítico que culminou no fim do governo militar em 1985.

Se administrar uma desvalorização já é difícil, que dirá três. O ano de 1999 foi difícil: a desvalorização ameaçou trazer o fantasma da inflação de volta, a popularidade do Presidente despencou, o produto ficou praticamente estagnado, parte da oposição pediu impeachment etc. No final de 1998, um dólar valia R$1,21. Um ano depois, valia R$1,79, com desvalorização nominal de 48%. Mesmo assim, a crise saiu barata: a inflação foi contida em 9% e as coisas pareciam se normalizar.

O ano seguinte foi muito melhor. A economia retomou o crescimento a um bom ritmo, o câmbio no final do ano 2000 estava em R$1,96, com desvalorização de apenas 9% (nada demais), a inflação tinha caído para 6% e as coisas pareciam se encaminhar bem para o Governo. E, então, os deuses apareceram... E, novamente, conspiraram.

No começo do ano, veio o "balde de água fria" da restrição energética, que jogou o crescimento por terra, derrubou a popularidade do Governo e, ainda por cima, pressionou a inflação. A tensão aumentou e o câmbio deu um salto de 19%, já bem mais significativo, indo a R$2,32 no final do ano, com desvalorização de 19%. A inflação voltou a aumentar, subindo para 8%.

E então, em 2022, com toda a incerteza eleitoral e as consequências da "guerra ao terror" desatada após os atentados terroristas em Nova York e Washington em 11 de setembro de 2001, somadas à crise argentina, o câmbio disparou e, depois de flertar com a cotação de R$4 perto das eleições, fechou o ano a R$3,53, com desvalorização de nada menos que 52%, levando a inflação ao desconfortável nível de 13%. Em quatro anos, o câmbio passou de R$1,21 para quase três vezes esse valor, com 3 anos de (super)desvalorização. A taxa de câmbio, em termos reais, que em dezembro de 1998 estava 21% apreciada em relação ao nível de junho de 1994, sofreu uma desvalorização real de nada menos que 137% entre dezembro de 1998 e dezembro de 2002 (Gráfico 8.4). Se, para FHC, talvez tenha sido um erro o fato de ter permitido, no seu primeiro governo, que a apreciação real da taxa de câmbio fosse longe demais, no seu segundo governo, ele acabou sendo punido por isso com juros e correção monetária. De fato, o gráfico da taxa de câmbio real brasileira de dezembro de 1998 a dezembro de 2002 se assemelha às costas de uma espécie de "camelo com três corcovas", em 1999, 2001 e 2002.

GRÁFICO 8.4

Taxa de câmbio real (Jun 1994 = 100)

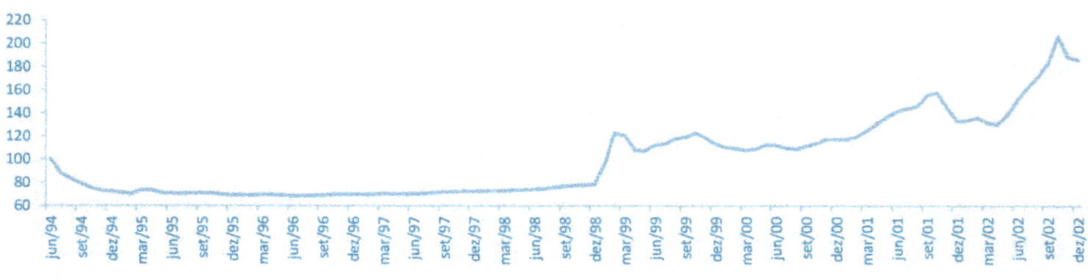

Fonte: Elaboração própria, com base na taxa de câmbio nominal e nos índices de preço do consumidor do Brasil e EUA.

Se o ajuste fiscal dói, o externo também. Gerar saldos exportáveis para honrar os compromissos internacionais e reduzir o déficit em transações externas de uma economia significa mudar a composição do produto. Aumentar o "(X-M)" da composição do PIB, ou seja, a diferença entre exportações e importações, implica reduzir o que os economistas chamam a "absorção interna", ou seja, a parcela da produção representada pela soma do consumo e do investimento. E foi exatamente isso que ocorreu (Tabela 8.2).

TABELA 8.2

Crescimento real médio (% a.a.)

Componentes	1995/98	1999/02
Consumo	2,9	1,7
Investimento	4,1	-1,2
Exportações	3,2	8,5
Importações	12,1	-4,2
PIB	2,5	2,3

Fonte: IBGE.

Nos quatro anos do primeiro Governo FHC, o consumo das famílias, especificamente, cresceu a uma taxa média anual, em termos reais, de 3,5%. No segundo governo, essa taxa caiu para 1,6%, menos da metade daquela. O investimento, que em termos acumulados crescera 17% no primeiro governo, se contraiu ao todo 5% no segundo.

O país não sabia, mas o ajuste externo estava feito. Só faltava, assim como no caso do ajuste fiscal, "chutar a gol". Essa glória, porém, ficaria para o novo jogador que entrasse em campo.

A perspectiva do tempo

Assim como em outras ocasiões no mundo, a saga do ajuste do segundo Governo FHC demonstra, mais uma vez, a verdade incluída na reflexão de Roberto Campos, de que "a História é uma juíza imparcial, mas tem a mania de chegar tarde", associada, obviamente, à analogia entre a economia e a literatura que se quis simbolizar com a escolha da epígrafe do capítulo.

O crescimento da inflação havia sido um obstáculo à manutenção do crescimento a taxas elevadas tanto com Getúlio quanto com JK, assim como nos governos civis posteriores a JK nos anos 60 do século passado e nos governos militares depois de 1973 — e esse problema foi enfrentado com o Plano Real de 1994. Nesse campo, a desvalorização de 1999 equivaleu a um desses jogos em que, num determinado momento, um jogador é punido e deve recuar várias casas, entretanto, a adoção do regime de metas de inflação permitia supor que isso seria apenas temporário.

Algo similar acontecera com as contas fiscais, que também eram um fator de inibição do crescimento devido às dúvidas acerca de sua trajetória em diversas oportunidades do passado e, embora o problema não tenha sido resolvido no primeiro Governo FHC, finalmente parecia bem encaminhado no segundo.

Finalmente, o Balanço de Pagamentos, objeto de tantas dores de cabeça de Presidentes da República e Ministros nos últimos cinquenta anos até então, parecia ser algo que não mais perturbaria as autoridades como fizera *n* vezes ao longo da História. Foi dito acima que, até 2001, o resultado em conta corrente deixava muito a desejar, o que era verdade. Porém, a reversão estava a caminho: o déficit em conta corrente, que fora de US$25 bilhões em 2001, havia encolhido para apenas US$9 bilhões em 2002 e viraria um superávit de US$2 bilhões em 2003 e de US$12 bilhões dois anos depois.

No caso do setor externo, os anos de 1999/2002 prepararam o terreno. Faltava apenas colher os benefícios disso. De preferência, de forma duradoura, para que as autoridades das décadas seguintes não tivessem que passar pelas penúrias dos Ministros da Fazenda de Getúlio Vargas, JK, Jânio, Jango, Figueiredo... e FHC! Isso ocorreria anos depois, graças ao processo de acumulação de reservas internacionais. É o que veremos no próximo capítulo.

09

O PONTO DE INFLEXÃO

"Em cada um dos casos, uma vez que ficou amplamente compreendido que o governo não mais poderia se financiar através do Banco Central, a inflação acabou e a taxa de câmbio se estabilizou."

— Thomas Sargent

Economista norte-americano, sobre o fim de alguns processos clássicos de hiperinflação, em *The End of Four Big Inflations*

Um caleidoscópio é definido no dicionário, com algumas variantes, como um aparelho óptico formado por um tubo de cartão ou de metal, com pequenos fragmentos de vidro colorido, que se refletem, por meio da luz exterior, em pequenos espelhos inclinados, apresentando assim, a cada movimento, combinações variadas e de efeito visual agradável. A característica essencial do objeto é que pequenos movimentos mecânicos feitos com a ajuda de um dedo geram uma transformação completa da imagem visual que se apresenta ao observador. Por isso, mais de um analista definiu o fim de alguns episódios hiperinflacionários, como o retratado por Sargent na epígrafe, como movimentos assemelhados aos de um caleidoscópio, no sentido de que a presença de um conjunto de elementos mais estruturais, previamente construídos ao longo do tempo, permitiu passar rapidamente de uma situação próxima de caos a outra estável, descortinando uma realidade completamente nova. A ideia é que isso lembraria a analogia com o citado objeto, no sentido de que um pequeno movimento gera uma grande mudança.

Algo parecido pode ser dito acerca de uma alteração fundamental pela qual passou o Brasil na segunda metade da década de 2000, período geralmente mais lembrado pelos avanços sociais, mas que implicou uma transformação que, embora pouco ressaltada, foi fundamental. Analogamente à imagem acima utilizada, também neste caso, havia a presença de elementos prévios que, agora recombinados, deram origem a uma situação inédita: o Brasil tornava-se credor líquido do resto do mundo.

Carlos Melconian, um conhecido economista argentino, costuma brincar dizendo, com boa dose de autoironia pela situação tradicionalmente crítica da economia de nossos vizinhos, que "uma negociação entre o FMI e o Governo se assemelha a um jogo de futebol entre o Bayern de Munique e Defensores de Cambaceres".[1] O significado disso é reconhecer que, quando um país está numa enorme "pindaíba", a capacidade de barganha das autoridades é bastante limitada.

Essa situação — a dependência em relação ao financiamento externo — combinada com a alta da inflação e as recorrentes crises fiscais, como vimos, afetaram negativamente, diversas vezes, a trajetória da economia brasileira, obstaculizando o seu processo de crescimento. Se a inflação foi atacada com sucesso em 1994, o problema externo, como vimos, estava ainda muito presente quatro ou cinco anos depois do plano. A decisão pela livre flutuação cambial de 1999 foi um divisor de águas nesse processo. Faltava ainda, porém, que se traduzisse numa redução efetiva dos indicadores de vulnerabilidade externa, associados ao peso do endividamento externo.

Cabe lembrar, porém, que, para isto, a variável relevante não é tanto a dívida em si, mas o seu valor líquido, ou seja, descontado das reservas internacionais. A Argentina não teria tido maiores problemas no seu relacionamento com o resto do mundo na década de 2020 se Alberto Fernández tivesse disposto de US$50 bilhões de dólares em reservas para pagar a dívida que o país tinha com o FMI na ocasião.

A geração de economistas brasileiros que começou a estudar na faculdade na década de 1980 se acostumou a pensar, desde o final da adolescência, que a dívida externa do Brasil era um fato da vida, que nos acompanharia até envelhecermos. Quando essa geração chegou ao momento de se aposentar, porém, a transformação ocorrida com o país, nesse aspecto, havia sido radical, pelo fato de que o Brasil acumulara tal volume de reservas internacionais que estas se tornaram maiores que a dívida externa bruta. Isto é, a dívida externa líquida do país tornou-se negativa! Dito de outra forma, a economia brasileira passou a ser, em termos financeiros, uma credora líquida do resto do mundo, por assim dizer.

Este capítulo trata desse processo, começando pelo resgate do "*dirty job*" ("trabalho sujo") feito nos anos anteriores a essa mudança. Em seguida, destaca a relevância fundamental que para isso teve a emergência do "fenômeno chinês", chama a atenção para a mudança na trajetória de variáveis críticas na primeira década do século atual, reconhece os méritos da política correta empreendida pelas autoridades naquele contexto e explica a dimensão da transformação verificada.

O "trabalho sujo"

O sucesso do Governo Lula no seu período de governo 2003/2010 se deveu a uma combinação de quatro fatores:

- a herança recebida, no sentido de que, tanto em matéria fiscal como em termos do ajuste do setor externo, o sacrifício efetivo, com ônus políticos e perda de popularidade do governante, ocorreu nos anos 1999/2002;
- a emergência da China como fato de reorganização da economia mundial, gerando uma demanda que transformou boa parte do mundo e, em particular, os países emergentes;
- o *boom* dos preços das commodities internacionais, parcialmente associado à dinâmica da economia chinesa; e
- o mérito das políticas oficiais empreendidas naqueles anos.

Os economistas costumam separar conceitualmente a dinâmica do comércio exterior de um país em dois componentes: o "efeito preço" e o "efeito quantidades". Nos quatro anos de 1999 (inclusive) até 2002, em termos de médias anuais, tais variáveis tiveram a seguinte evolução:

- o preço médio das exportações e importações caiu, em dólares, a uma média de 4,6% e 1,5% a.a., respectivamente;
- o *quantum* das exportações cresceu a uma média de 9,3% a.a.; e
- o *quantum* das importações diminuiu a uma média de 3,4% a.a.

Com isso, o valor em dólares das exportações aumentou a uma taxa média anual de 4,4% e o das importações caiu a uma média anual de 4,8%. Esta disparidade, conquanto expressiva, foi bem menor que a diferença entre a trajetória das respectivas quantidades físicas.

Em outras palavras, havia uma mudança concreta, real, em curso, que, porém, não estava se refletindo no lado financeiro nos resultados do Balanço de Pagamentos, em que pese todo o esforço feito e a virulência da desvalorização real observada entre 1999 e 2002.

Quando a trajetória dos preços se inverteu, esse efeito pouco visível da transformação externa do país apareceu em toda a sua intensidade. Em contraste com o panorama acima exposto, na média dos oito anos entre 2003 (inclusive) e 2010, a taxa média de evolução dos preços médios brasileiros, medidos em dólares, foi de:

- 9,9% a.a. para as exportações; e
- 6,8% para as importações.

É como se uma equipe tivesse tido o trabalho de preparar o barco, consertar os estragos, arrumar a vela, içar vela etc. Quando a outra equipe chegou, o vento começou a soprar e fez o resto.

Na década de 2000, o economista venezuelano Ricardo Hausmann disse uma frase premonitória: "A grande sorte do Presidente Lula foi ter tido um ótimo antecessor, mas o próximo Presidente do Brasil não terá a mesma sorte". Dilma Rousseff comprovaria o acerto dessas palavras.

Admirável mundo novo

Aqueles que estão vivos atualmente e já não eram crianças no final da década de 1990, presenciam em suas vidas uma das maiores transformações da história da humanidade: a emergência da China como participante-chave da economia mundial.[2] A Grã-Bretanha deixou de ser a potência imperial que foi no passado e os Estados Unidos emergiram, historicamente, como uma espécie de "substituto" desse poder no Ocidente, mas esses foram processos muito longos, que duraram muitas décadas. No caso da China, dada a intensidade do seu processo de crescimento, essa transformação se deu basicamente em duas décadas, embora a origem do seu crescimento acelerado remonte aos anos 70 do século passado. O fato é que o mundo era um na virada do século, em 2000 — e se tornou algo bastante diferente vinte anos depois. O impacto disso sobre o Brasil foi impressionante (Gráfico 9.1).

GRÁFICO 9.1

Participação das exportações para a China nas exportações do Brasil (%)

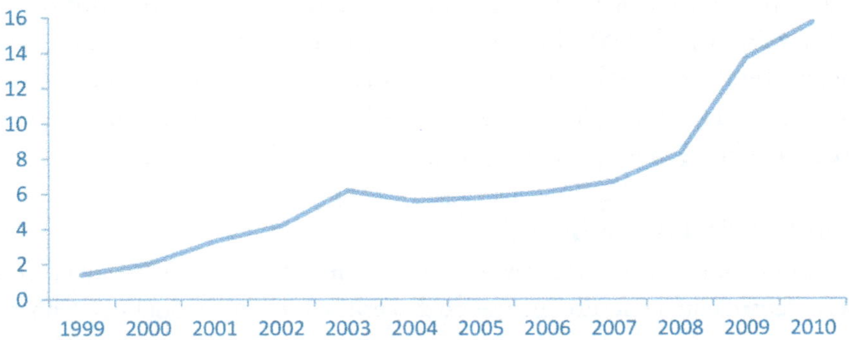

Fonte: Ministério de Desenvolvimento, Indústria e Comércio e sucedâneos.

Em 1999, quando o Brasil, obrigado pelas circunstâncias, teve que desvalorizar a sua taxa de câmbio, as exportações para a China representavam apenas 1% do total das vendas externas do país. No ano 2010, no final dos oito primeiros anos do Governo Lula, essa participação havia chegado a 15%. Em 2023, alcançou 31%. Esse redesenho do comércio exterior brasileiro alterou toda a geopolítica na qual o Brasil está imerso.

O Embaixador dos EUA na Argentina é, de certa forma, uma das cinco ou dez pessoas mais importantes do país vizinho, conjuntamente com o Presidente da República (e o Vice-Presidente, dependendo da situação), o Presidente da Câmara de Deputados, os juízes da Corte Suprema (o STF local) etc. Ele, como representante dos EUA, tem um poder enorme, suas declarações repercutem muito. Isso é reflexo da importância que os EUA têm para a Argentina, tanto pelos aspectos comerciais como financeiros.

O Brasil já esteve numa situação similar na sua relação com os EUA, mas isso mudou radicalmente nos últimos vinte a trinta anos. Hoje, os EUA continuam sendo importantes, obviamente, para nós, mas já não têm o mesmo peso relativo — e o Embaixador do país aqui se tornou praticamente irrelevante em nosso dia a dia.

A participação relativa das exportações para os EUA nas exportações totais brasileiras conta parte dessa história: era 22% do total em 1999 e, ao final da década seguinte, em 2010, havia caído para apenas 10%, nível similar ao atual, de 11%.[3]

Uma dimensão muito eloquente da importância que a China assumiu para o Brasil é dada pelo resultado das transações comerciais entre os dois países. Em 1999, as exportações e importações do Brasil com a China eram da ordem de grandeza de US$1 bilhão — a rigor, um pouco menos em ambos os casos — com um pequeno déficit do Brasil. Em 2023, o Brasil exportou US$104 bilhões para a China e importou deles US$53 bilhões. O saldo comercial, favorável para nós, foi, portanto, de US$51 bilhões. Como o Brasil, em 2023, teve um saldo comercial total de US$99 bilhões, isso significa que o país tem um enorme superávit comercial graças à China, que sozinha foi responsável por mais de metade desse superávit. E tudo isso começou em torno de 25 anos atrás.[4]

Seriam os deuses petistas?

"O acaso tem sempre a última palavra", disse alguma vez Simone de Beauvoir. O fato é que, independentemente dos méritos ou deméritos de qualquer política econômica, suas chances de sucesso, e a avaliação que dela fizer a população dependerão, substancialmente, do que acontece no ambiente geral em que essa política econômica está inserida — em outras palavras, para que um Governo seja bem-sucedido, ele não apenas precisa ser bom, mas tem também que contar um pouco com a sorte. *Fortuna e virtù* (sorte e virtude) sempre foram a chave do sucesso dos governos, como ensinou Maquiavel... E, nesse sentido, se, como mostramos, FHC deu azar no seu governo, Lula teve sorte — e muita, como evidencia o Gráfico 9.2.

Se, entre 1997 e 2002, o índice de preços das exportações brasileiras caiu a uma taxa acumulada de 23%, entre 2002 e 2010, ele experimentou uma alta total de nada menos que 113%, em completo contraste com os anos anteriores. Se o raciocínio se estender até 2011, quando foi o pico do processo de valorização desses preços, a alta acumulada em relação a 2002 foi de 163%. Esse processo foi generalizado pelos diversos componentes das exportações, mas, naturalmente, muito mais acentuado nas commodities. Na mesma comparação de nove anos de 2002 a 2011, nos preços dos produtos básicos, a alta acumulada foi de impressionantes 273%, nos preços dos produtos semimanufaturados de 191% e nos preços dos produtos manufaturados de 93%.

GRÁFICO 9.2

Índice de preços das exportações (2002 = 100)

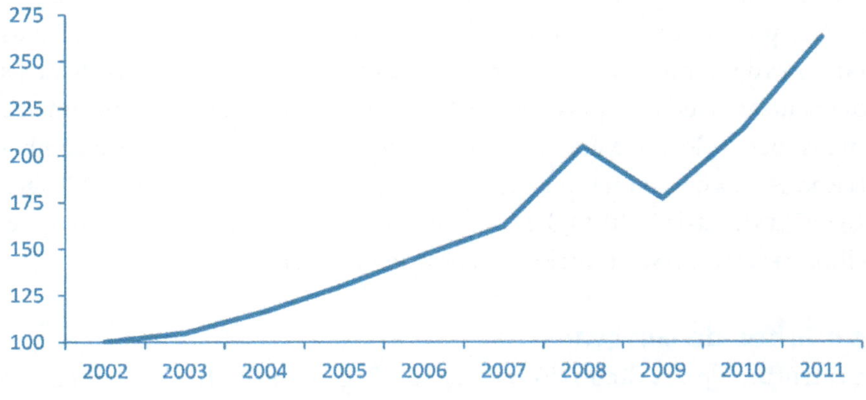

Fonte: FUNCEX.

Embora o preço das importações também tenha aumentado, como parte do mesmo fenômeno global, o incremento do preço das exportações foi maior. Assim, os termos de troca do país, que entre 1997 e 2002 caíram 13%, aumentaram 36% entre 2002 e 2011 (Gráfico 9.3). Nesses nove anos, os termos de troca melhoraram em sete deles, só caindo um pouco em 2003 — como parte do mesmo processo dos anos anteriores — e, breve e ligeiramente, em 2009, na crise mundial daquele ano.

GRÁFICO 9.3

Termos de troca (2002 = 100)

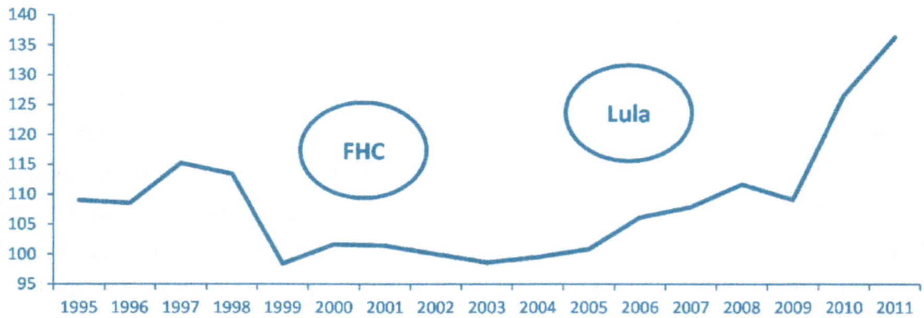

Fonte: FUNCEX.

Esse conjunto de circunstâncias foi extremamente positivo para o estado geral da economia, por três razões. Primeiro, para uma mesma situação real, implicava trazer mais dólares para o país, devido à melhoria dos preços relativos. Segundo, irradiava prosperidade no entorno dos setores beneficiados, pois não apenas os produtores de commodities melhoravam sua situação, como estes, na esteira disso, movimentavam toda uma vasta gama de atividades.[5] Terceiro, contribuíam decisivamente para valorizar a taxa de câmbio, favorecendo enormemente o combate à inflação. A taxa de câmbio, que estava a R$3,53 por dólar no final de 2002, fechou a R$1,67 no final de 2010. O Banco Central não poderia ter recebido um presente melhor para fazer o seu trabalho de combater a inflação.

Os méritos do Governo

Na estrutura do resultado do Balanço de Pagamentos (BP) de um país, deixando de lado pequenos detalhes de ajustes e variáveis de menor importância, tem-se que,

BP = Conta corrente + Investimento direto líquido + Empréstimos líquidos

Onde, tanto o investimento direto como os empréstimos correspondem ao resultado líquido, ou seja, ao balanço de entradas e saídas associado a essas rubricas, sendo que o fluxo do saldo líquido desses empréstimos é igual à variação da dívida externa bruta.

A partir da década de 2000, de um modo geral, mesmo quando o país tinha déficit em transações correntes, o valor deste era menor, em módulo, à entrada líquida de investimentos estrangeiros (fluxo de novos investimentos estrangeiros menos o fluxo de novos investimentos brasileiros no exterior). Isso significa que, para um dado valor da dívida bruta, sem necessidade de novos empréstimos, o país passou a acumular reservas internacionais ao longo dos anos.

Cabe esclarecer que acumular reservas por ter saldos em conta corrente não tem o mesmo significado econômico que fazê-lo através do ingresso de capitais, por uma razão clara: enquanto as transações correntes se esgotam em si mesmas, sem necessidade de ter compromissos futuros associados a esse fluxo, o mesmo não ocorre com os fluxos de capitais. Se estes se derem na forma de investimento direto, terão que gerar uma contrapartida futura na conta corrente, mediante o pagamento de lucros e dividendos, assim como um fluxo de capitais na forma de empréstimos gerará na conta corrente nos anos posteriores uma certa despesa de juros.

De qualquer forma, o fato é que sendo a entrada líquida de investimentos diretos maior que o déficit em conta corrente — lembrando que nos primeiros anos do Governo Lula, esta rubrica foi inclusive superavitária — o Brasil foi acumulando recursos crescentes em divisas em mãos do Banco Central. Ou seja, em vez deste se manter fora do mercado, deixando os fluxos se ajustarem, na prática, ele atuou como um "megacomprador" de dólares, evitando que a taxa de câmbio desabasse ainda mais. Assim, entre o ano 2000 e 2012, o Brasil fechou dezembro com um saldo em reservas maior que o do ano anterior — em 2013 e nos anos posteriores, cedeu ligeiramente. As reservas internacionais do país, que eram de US$33 bilhões no ano 2000, fecharam o Governo FHC, em 2002, em pouco mais do que isso (US$38 bilhões) e escalaram durante o Governo Lula até US$289 bilhões em 2010, alcançando US$379 bilhões dois anos depois (Gráfico 9.4). Enquanto isso, a sobra de dólares permitiu até mesmo o pagamento de parcelas da dívida, durante alguns anos. A dívida externa bruta do país, que era de US$236 bilhões no ano 2000, caiu, já no final do Governo FHC, para US$211 bilhões, ainda muito maior que as reservas da época. No Governo Lula, ela até voltou a aumentar a partir do mínimo de 2005, mas em 2010 alcançou US$257 bilhões, o que significava que, no limite, se as autoridades quisessem, poderiam até mesmo ter liquidado toda a dívida externa do país, pois tinham recursos em caixa para isso.

GRÁFICO 9.4

Reservas internacionais (US$ bilhões)

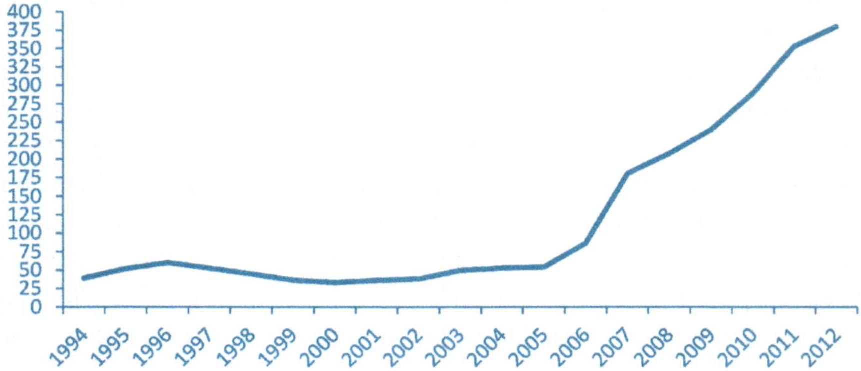

Fonte: Banco Central.

Houve, portanto, refletindo o que foi afirmado anteriormente, um processo de aprendizado do país. Ao contrário de outras experiências históricas do Brasil e de outros países, que desperdiçaram situações de bonança externa, em alguns casos com gastos inúteis, outras vezes com investimentos mal feitos etc., as autoridades da época, com destaque para o papel-chave desempenhado pelo Banco Central, tiveram a sabedoria de aproveitar essa conjugação singular de circunstâncias favoráveis para, efetivamente, promover uma mudança em relação ao padrão histórico seguido pelo país no passado. Em outras palavras, houve uma "combinação zodiacal" única de alinhamento dos astros favorável ao Brasil naqueles anos, mas também houve, em parte, neste aspecto específico, uma utilização favorável dessas circunstâncias para promover uma mudança estrutural chave do país, que define um "antes" e um "depois" em suas relações com o exterior, assim como o Plano Real de 1994 definiu um "antes" e um "depois" na trajetória da inflação. Note-se, de qualquer forma, que as raízes desse processo também remontam à década de 1990, quando a abertura do país ao ingresso de capital estrangeiro passou a gerar um fluxo significativo de investimentos diretos, propiciando as condições para a acumulação de reservas que começou a ser observada em torno de dez anos mais tarde e nos anos subsequentes.

O ponto de inflexão: uma mudança estrutural

George Orwell disse certa vez que "nenhum fato jamais é corretamente retratado na imprensa". Evidentemente, há um óbvio exagero retórico na frase, que não passa de uma *boutade*, ou seja, de uma tirada espirituosa. Parodiando Orwell, bem que poderia ser dito — e isso sim teria ares de verdade — que às vezes "um fato não é retratado por nenhuma imprensa" (seja ela escrita ou televisiva). Anos atrás, algo assim foi válido para uma mudança das projeções demográficas do IBGE, na revisão populacional de 2013, que modificava radicalmente as perspectivas da Previdência Social do país e não mereceu qualquer repercussão na mídia, por se tratar de algo "técnico" (quem poderia ter interesse em demografia, não?). O mesmo se aplica ao fato analisado neste capítulo: a mudança de sinal da dívida externa líquida. Trata-se de uma transformação estrutural do país, que, se mantida, evitará que o Brasil, no futuro, tenha que passar por algumas das crises de financiamento externo pelas quais passou diversas vezes, nos finais dos Governos Getúlio e JK, durante todo o período dos Governos Jânio e Jango, depois do choque do petróleo de 1973, na "década perdida" dos anos 1980, em 1998/1999, e na difícil situação de incerteza de 2002. Nada similar voltará a acontecer se o país souber conservar as reservas internacionais em valor acima da sua dívida externa bruta.

Em 1998, o Brasil tinha ainda uma dívida externa expressiva e, paralelamente, o setor público também era um devedor externo líquido, por ter uma dívida maior que as reservas. A dívida externa líquida do setor público chegou a ser de nada menos que 33% do PIB no pico, em 1984, ocorrendo uma redução gradual ao longo do tempo, que, no entanto, mesmo assim, em 1998 ainda deixava o setor público com uma dívida externa líquida de 6% do PIB. Devido a diversas razões — entre elas, a desvalorização daquele ano, que aumentou o seu valor em R$ — a variável elevou-se para 9% do PIB em 1999 e no ano 2000. Quando vieram a combinação de pressão cambial de 2001/2002 com a procura por proteção em moeda estrangeira, a dívida externa pública escalou, e o valor líquido das reservas internacionais chegou a 16% do PIB em 2002.

Observe o leitor que uma crise tradicional, que combinava problemas fiscais com dificuldades de acesso ao crédito externo e consequente pressão cambial, como tinha ocorrido outras vezes no passado, gerava, até então, um efeito pernicioso sobre as contas públicas. Isso porque, quando o desfecho era um ajuste da taxa de câmbio — que tendia a melhorar a situação externa, pelo estímulo às exportações e o desestímulo às importações — o efeito disso sobre a situação fiscal era contraproducente. De fato, ao ser o setor público devedor externo, a dívida externa, expressa na moeda nacional, aumentava, gerando, portanto, a necessidade de incrementar o grau de ajuste fiscal para compensar essa realidade: o ajuste externo, assim, magnificava o desequilíbrio interno. Foi assim na maxidesvalorização cambial de 1983, com Delfim Netto, e também nas desvalorizações de 1999 e de 2001/2002.

Ao se tornar um "devedor líquido negativo", ou seja, ao ter reservas internacionais maiores que a dívida externa bruta, tudo isso virava pelo avesso: como as reservas eram maiores que a dívida bruta, havia uma "dívida externa negativa", ou seja, um ativo. Assim, uma desvalorização cambial valorizava este ativo e, consequentemente, diminuía a dívida líquida total do setor público. Quanto ao país como um todo, no limite, se houvesse necessidade, o Banco Central disporia dos dólares para arcar com os compromissos tanto do setor público como do setor privado — desde que este tivesse recursos em R$ para adquirir os dólares no Banco Central. Para perceber a importância disso, vale a pena comparar com a penúria pela qual passou a Argentina nos primeiros anos da década atual, tendo que negociar com os credores privados e com o FMI, sem ter "um tostão" nos cofres do Banco Central argentino.

O Brasil passou então, na década de 2000, a acumular rapidamente reservas internacionais. Estas aumentaram a uma média anual de US$2 bilhões/ano nos últimos dois anos de FHC, de US$5 bilhões/ano no triênio 2003/2005, quando o processo estava apenas começando a se acelerar, e finalmente atingindo um estonteante ritmo de US$47 bilhões/ano na segunda metade da década, na média de 2006/2010, que foi praticamente mantido na média anual de US$45 bilhões/ano de 2011/2012. Isso não gerou nenhuma manchete no *Jornal Nacional*, mas o Brasil de 2012, nesse sentido, era um país completamente diferente do que era dez anos antes.

A acumulação de reservas permitiu ao país ter um volume delas que ultrapassou o da dívida externa bruta em 2008, quando a dívida líquida passou a ser negativa pela primeira vez desde o começo da década de 1950 (Gráfico 9.5). Antes disso, como a dívida do setor público era uma parte da dívida externa bruta total do país, foi o setor público que tinha passado a exibir uma dívida externa líquida negativa. O valor líquido dela, que em 2002, como foi dito, havia sido de 16% do PIB, diminuiu rapidamente a cada ano a partir de então, chegando a irrelevantes 3% do PIB em 2005 e tornando-se negativa em 2006 (Gráfico 9.6). A importância disso ficaria nítida na crise da economia internacional de 2008.

GRÁFICO 9.5

Dívida externa líquida (US$ bilhões)

Fonte: Banco Central.

GRÁFICO 9.6

Dívida externa líquida setor público (% PIB)

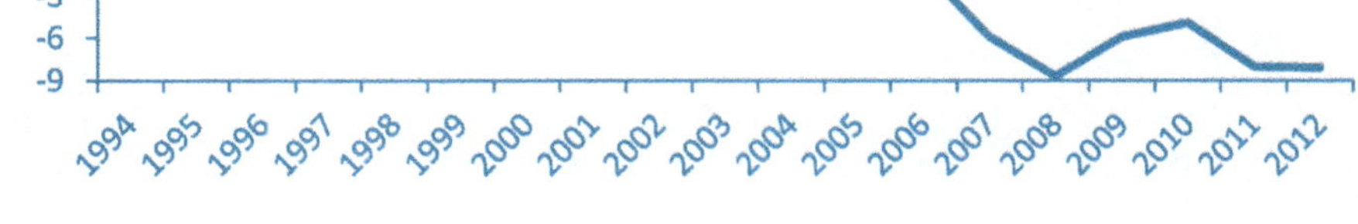

Fonte: Banco Central.

Com efeito, quando em setembro de 2008 a Lehman Brothers quebrou, houve uma situação de começo de pânico nos mercados financeiros internacionais. Embora fossem os Estados Unidos que estivessem no epicentro da crise, as fontes de crédito temporariamente "secaram" para o resto do mundo — até porque, inicialmente, não se sabia exatamente quem poderia sobreviver ao "massacre" financeiro então em curso — e a pressão dos mercados levou a que a divisa norte-americana, que havia fechado 2007 no Brasil a R$1,77, escalasse a R$2,34 no fim do ano, com uma desvalorização que chegou a 32% no ano, em circunstâncias em que a inflação na época era de 5% a 6%. Em outro contexto, isso teria gerado uma crise maiúscula no país. Porém, como a dívida externa pública já era negativa, tendo fechado 2007 em 6% do PIB, o resultado prático disso, somado à nova acumulação de reservas que já havia ocorrido no ano, foi que a dívida externa líquida passou para 9% do PIB. O efeito foi tão significativo que contribuiu para reduzir a dívida líquida total do setor público — consolidação das dívidas interna e externa — naquele ano, de tal forma que o raio X do país no final de 2008 era mais sólido, fiscalmente, que no final de 2007. Tal fato modificou radicalmente a percepção do país por parte do exterior. Um ano depois, em 2009, a revista *The Economist* publicaria a sua famosa capa mostrando o Corcovado subindo como um foguete e tendo como título da matéria a frase bombástica: "O Brasil Decola".

Independentemente de (outros) problemas diferentes que apareceriam depois, o Brasil completava assim a sua segunda grande mudança em relação ao passado: a transformação em um país com efetiva capacidade de evitar sua dependência crítica em relação ao financiamento externo, que tantos problemas acarretara anteriormente. Ela se somava à outra grande mudança ocorrida, com a estabilização de 1994, embora a observação de uma taxa de inflação mais próxima do *standard* internacional de 2% a 3% ainda demorasse mais tempo. Faltava ainda o terceiro grande desafio: a situação fiscal. Contudo, quem olhasse na época para os números da década de 2000 podia tender a julgar que também esse problema havia sido superado. Neste ponto, precisamos nos deter com atenção para entender esse *puzzle* (quebra-cabeças). É o que veremos a seguir.

10

UMA POSTURA ESQUIZOFRÊNICA

"Cabe-me registrar um fato extremamente pitoresco. Numa de minhas visitas ao Brasil, como embaixador em Washington, em meados de 1963, à procura de bons projetos para a retomada de financiamentos do Banco Mundial, procurei no Rio o então Ministro de Viação e Obras Públicas do governo parlamentarista de Goulart, Expedito Machado. Quando comecei a lhe expor o problema, a sala foi literalmente invadida por líderes sindicais do Lloyd Brasileiro, que tinham um fato grave a denunciar ao ministro. Fiz menção de sair da sala, para não privar das confidências, quando Expedito me acenou para ficar. Com tonitruante vozeirão, o líder, com forte sotaque nordestino, começou sua arenga:

— Ministro, quero denunciar ao senhor e à nação um crime da maior gravidade. Querem impelir o *Lloyd* Brasileiro para o caminho infame do lucro!

Aparentemente, algumas reivindicações salariais não haviam sido atendidas e isso denotava obscena preocupação capitalista do Lloyd com a lucratividade.

— Como é que o Ministro vai sair dessa? — murmurei.

A resposta do Expedito veio pronta.

— Não se preocupem, meus senhores. O déficit será logo restabelecido. O Lloyd não se afastará de sua tradição!...

— [...] Este país não tem jeito...

— Episódio relatado em Campos, 1994, p. 521

Escrever sobre os anos de Governo do PT e, particularmente, de Lula — Governos 1 e 2, antes do "Lula 3", inaugurado em 2023 — depois de ter exposto os avanços que o país fez nos campos das políticas anti-inflacionária e cambial, nos quinze anos posteriores a 1994, envolve explicar algo difícil: como é possível entender que o período tenha sido tratado pelos críticos — inclusive o autor deste livro — como uma fase na qual o problema fiscal não foi bem atacado, se a dívida líquida do setor público, preocupação central dos economistas ortodoxos, e que chegara a 60% do PIB, caiu para 38% do PIB nos oito anos da gestão de Lula e, mais ainda, para um mínimo de 31% do PIB em 2013, já no Governo Dilma, embora tenha aumentado depois para

36% do PIB em 2015? O que houve de errado naqueles anos para explicar essa aparente contradição?[1]

Talvez parte da explicação resida neste trecho de um documento oficial do Partido dos Trabalhadores, publicado depois de Lula ter deixado a Presidência da República, mas referente ao seu período de governo: "O salário médio real dos trabalhadores cresceu acima dos ganhos de produtividade. Entre 2003 e 2010, por exemplo, o aumento acumulado da produtividade foi de 13,2% ante a expansão de 20,8% do salário médio real. Para cada aumento de 1% na produtividade, o salário médio real aumentava 1,6% durante os governos desenvolvimentistas, enquanto nos governos neoliberais o quase inexistente aumento na produtividade resultou no decréscimo da remuneração dos trabalhadores".[2]

A frase parece dar razão à crítica cáustica de Roberto Campos, expressa no seu livro de memórias, de que "quinze anos de convivência no Congresso com o PT e o PDT me ensinaram que o esporte preferido desses partidos é a briga com a lógica econômica". O contraste entre essa atitude juvenil, quase inconsequente, e a liderança responsável e compenetrada das razões de Estado, exercida, por exemplo, por Felipe González na Espanha, quando, enfrentando suas próprias posições defendidas no passado, capitaneou o ingresso do seu país na OTAN, não poderia ser mais eloquente. O citado documento do PT, provavelmente sem os seus autores perceberem, é uma prova eloquente do tipo de animosidade que o partido tendia a gerar nas forças produtivas do país, bem como no setor financeiro. Embora o argumento não se refira às contas fiscais, ele demonstra a dimensão dos equívocos básicos em matéria de economia em que o partido tendia a incorrer. O argumento do parágrafo é um absurdo econômico, por enaltecer uma prática que, se mantida, leva as empresas à extinção: de fato, se o salário cresce sistematicamente acima da produtividade, é porque as margens de lucro estão sendo "comidas". No limite, isso mata as empresas. O fato de que algo tão banal não fosse percebido serve de amostra do tipo de dificuldades de gestão que o partido acabou levando a efeito quando ocupou o Poder naqueles anos.

A menção de Campos (onipresente quando se trata de lembrar críticas ao PT) na epígrafe ao longínquo episódio ocorrido no começo da década de 1960 serve de mote para lembrar como a força dos preconceitos ideológicos pode atrapalhar um governo, por melhores que sejam as suas supostas intenções.

Este capítulo trata dessas questões. Ele começa explicando o paradoxo de um governo que tinha uma imagem fiscal ruim, apesar de apresentar contas aparentemente boas; relembra certas discussões antigas da esquerda brasileira e mundial acerca dos dilemas entre as motivações táticas e estratégicas; aponta para a má-fé na crítica à denominada, cinicamente, "herança maldita"; perpassa os problemas fiscais daquele período; faz um balanço do que foi uma oportunidade perdida; e conclui apontando para os desdobramentos esperados das políticas daquela época.

Um paradoxo curioso

A equipe econômica de FHC, liderada pelo Ministro da Fazenda, Pedro Malan, tinha inequívocas credenciais ortodoxas, reafirmadas diariamente no discurso e com uma excelente imagem junto ao mercado. Mesmo assim, o déficit público total, no conceito nominal (incluindo os juros), no primeiro Governo FHC, foi de 6% do PIB, em média, ou seja, o dobro do que de alguma forma é entendido como um número "adequado" de desequilíbrio aceitável, associado aos termos do Acordo de Maastricht da unificação europeia, cujo parâmetro de déficit é de 3% do PIB (Tabela 10.1).

TABELA 10.1

Déficit público por períodos de Governo (% PIB)

Composição	1995/98	1999/02	2003/06	2007/10	2011/14	2015/18	2019/22	2023
Resultado primário	-0,2	3,2	3,5	2,8	1,6	-1,9	-2,0	-2,3
Juros	5,8	7,2	7,3	5,4	5,0	6,6	5,0	6,6
NFSP	6,0	4,0	3,8	2,6	3,4	8,5	7,0	8,9

Fonte: Banco Central.

As contas melhoraram no segundo Governo FHC, devido ao forte ajustamento fiscal realizado, que implicou uma melhora do resultado primário médio de quase 3,5 % do PIB entre o primeiro e o segundo Governos, mas o aumento da despesa de juros compensou parte desse esforço. No conjunto dos oito anos de FHC (1995/2002), o déficit nominal foi de 5% do PIB. Já nos oito anos dos dois primeiros mandatos de Lula (2003/2010), o déficit médio foi apenas ligeiramente superior a 3% do PIB, sendo que no segundo deles ficou abaixo desse parâmetro.

Como é possível, então, que o Partido dos Trabalhadores (PT) tenha ficado com fama de ter compactuado com certa lassidão fiscal, apesar de ter exibido esses números? Mesmo no primeiro Governo Dilma (2011/2014) os resultados, na média, não foram muito ruins, com um déficit que, inclusive, foi inferior ao do primeiro Governo Lula. Uma primeira resposta vem da tendência. Médias, às vezes, escondem certas realidades. Pode-se alegar, nesse sentido, que no decorrer do Governo Lula houve algum relaxamento. Afinal de contas, sem contar os juros, o superávit primário do último ano do Governo FHC fora de 3,2% do PIB e o de 2010, último ano do Governo Lula, caíra para 2,6% do PIB, mesmo com a economia e as receitas "bombando". Da mesma forma, mesmo antes da recessão de 2015/2016, nos quatro anos entre 2010 e 2014 houve nova piora primária, que levou em 2014 ao primeiro déficit primário desde 1997. Tudo isso, é verdade, mas há mais coisas a explorar. É o que tentaremos fazer no presente capítulo.

O túnel do tempo

Os debates no interior das forças políticas de esquerda acerca das definições táticas em contraposição às estratégicas remontam há mais de um século, desde as diferenças de visão entre os grupos que acabaram realizando a Revolução Bolchevique na Rússia em 1917 e se reproduzem em diversos países. O célebre Pacto Ribbentrop-Molotov, de 1939, entre os governos de Hitler e de Stalin, acordo chocante, foi defendido pelos comunistas, na época, como uma concessão "tática" para se preparar melhor para alcançar objetivos "estratégicos" ligados à derrota do nazismo, anos depois.

Aqui no Brasil, fiel a esse espírito da época, Luís Carlos Prestes, talvez o brasileiro que mais razões tivesse para ser inimigo pessoal de Getúlio Vargas, em razão da responsabilidade direta deste no crime da deportação da sua esposa, Olga Benário, para morrer na câmara de gás dos campos de concentração da Alemanha nazista, não hesitou em apoiar Vargas quando este voltou ao Poder, no início da década de 1950. Tudo em nome de razões táticas, compatíveis com a visão estratégica do Partido Comunista Brasileiro (PCB), naquele contexto histórico.

Em linhas gerais, essas questões envolvem diferenças de enfoque entre o curto e o longo prazo, em que certas concessões são necessárias, por um determinado período, para, supostamente, poder promover avanços maiores numa perspectiva de tempo mais longínqua.

No fundo, em maior ou menor grau, esse raciocínio é inerente à política em qualquer lugar do mundo, mas, historicamente, grupos de esquerda se caracterizaram, não só no Brasil como em muitos outros países, por fazer certo abuso desse raciocínio. Isso é feito apelando para construções intelectuais em geral bastante cínicas para justificar mudanças de 180 graus em certos posicionamentos. Há formas e formas de justificar as ações em política e qualquer eleitor sabe que, na arena política, precisa haver uma maior dose de flexibilidade do que a que normalmente se utiliza nas relações pessoais. No entanto, há modos e modos de agir nessa perspectiva.

Na campanha eleitoral de 2002, devido aos compreensíveis temores que o posicionamento histórico do Partido dos Trabalhadores (PT) acerca das questões econômicas gerava no eleitorado mais ligado ao centro, Lula assinou a chamada "Carta aos Brasileiros". Esta era, a rigor, uma "Carta ao Mercado", destinada a tentar minorar as pressões financeiras derivadas do clima de incerteza que se vivia na época; nela, havia um compromisso claro de "respeitar os contratos" e de fazer os esforços fiscais necessários para que a dívida pública alcançasse uma trajetória de sustentabilidade.

Seguindo esse espírito, ao assumir, em 2003, Lula anunciou como os dois principais nomes da área econômica a Antonio Palocci, como Ministro da Fazenda, e Henrique Meirelles, como Presidente do Banco Central. Ambos não apenas compuseram suas equipes com membros ligados à administração anterior — seja diretamente ou por declarações de apoio à equipe de Pedro Malan durante 1999/2002 — como de fato mantiveram, e até reforçaram, as políticas monetária e fiscal que vinham sendo praticadas até 2002. Com efeito, a taxa de juros decidida pelo Comitê de Política Monetária (COPOM), que tinha encerrado 2002 em 25,0%, foi aumentada inicialmente para 26,5% e o superávit primário do Governo Central — sobre o qual o controle do Executivo é maior — até aumentou ligeiramente, de 2,1% para 2,3% do PIB, entre 2002 e 2003.

Tais medidas tiveram uma excelente repercussão nos mercados, colaborando decisivamente para reduzir as pressões sobre o dólar e, tempos depois, consequentemente, sobre a inflação. Só havia um problema: o conflito entre essa política e o que o PT havia pregado — anos a fio na época de FHC era completo. O PT fizera durante anos uma oposição ferrenha a essas políticas que, uma vez no poder, passou a abraçar.

O Brasil pareceu então ingressar numa espécie de "túnel do tempo" ideológico, em que militantes com perfil radical e pregação praticamente revolucionária durante anos, pareciam aderir às teses econômicas que anteriormente tinham tachado de "neoliberais". Eles faziam isso em nome de considerações "táticas", que lembravam as "piruetas" verbais em que líderes de esquerda, no Brasil e em outros países, tinham incorrido décadas atrás para justificar as mais estranhas alianças. Travestia-se assim de estratégia política o que não passava de pura e simples desfaçatez ideológica. E o processo estava apenas começando.

A (falsa) "herança maldita"

A contradição entre a retórica tradicional do PT e o que se observava no dia a dia do governo assumiu contornos verdadeiramente macunaímicos, dignos do teatro do absurdo, com o surgimento da tese da suposta (e falsa) "herança maldita". O escritor inglês Neil Gaiman disse certa vez que "uma história não precisa ter ocorrido para ser verdadeira". A frase é um bom achado para um escritor e cai bem no mundo da ficção, mas é um atalho para as "fake news" no terreno da política — e estas não nasceram com Bolsonaro.

O segundo Governo Fernando Henrique, no período de 1999 a 2002:

- promoveu um ajuste fiscal primário de mais de 4% do PIB entre 1997 e 2002, preparando o terreno para a recuperação dos anos posteriores;
- realizou uma desvalorização real de 113% entre as médias anuais de 1998 e de 2002, com isso permitindo, com a sua ação defasada no tempo, que o déficit em conta corrente de US$35 bilhões de 1998 se convertesse em superávit em 2003;
- conviveu com uma queda do salário real, politicamente deletéria para a popularidade do governo, mas chave para melhorar a competitividade econômica do país;
- deixou os reservatórios cheios, após a crise energética de 2001, com custos evidentes de popularidade, devido às medidas restritivas adotadas em 2001: no final do período de chuvas do verão de 2003, em abril, os reservatórios da região Sudeste estavam com um nível das águas em 79% de sua capacidade, sendo que dois anos antes esse nível fora de 32%; e
- no período de novembro e dezembro de 2002 realizou a transição de governo mais exemplar de que se tinha notícia até então, com o "*full disclosure*" (abertura plena) das informações do governo às novas equipes e um ambiente de extraordinária cordialidade entre os Presidentes FHC e Lula, bem como entre os Ministros Malan e Palocci.

O novo governo, então, se via na curiosa situação de praticar uma política econômica claramente ortodoxa e colher os benefícios disso em termos da situação dos mercados, com queda do dólar, dos juros e da inflação, mas, ao mesmo tempo, qualificar em termos muito duros essa mesma política praticada nos anos anteriores.

Considerar negativamente a herança recebida, nesse contexto, não era apenas uma questão errada de fato, mas um ato de má-fé política. Entretanto, amparado no fato — concreto — de que a inflação de 2002 tinha sido de 13%, o novo Governo passou a se referir pública e repetidamente à "herança maldita" recebida, como forma de responsabilizar a administração anterior pelo ano ainda difícil de 2003 — no qual o crescimento econômico foi de apenas 1% e capitalizar politicamente os louros previsíveis que seria possível colher nos anos seguintes. Do ponto de vista dos resultados, foi inequivocamente maquiavélico: aos olhos da população, "espetou" nos governos do PSDB a ideia de que tinham sido desastrosos, o que só teria sido resolvido com a chegada do PT ao Poder; e trouxe para si a glória da bonança que se avizinhava, como sendo algo fruto das "políticas do PT" e não, em parte, consequência da "colheita" que tinha sido "plantada" no Governo anterior. A longo prazo, porém, essa decisão seria a matriz do surgimento do bolsonarismo, como reação a essa postura sectária. Voltaremos a este ponto mais à frente, no livro.

Os problemas (I): A "contabilidade criativa"

Uma das questões que explicam a desconfiança com que as políticas do PT continuaram a ser encaradas pelos críticos do partido, em que pese a existência de resultados fiscais aparentemente bons, foi a adoção de mecanismos do que passou a ser conhecido como "contabilidade criativa" na apresentação dos resultados fiscais. Esses artifícios contábeis não estiveram presentes nos primeiros anos de gestão, justamente aqueles mais associados à continuação das políticas de FHC/Pedro Malan, mas foram crescentemente utilizados no segundo Governo Lula e, mais intensamente ainda, no Governo Dilma Rousseff.

Entre esses mecanismos, vale destacar alguns, particularmente:

- o uso intenso do BNDES para fazer políticas de apoio às empresas a juros baixos, sem afetar a dívida líquida do setor público. O mecanismo consistia em emprestar recursos do Tesouro Nacional ao BNDES, para alavancar o apoio deste às empresas, a juros significativamente inferiores aos da SELIC. O arranjo não afetava a dívida líquida, pelo fato de que, na composição desta, aumentavam no mesmo valor tanto o ativo do setor público não financeiro (empréstimos do Tesouro às instituições financeiras oficiais) como o passivo (dívida mobiliária federal). O resultado foi que a dívida líquida foi perdendo relevância como indicador fiscal e o mercado passou a prestar atenção, cada vez mais, à evolução da dívida bruta do governo;
- a utilização inadequada do Fundo Soberano. Este tinha sido constituído no ano de 2008, com objetivos não muito claros e sem que fizesse maior sentido, uma vez que esses instrumentos estão associados a situações de receitas extraordinárias, em geral associadas ao petróleo e a períodos em que os governos são fortemente superavitários, como forma de evitar

que esses recursos sejam gastos antecipadamente. Tal situação não se assemelhava em nada à do Brasil na ocasião. Em anos posteriores, tais recursos acabaram sendo utilizados para financiar despesas sem ser através do Tesouro, "mascarando" o resultado fiscal com recursos contábeis pouco transparentes;

- o adiamento dos compromissos do Tesouro com o pagamento de subsídios, contrariando obrigações assumidas previamente; e
- a utilização de antecipações de pagamento de programas sociais por instituições financeiras oficiais.

Esses mecanismos acabaram sendo definidos pela imprensa como "pedaladas fiscais", por passar a ideia de "jogar para adiante" o efeito fiscal contábil das ações oficiais e, em 2016, se tornariam a causa formal do processo de impeachment da então Presidente Dilma Rousseff.

O fato é que, com o passar dos anos, não só houve uma tendência a que o resultado fiscal primário piorasse em relação àquele observado no começo do Governo Lula, como também os números passaram a ser recebidos com crescente ceticismo, na suposição de que estavam deixando de espelhar adequadamente a "verdadeira" situação fiscal. Isso decorreria seja pela falta de cômputo explícito do custo dos subsídios oficiais, pelo absurdo lógico do recurso ao Fundo Soberano, ou pelos diversos mecanismos de contabilidade criativa.

Os problemas (II): O gasto? Vai bem, obrigado

A segunda questão que gerava dúvidas acerca de até que ponto o compromisso dos governos do PT com o equilíbrio fiscal era genuíno, em que pesem os bons resultados alcançados, é que os déficits públicos relativamente baixos do período foram alcançados, em parte, com a ajuda do comportamento da receita e não do gasto (Gráfico 10.1).

GRÁFICO 10.1

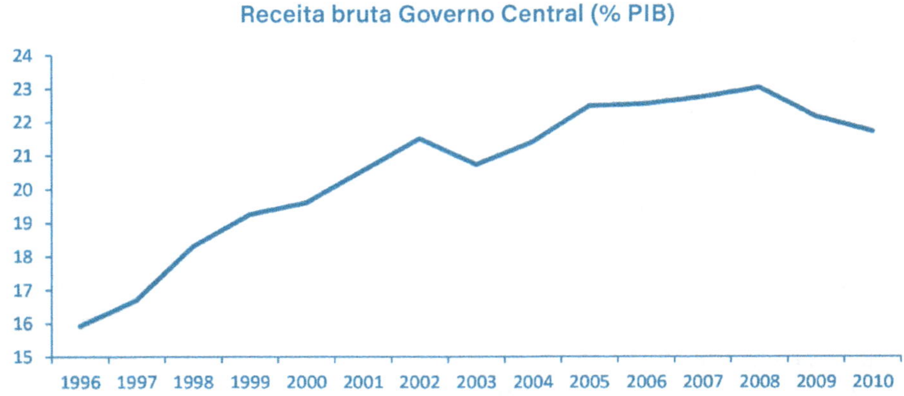

Fonte: Secretaria do Tesouro Nacional.

Embora entre 2002 e 2010 a receita tenha se conservado, aproximadamente, como proporção do PIB, ela correspondeu a uma carga tributária significativamente maior que a dos anos anteriores, pela elevação que tinha ocorrido ao longo dos anos de FHC, para permitir o ajuste fiscal da época. Como essa receita vinha sendo conseguida num contexto de bom desempenho da economia, permanecia a dúvida acerca do que poderia acontecer se, por alguma razão, houvesse uma perda de dinamismo da variável, tendo o gasto assumido uma trajetória de crescimento. A dúvida revelou-se certamente pertinente, à luz do que ocorreria posteriormente.

Entre 2002 e 2010, a receita bruta do Governo Federal cresceu a uma média real de 4,2% a.a. (utilizando o deflator do PIB como referência de inflação), em parte devido a dois processos simultâneos que ocorreram naqueles anos:

i) um movimento de formalização maior da economia, com a melhora do mercado de trabalho; e

ii) a criação da chamada "Super Receita", com a fusão das máquinas de arrecadação da Receita Federal e do INSS, o que, como aquela era muito melhor aparelhada tecnicamente, permitiu ampliar consideravelmente as bases de dados da segunda, possibilitando que a arrecadação do INSS aumentasse de 4,8% para 5,5% do PIB entre 2002 e 2010.

Quando a velocidade de aumento da receita caísse, com o arrefecimento dessas duas tendências — algo inevitável porque não poderiam ser permanentes —, a dúvida era a que taxa a receita seria capaz de aumentar. O sinal amarelo acendeu-se anos depois, quando entre 2010 e 2014 esta aumentou a uma taxa real de apenas 1,7% a.a. Quando, no acumulado de 2015/2016, veio a recessão e a receita acumulada do biênio sofreu uma queda real de 7%, seguiu-se a *debacle*. Antes disso, porém, a falta de sintonia entre as dinâmicas da receita e do gasto tinha causado um estrago nas contas: o resultado primário do Governo Central, que entre 2002 e 2010 praticamente tinha se mantido estável, cedendo apenas de 2,1% para 2,0% do PIB, mudou drasticamente, mesmo antes da recessão de 2015 e, entre 2010 e 2014, passara de um superávit primário de 2,0% a um déficit de 0,4% do PIB. Enquanto isso, o gasto voava... (Tabela 10.2).

TABELA 10.2

Crescimento real gasto primário federal (% a.a.)

Composição	2003/06	2007/10	2011/14	2015/16	2003/16
Pessoal	1,3	4,1	-0,6	-0,1	1,3
INSS	7,5	3,4	3,3	5,2	4,8
Outros	5,1	8,0	7,1	-1,7	5,5
Total	4,9	5,1	3,8	1,3	4,1
PIB	3,5	4,6	2,3	-3,4	2,5

Deflator: Deflator PIB.
Fonte: Secretaria do Tesouro Nacional.

Embora o crescimento do gasto tenha sido atenuado um pouco depois de 2010, ele excedeu largamente a receita. Além disso, os números de 2010 foram beneficiados pela capitalização da Petrobras no valor de 0,8% do PIB. O gasto real, que já tinha crescido bem acima da receita nos oito anos do Governo Lula, quando se expandiu 5,0% a.a., mesmo crescendo menos no primeiro Governo Dilma, o fez a 3,8%, muito acima da receita.

No conjunto dos quatorze anos 2003/2016 em que o PT ficou no Poder, a receita total cresceu a uma taxa acumulada de 37%. Já o gasto cresceu a mais do dobro disso: 76%. Não poderia dar certo...[3] Diga-se de passagem, embora este capítulo trate dos primeiros dois períodos de Governo Lula — combinado com os anos Dilma — e não do governo atual (2023/2026), é inescapável, neste ponto, acerca dessas questões, citar a frase sintomática do próprio Presidente Lula. Este, já no seu terceiro mandato, em 2024, depois de um ano no qual o crescimento do gasto foi exorbitante (2023), ao se manifestar em favor, na prática, de um "drible" na regra fiscal que ele mesmo tinha proposto e aprovado no ano anterior, já na Presidência, declarou o seguinte: "A gente vai ter que discutir com a Câmara e o Senado esse limite de gastos e vamos ver como é que a gente pode utilizar mais dinheiro para fazer mais benefícios para o povo".[4]

Em poucas linhas, estão aí presentes todas as crenças simbólicas e profundas do PT em matéria fiscal: a defesa de que a solução dos problemas é o Estado gastar mais; a visão paternalista do papel do governo; a crença de que as regras não devem ser tão interpretadas ao pé da letra; e a incapacidade absoluta de conviver com qualquer noção de restrição orçamentária.

Os problemas (III): O desconforto ideológico

Além da contabilidade criativa e da tendência à deterioração fiscal oculta por trás de números aparentemente favoráveis acerca da realidade fiscal, o problema principal presente no debate fiscal nos anos de Governo do PT era o evidente desconforto do partido em lidar com a necessidade de adotar uma política fiscal sustentável, algo que é — ou deveria ser — inerente às responsabilidades de governar. Era como se os militantes resistissem a assumir os ônus de ser governo, optando por ficar apenas com os bônus. Os exemplos de uma postura que poderíamos qualificar, em linhas gerais, de "adolescente", abundavam. Eles incluem declarações como a de Heloísa Helena, que, em 30 de março de 2003, ainda no PT, ao ser indagada sobre o que pensava de FHC, declarou ao jornal *O Globo*: "Quando ouço esse nome, me vem à cabeça a expressão crime de lesa-pátria", ou as opiniões recorrentes de intelectuais vinculados ao partido, como Frei Betto, que muitos anos depois, mas refletindo antigas opiniões, diria, também a *O Globo*, em 24 de setembro de 2014: "julgo o capitalismo intrinsecamente nefasto. A própria denominação o define: prevalência do capital sobre os direitos humanos".[5]

A essência da economia é lidar com o fenômeno da escassez. E a administração orçamentária implica realizar esse exercício todos os anos. Quando se está na oposição, faz parte, seguindo a lógica das utopias, bradar "queremos o impossível", mas, na prática do poder, aparecem os "estreitos limites do possível", tornando-se necessário fazer escolhas e arbitrar entre diferentes demandas. E o drama de governar é quando se percebe que o problema não reside no fato de existirem demandas imorais — que podem ser, de fato, parte da realidade, muitas vezes —, mas sim que a maioria delas são legítimas, só que não cabem todas no Orçamento.

Mark Lilla, cientista político norte-americano, escreveu que "a esquerda gosta de resistir, não de governar, porque tem uma visão teatral da política". Como corajosamente reconheceu "Pepe" Mujica, após ter passado pela Presidência da República no vizinho Uruguai, "politicamente, minha juventude transcorreu no mundo da ilusão". E essas ilusões não eram mais possíveis de serem alimentadas ao se ocupar o poder. Era essa resistência a aceitar as limitações impostas pela realidade que dava ares algo esquizofrênicos à política fiscal dos primeiros anos do Governo Lula. Este dava continuidade à (boa) política fiscal do governo anterior, mas, conversando com os quadros do partido, tinha-se a impressão de que, na primeira oportunidade, após ter passado os riscos da transição, adotaria a "verdadeira política econômica petista".[6] Isso viria a acontecer gradativamente, na realidade, após a queda do Ministro Palocci, em 2006, ainda no Governo Lula e, mais ainda, no Governo Dilma, quando algumas das velhas prescrições do partido — juros baixos "na marra", política cambial pró-exportadora, dirigismo setorial, etc. — foram adotadas *au grand complet*. Infelizmente, os efeitos seriam desastrosos.

Balanço de uma oportunidade perdida

Nos oito anos do Governo FHC, o PIB cresceu 2,4% a.a., mas o gasto primário se expandiu bem acima disso: 4,1% a.a. Já nos oito anos do Governo Lula, o PIB teve uma expansão média maior, de 4,0% a.a., mas o gasto público primário teve um incremento real superior, de 5,0% a.a. Até então, o gasto já vinha tendo uma trajetória quase sistematicamente ascendente como proporção do PIB ao longo do tempo. Isso fazia com que cada presidente entregasse ao seu sucessor um governo com um peso maior em relação à economia do que quando tinha recebido o mandato pelas mãos do antecessor. O resultado vinha sendo um inchaço crescente do gasto público, que demandava uma maior carga tributária e/ou um maior incremento do endividamento público. Se consideradas as transferências a Estados e Municípios como parte do gasto, a despesa primária da União tinha sido de 14% do PIB em 1991 — quando essa série começou a ser apurada nas estatísticas oficiais — e já era de 17% do PIB em 1994, no final da gestão Collor/Itamar Franco. Chegaria a 19% do PIB em 2002, no final do Governo FHC e a 21% do PIB em 2010, quando Lula acabou seu segundo mandato. Em 2016, alcançaria 24% do PIB — foi quando se adotou a figura do "teto do gasto público", justamente para se contrapor a essa tendência. Se desconsideradas as transferências citadas, o "jeitão" da trajetória do gasto é parecido (Tabela 10.3).

TABELA 10.3

Resultado Governo Central (% PIB)

Composição	2002	2003	2010	2014	2016
Receita líquida	18,0	17,4	18,3	17,7	17,4
Despesa	15,9	15,1	17,1	18,1	19,9
Ajustes	0,0	0,0	0,8	0,0	0,0
Resultado primário	2,1	2,3	2,0	-0,4	-2,5

Fonte: Secretaria do Tesouro Nacional.

É difícil, sob a ótica fiscal, não analisar esses anos como uma oportunidade perdida. Em 2002, sem contar as transferências a Estados e Municípios, o Governo Central teve uma despesa de 15,9% do PIB com pessoal, benefícios previdenciários e demais gastos primários. Em 2003, devido justamente ao rigor do ajuste fiscal inicial, essa despesa havia cedido para 15,1% do PIB. Tivesse o governo acompanhado a dinâmica da economia, caso o gasto tivesse tido o mesmo crescimento do PIB a partir de então, num processo que levou a um crescimento médio da economia de 4,5% a.a. nos sete anos entre 2003 e 2010, esse teria sido, por definição, o crescimento médio do gasto nesses anos. No caso hipotético, ele teria chegado ao ano de 2010 nos mesmos 15,1% do PIB de 2003 — em vez dos 17,1% efetivamente observados devido ao expansionismo fiscal resultante de se ter adotado a "verdadeira política do PT". Tivesse sido essa a estratégia, o resultado primário consolidado de 2010 teria sido um robusto superávit primário de 4,6% do PIB — e não o de 2,6% do PIB observado na prática. Tivesse o país se preparado melhor na "primavera", poderia estar em melhor forma quando chegasse o "inverno". Mas nada disso aconteceu.

"Vive-se melhor no mundo da ficção", disse o escritor espanhol Javier Marías. Segundo a ficção da luta partidária, a política econômica praticada nos anos FHC era alheia aos interesses do povo e, embora mantida por razões táticas num primeiro momento, deveria ser mudada para poder atender aos pobres e aos desfavorecidos em geral. As consequências viriam anos depois. No mundo real, teria sido muito melhor dar continuidade àquela política e conservar uma trajetória segura de crescimento, sem sujeitar o país aos sobressaltos que decorreram do fato de ter-se desaproveitado essa oportunidade rara de expansão da economia para criar as condições de enfrentar melhor eventuais adversidades futuras.

Além da euforia

Em 2011, quando a memória da despedida apoteótica de Lula do Poder em 2010, com crescimento da economia em torno de 7,5% e mais de 80% de popularidade ainda estava fresca, o autor, em coautoria com Armando Castelar, escreveu o livro *Além da euforia*. É impossível não ficar com um enorme sentimento de frustração ao constatar como os alertas implícitos nas três frases escolhidas como epígrafe do livro se revelaram premonitórias. Elas foram as seguintes:

"Era preciso escolher entre a realidade do discurso e o discurso da realidade. Escolhi este último, naturalmente." — Jorge Semprún, escritor espanhol.

"A melhor época para consertar o telhado é quando o tempo está bom." — John Kennedy.

"O risco é ignorar o desafio-chave que enfrentam os *policy makers*: se eles estão aproveitando as vantagens do ingresso de recursos para construir condições para um crescimento sustentado." — Gray Newman, investidor estrangeiro.

No livro, cada capítulo, por sua vez, tinha uma epígrafe específica. O primeiro, sobre o espírito do livro como um todo, trazia uma frase da diretora de uma grande empresa brasileira, que se perguntava, em 2011: "Desde pequena ouço que o Brasil é o país do futuro. Agora o futuro chegou e comecei a temer que será breve". À luz do que aconteceu, o receio dela estava fundado em boas razões.

O segundo capítulo, que tinha como título "A fantasia fiscal", trazia uma antiga frase de Juan Domingo Perón, que reflete bem a ideia central presente na crítica às visões ditas fiscalistas. Perón, então Presidente da Argentina, em carta a Carlos Ibáñez, então Presidente do Chile, se dirige a ele com estas palavras emblemáticas: "Dê ao povo tudo o que for possível. Quando lhe parecer que você está dando muito, dê ainda mais. Você verá os resultados. Todos irão lhe apavorar com o espectro de um colapso econômico, mas tudo isso é uma mentira. Não há nada mais elástico do que a economia". Como os anos posteriores mostraram, os resultados falaram por si mesmos: em meados da década de 2010, o colapso se abateu sobre o Brasil — e a "elasticidade da economia" acabou.

Ao encerrarmos esse capítulo, dizíamos: "Concluímos que o Brasil gasta mal os recursos públicos. As consequências disso e da atitude complacente do país, em face da bonança externa que tanto nos tem beneficiado, serão avaliadas nos capítulos posteriores. Por enquanto, pensando no futuro e, sabendo que nos últimos dez anos os deuses foram generosos com o Brasil, deixamos com o leitor a velha frase de Thomas Jefferson, que vem naturalmente à memória ao se comparar a sorte que o Brasil tem tido em tempos recentes com a prodigalidade com que tem utilizado os recursos públicos nos últimos anos: "Temo por meu país quando penso que Deus é justo".

Além das despesas com pessoal — que, a rigor, caíram como proporção do PIB nos anos de governo do PT — e as do INSS, que seguiram uma dinâmica determinada pela correção do salário-mínimo, pela demografia e pelas regras previdenciárias, a outra grande rubrica do Orçamento é representada pelo agregado das "outras despesas". Após o ajuste de 2003, estas iniciaram um longo ciclo de expansão. Treze anos depois, o seu peso era muito maior que o inicial. Ali, o PT foi "encaixando" as diversas demandas. Seguindo a recomendação de Perón, "dando ao povo tudo o que for possível" (Tabela 10.4). Em 2016, quando foi adotado o teto de gastos, todas as rubricas da tabela pesavam mais no PIB do que em 2003.

TABELA 10.4

Outras despesas (% PIB)

Composição	2003	2016
Abono e seguro desemprego	0,48	0,89
LOAS	0,26	0,78
Subsídios e subvenções	0,30	0,38
FUNDEB	0,02	0,22
Bolsa Família	0,00	0,46
Compensações RGPS	0,00	0,28
Apoio a Estados e Municípios	0,00	0,05
FIES	0,00	0,11
Demais	3,39	4,55
Total	4,45	7,72

Fonte: Secretaria do Tesouro Nacional.

No final do Governo Lula, em 2010, mais de quinze anos após a estabilização de 1994, o Brasil parecia ter deixado para trás dois dos grandes problemas que haviam interrompido seu crescimento em diversas oportunidades no passado: a inflação, problema grave em todo o pós-guerra e dramático quando a alta inflação se transformara em hiperinflação, tinha caído então para a faixa de 5% a 6%; e a dívida externa líquida desaparecera. Entretanto, se o Plano Real fora feito com o intuito de resolver o problema fiscal, ele continuava presente, ainda que mitigado pela bonança do nível de atividade.

Na Exposição de Motivos que criou a URV, em fevereiro de 1994, constava o seguinte: "A solução duradoura da crise fiscal é o alicerce insubstituível de qualquer política consistente de estabilização e retomada do crescimento da economia brasileira. Com esse objetivo, o governo [...] encaminhou um conjunto de providências de caráter emergencial e permanente: a reelaboração do Orçamento de 1994, com estrito equilíbrio operacional; a Criação do Fundo Social de Emergência para 1994 e 1995; as sugestões encaminhadas ao Congresso Revisor da Constituição Federal em matéria de federalismo fiscal, realismo orçamentário, reforma tributária, reforma administrativa, modernização da economia e da Previdência e o Programa de Privatização. Acreditamos que os esforços do governo [...] têm contribuído para que se consolide na sociedade brasileira a convicção quanto à necessidade de mudança do regime fiscal".

Quase três décadas depois, com um ou outro retoque, a mesma exposição de motivos poderia continuar tendo sido adotada, tanto em 2011 no início do Governo Dilma Rousseff, em 2016 com Michel Temer, em 2019 com Jair Bolsonaro, ou atualmente. Se, em matéria do setor externo, o Brasil alcançou um novo status nos dos dois primeiros mandatos de Lula, isso não ocorreu na política fiscal, não obstante outros avanços. Falaremos deles no capítulo a seguir.

11

FRACASSO SOCIAL-DEMOCRATA?

"Nenhuma análise, por melhor que seja, pode se comparar a uma história bem contada."

— Hanna Arendt

O debate acerca de como encarar as responsabilidades de governo estabeleceu-se no seio das forças originalmente ligadas às ideias de esquerda desde que esta passou a ocupar espaços de poder na Europa, ainda antes da Segunda Guerra Mundial, e ganhou corpo depois de 1945 quando, aos poucos, os partidos ditos "progressistas" foram alcançando o governo em diversos países: inicialmente na Alemanha, depois na França, finalmente na Espanha, com algumas intermitências na Itália etc. E, claro, foi um elemento central nos países da Escandinávia, que praticamente criaram um tipo de sociedade específica de convivência harmônica com características tanto do capitalismo como do socialismo. A ideia geral de ter "tanto mercado quanto for possível, tanto Estado quanto for necessário", expressa há várias décadas por Willy Brandt, então chanceler alemão, simboliza, de certa forma, a síntese do resultado dessa reflexão.

Em torno dela, foram surgindo, mundo afora, diversas alternativas para lidar com esse desafio, indo desde o citado modelo escandinavo, até o que um amigo denominou de "comunismo selvagem" (fazendo um jogo de palavras com a expressão "capitalismo selvagem") da China, que adotou princípios inerentes à essência do capitalismo, no contexto de uma ditadura comunista que não deixa espaço algum para qualquer contestação. E, no meio, houve experiências de todo tipo, bem-sucedidas algumas, como a construção de uma nova Alemanha pós-nazismo, com características algo similares ao "modelo escandinavo", outras estrondosamente fracassadas, como a tentativa de tornar o Chile um país socialista com Salvador Allende etc.

Em ambientes marcados pela existência de polos opostos bem delineados, e com grandes dificuldades para a convivência com outros grupos, tal configuração política traz um desafio importante para as forças de centro: a quem procurar como aliados? A setores de esquerda, historicamente alinhados com grupos com perfil revolucionário e, muitas vezes, com tendências claramente autoritárias? A setores da direita, taticamente unidos a grupos ultraconservadores, com graus variados de propensão a defender ideias totalitárias? Voltaremos a estas questões, mais de uma vez, no restante deste livro.

O fato é que, num país como o Brasil, onde, depois do fim do governo militar, em 1985, dava a impressão de não haver "direita", e onde todos os partidos se diziam "progressistas" ou de "centro", despontou um fenômeno novo na realidade política: o surgimento, na segunda metade da década de 2010, de setores assumidamente de direita, que se apresentam com uma condenação aparentemente sedutora a tudo o que viera antes. No mundo dos *outsiders,* histórias bem contadas, como lembra H. Arendt na epígrafe do capítulo, podem se sobrepor à realidade. E isto, por sua vez, obriga a uma revisão do significado dos governos posteriores a 1985, em perspectiva histórica.

É isso que este capítulo se propõe a fazer. Ele começa com uma discussão semântica sobre o balanço dos anos pós-1985, no Brasil, prossegue enfatizando a importância da persistência e do aprendizado histórico, destaca os três principais avanços ocorridos depois da redemocratização e se encerra com uma avaliação positiva das quase quatro décadas transcorridas desde então, em que pesem as inequívocas lacunas presentes na realidade brasileira da década de 2020, em matéria tanto da situação econômica, como do cenário político e, principalmente, da realidade social.

Uma questão semântica

A simples observação do Gráfico 11.1 sugere que algo aconteceu com o Brasil depois de 1980. Nas três décadas entre 1950 e 1980, o crescimento da renda *per capita* brasileira foi de significativos 4,4% a.a. Essa taxa, mantida ao longo de setenta anos, muda um país.[1] Significa que uma renda de 100 quando uma pessoa começa a trabalhar e ser paga, terá se transformado em mais de 2.000 quando a pessoa partir. É como se ela começasse a sua vida ativa na Índia e falecesse, já idosa, num hospital da Bélgica, para usar a velha metáfora do professor Edmar Bacha acerca da "Belíndia".

GRÁFICO 11.1

Renda per capita (1950 = 100)

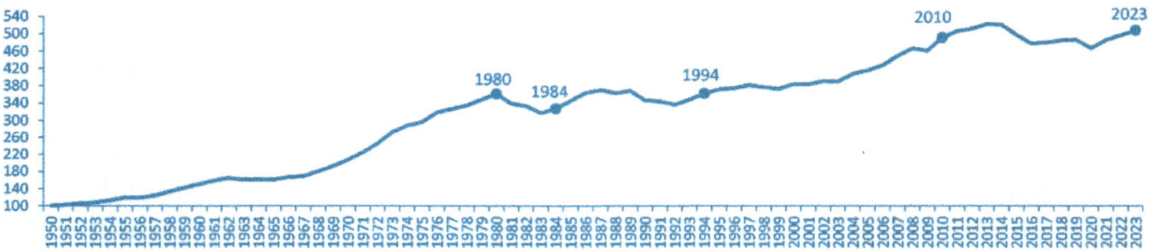

Fonte: IBGE.

O contraste com a realidade posterior a 1980 não poderia ser maior. Entre 1980 e 2023, essa mesma variável teve um crescimento médio de apenas 0,8% a.a. A diferença entre um e outro período é visível a olho nu. Com base na frustração derivada desse desempenho, na eleição de 2018 — na qual, por conta dos acontecimentos políticos dos anos anteriores, havia uma excepcional "demanda por *outsiders*" de parte importante da sociedade — setores identificados com a pregação liberal, vinculados a Paulo Guedes e liderados por este, passaram a se referir genericamente a esse período como a expressão do que ele denominava de "fracasso da social-democracia".

Iremos argumentar aqui que essa interpretação lembra um pouco a frase do jornalista argentino Jorge Fernández Díaz, que, na sua crítica ao kirchnerismo, disse mais de uma vez que "para Cristina Kirchner, governar é editar a realidade". Parodiando o jornalista, poder-se-ia dizer que "para Paulo Guedes, ser oposição é editar a realidade".

De fato, embora a conclusão de quem posteriormente viria a ser Ministro da Economia, fortemente engajado na campanha do então candidato Jair Bolsonaro em 2018, parecesse bastante razoável, ela deixa de lado nuances importantes que precisam ser consideradas numa análise mais profunda do tema. Além disso, levanta uma questão semântica relevante, associada à diferença entre os conceitos de "fracasso" e "frustração".

"Fracasso" é definido no dicionário como "falta de êxito, malogro, derrota". Já a "frustração" é definida como um "estado emocional que acompanha a interrupção de um comportamento motivado, ou seja, estado psíquico que resulta do bloqueio da motivação provocada por qualquer barreira que impede de alcançar um projeto ou objetivo esperado". Ela corresponde a estar numa situação em que a realidade ficou além do que teria sido esperado *a priori*. Por que essa questão é relevante?

Nasci no ano de 1962. Em 1984, tinha, portanto, 22 anos quando ocorreram as famosas passeatas pelas "Diretas Já" (estive na da Candelária, no Rio de Janeiro), quando o Colégio Eleitoral elegeu Tancredo Neves futuro Presidente da República, no final do governo militar, e quando tive minha primeira carteira de trabalho assinada — todos eventos que ocorreram num intervalo de menos de doze meses.[2] E tinha 27 anos quando votei pela primeira vez para Presidente da República em 1989. É impossível, ao chegar à sétima década de vida, não ter um sentimento de frustração ao comparar o que o Brasil é, na realidade, com o que minha geração, na década de 1980, ao sair da faculdade, sonhava que poderia vir a ser quando nós fizéssemos 60 anos, muito tempo depois. Na economia, no aspecto social, na política etc., os sinais de desânimo com isso estão presentes em todos os lugares.

Entretanto, não obstante essa constatação inequívoca, há um "truque" na argumentação de Paulo Guedes, porque nessa comparação de quatro décadas

i) estão incluídos os três anos de 1981/1983, terrivelmente recessivos, que jogam a média para baixo, mesmo que diluídos ao longo de quarenta anos;[3] e

ii) inclui a década de 2010, claramente diferenciada das anteriores, pela sua trajetória particularmente negativa.

Voltaremos a este ponto daqui a algumas páginas. Por enquanto, peço ao leitor apenas que guarde estes três anos, além do ponto inicial da comparação, o ano de 1980: 1984, 1994 e 2010. Em breve ficará clara a razão disso.

O jardineiro inglês

Há uma velha anedota que me foi contada há muitos anos, quando estava num seminário na conhecida cidade de Oxford, na Inglaterra, na sua igualmente famosa Universidade. A anedota dizia respeito ao papel das instituições, e de como o fator tempo é importante para que os avanços incrementais se consolidem na vida de um país.

A história é que em Oxford, anos antes, teria havido um encontro internacional de jardineiros das principais universidades do mundo, onde o representante da Universidade Harvard, nos EUA, teria ficado maravilhado com a beleza do jardim local, que fazia jus à fama dos gramados ingleses, muito bem cuidados. Constatando isso, o jardineiro norte-americano teria consultado o seu par inglês para saber qual era a receita para tanta beleza, ao que este lhe teria dado algumas "dicas" para alcançar o mesmo resultado.

Um ano depois, o encontro teria se repetido, esta vez do outro lado do oceano Atlântico, nos EUA, numa cidade da Costa Leste do país. Ao se verem, o jardineiro de Oxford localiza o seu colega de Harvard e pergunta:

— Como vai, meu amigo? E então, o que me diz? Minhas instruções funcionaram? O seu jardim ficou bonito?

Ao que o jardineiro de Harvard responde, coçando a cabeça, algo decepcionado:

— O jardim melhorou, sim, mas a verdade é que não ficou igual ao seu. Não consigo entender, porque segui todas as suas instruções. Você consegue me dar uma explicação?

E o outro, categórico e com um pequeno sorriso irônico, carregado de humor britânico:

— Ora, é que a gente vem fazendo a mesma coisa há trezentos anos!

A anedota ilustra, resumidamente, a importância da persistência das boas práticas.

Na escola, todos nós aprendemos o conceito de "linha do tempo": o professor traça uma linha e mostra, para anos ou datas específicas, a importância que determinados eventos tiveram para explicar alguma coisa que está sendo ensinada.

Há duas palavras-chave para o que o autor está querendo passar com este capítulo: "processo" e "progresso". A primeira, associada à concepção de "processo histórico". A segunda, à noção de avanços incrementais. O que remete a uma antiga frase de — mais uma vez — Roberto Campos, que, nos seus embates com as posições radicais dos seus adversários ideológicos, sempre repetia que "uma coisa separa a ideia de evolução da ideia de revolução: a letra R". Aqui será feita a defesa enfática da ideia de "evolução". No fundo, o que Guedes tinha em mente, na sua pregação político-ideológica contra a social-democracia, era uma visão rupturista, que se aproxima da noção de revolução.

Nessa linha de tempo do progresso do Brasil, depois da década de 1970 em diante, nosso país experimentou três grandes avanços:

- a recuperação da democracia na década de 1980, já sem o AI-5, com a conclusão do regime militar, a reconquista das liberdades democráticas, o fim da censura e das prisões políticas, e as eleições diretas para governadores em 1982, prefeitos em 1985 e Presidente da República em 1989;
- a estabilização que se seguiu ao Plano Real de 1994; e

- os avanços sociais, nas décadas de 1990 e, mais fortemente, na década de 2000.

A historiografia, em termos de nomes, associa esses avanços aos períodos de Governo de Sarney (1985/1989), FHC (1995/2002) e Lula (2003/2010). A caracterização não faz plenamente jus a estes dois últimos, por implicar uma visão algo simplista de que o Governo FHC esteve associado só à estabilização, sem preocupação com o social e de que o Governo Lula teria sido comprometido com a questão social e não com a estabilização, ideia que não é plenamente aderente à realidade. Por um lado, nem os anos FHC tiveram tanto êxito assim na estabilização — a inflação chegou a 13% em 2002 — nem os avanços sociais se iniciaram só com Lula. Por outro, nem é verdade que Lula não teve preocupação com a estabilidade — a inflação se manteve no intervalo da banda de tolerância do regime de metas em todo o seu Governo — nem que os avanços sociais tenham sido uma exclusividade de sua gestão. De qualquer forma, não há como negar uma identificação óbvia: o Governo FHC fez grandes esforços pela estabilização da economia, assim como os anos Lula ficaram registrados na História como um período de melhorias sociais importantes. Vejamos essas etapas mais de perto.

A transição democrática: Política com P maiúsculo

Nelson Mandela foi um herói da humanidade, alguém com um perfil único. Quem visita a prisão em Robben Island, na África do Sul, onde ele passou boa parte dos 27 anos em que esteve encarcerado, encontra diversas lojas de *souvenirs* com imagens do líder sul-africano, algumas delas com frases suas. Uma delas diz: "Quando eu caminhei atravessando o portão da prisão, à procura de minha liberdade, soube que, se eu não deixasse toda minha raiva, ódio e amargura atrás de mim, ficaria preso para sempre". Ele foi um homem não apenas com uma capacidade de resistência excepcional, mas também de uma sabedoria verdadeiramente incomum. Visitando o país, porém, conversando com as pessoas, e lendo mais sobre a experiência do fim do *apartheid*, já com o amadurecimento que a idade tinha me dado nessa época da vida, percebi que, embora menos importantes do que ele, também os negociadores pelo lado do governo, que estabeleceram pontes com Mandela quando ele ainda estava na cadeia, tiveram um papel decisivo. Foram também fundamentais para que a África do Sul pudesse encerrar esse período traumático de sua vida e se encaminhar para um desfecho pacífico, que evitasse que o país voasse pelos ares, numa explosão de ressentimento e revolta.

Algo assim, em menor medida — porque nada se compara à violência absurda do *apartheid* e ao valor de Mandela como líder da resistência — pode ser dito também em relação ao fim do período de governo dos militares na História do Brasil. O historiador britânico Paul Johnson, em *A History of the American People* [Uma história do povo americano], fazendo referência a líderes do porte de um Washington, Franklin, Jefferson, Hamilton, Madison, Adams e outros *founding fathers* dos EUA, escreveu que "os grandes eventos da História são determinados 'por muitos fatores, mas o mais importante é sempre a qualidade das lideranças. Afortunadamente para a América, a geração de políticos que emergiram para liderar as colônias rumo à Independência foi um dos mais formidáveis grupos de homens da História'".

Sem essa grandiloquência, em menor escala, algo parecido pode ser dito acerca dos negociadores de lado a lado que estabeleceram as conversas que levaram ao fim do regime militar, no Brasil, na primeira metade da década de 1980. A História registra o papel-chave dos líderes da oposição na época, com destaque para nomes como Ulysses Guimarães, Tancredo Neves, Franco Montoro e outros menos citados, como Paulo Brossard. Tão importante como a liderança e o mérito desses políticos, porém, foi a função que tiveram os negociadores pelo lado do governo, que souberam perceber o rumo dos acontecimentos e reconhecer a necessidade dos militares se retirarem do poder. O destaque, nesse caso, cabe ao papel do ex-Presidente Geisel, de militares como Golbery do Couto e Silva e Leônidas Pires Gonçalves, e de políticos como Petrônio Portella, José Sarney, Jarbas Passarinho, Nelson Marchezan ou Célio Borja.

Todos ali, fazendo Política com P maiúsculo, executaram uma parte do *script* da História. A Ulysses coube liderar as grandes passeatas da oposição, que foram um elemento decisivo para o fim do regime, mas, ao mesmo tempo, o reconhecimento de que, não se viabilizando as eleições diretas, politicamente, não haveria espaço para ser ele o candidato das oposições a tentar vencer no Colégio Eleitoral. Tancredo foi o grande comandante, que teve a sutileza de capitanear a oposição quando Ulysses passou a ele a "braçadeira" de "capitão" após a derrota da emenda das "Diretas já", ao mesmo tempo que negociava com os militares para que houvesse uma transição pacífica. A Sarney coube ser Presidente num momento muito difícil da vida nacional, evitando qualquer retrocesso, em que pese a elevada impopularidade do governo e os problemas de relacionamento com parte do esquema político que lhe dava suporte. E assim, cada um desses atores soube desempenhar a contento o que deles se esperava, em benefício do país.

Os anos 1980 foram um período muito ruim para o país em termos econômicos, com desempenho péssimo da produção, hiperinflação etc., mas o

Brasil do final daquele período, politicamente, era um país muito melhor que o do final da década de 1970: o regime militar acabara, havia total liberdade de opinião, a imprensa era livre, não havia um único preso político e tinham sido recuperadas as eleições diretas que inicialmente foram negadas ao ser rejeitada a emenda Dante de Oliveira, ainda no final do governo militar. E o país fez isso com notável tranquilidade, sem as feridas que ficaram em outros processos similares na América Latina. Foi um avanço importante.

A estabilização de FHC

Depois dos progressos experimentados no campo político na década de 1980, a década de 1990 foi marcada no Brasil pela estabilização da economia. FHC foi hostilizado o tempo todo, durante os oito anos do seu Governo, por reivindicações sociais de todo tipo, em muitos casos, posteriormente incorporadas às políticas públicas da época, mas sempre enfrentando uma oposição muito agressiva, que "colou" na sua gestão, aos olhos da maioria da população, a ideia de que "o Governo FHC não se preocupa com o social". A frase não correspondia em absoluto à verdade, apenas refletia a correta preocupação da equipe econômica da época em tentar conciliar os avanços sociais com a realidade orçamentária, lembrando, como corretamente disse alguma vez o jornalista Reinaldo Azevedo, que "em política, o idealismo custa caro".

A rigor, nos anos do Governo FHC houve avanços sociais importantes, que cabe registrar:

- nos oito anos de gestão, houve apenas um único Ministro da Educação, Paulo Renato Souza, diretamente ligado ao tema pela sua trajetória profissional prévia, e que deu origem a dois grandes avanços no setor durante o período: a meta de ter "toda criança na escola" — acabando com o problema histórico nacional da evasão escolar — e a origem de uma "cultura de avaliação", com o início dos mecanismos de aferição por meio de diversos testes, posteriormente consagrados nas políticas para a educação;
- a gestão de José Serra como Ministro da Saúde, na qual se destacaram o programa de medicamentos genéricos, o salto das medidas de combate aos efeitos da AIDS e os progressos nas políticas de vacinação;
- os programas sociais específicos, como o Bolsa-Escola, e os auxílios, como aqueles destinados à aquisição de gás por famílias muito pobres, além do programa Comunidade Solidária, embriões do que futuramente viria a ser o Bolsa Família;

- o aumento real acumulado de 44% do salário-mínimo nos oito anos de governo; e
- a aprovação do FUNDEF, que posteriormente viria a se transformar no atual FUNDEB, e que ampliou os recursos para a educação.

Por outro lado, não há a menor dúvida de que, nos futuros livros de história, quando as grandes questões do dia a dia se perdem na bruma do tempo e só restam as questões mais importantes de cada período, quem tiver que resumir o Governo de FHC provavelmente o fará com alguma frase do seguinte tipo: "Foi responsável pela estabilização da economia brasileira". É bem verdade que o Plano Real foi lançado na Presidência de Itamar Franco, mas é óbvio também que: i) o "pai da criança" foi, evidentemente, FHC;[4] e ii) o plano teve um sucesso inicial, mas só se consolidou na Presidência de FHC, contrariamente aos cinco planos anteriores — do Cruzado ao Collor II — que, após um sucesso efêmero, fracassaram meses depois.

Embora a inflação de 2002 macule um pouco o legado, há duas atenuantes importantes. A primeira, é que, claramente, o que detonou aquele processo que levou à alta vigorosa da cotação cambial e à consequente aceleração da remarcação de preços foi a enorme incerteza acerca das políticas a serem implementadas pelo governo a ser empossado em 2003. E o segundo é que, mesmo assim, a diferença em relação ao passado, ainda considerando a alta ocorrida em 2002, seria marcante.

Até 1994, devido a um problema de credibilidade herdado de intervenções que os governos tinham feito nos índices em diversos planos anteriores, o IPCA não veio a ter o papel de referência que teria posteriormente e, de um modo geral, ainda se prestava muita atenção ao IGP. Este, em 1993 (ano completo) havia sido de 2.708% e em 1994, mesmo com seis meses de Plano Real, a taxa em doze meses em dezembro fechou em 1.094%. Já em 2002, as taxas eram muito menores, alcançando 13% no IPCA, já então consagrado como o índice de referência da inflação oficial. Era outro país.

Lula e as políticas sociais

Se na década de 1980 o Brasil avançou na política e na década de 1990 na economia, na primeira década do atual século, especialmente nos anos Lula, o país avançou no campo social. Isso não quer dizer que não tenha havido compromisso com a estabilidade, algo que pode muito bem ser resumido pelo fato de que a inflação medida pelo IPCA, uma vez definida a meta da taxa de inflação de 4,5% para 2005 e depois mantida até 2010, teve o seguinte comportamento nesses seis anos:

- entre 3 e 4%: 1 ano;
- entre 4 e 5%: 2 anos; e
- entre 5 e 6%: 3 anos.

Nesses seis anos com meta oficial de 4,5%, após a redução inicial da taxa em 2003/2004, a média de variação do IPCA foi de 4,9%, um desempenho que, à luz do passado do país, sem dúvida alguma parece ter sido bastante razoável.

De qualquer forma, assim como a "marca" do Governo FHC foi a da estabilidade, não há como a do Governo Lula, em matéria de progressos do país — deixando de lado as outras questões negativas que marcaram o período, com destaque para o chamado "escândalo do 'mensalão'" — a não ser a dos avanços sociais. Cabe citar quatro deles, em particular:

- o aumento real de 54% do salário-mínimo entre 2002 e 2010;
- a queda do índice de Gini de desigualdade de todos os trabalhos das pessoas ocupadas com rendimentos, de 0,60 de antes da estabilização para 0,50 em 2011, indica uma clara melhoria num indicador no qual o Brasil sempre se saía muito mal nas comparações internacionais;[5]
- a queda da taxa de desemprego, com base na Pesquisa Mensal de Emprego (PME), tradicionalmente utilizada na época, de uma média anual de 11,7% em 2002, para 6,7% em 2010; e
- a massificação maior dos programas sociais, com destaque para o Bolsa Família, que com o tempo se converteu num programa de Estado, muito bem avaliado em diversos estudos acadêmicos e em documentos elaborados por organismos internacionais, com elevada eficácia e a um custo fiscal relativamente baixo.

Se, em termos econômicos, o Brasil pós-Real foi muito diferente do existente até 1994 devido à estabilização, não restam dúvidas de que os avanços sociais ocorridos na década de 2000 foram marcantes. Isso dava um "lastro" social ao processo de crescimento, que ganhava, por assim dizer, legitimidade pelo fato de se "espraiar" pelas diferentes classes sociais e não se limitar a apenas um grupo.

Tal característica representava um grande contraste com outras experiências nacionais e algumas de nossas próprias experiências anteriores, marcadas pela perpetuação ou o agravamento do fenômeno da desigualdade.

Ao realizar a transição entre décadas, em 2010, a enorme maioria dos brasileiros podia perceber o progresso, no sentido de que, apesar dos problemas ainda evidentes, havia o reconhecimento de que, ao olhar para atrás, comparando pontos no tempo distantes entre si — pelo fato de que, entre um ano e outro, sempre há grupos e pessoas com oscilações negativas — todos tinham melhorado de vida.

Voltemos, então, aos anos que pedimos ao leitor para lembrar: 1984, 1994 e 2010. Se a comparação entre a renda *per capita* dos pontos extremos (1980 e 2023) da série tende a nos deprimir, a comparação da renda média de cada brasileiro em 2010 com a dos outros dois anos citados permite interpretações bem mais favoráveis. Por que esses anos? Por razões plenamente defensáveis. O ano de 1984 foi o último ano do governo militar, ao passo que 1994 foi o ano da estabilização do Plano Real. É natural que sejam considerados divisores de água importantes. A Tabela 11.1 mostra os resultados aos quais se chega.

TABELA 11.1

Crescimento por períodos selecionados (% a.a.)

Período	PIB	População	PIB per capita
1985/10	3,07	1,47	1,58
1995/10	3,23	1,28	1,92

Fonte: IBGE.

Tanto na comparação de 2010 com 1984 como com 1994, os números podem ser considerados inferiores:

i) aos desejados;

ii) aos de outros países; e

iii) aos que o país poderia ter eventualmente alcançado com outro desenho de políticas.

Por outro lado, repetindo o exercício para um período de setenta anos, a taxa média de variação da renda *per capita* entre 1984 e 2010 e entre 1994 e 2010, projetadas por sete décadas, implicam a multiplicação da renda média por um fato de 3,0 no primeiro caso e de 3,8 no segundo, respectivamente.

Observe-se aqui, em particular, o que isso implica na vida de um indivíduo. Considere-se o segundo caso, o da comparação entre a renda média no ano do Plano Real com a de 2010, com um incremento médio de 1,92% a.a. Considere-se ainda uma progressão na carreira, em termos reais — bastante usual em trabalhos acadêmicos que avaliem esse efeito — de 2,0% a.a. ao longo dos 40 anos de quem começa a trabalhar em torno dos 20 anos de idade e se aposenta em torno de quatro décadas depois. Isso significa que, numa estrutura de carreira, quem começa ganhando um salário X, tudo o mais constante, pela evolução na carreira vigente — supondo que as demais rendas da economia permaneçam estáveis — quatro décadas depois alcança uma remuneração de 2,21 vezes o valor inicial X. Esse é o deslocamento que os economistas qualificam como um movimento "na" curva, ou seja, ao longo dela.

A esse movimento do indivíduo dentro da empresa se soma o efeito do progresso do país e da empresa, refletido naquela taxa hipoteticamente mantida por quarenta anos de 1,92% a.a., o que corresponde a um deslocamento "da" curva, uma vez que altera toda a estrutura de carreira.[6] Combinando ambos os efeitos, tem-se um incremento conjunto de 3,96%. Esta taxa, mantida durante quarenta anos, gera um incremento acumulado de 373%. Em outras palavras, se uma pessoa começa num emprego ganhando, individualmente, por exemplo, R$2 mil por mês e se casa com alguém com características similares, quatro décadas depois a renda familiar somada do casal, ao se aposentar, poderá ser da ordem de quase R$19 mil. O nome disso é progresso. É isso que reforça os laços de pertencimento de indivíduos e grupos a uma comunidade que avança com o passar do tempo.

Tudo isso mudaria na década de 2010. Nela, o Brasil se perdeu. Em 2016, quando acabou a gestão de governo do PT, a renda *per capita,* após três anos de quedas consecutivas, era 9% inferior à de 2013. Com o país envolvido na época em uma guerra fratricida entre os poderes Executivo e Legislativo, com passeatas nas ruas defendendo o impeachment, com uma parte do país acusando a outra de querer nos transformar numa Venezuela — exemplo de decadência dramática de um país — e esta última acusando a primeira de golpe, sem o menor consenso acerca de nada, o Brasil se desencontrou de si mesmo. Dezesseis anos de uma feliz combinação de políticas — ressalvadas as diferenças entre os dois governos do período — num ambiente de relativa estabilidade de preços e normalidade política, como os que o Brasil viveu entre 1995 e 2010 — acerca do qual alguém diria que "nunca fomos tão felizes" — tinham gerado progresso, melhorias econômicas e avanços sociais.

Depois, o fracasso não foi da economia e sim da política, como espaço de negociação pacífica de diferenças na tentativa de encontrar espaços de consenso para resolver os problemas do país. Essa possibilidade inexistiu, pela absoluta incapacidade de entendimento entre as principais forças políticas do país, numa situação econômica que foi se tornando crescentemente mais difícil. No Governo Temer, houve aprovação de novas reformas e as relações entre os poderes voltaram a ser harmônicas, mas num ambiente de grande contestação política, pela origem singular do governo e pela sua duração de apenas 31 meses. Pactuar para poder avançar tornou-se, desde então, o principal desafio colocado para as forças políticas poderem aprovar uma agenda de reformas que leve o país a evoluir no caminho da modernidade.

"Acabou? Passa de novo" (*Eppur si muove*)

A avaliação conjunta, hoje, dos períodos de Governo FHC e Lula, enfronhados que estavam então o PSDB e o PT em ferozes brigas partidárias acerca da liderança do processo político, faz lembrar um belo depoimento de Roberto Campos no seu livro de memórias, o já citado *A Lanterna na Popa*. Tendo sido Ulysses Guimarães o grande comandante da oposição legislativa ao governo militar e tendo sido Campos um dos seus principais expoentes nos primórdios do regime, ambos foram adversários — nem sempre cordiais — durante quase três décadas, a partir de 1964, situação que se transportou para o Parlamento quando Roberto Campos virou parlamentar, muitos anos depois. Tendo ele, na ocasião, 75 anos, mas escrevendo 2 anos após o fato a ser citado — ocorrido em 1992 — e refletindo sobre o último encontro deles, com certo sabor agridoce após a trágica morte de Ulysses, em um acidente de helicóptero no final de 1992, diria Campos: "Quando compareci, em cadeira de rodas, a Brasília, para a votação do impeachment [de Fernando Collor] Ulysses abraçou-me com ternura. Éramos dois velhos que se reencontravam na quarta esquina da vida [...]. / Telefonou-me no dia seguinte, [...]. / — Estou com ciúme, Roberto. Você foi mais aplaudido do que eu. / — Ora, que velho egoísta — respondi-lhe. Você sempre ficou com os aplausos e eu com os apupos. Vamos mudar essa distribuição do trabalho'".[7]

A animosidade entre Ulysses — no final da sua vida política, muito associado às forças de centro-esquerda do seu partido — e Campos — sempre visto como um quadro tradicionalmente associado à direita — e da qual ambos, no final da vida, provavelmente se arrependeram, lembra um pouco a que existiu durante anos entre o PSDB e o PT. Essa briga refletia em parte o embate de personalidade entre FHC e Lula, que, embora de certa forma estejam associados a uma origem com elementos políticos em comum, acabaram protagonizando uma das maiores disputas da política brasileira do pós-guerra. Resta a questão de qual teria sido o destino do país se essas forças, em vez de terem combatido entre si, tivessem, naquela ocasião, se unido em um projeto comum — e se esta seria viável, à luz das diferenças entre os partidos.

José Murilo de Carvalho, na sua investigação sobre as origens da cidadania do país, se reporta a alguns paradoxos interessantes. Diz ele, sobre o sindicalismo na época de Getúlio Vargas: "De 1931 a 1939, quando uma legislação sindical mais rígida foi introduzida, o movimento operário viveu com mais intensidade o dilema: liberdade sem proteção ou proteção sem liberdade".[8]

E, várias páginas mais tarde, numa perspectiva mais ampla, que vai muito além da reflexão sobre o sindicalismo, acrescenta: "Como avaliar os 21 anos do governo militar sob o ponto de vista da construção da cidadania? Houve retrocessos claros, houve avanços também claros, a partir de 1974, e houve situações ambíguas. Comecemos pela relação entre direitos sociais e políticos. Nesse ponto, os governos militares repetiram a tática do Estado Novo:[9] ampliaram os direitos sociais, ao mesmo tempo em que restringiam os direitos políticos. O período democrático entre 1945 e 1964 se caracteriza pelo oposto: ampliação dos direitos políticos e paralisação, ou avanço lento, dos direitos sociais".[10]

Nesse sentido, o quarto de século que vai de 1985 a 2010 assiste a uma combinação feliz de eventos em que, ao contrário dos fenômenos reportados por José Murilo de Carvalho, houve avanços concomitantes, quando o país fez progressos — ainda que não ao mesmo tempo — tanto no campo político, como no econômico e no social.

Essa perspectiva fica algo diluída quando se trata das quatro décadas de 1980 a 2020 — estendidas, com certa "licença poética", até 2023 — como um todo, pela inclusão, no começo da série, dos anos econômica e socialmente terríveis de 1981/1983 e, no final da comparação, da década "ignóbil" de 2010. A mesma dicotomia aparece na Tabela 11.2, na comparação entre as décadas positivas — embora a segunda, claramente bem melhor — de 1990 e de 2000 com as duas "décadas perdidas" de 1980 e de 2010, com um magro balanço de quatro décadas — 43 anos, a rigor — que, como um todo, deixam a desejar.

No terreno pessoal e, especificamente relacionado à questão social, cabe, como sinal de que, apesar de tudo, o país avançou, registrar a lembrança de um caso acontecido na proximidade de minha família. Quando meus pais saíram de Buenos Aires e vieram para o Brasil, estando eu em plena adolescência — e, naturalmente, acompanhando ambos — nossa chegada a Recife (um ano antes de acabar estabelecendo-nos no Rio de Janeiro) foi como viajar da Terra para

Plutão. Não digo Marte, porque Marte fica relativamente perto. Embora tendo saído de um inferno político — a Argentina dos anos 1970 — nossa família vinha de Buenos Aires, uma cidade extremamente avançada, bastante homogênea socialmente, e de um país em que, praticamente, não houvera escravidão. Já a Recife de 1976 era uma cidade que, para algumas coisas, parecia viver no final do século XIX. Lá em casa, o que hoje chamaríamos de "secretária", mas que, naquela época, se denominava pelo nome hoje politicamente incorreto de "empregada", era uma senhora que adorava minha mãe pelo simples fato dela tratá-la como gente. Um dia, ela nos contou que a sua relação com a antiga "patroa" comportava coisas como a seguinte cena: uma vez, após passar roupa, ela comunicou que concluíra a tarefa e a "dona" então lhe disse: "Acabou? Passa de novo então". A escravidão tinha acabado 88 anos antes, mas o tempo lá tinha outra dimensão: ela parecia ter perdurado até a semana anterior.

TABELA 11.2

Taxa de crescimento por décadas (% a.a.)

Período	PIB	População	PIB per capita
1981/90	1,57	2,01	-0,43
1991/00	2,61	1,55	1,04
2001/10	3,68	1,15	2,50
2011/23	1,06	0,80	0,26
1981/23	2,15	1,34	0,80

Fonte: IBGE.

Parodiando Galileo, bem que se poderia dizer, apesar de todas nossas mazelas, que o Brasil *"eppur si muove"*. A disputa entre as duas principais forças da social-democracia brasileira, porém, deixaria sequelas sérias na alma nacional, como veremos nos próximos capítulos.

12

A "ARGENTINIZAÇÃO" DO BRASIL

"Existem tantos conflitos na Argentina que, se uma pessoa vai dar uma conferência sobre botânica, sempre haverá alguém que perguntará de que lado está o conferencista."

— Juan Carr
Fundador da rede Solidária Argentina

Uma vez, há muitos anos, preocupado com algo que já não recordo, recebi o conselho de um amigo, que, para encarar as coisas com certa fleuma, me recomendou: "Veja a sua vida como se você estivesse assistindo-a". Quando a gente vê um filme, no cinema ou na TV, há um distanciamento natural. Mesmo quando o assunto nos emociona, sabemos que uma ou duas horas depois voltaremos à realidade, o que nos permite observar os fatos com mais frieza do que se estivéssemos participando deles.

Algo assim ocorre com os países. É lógico que a guerra da Ucrânia, para citar um episódio recente, comoveu a todos. Porém, também é evidente que o tema nos permite uma avaliação da situação mais distante do que se estivéssemos em Kiev, ou se tivéssemos parentes morando na devastada Mariupol.

Nascido no Brasil, filho de argentinos e tendo ido morar em Buenos Aires com 10 meses de idade, retornando ao Brasil aos 14 anos, as circunstâncias da vida me permitem, em ambos os países, para usar uma linguagem futebolística, "jogar em casa e como visitante" ao mesmo tempo. Indo à escola na Argentina, na minha infância, quando minha vida se passava entre os bairros de Belgrano e de Colegiales, eu ouvia falar: "*Ustedes, los brasileros...*". Trinta anos depois, profissionalmente, em eventos para tratar de alguma das crises dos "*hermanos*", lidando como brasileiro com o impacto delas sobre o Brasil, eu ouvia dos colegas e amigos locais a recriminação: "Vocês, argentinos, hein!" Em Buenos Aires como no Rio, em São Paulo ou Brasília, adquiri essa possibilidade de analisar as questões tanto com olhos de um habitante do país quanto com os de um estrangeiro. Tenho, pela origem, sangue argentino, mas conheço perfeitamente os defeitos do país vizinho. Sinto-me brasileiro, mas consigo avaliar nossa situação com o distanciamento de quem vê as coisas como se estivesse fora.

"A Argentina é um país onde as feridas nunca se fecham", diz o jornalista argentino Jorge Lanata. As páginas a seguir tentam explicar como o Brasil foi se tornando, aos poucos, um lugar onde também "as feridas nunca se fecham". O capítulo, de forte componente pessoal, mas estritamente ligado à lógica da organização do livro como um todo, e que nos permitirá entender melhor a dimensão de nossa crise, se inicia com as lembranças da década de 1970 e o contraste entre a Argentina e o Brasil naquela época. Tendo essas lembranças como pano de fundo, discute-se depois o funcionamento do chamado "presidencialismo de coalizão" e como ele foi sendo deformado, ao mesmo tempo em que a sua gestão se tornava mais complexa, tema que está na origem da crise da década de 2010. O capítulo então trata da atividade de governar como o exercício de uma arte, discorre sobre o "inferno zodiacal" do país na década, mostra os sinais crescentes de "argentinização" do Brasil — relacionada com o espírito retratado na frase da epígrafe — e conclui com o diagnóstico de um país que se desencontrou de si mesmo.

Zabala e as brigas do domingo

Pertenço a uma família de origens italianas e fui criado na Argentina. Mais ainda: na Argentina dos anos 60 e 70 do século passado. Aqui, é preciso relembrar um pouco da história do país vizinho. Juan Domingo Perón foi Presidente por dez anos, até ser derrubado por um golpe militar em 1955, do qual ele partiu para o exílio, indo parar na Espanha do Generalíssimo Franco, onde ficou por quase duas décadas. Desde sua saída, ele foi o "personagem oculto" da política argentina, mantendo o controle sobre o peronismo. Mesmo proscrito, conservou uma enorme influência na Argentina, seja pelo domínio do aparelho sindical — fortíssimo no país — seja pela lembrança dos "bons tempos" junto aos setores mais humildes da população, algo que, muito mal comparando, se assemelha um pouco à lembrança dos "anos Lula" (2003/2010) no Brasil depois de 2010. No começo dos anos 1970, já no terceiro militar do regime inaugurado pelo golpe do General Onganía, em 1966, e vendo exauridas as possibilidades de permanecer no poder, os militares concederam ao peronismo a possibilidade de voltar a governar, nas eleições de 1973.

Naquele contexto, havia no país um espírito sebastianista, em que a maioria do país julgava que Perón voltaria para comandar um processo de regeneração nacional, numa economia que já então começava a passar por um lento processo de decadência. No ambiente regional daquela época, o Chile estava vivendo a euforia inicial do Governo de Salvador Allende e a Revolução Cubana ainda era muito presente no imaginário da juventude. Nesse contexto, antes de retornar ao país, Perón se aproximara de líderes e grupos de esquerda — alguns deles, posteriormente, engajados na guerrilha — que acabaram gerando a chamada "esquerda peronista". Eu, na época criança, era de uma família (pais e avós) radicalmente antiperonista, mas meus pais tinham muitos primos e os filhos deles, portanto, meus primos, a maioria mais velhos do que eu, eram, em boa grande parte, pertencentes a esses grupos da esquerda peronista.

Como parte da herança italiana à qual me referi, era uma tradição sagrada o encontro aos domingos na casa da minha avó, a matriarca da família. Naqueles jantares, confluíam vários parentes, gerações e credos políticos. Lá estavam diversos primos do meu pai e os filhos deles, além de amigos, vizinhos etc. Todos sabiam que, se chegassem entre as 20 e as 23 horas aos domingos à casa da Calle Zabala, residência de "*Doña* Berta", haveria um prato na mesa. "*Cena en Zabala*", na língua da família, era jantar na casa da minha avó. Os encontros, então, tinham entre 10 e 25o pessoas — nunca se sabia ao certo, *a priori*. E, na década de 1970, acabavam, invariavelmente, aos berros, com alguns parentes gritando contra outros por razões políticas, os outros revidando, e algum convidado indo embora batendo a porta teatralmente, dizendo — também aos berros, claro — que não dava para discutir, além de xingar-se, um lado de "gorila" ou "reacionário" e o outro de ingênuo ou diretamente "imbecil", por acreditar em Perón. Eu, na época em torno dos 10 anos de idade, naturalmente, não conseguia entender grande coisa, mas aos poucos fui percebendo o que tempos depois ficaria mais claro, quando soube da frase de um dos ideólogos da esquerda peronista, John William Cooke, de que "o peronismo é o fato maldito da política argentina". Ele dividiu famílias, grupos, amigos, num país já sacudido por cismas históricos no século XIX. Aqueles envolveram as disputas — quando não guerras — entre "*unitarios*" vs. "*federales*", pela posição acerca do papel de Buenos Aires em relação ao resto do país; "rosistas" vs. "antirosistas", pela posição acerca de Juan Manuel de Rosas etc. Vendo meu pai envolvido nessas brigas, vermelho de fúria, com as veias da garganta saltando, eu não conseguia entender como pessoas queridas, que eram próximas, se amavam e tinham tantas coisas em comum, eram capazes de se transfigurar e ingressar naquela escalada verbal.

É claro que nada disso — tínhamos sangue italiano — impedia que, no domingo seguinte, às 20 horas, estivessem todos de volta no mesmo local, trocando beijos, fazendo piadas, falando do resultado de Racing ou Independiente — os times da família — naquele domingo, ou comentando como iam as crianças na escola. Isso, até meia hora ou uma hora depois, quando as coisas começavam a esquentar novamente e tudo acabava com berros "*a los portazos*", como na semana anterior. Todos estavam acostumados com aquilo, que já estava "normalizado" no comportamento familiar. Aliás, diga-se de passagem, era a norma na Argentina daqueles anos: não éramos diferentes de 80% ou 90% das famílias argentinas. Da minha parte, sem comentar com ninguém, no meu universo de criança, sendo eu, desde menino, muito cartesiano, aquilo me parecia algo que beirava o absurdo. Décadas mais tarde ficaria fascinado ao descobrir a sábia frase de Desmond Tutu, o arcebispo sul-africano e Prêmio Nobel da Paz: "Não levante a voz: melhore seu argumento". Essa filosofia não teria muitos adeptos na Argentina daqueles anos...

Os anos 1970: Ezeiza, símbolo de uma época

É por isso que Octavio Paz alguma vez declarou: "pensei que não havia nada mais apaixonante que uma corrida de touros, até que vi dois argentinos discutindo política". Por trás dessas discussões — vistas com o passar do tempo como lembranças quase folclóricas da infância — havia, porém, uma realidade dramática e, no fundo, uma patologia social. Se, no seio das famílias, pessoas unidas pelos vínculos do afeto e do sangue não eram capazes de discutir suas diferenças de modo racional, quando se tratava de embates sobre questões mais importantes do que as tratadas em um jantar de família, não era de estranhar que as coisas muitas vezes fossem resolvidas a bala. Assim ocorrera na Argentina, literal e historicamente, nos conflitos já citados do século XIX, na "*semana trágica*" do massacre com setecentos mortos contra os protestos em 1919, nos diversos golpes militares de 1930, 1943, 1955 e 1966 — fora outros menores —, nos "*fusilamientos* de José León Suárez" de 1956 contra líderes peronistas, ou no "*massacre de Trelew*" contra os presos políticos em 1972, entre outros. Lembro-me de um desses jantares de família em que houve um estrondo inteiramente anormal, desses que fazem a casa balançar e os vidros vibrarem, realmente muito forte. Um dos presentes, refeito do susto, declarou, com a naturalidade com que o terrorismo tinha virado um assunto do dia a dia, como vieram a ser anos depois as mortes nos territórios do conflito palestino com Israel: *"alguien voló por los aires"* [alguém voou pelos ares]. E, de fato, soubemos na manhã seguinte, lendo os jornais — não havia internet na época! — que um atentado à bomba matara um chefe de polícia bastante conhecido do aparelho repressor naquele período. Eram tempos terríveis.

Foi nesse contexto conturbado que, no dia 20 de junho de 1973, Perón retornou à Argentina. Visto como uma espécie de "salvador da Pátria" — ele obteria 61% dos votos no primeiro turno das eleições daquele mesmo ano — e com uma popularidade que se misturava com a adoração, parte do seu sucesso político nos últimos anos, até então, provinha da sua capacidade camaleônica de dizer diferentes coisas a diferentes interlocutores. Com isso, no peronismo — constituído como "movimento", ou seja, uma força política ampla, que ia além de um simples "partido" — agrupavam-se desde bandos paramilitares claramente vinculados com a ultradireita fascista, até a guerrilha dos Montoneros, simpatizantes da revolução cubana. Perón tinha sido hábil em dar "piscadelas" para todos os lados do espectro político, mas, claramente, isso seria impossível de administrar a contento se virasse Presidente — e ele, já envelhecido, dava mostras de estar perdendo o controle do processo.

Previa-se que o mais famoso líder político da História argentina, retornando de seu exílio, chegaria a Ezeiza, aeroporto internacional localizado nos arredores de Buenos Aires, cercado por imensas áreas verdes de bosques e gramados. Estima-se que em torno de 1 milhão de pessoas tenham ido naquele dia receber aquele que todos sabiam que seria o futuro Presidente. E, entre eles, todos os meus primos mais velhos — uns dez, pelo menos. Não se dispunha na época das facilidades de comunicação de que se dispõe hoje, de modo que tudo era muito precário. Lembro o dia como se fosse hoje, porque foi algo muito marcante na minha vida.

No meio da tarde, comecei a ver o ambiente da casa de Zabala se transfigurar e meus tios ficarem muito nervosos e tensos. Não se sabia ao certo, mas começaram a chegar versões de que em Ezeiza estava havendo tiroteios entre grupos rivais e que havia vários mortos. Qualquer pessoa que seja pai imagina a angústia que gera a possibilidade de ter um filho assassinado e não saber se ele está vivo ou não. Sem ideia da extensão do conflito e sem ter o que fazer — ir para Ezeiza seria uma loucura e localizar o filho seria como achar um botão no meio da praia, entre 1 milhão de pessoas desesperadas — só cabia esperar, numa tensão que envolveu a todos. Até as crianças, que ficamos sabendo que talvez algum primo mais velho poderia não voltar vivo. Foram horas inesquecíveis — e infernais. Aos poucos, com a chegada dos primos — todos vivos, felizmente — ficamos conhecendo a extensão do que estava ocorrendo.

Como parte da loucura daqueles anos, e para que a esquerda não dominasse o ato, as milícias paramilitares do próprio peronismo de extrema direita colocaram atiradores nas árvores do bosque e num hotel de Ezeiza. Aos poucos, começaram a mirar objetivos ligados às colunas de esquerda que se aproximavam do palco central, numa espécie de "tiro ao alvo" macabro. Havia uma censura velada no país e o próprio Perón teve uma atitude indigna no episódio, sem se referir a ele com a gravidade que merecia. Nunca se soube ao certo, mas o balanço informal é que teria havido aproximadamente duzentos mortos, num dos casos mais terríveis da já sangrenta década de 1970 na Argentina. Não se tratava já de discussões familiares: aquilo era uma espécie de guerra civil.

Cinquenta anos depois, Ceferino Reato publicaria o livro *Masacre en el comedor*, sobre o atentado a bomba de julho de 1976 — já em pleno Governo do General Videla — no refeitório das instalações da Polícia Federal. A explosão deixou 23 mortos e 110 feridos, causada por um artefato colocado por um guerrilheiro infiltrado nas forças de segurança federais. Pode-se imaginar o que deve ter sido a cena no meio de um refeitório cheio, na hora do almoço, num ato reivindicado pelos Montoneros e cujo mentor foi o jornalista Rodolfo Walsh. Este ganhara fama como brilhante jornalista investigativo pela publicação, em 1957, do livro *Operación Masacre*, sobre os fuzilamentos de 1956, citados anteriormente, praticados por grupos antiperonistas contra um grupo de doze civis vinculados ao peronismo. Era massacre em cima de massacre. Um horror absoluto. Duas décadas depois, no meio da espiral de violência política do país, seria ele o responsável intelectual pelas mortes de tantos pais de família, a maioria dos quais provavelmente sem nenhuma relação com as atrocidades praticadas pelo governo militar inaugurado poucos meses antes, em março de 1976. Um ano depois, em 1977, o círculo da violência se fecharia quando o próprio Walsh foi sequestrado, numa época em que isso significava passar a integrar a famigerada lista de "desaparecidos". A patologia da violência política de um país doente cobrava mais uma vítima.

O Brasil que nos acolheu: um oásis

Quando veio o golpe militar, em 1976, meus pais, ambos cientistas e funcionários do equivalente ao CNPq argentino, foram cassados pelo novo governo e a família acabou tendo que sair do país. Não só pelo ambiente horroroso que se vivia, mas também, pura e simplesmente, por razões econômicas: meus pais tinham três filhos, trabalhar para o governo era então impossível legalmente e, além do fato de que no setor privado local de quase cinquenta anos atrás não havia muito lugar para cientistas, nenhum empregador aceitaria contratar pessoas que, em uma ditadura sangrenta, tinham sido marcadas como inimigas. Sair do país, portanto, virou uma questão de sobrevivência não apenas física, mas econômica.

Para adicionar mais tensão ao que já normalmente significa mudar-se de país com três filhos, dois dias antes da viagem marcada, o irmão do meu pai — meu tio, portanto — foi sequestrado, justamente na época, como foi mencionado anteriormente, em que as pessoas sequestradas "desapareciam". Oficialmente, não estava preso, porém, ninguém sabia onde ele estava. Por essas questões da existência humana em que algumas relações pessoais prevalecem sobre as divergências políticas, meu pai agiu imediatamente junto a um conhecido da família com contatos internos no governo e conseguiu, num episódio que daria um conto de terror, embora com final feliz, transformar o meu tio num dos pouquíssimos casos de "reaparecidos", após 24 horas. Em meados de 1976, meus pais, minhas duas irmãs e eu saímos então da Argentina e viemos morar no Brasil, onde, após uma breve passagem pela Universidade Federal de Pernambuco, já morando no Rio de Janeiro, eles passaram a ser funcionários do CNPq.

A família guardou uma gratidão eterna para o país que nos acolheu. Embora eu, particularmente, fosse de fato brasileiro, pelo fato de ter nascido aqui quando meus pais passaram dois anos no Rio de Janeiro, em 1961 e 1962, tanto meus pais como minhas irmãs eram argentinos e souberam apreciar a generosidade brasileira e compreender o valor do que significa a solidariedade para quem chega asilado.

O Brasil de 1976 era ainda um país governado por um regime militar, mas incomparavelmente melhor que a expressão do inferno na terra no qual tínhamos passado nossos últimos meses na Argentina — e, particularmente, as últimas 48 horas antes de viajar, devido às peripécias associadas à vida do meu tio. Alguém cunharia a expressão "ditabranda" para caracterizar aqueles anos. Neles, coexistiram o ar austero do General Geisel, o "pacote de abril" de 1977, Ulysses Guimarães em 1978, cercado de cachorros bradando diante da Polícia Militar da Bahia que "baioneta não é voto e cachorro não é urna", as passeatas estudantis que logo passei a frequentar, ainda no ensino médio — e conversa, muita conversa.

Eu vinha de um país que parecia ter abolido o hábito do diálogo, onde o medo imperava, falava-se em voz baixa para "não dar na cara" e onde eu, aos 14 anos, ficava sabendo que alguns amigos dos meus pais, que eu estava acostumado a ver jantando em casa, integravam a lista de "desaparecidos". Na adolescência, enquanto a maioria das pessoas nessa idade se diverte, eu passara a conviver com o terror da possibilidade de, da noite para o dia, ficar órfão de pai e mãe. Nesse contexto, para nós, o Brasil de 1976 era um oásis. E não só na política: na vida cotidiana também.

Lembro-me de um dia, na confusão que era a Avenida Nossa Senhora de Copacabana na hora do *rush*, de ter assistido a uma pequena batida de carros. Um incidente banal, mas que acabou com um dos carros amassados. Na Argentina, onde eu tinha sido criado, com os ânimos à flor da pele, com uma tendência inata à belicosidade, o mesmo incidente muito provavelmente derivaria numa briga de rua de socos e pontapés. Pois no Rio de Janeiro — ainda Cidade Maravilhosa — de 1977 — meninos, eu vi! — isso derivou nos dois motoristas estacionando os respectivos carros num canto e indo ao "boteco da esquina" tomar uma cervejinha, enquanto um pegava os dados do seguro do outro. Eram outros tempos. Hoje, seria impossível.

Conversava-se muito naqueles anos. Raymundo Faoro, na Presidência da OAB, dialogava com os representantes do governo. Golbery enviava mensagens cifradas a Ulysses Guimarães e Tancredo, Petrônio Portella "costurava" em silêncio, Célio Borja negociava no Congresso etc. Provavelmente é daquela época a frase de Ulysses de que "em política, até a raiva é combinada". Havia uma ditadura em ação, tecnicamente, mas estavam presentes muitos ritos da democracia: o diálogo, a negociação, o entendimento. Por trás do "teatro da política", com sua dramatização e seus exageros retóricos, o fluxo da História seguia seu rumo. Brossard e Passarinho duelavam na tribuna, mas existiam pontes.

Corte para o "presidencialismo de coalizão"

Quando, anos depois, o governo militar acabou, já com o fim do bipartidarismo e com um panorama político que se tornou crescentemente desafiador, devido à fragmentação partidária, o país se encaminhou para a adoção do que Sérgio Abranches definiu como "presidencialismo de coalizão". Este funcionou razoavelmente bem com FHC — ao custo de um enorme desgaste pessoal para quem exercia a Presidência —, mas foi sofrendo uma erosão com o passar dos anos.

Alguns exemplos, baseados apenas nas três eleições presidenciais da década de 2010 — os anos 2010, 2014 e 2018 — servem para entender a complexidade cada vez maior envolvida na administração do dia a dia do governo:

- o número de partidos com representação na Câmara de Deputados em função do resultado eleitoral era de 22 em 2010, 28 em 2014 e passou a ser de 30 em 2018;
- o número de partidos necessários para alcançar a soma de 308 votos requeridos para aprovar uma Proposta de Emenda à Constituição, que era de 5 em 2010, passou a ser de 7 nas eleições de 2014 e de 8 nas de 2018;[1]
- o número de partidos com pelo menos 40 deputados eleitos caiu de 6 em 2010, para 3 em 2014 e 2 em 2018; e
- o número médio de deputados dos 10 maiores partidos, que era de 45 parlamentares em 2010, diminuiu para 40 em 2014 e para 31 em 2018.

Ou seja, governar se tornou um exercício cada vez mais difícil. Com o passar do tempo, práticas parlamentares mais ou menos regulares na base do "toma lá dá cá", que se verificam, em maior ou menor medida, em todos os parlamentos do mundo cederam espaço para negociações "pouco republicanas" — para usar um eufemismo. Delas, os famosos casos do "mensalão" na década de 2000 e do "petrolão" na de 2010 foram os mais conhecidos. Havia uma deterioração da qualidade da política, à qual, enquanto o país ia bem economicamente, não se prestou muita atenção. O problema é que a euforia dos "anos dourados" de 2003/2010 um dia chegaria ao fim...

Ainda o "Além da euforia"

Citei em outro capítulo o meu livro com Armando Castelar, chamado *Além da Euforia*, escrito em 2011 e publicado em 2012. Por trás do frenesi com que o governo acolheu os resultados de 2010, com um espetacular crescimento de 7,5%, escondiam-se, para um bom observador, os sinais clássicos de uma economia em processo de superaquecimento. Entre eles, chamavam a atenção os seguintes:

- depois de ter conservado uma média de 4,4% a.a. nos quatro anos de 2006 (inclusive) a 2009, a inflação de 2010 alcançara 5,9% e a de 2011 seria 6,5%, indicando a existência de pressões inflacionárias evidentes;
- todos os indicadores de grau de ocupação de capacidade apontavam para o esgotamento da ociosidade: o espaço que existira para crescer, sem obstáculos até então, estava se fechando rapidamente;
- a caminho de 2012, a taxa de desemprego estava se aproximando de níveis historicamente baixos: não se encontravam trabalhadores para diversas funções e os salários estavam começando a pressionar rumo à alta, situações socialmente interessantes, é óbvio, mas sinalizadoras de desequilíbrios macroeconômicos que tenderiam a ser magnificados; e
- com os números disponíveis na época, o déficit em conta corrente havia triplicado entre 2009 e 2010, representando uma situação que ameaçava levar a uma inversão na evolução das reservas internacionais — marca registrada dos anos anteriores —, à necessidade de praticar uma política contencionista para reduzir as importações e/ou a uma desvalorização cambial importante.

Em resumo, ajustar a economia, no primeiro Governo Dilma, era necessário, e isso implicaria fazer coisas que nenhum governo gosta: reduzir salários reais, aumentar juros, aceitar algum aumento temporário do desemprego etc. "Não contem conosco para fazer um ajuste", porém, parece ser o mote de muitos setores de esquerda excessivamente ideologizados, que se recusam a entender que as responsabilidades de Estado podem implicar tomar iniciativas impopulares.

Além disso, em *Além da euforia*, com Armando Castelar, apontávamos para a continuidade de alguns dos velhos problemas estruturais da economia brasileira que não estavam sendo enfrentados, na cegueira que se apoderara das autoridades em meio ao otimismo daqueles anos. Os títulos de alguns dos capítulos do livro falam por si mesmos acerca do conteúdo e da vigência desses problemas que se arrastavam há muito tempo:

- "Produtividade, essa desconhecida"
- "Poupança: A velha deficiência"
- "Infraestrutura: Nada de novo sob o céu"
- "Educação: De fusquinha no mundo da F1"
- "Demografia: A aritmética implacável"
- "Instituições: O desafio pendente"
- "Petróleo: A 'maldição da abundância fácil'"

O último parágrafo do livro é autoexplicativo: "O país baseou o seu crescimento nos últimos anos, notadamente na segunda metade da década passada e no começo da atual, quando a produtividade não teve um grande desempenho, em fortes estímulos à demanda, com muito gasto público, alto grau de assistencialismo, despreocupação com a poupança, consumo crescendo a taxas fortes, educação pobre e infraestrutura precária. Está na hora de migrar para um modelo com ênfase no aumento da produtividade e menor crescimento do gasto público, em que a expansão seja liderada pelo investimento, com maior poupança interna e uma obsessão com a melhoria dos indicadores educacionais e da infraestrutura. São essas as bases firmes para a expansão duradoura da economia".[2]

Era uma tarefa para ser executada por um exímio gerente. Infelizmente, a realidade estava nas antípodas.

A arte de governar

Há um debate intenso entre os especialistas da ciência política acerca das características de nosso sistema. A democracia no Brasil está funcionando bem ou não? As instituições estão operando adequadamente? É preciso fazer uma reforma política para termos uma democracia que atenda melhor aos interesses da cidadania? Como parte desse debate, há uma discussão específica acerca do mencionado presidencialismo de coalizão. Ele é adequado ou não? Funcionava bem e agora já não ou nunca funcionou? Que mudanças são necessárias? Há consenso para isso? Seria o parlamentarismo uma saída? Qual deles? O de tipo francês, o monárquico que vigora na Espanha e na Inglaterra ou o arranjo institucional da Alemanha?

São questões que remetem a uma velha frase de Felix Frankfurter, ex-Juiz da Corte Suprema dos EUA, que com grande sabedoria disse: "Governar é uma arte. Não é uma questão de negócios, de tecnologia ou de ciência aplicada. É a arte de fazer as pessoas viverem em comunidade em paz e com um grau razoável de felicidade". Não se aprende isso na escola. A arte de governar bem depende de uma combinação de talento próprio — um dom pessoal — com as circunstâncias institucionais propícias e — por que não? — um pouco de sorte.

Élio Gaspari tem uma frase que diz mais ou menos o seguinte: "Há pessoas em cuja sala de trabalho as crises entram pequenas por uma porta e saem grandes pela outra. E há outras pessoas que funcionam ao contrário: as crises entram grandes por uma porta e saem pequenas pela outra". Bolsonaro, permanentemente ligado em alta voltagem, foi um caso extremo do primeiro caso: tudo com ele era magnificado; as crises se ampliavam e, como dizia uma antiga canção, "*una gota se hace aguacero*" (tempestade). FHC, com seu jeito tranquilo, foi um exemplo oposto: ele diluía as crises no seu gabinete.

Se o regime funciona bem ou não é matéria controversa. O que se pode fazer para mudá-lo é tema envolto em polêmicas ainda maiores. No fundo, embora a expressão não existisse na época, o número de partidos fosse bem menor, e não houvesse tanta necessidade de mudanças constitucionais, a dificuldade de formar uma maioria sólida já estava presente no esquema, *grosso modo*, tripartite — embora existissem partidos menores — do domínio parlamentar do PTB, PSD e UDN, nas décadas de 1950 e 1960. Naquela época, um Presidente hábil e democrata (JK) conviveu com essas dificuldades até o final. Os demais, por deficiências próprias, fracassaram. Getúlio, politicamente *groggy* e encurralado por uma crise gestada na sua própria copa e cozinha, hábil num contexto autoritário, mas pouco versado nos segredos da democracia, deu um tiro no coração em 1954. Jânio, de índole autoritária, querendo ser um Presidente forte diante de um Congresso rebelde, tentou a jogada do autogolpe através da farsa da renúncia, que deu errado e acabou tirando-o do Planalto em 1961. E Jango, com notória incompetência política, inconsciente da própria fragilidade, acabou insuflando os próprios radicais e acabou vítima de um golpe, migrando para o exílio em 1964.

Em definitiva, não é que o presidencialismo de coalizão não funcione; o problema é que ele depende crucialmente da habilidade política de uma única pessoa: o Presidente. Quando este se revela politicamente hábil, como foi o caso de FHC, de Lula e também de Michel Temer — assim como, antes, de JK — o Governo funciona e consegue aprovar, ainda que às vezes aos trancos e barrancos, suas propostas. Quando o Presidente é inábil, como foi o caso de Fernando Collor em 1992 e de Dilma Rousseff em 2016 — ou com pouca vocação democrática, como Getúlio e Jânio — surgiram crises agudas e o desfecho foi o impeachment — e, antes de 1964, num caso houve o suicídio e no outro a renúncia.

O exemplo recente de Jair Bolsonaro é um *case* híbrido, porque, eleito como *outsider,* sem base parlamentar e revelando pouca disposição para a negociação junto ao Congresso, quando os jornais começaram a mencionar o risco de impeachment, ele fez uma guinada de 180 graus e se aliou ao que de mais tradicional existe na política, que são os partidos que compõem o chamado "Centrão". Com isso ganhou um "seguro" contra o risco de ser deposto, mas, de certa forma, abdicou de governar, praticamente entregando o dia a dia do Governo aos partidos da sua (nova) base aliada. O "orçamento secreto" fez o resto para ele ter sucesso nas propostas enviadas ao Congresso. O problema é que estas foram guiadas pela agenda legislativa e seus interesses de curto prazo para ganhar as eleições de 2022, sem a existência de qualquer resquício de preocupação em relação às transformações de longo prazo, agenda essa que, por definição, cabe ao Executivo formular e que foi virtualmente inexistente na segunda metade do Governo Bolsonaro, após a reforma previdenciária de 2019.

A pessoa errada, no lugar errado, no momento errado

Como foi dito acima, os sinais de que era necessário promover um ajuste econômico clássico para reduzir a inflação e mitigar o desequilíbrio externo se avolumavam desde o final da década de 2000, mas se tornaram cada vez mais evidentes no primeiro Governo Dilma, entre 2011 e 2014.[3]

Entre 2010 e 2014, os desequilíbrios só fizeram se agravar:

- a inflação ficou sistematicamente no "lado superior" da "banda de tolerância" do Banco Central durante os quatro anos do primeiro mandato, ameaçando corroer a credibilidade do combate à inflação;

- em 2014, o setor público voltou a apresentar déficit primário, de 0,6% do PIB, numa piora de 3,2% do PIB em relação ao superávit de 2,6% do PIB de 2010;
- com os números da época — depois modificados por mudanças metodológicas — o déficit em conta corrente de 2014 ultrapassara o emblemático nível de US$100 bilhões; e
- o acúmulo de incertezas ameaçava levar o país a uma recessão, pela situação que começavam a viver os investimentos, que já tinham sofrido uma forte contração de mais de 4% em 2014.

A essa situação se somava uma nova realidade política, caracterizada por três elementos-chave:

- as passeatas multitudinárias de 2013, com uma pauta difusa, mas claramente crítica acerca da qualidade dos serviços prestados pelo governo, revelara uma insatisfação latente elevada da sociedade, em que pese a continuidade, até então, de números positivos para o PIB;
- o início das denúncias de corrupção contra diversos partidos, envolvendo a Petrobras e diversas empreiteiras, que respingavam em diversas pessoas ligadas ao governo, mergulhou o país num ambiente de radicalização política crescente; e
- no Congresso, um movimento de rebeldia do Legislativo em relação a um Executivo politicamente cada vez mais enfraquecido, acabou levando, em fevereiro de 2015, à eleição de Eduardo Cunha para a Presidência da Câmara de Deputados, canal-chave para o trâmite de um eventual processo de impeachment.

Seria uma situação difícil para qualquer um. Em circunstâncias delicadas como essa, porém, Dilma Rousseff era a pessoa errada, no lugar errado, no momento errado. Ela não tinha o talento nem a habilidade requeridas para uma pessoa naquela situação; se já havia dados mostras de seu temperamento difícil sendo ministra, na Presidência da República as arestas se multiplicariam; e o momento não poderia ser mais impróprio para se ter uma pessoa inábil ocupando o Planalto.

Em *Crônica de uma morte anunciada*, Gabriel García Márquez descreve um assassinato na Colômbia no qual, apesar de muitos saberem de antemão sobre o plano, ninguém faz o suficiente para impedir o desfecho trágico, mas o leitor vai percebendo que há uma combinação de circunstâncias que se conjugam para que aquele fim seja o único possível diante das peças que vão sendo expostas diante de seus olhos. Parodiando "Gabo", uma pequena história envolvendo Dilma revela como o impeachment era uma espécie de "crônica de uma morte anunciada" naquele difícil ano de 2016.

Faz parte da tradição que, quando o Presidente da Câmara de Deputados é eleito pelos pares, ele atravessa a rua e é recebido pelo Presidente da República. O Governo tentou derrotar Eduardo Cunha — com quem imaginava ter problemas, como de fato teve quando ele colocou o processo de impeachment para andar — na eleição para a Presidência da Câmara de Deputados, mas foi derrotado. Após a eleição, com esse ambiente de animosidade recíproca como pano de fundo, Cunha atravessou a rua para ser recebido por Dilma. A irritação desta com a situação em que estava — frágil politicamente e com seu destino em parte dependendo de um desafeto — fez com que ela o recebesse de braços cruzados, fazendo um comentário agressivo tão logo o viu. Eduardo Cunha, ciente do seu poder, deu meia-volta e retornou ao Congresso, então, sem conversar, como reação ao gesto de Dilma.

Evidentemente, para esta seria muito difícil passar por esse momento de certo constrangimento. Porém, "engolir sapos" é inerente à função de Presidente da República, ofício no qual muitas vezes se ganham, mas também se perdem outras batalhas políticas. E, principalmente, se se quer ser duro com um interlocutor, em política é preciso estar ciente da força de cada um. Pouco mais de um ano depois daquele episódio, Eduardo Cunha se vingaria, cravando uma espada no coração do governo. Quando Dilma saiu do Planalto, o país já estava tomado por um grau de radicalização nunca visto depois do começo dos anos 70 do século passado.

Um processo mais amplo: os sinais de "argentinização"

A Argentina é conhecida por ser um dos países do mundo onde é maior o hiato entre o que seus habitantes julgam que o país deveria ser e aquilo que na realidade é. José Ortega y Gasset, há muitas décadas, já havia captado essa tendência ao escrever: "O argentino vive atento, não ao que é de fato a sua vida, mas a uma imagem ideal que tem de si mesmo. O argentino gosta de si, aprecia a própria imagem. O argentino típico não tem outra vocação além de ser o que imagina ser, portanto, não entregue a uma realidade, mas a uma imagem". Muito mais recentemente, Augusto Salvatto, um jovem especialista argentino em relações internacionais, diagnosticou um fenômeno com as mesmas raízes: "Nós, argentinos, passamos metade do tempo olhando para o passado e a outra metade obcecados com o presente, mas nos esquecemos de reservar um tempo para refletir olhando para o futuro".

Essa incapacidade de olhar conjuntamente, do país pensar a si mesmo como uma coletividade e não como uma soma de individualidades, se acentuou com a sucessão de frustrações. Diego Simeone, "El Cholo", técnico do Atlético de Madrid e ex-jogador da Seleção argentina, em 2019 — ou seja, antes da conquista da Seleção "*albiceleste*" na Copa do Qatar —, disse em sentido figurado algo que já não se aplica à equipe vitoriosa do técnico Scaloni, mas que ainda se aplica ao país: "Os argentinos temos muitas qualidades, mas não sabemos jogar como equipe". Em termos mais sofisticados, Jorge Luis Borges já tinha escrito que "o argentino é um indivíduo, não um cidadão".

A essa característica antiga do país foi se somando cada vez mais, com o passar do tempo, o antagonismo entre os diferentes grupos, contaminando, inclusive, espaços que deveriam ser símbolos de certa unidade nacional. Anos atrás, quando o STF brasileiro era um órgão que quase não aparecia nas páginas de jornal, lembro-me de que me chamara a atenção, pelo absurdo institucional, uma matéria jornalística que descrevia o resultado de uma votação na Corte Suprema da Argentina — o STF local — nos seguintes termos: "Os juízes do Governo votaram a favor da interpretação vencedora do relator e os juízes da oposição se opuseram". Tempos depois, o Brasil inauguraria essa tendência a associar as escolhas para o Supremo às inclinações ideológicas dos escolhidos. A lista se inaugurou com o apontamento de um ministro com vínculos iniciais óbvios com o Partido dos Trabalhadores, e depois teve sequência com as exigências explícitas de alinhamento prévio, da parte de Jair Bolsonaro, nas duas indicações feitas no seu mandato de 2019/2022.

Aquele Brasil que conheci ao chegar ao Brasil, nos anos 1970 — eu havia nascido aqui, mas tendo saído com menos de 1 ano de idade, só vim a conhecer o país quando voltei — de diálogo no Congresso, entendimento entre particulares e, enfim, um jeito de algum modo cordial de levar a vida, foi ficando pelo caminho.

O Partido dos Trabalhadores (PT), sem dúvida, tem a responsabilidade histórica por ter chocado esse "ovo da serpente". Os sinais de abandono daquele país do passado foram se avolumando com o tempo. O Brasil tinha sido capaz de deixar para trás o ódio de Carlos Lacerda, o "demolidor de Presidentes" e de sair de uma ditadura sem grandes feridas. Tinha passado por uma hiperinflação sem perder a então tenra democracia. Tinha conseguido promover a estabilização do Plano Real. E tinha tido anos de Governo FHC numa situação política positiva, com as instituições funcionando, e nenhuma tentativa de adoção de mecanismos totalitários, como "controle da mídia" ou coisas do gênero.

Foi nesse ambiente, que tinha tudo para ser pacífico, que, em 2002, o PT, depois de ter ficado anos levantando acusações de suposta corrupção no governo, levou ao ar, na campanha eleitoral, uma peça infame de propaganda na qual mostrava-se um conjunto de ratos roendo a bandeira brasileira e que finalizava com o locutor dizendo: "Ou a gente acaba com eles, ou eles acabam com o Brasil. Xô, corrupção. Uma campanha do PT e do povo brasileiro". A propaganda, de enorme impacto no eleitorado, foi um símbolo do "vale tudo" que viria a ser a norma em campanhas eleitorais posteriores.

A ideia de "nós x eles", de que o progresso do país era obstaculizado por uma minoria de privilegiados, alcançou seu clímax com a vocalização de que as críticas à situação econômica, quando ela se complicou, resultariam do fato de que "a elite não gosta de ver pobre andar de avião". Em 2013, quando a política econômica de Dilma Rousseff estava começando a fazer água, em palestra na Universidade Federal do ABC, em São Bernardo do Campo, o próprio Lula sinalizou nessa direção ao dizer que "em 10 anos, fizemos com que 53 milhões começassem a andar de avião. Claro que tem problema em aeroporto. O pobre compra um carro e não consegue andar. As pessoas então se incomodam com o pobre tendo carro ou andando de avião". O problema, para ele, não seria a flagrante lentidão das obras de mobilidade urbana ou a ausência de modernização dos aeroportos, mesmo após dez anos de estar no poder, mas sim a "reação da elite por ver o pobre andando de avião". Qual é a representação precisa da elite? O empresariado nacional? Esse estava tomando dinheiro a juros baixos, portanto, é difícil de acreditar. Os banqueiros? Nunca tinham ganho tanto dinheiro, com a expansão do crédito. Não obstante, essa pregação contra "os outros" sempre rende créditos políticos. No limite, numa interpretação mais elástica acerca de quem pertence ao "andar de cima", os supostos "incomodados" com o novo poder dos pobres poderiam passar a ser um grupo que incluía também a classe média, como na famosa diatribe de Marilena Chauí, em que ela diz, textualmente: "Eu odeio a classe média. A classe média é o atraso de vida. A classe média é a estupidez. É o que tem de reacionário, conservador, ignorante, petulante, arrogante, terrorista. É uma coisa fora do comum". E, repare-se, ao lado dela, no momento em que adotava esse discurso, estava ninguém menos do que Lula.

As situações foram se sucedendo, aos poucos. Inicialmente, de um lado, como no empurrão criminoso de um militante petista contra um cidadão que estava xingando Lula na frente do Instituto que leva o nome deste e acabou internado durante vários dias, até se recuperar. De outro, posteriormente, como na perseguição de quem quer fazer justiça com as próprias mãos, impedindo membros do PT acusados pela Lava Jato de sair à rua, almoçar ou jantar, demonstrações de atentado contra a ordem pública difíceis de imaginar em lugares civilizados. A isso se seguiram episódios como o tiro num ônibus do PT na campanha eleitoral de 2018, entre outros.

Nesse ritmo, o que acabou acontecendo no Paraná em 2022, quando uma briga numa festa de aniversário gerou o assassinato de um militante do PT por um fanático que ingressou no local aos gritos e empunhando uma arma, foi a consequência de uma escalada de fatos de violência, ora verbal ora concreta, que foram ocorrendo ao longo de anos.

Em outras palavras, o Brasil tinha se "argentinizado"...

Um país perdido

Em um momento de desânimo com os rumos do país, Carlos Drummond de Andrade escreveu, há já algumas décadas: "Eu também já fui brasileiro". E ele não viveu até a década de 2020! Muitos anos antes, Ortega y Gasset (novamente ele) tinha sentenciado que "uma Nação é um sistema de segredos". Como numa relação de casal, a identificação entre os habitantes de um mesmo país passa por vários elementos de união, entre eles o sentimento de certa cumplicidade, e de coisas que não são ditas, seja pelo hábito da convivência ou como um acordo tácito para conservar a longevidade da relação. Com o passar do tempo, os brasileiros foram perdendo essa liga. Hoje a pergunta *"o que nos une?"* tem uma resposta muito mais difícil: além da língua, o quê?

O Brasil se perdeu depois de 2010, em vários sentidos. Se eu, tendo sido acolhido com minha família em 1976, não reconheço mais aquele país ao qual chegamos há quase cinco décadas, um sentimento similar ocorre também com quem passou a vida toda aqui. Onde foi parar esse Brasil?

Fala-se muito, no meio político e entre alguns economistas, da suposta necessidade de um "projeto nacional", mas a questão é muito mais complexa do que "apenas" ter um conjunto de iniciativas oficiais para que o país se desenvolva. Um projeto dessa natureza passa por resgatar, de alguma forma, a alma nacional. Algo que envolve, por ser inerente a isso, certa pacificação do país, que não pode estar envolvido no grau de radicalização política dos últimos anos.

Para isso, a política, como espaço de encontro de diversas posições, na tentativa de encontrar elementos em comum para que o país possa avançar, é chave para que haja um entendimento mínimo entre grupos majoritários, despojados das atitudes extremistas às quais tanto nos acostumamos desde, aproximadamente, um pouco antes de meados da década passada até agora.

Em vez de reproduzir no país a lógica perversa do espírito de belicosidade mencionada na epígrafe do capítulo, precisamos tentar identificar pontos nos quais seja possível construir consensos mínimos acerca de que políticas estabelecer em relação a algumas questões essenciais para o futuro da economia e do país.

Precisamos adquirir consciência sobre o tipo de problemas que estamos agravando se o Brasil não tiver a sabedoria de tentar sair da crise em que a inabilidade das forças políticas predominantes de se entenderem nos jogou há uma década. Em geral, o brasileiro — e o resto do mundo — olham para a Argentina como uma espécie de "caso perdido", uma região do mundo na qual o desentendimento entre as partes que compõem o país é tão grande, que não adianta o mundo tentar ajudar se, dentro do país, quem vive nele, não faz um mínimo de esforço para que o país progrida. Como, palavras mais, palavras menos, disse um líder político argentino há alguns anos: "Aqui, na Argentina, fracassaram o peronismo, o radicalismo e o macrismo. Fracassaram o keynesianismo, a social-democracia e o liberalismo. Talvez levando isso tudo em consideração, em vez de concluir que o problema está no partido A ou B ou na ideologia X ou Y tenhamos que avaliar se não há um problema com os argentinos como um todo".[4] Pois bem, com esses antecedentes, é bom tomar nota: o desempenho econômico do país nas últimas três décadas foi ainda pior que o da Argentina (Gráfico 12.1). Nos 33 anos entre 1990 e 2023, o PIB argentino cresceu à decepcionante taxa média de 2,4% a.a. Mesmo assim, por incrível que pareça, devido ao nosso desempenho sofrível depois de 2010, o crescimento foi maior que a média brasileira no período, de apenas 2,3% a.a.

GRÁFICO 12.1

PIB Brasil X Argentina (1990 = 100)

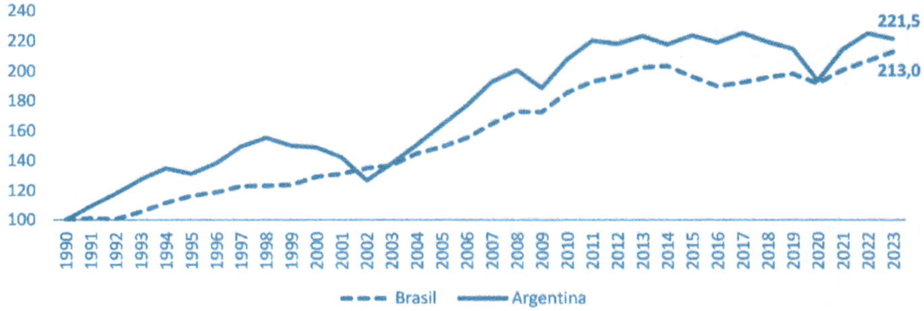

Fonte: IBGE, INDEC.

A Argentina cresceu mais do que o Brasil durante boa parte da década de 1990, no auge do plano de convertibilidade da paridade de 1 a 1 entre o peso e o dólar. Em 1994, 1 dólar valia 1 peso e no início do Real o plano de estabilização brasileiro se iniciou também com a paridade no primeiro dia de 1 URV = 1 dólar = 1 Real. Atualmente, 1 dólar vale em torno de R$5 no Brasil e mais de 1 mil pesos na Argentina, o que dá uma ideia da desorganização econômica do país vizinho no período depois da década de 1990. E, mesmo assim, nesses 33 anos eles, em média, se saíram melhor do que a gente. Após a queda acumulada do PIB durante quatro anos consecutivos de 1999 a 2002, com uma impressionante contração total de 18%, a economia teve um efeito "rebote" e se recuperou fortemente a partir de 2003, com uma expansão até 2015, embora com interrupções nos anos de 2008, 2012 e 2014. No período posterior a 2015, o PIB encolheu em cinco dos últimos oito anos. E, mesmo assim, tendo 1990 como uma base inicial igual a 100, a Argentina, em 2023, ainda ultrapassava o índice do PIB brasileiro (222 contra 213).

Foi esse processo de "argentinização" da vida brasileira — com uma economia com desempenho pior que o da Argentina — que nos levou à eleição de Jair Bolsonaro em 2018. Trataremos dela mais adiante. Antes, de discutirmos isso, porém, falta fazer um exercício análogo ao que foi feito antes — quando argumentou-se contra a tese liberal de que a social-democracia teria fracassado — e questionar a ideia de que a ortodoxia não funcionou no Brasil. É o que iremos abordar a seguir.

13

FRACASSO DA ORTODOXIA?

"Quando não se é Governo, usa-se muito de bravata, já que não tem que executar mesmo. Quando se é Governo, não se pode fazer bravata. Estamos conscientes do nosso papel. Estou mexendo com a minha própria base. Por que estou fazendo isso? Porque o Presidente da República não tem que pensar no seu mandato, mas no país."

— Luiz Inácio Lula da Silva

No exercício da Presidência da República, em discurso na posse da Diretoria da Associação Comercial de São Paulo, em 27 de março de 2003, dois meses depois de assumir o cargo

Analisamos, anteriormente, a tese de que os problemas da economia brasileira depois de 1980 denotariam o que muitos críticos qualificam como o "fracasso da social-democracia", mas que, vistos sob outro ângulo, permitem uma avaliação diferente do que teriam sido os governos associados, de alguma forma, a esse "rótulo". Aqui faremos o exercício "ideologicamente oposto": tentaremos mostrar que a conclusão que a esquerda muitas vezes vocaliza, de que a ortodoxia teria fracassado redondamente no Brasil, é igualmente questionável. Não apenas porque se apropria de êxitos que, no mínimo, deveriam ser compartilhados com a ortodoxia — como o sucesso dos primeiros anos do Governo Lula — como também porque, analisando caso a caso, os exemplos de suposto fracasso são bastante discutíveis.

No fundo, trata-se da velha disputa política, reconhecida de forma franca por Lula na frase da epígrafe e muito influenciada por preconceitos ideológicos completamente divorciados da realidade. Tome-se como exemplo a frase de Frei Betto, dita no começo dos anos 2000, de que "para a América Latina, a África e a Ásia, não há saída fora do socialismo". Considerando o fracasso estrepitoso dos casos de adoção de políticas socialistas no continente — Cuba, Venezuela e Nicarágua — a frase é uma incursão psicodélica no terreno da fantasia. Para esse tipo de visão, porém, qualquer que seja a política associada a compromissos com o equilíbrio fiscal e a inflação baixa será provavelmente objeto de crítica, independentemente de quais forem os resultados em matéria de PIB e de inflação, e mesmo que na esteira de um bom desempenho macroeconômico se observe também uma melhora dos indicadores sociais.

Este capítulo discute essas questões. Ele se inicia com um "raio X" do famoso "Consenso de Washington", mostrando como um conjunto de prescrições, em sua maioria razoavelmente simples, foram objeto de uma ideologização obtusa, para posteriormente fazer uma defesa das políticas adotadas em sucessão cronológica — ainda que intercaladas com outros acontecimentos — no segundo Governo FHC, nos primeiros anos do Governo Lula, no começo do segundo Governo Dilma Rousseff — pelo então Ministro Joaquim Levy — e no Governo Temer. O capítulo discorre depois sobre as dificuldades de catalogar com precisão o Governo Bolsonaro em termos de pertencimento a um "credo" econômico definido, e se encerra com uma discussão mais técnica acerca dos obstáculos antepostos ao crescimento brasileiro em tempos recentes.

Introdução ao "Consenso de Washington"

As origens das posições da esquerda latino-americana sobre a economia, no final do século passado e primeiras décadas do atual, remontam à crítica ao "Consenso de Washington". Esta expressão esteve associada a um artigo, muito comentado na época, escrito pelo economista John Williamson em 1989.[1] Ele simplesmente procurou listar um conjunto de pontos que, na sua opinião, representariam o resultado da reflexão feita no decorrer dos anos 1980, focada na América Latina — na qual, de um modo geral, a maioria dos países tinha mergulhado numa crise muito séria durante a década — acerca de qual receita seguir para deixar aquela crise para trás. Pelo fato de que a lista de sugestões representava a opinião manifestada nos anos anteriores por representantes dos órgãos multilaterais, em diversos seminários e *papers*, e pela circunstância de o encontro no qual o artigo foi apresentado ter ocorrido em Washington DC, as recomendações passaram a ser conhecidas como sintetizando o "Consenso de Washington". Tal lista continha as seguintes propostas:

i) disciplina fiscal;

ii) reorientação do gasto público;

iii) reforma tributária;

iv) liberalização financeira;

v) unificação das taxas de câmbio;

vi) adoção de taxas de câmbio competitivas;

vii) liberalização do comércio;

viii) abertura para o investimento estrangeiro;

ix) privatização; e

x) desregulamentação.

Algumas questões são bastante "datadas" daquela época. Por exemplo, no segundo ponto, estava se pensando basicamente em reduzir as despesas militares, após o fim de diversos governos autoritários em vários países da região, naquela década, e nos quais esse gasto tinha aumentado mais do que seria recomendável. O enunciado em favor de ter-se taxas de câmbio competitivas, por sua vez, remetia a um problema que tinha estado presente em vários países no começo dos anos 1980, os quais tinham adotado políticas anti-inflacionárias baseadas no estrito controle das taxas de câmbio nominais, o que, devido à persistência inflacionária, levou a quedas expressivas da taxa de câmbio real e a sérios problemas posteriores.

O fato é que, tirando alguns pontos mais controversos — a liberalização comercial, a privatização e a desregulamentação —, que poderiam ser considerados mais "ideológicos", só o antiamericanismo histórico e algo infantil da esquerda regional explica a oposição ferrenha que viria a ser feita nos anos posteriores a essas prescrições. É difícil, *a priori*, ser contra enunciados gerais como o de ter "disciplina fiscal" ou "reformar o sistema tributário". E mesmo os pontos mais controversos poderiam estar sujeitos a diferentes gradações. Ou seja, era possível ser contra privatizar determinadas empresas estatais, mas aceitar a venda de outras. Ou ser contra uma redução indiscriminada das tarifas alfandegárias, mas aceitar um cronograma de redução parcial da estrutura de alíquotas, num horizonte de cinco a dez anos. Não havia razão alguma para que mentes pragmáticas fizessem oposição *per se* a esse tipo de agenda.

A oposição às políticas "baseadas no Consenso de Washington" tentou rotular, ao longo dos anos, como exemplos de supostos fracassos, algumas das experiências de política econômica fundamentadas numa visão ortodoxa. Tentaremos argumentar por que a noção de que essas experiências teriam fracassado no Brasil é equivocada e, ao mesmo tempo, resgatar seu papel nos casos em que há uma tentativa de apropriar, como resultado de políticas heterodoxas, efeitos que obedeceram, em parte, justamente, à adoção prévia de políticas ortodoxas.

Um olhar diferente sobre o segundo Governo FHC

O Governo FHC de 1995/1998 teve duas fases marcadamente diferentes entre si. No primeiro mandato, de 1995/1998, o resultado primário foi deficitário em 0,2% do PIB. Já no segundo, houve um superávit primário de mais de 3% do PIB. O divisor de águas foi o ano de 1999, quando o resultado primário passou de um equilíbrio para 2,9% do PIB.

Cabe lembrar que no segundo Governo FHC, além da desvalorização de 1999, tivemos:

- quatro anos consecutivos de queda do PIB na Argentina, então um parceiro comercial importante do país;
- uma queda praticamente contínua dos preços das exportações e deterioração dos termos de troca;
- uma severa restrição energética, com necessidade de adotar um racionamento em 2001;
- os atentados terroristas nos EUA em 2001, com sua enorme sequela de incertezas; e
- uma grande incógnita em 2002 acerca da política econômica de 2003 em diante, em função dos resultados das eleições e da perspectiva de mudança de governo.

Não se está com isso deixando de reconhecer a responsabilidade do governo da época por alguns desses problemas, mas apenas constatando as dificuldades com as quais as autoridades se defrontaram, em tempos difíceis, para a economia do país. Nesse contexto, o crescimento médio anual do PIB caiu de 2,5% no primeiro mandato para 2,3%, o que foi apontado como um sinal de que a mudança de política de 1999 teria fracassado.

Uma visão quantitativa alternativa daquele período implica explicar o conceito de "*carry over*" estatístico. Basicamente, este está associado ao efeito que a trajetória de crescimento do PIB no decorrer de um ano *t* tem sobre a taxa de crescimento da economia no ano seguinte (*t+1*). Resumida e simplificadamente, imagine-se uma economia que, sem considerar efeitos sazonais, começa o ano produzindo um índice 100 e acaba com uma produção de 98 — com uma média de 99 — e com esse nível mantido no ano seguinte. Nesse caso, a produção neste último ano cairá em torno de 1% — média de 98 contra média de 99 — embora ao longo do segundo ano não tenha havido uma maior queda. Analogamente, se ao invés de cair durante o primeiro ano, a produção sobe para 102 no final do ano, e esse nível se conserva depois em $(t+1)$, teríamos então uma média de 101 num ano e de 102 no seguinte, com um crescimento de 1%, em que pese o fato de que a produção de dezembro de $(t+1)$ será a mesma que em dezembro de t.

O desempenho da economia em 1999 em termos do resultado do PIB — uma média anual — foi muito afetado pelo que aconteceu durante o ano de 1998. Neste último, a produção cresceu, em termos dessazonalizados, no segundo trimestre, mas ficou praticamente estagnada no terceiro e caiu bastante no quarto (Gráfico 13.1). Com isso, o nível de produção do quarto trimestre foi 0,5% inferior ao da média anual, representando um "*carry over*" negativo. Em outras palavras, se a economia não crescesse durante 1999, o PIB do ano teria um crescimento negativo, estatisticamente, pela comparação entre as médias anuais.

GRÁFICO 13.1

PIB com ajuste sazonal (1998-IV = 100)

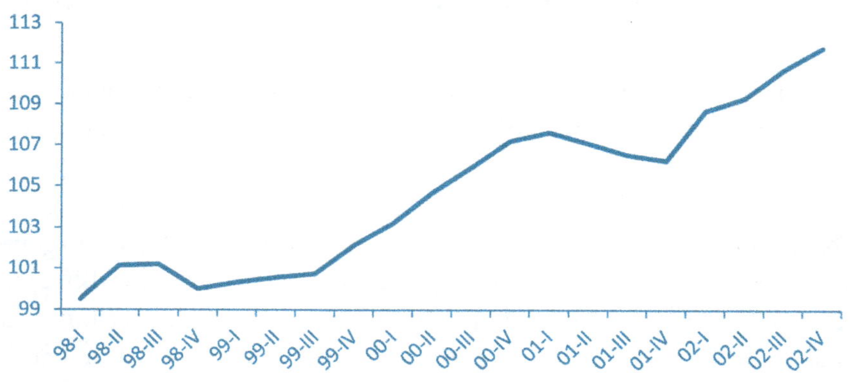

Fonte: IBGE.

A partir da desvalorização do começo de 1999, porém, a economia passou a se recuperar, até esbarrar na restrição energética que obrigou a uma contenção forçada das atividades a partir do segundo trimestre de 2001. A isso se soma uma defasagem na divulgação dos dados do IBGE. Este divulga os números iniciais do PIB na altura de março, quando sai o primeiro resultado acerca do ano anterior. O número é revisto uma primeira vez na altura de outubro ou novembro do mesmo ano, e apresenta o resultado definitivo um ano depois. Ou seja, na revisão regular das Contas Nacionais anuais, em torno de outubro ou novembro, o IBGE, a cada ano t, divulga a revisão preliminar do ano $(t-1)$

depois da divulgação inicial de março e o número definitivo do ano (*t*-2). Com isso, o crescimento anual do PIB no ano *t* só é conhecido no final do ano (*t*+2). Quando saiu o primeiro número anual de 2002, o resultado havia sido bastante ruim, próximo de 2%, na época entendido como um número baixo, o que remetia à ideia de se ter um "pibinho", na expressão jornalística muito comum utilizada pela mídia (Tabela 13.1).

TABELA 13.1

Taxa crescimento PIB (%)

Ano	Taxa anual	Quarto trimestre
1999	0,5	2,2
2000	4,4	4,6
2001	1,4	-0,5
2002	3,1	5,2
Média	2,3	2,9

Fonte: IBGE.

Entretanto, quando se considera o número definitivo e a trajetória da economia durante o ano, tem-se um quadro razoavelmente diferente do inicialmente analisado na época. Observe-se na Tabela 13.1 que:

- o crescimento médio da economia entre o quarto trimestre de 1998 e o quarto trimestre de 2002 — que reflete melhor o resultado da política que as médias anuais, dado que a mudança se deu no começo de 1999 — foi próximo de 3% a.a., algo que considerando a profusão de choques negativos vivenciados naqueles quatro anos estaria longe de ser um fracasso;
- em três dos quatro anos, o desempenho da economia "ponta a ponta", na comparação interanual do quarto trimestre, foi melhor do que na comparação entre médias anuais;
- enquanto, na divulgação dos números iniciais do PIB, os quatro anos tinham mostrado um ano bom — 2000 — e três ruins — 1999, 2001 e 2002 — a observação da última coluna da Tabela 13.1 mostra uma visão diferente, com um ano ruim (2001), um razoável (1999) dadas

as circunstâncias e dois muito bons (2000 e 2002). Parece um balanço bastante positivo dos quatro anos, à luz das dificuldades enfrentadas.

Lula e a herança bendita

O Governo Lula apresentou um desempenho macroeconômico inequivocamente superior aos de FHC. Neste, o crescimento tinha sido de 2,4% a.a. Já nos oito anos de Lula, passou para 4,0%. É impossível, porém, dissociar esse sucesso, além das circunstâncias específicas antes apontadas ligadas ao *boom* das commodities e à emergência do crescimento chinês, dos seguintes fatos:

- a melhora de 3,2% do PIB do resultado primário do setor público consolidado entre 1998 e 2002;
- a desvalorização real acumulada da taxa de câmbio média anual do país, de nada menos que 113% entre 1998 e 2002;
- o crescimento médio do *quantum* de exportações de 9,3% a.a. entre 1998 e 2002 e a redução média de 3,4% do de importações no mesmo período, provocando uma inversão completa da situação das contas externas;
- a mudança da situação do déficit em conta corrente, que fora de US$35 bilhões em 1998 e cedera para US$9 bilhões em 2002; e
- a mudança radical da situação dos reservatórios da região Sudeste/Centro-Oeste, que em dezembro de 1999 tinham chegado a cair para um nível de água ocupando apenas 18% dos mesmos e que três anos depois estavam em 44% — sendo que no fim da temporada de chuvas chegariam a 79% em abril de 2003, graças ao racionamento de 2001.

Portanto, embora o marketing ideológico associe os bons números econômicos do Governo Lula ao "abandono da agenda de FHC", a realidade é que parte importante daqueles resultados se deveram justamente ao que foi "plantado" no governo anterior e, particularmente, à manutenção dessa agenda no primeiro Governo Lula, antes do abandono paulatino da mesma no segundo mandato.[2]

"A culpa é do Joaquim". Será?

Se o primeiro episódio de política econômica ortodoxa considerado como um "fracasso" pela esquerda é o Governo FHC — especialmente o período 1999/2002 — o segundo caso é a experiência de 2015, na gestão de Joaquim Levy como Ministro da Fazenda de Dilma Rousseff em seu segundo mandato.

Levy ficou um ano no governo e sua gestão foi marcada por dois números particularmente negativos:

- a queda de 3,5% do PIB; e
- a inflação de 10,7%.

Que 2015 foi um ano muito complicado, não há dúvidas. O ponto central a considerar aqui é a situação em que se encontrava a economia no final de 2014. E, nesse sentido, a responsabilidade principal é a condução da política econômica nos dez anos anteriores (Gráfico 13.2).

GRÁFICO 13.2

Gasto primário Governo Central (% PIB)

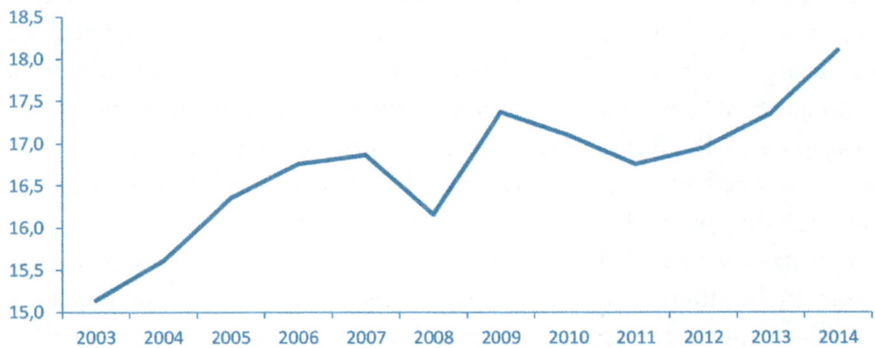

Fonte: Secretaria do Tesouro Nacional.

Em 2003, o governo tinha praticado uma política fiscal particularmente dura. Como fora um ano de desempenho desfavorável da receita, o governo teve que contrair o gasto primário federal, em termos reais, em 3,6%. Embora dura, foi uma política que trouxe resultados claros. A taxa de câmbio, que fora de R$3,53 por dólar no final de 2002, caiu para R$2,89 um ano depois. A SELIC, por sua vez, após chegar a 26,5%, cedera a 16,5% no final do ano. O país estava "tinindo" para crescer. Teria sido perfeitamente possível implementar uma política que, no bojo de um processo de crescimento econômico — em um processo natural de aceleração —, implicasse em aumentar o gasto público, porém, um pouco menos que a expansão da economia, favorecendo assim um declínio na relação entre o gasto público primário — excetuadas as transferências a Estados e Municípios — e o PIB, que fora de 11,1% em 1991 e, mesmo com a queda de 2003, estava em 15,1% do PIB. Entretanto, o que os governos do PT fizeram foi exatamente o contrário: entre 2003 e 2014, em que pese o fato de a economia ter crescido, em média, 3,7% a.a. nesses onze anos — o que poderia ter permitido uma expansão perfeitamente razoável do gasto em torno, por exemplo, de 3% a.a. — o governo aumentou a proporção do gasto na economia, com um crescimento daquele nível agregado da despesa primária de expressivos 5,4% a.a. Com isso, o gasto federal em 2014 tinha chegado a 18,1% do PIB. O resultado disso foi que o superávit primário consolidado de 3,2% do PIB de 2003 se transformou num déficit de 0,6% do PIB em 2014. O governo conseguira a proeza de piorar as contas fiscais em quase 4% do PIB com a economia crescendo perto de 4% durante onze anos!

Foi esse o contexto em que Joaquim Levy foi chamado para ser Ministro da Fazenda a partir de janeiro de 2015, com o agravante de que em 2012 Dilma Rousseff tinha feito uma intervenção nos preços da energia que desorganizara todo o setor e demandava uma recomposição forte dos preços relativos, sob pena de inviabilizar o setor. Com o "tarifaço" das tarifas de eletricidade, o item "energia elétrica residencial" do IPCA em 2015 teve um aumento de nada menos que 51,0%, levando o item "preços administrados" naquele ano a ter uma elevação de 18,1%. A isso se somou outra correção necessária — a da taxa de câmbio — que levou a uma desvalorização do dólar de 47% no ano, tudo isso contribuindo para a inflação de quase 11% naquele ano.

Criticar Joaquim Levy pela situação de 2015, portanto, é equivalente a acusar um bombeiro por destruir os móveis da sala na tarefa de debelar um incêndio, ao invés de buscar e responsabilizar o piromaníaco que "tocou" fogo no apartamento.

O Governo Temer e o IBGE

O terceiro exemplo de política ortodoxa que os críticos enxergaram como "fracassada", nos embates partidários e ideológicos das décadas de 1990 a 2010, foi a experiência de política econômica de Michel Temer, entre maio de 2016 e dezembro de 2018, tendo Henrique Meirelles como Ministro da Fazenda. A conclusão se baseia no fato de que o crescimento médio do PIB no biênio 2017/2018 se manteve em torno de 1%, conforme a divulgação original do PIB referente àqueles anos.

Aqui, entretanto, há duas considerações a fazer. A primeira é lembrar que, em meados de 2016, quando Temer assumiu, a economia estava destruída. A inflação tinha sido de 11% em 2015, o PIB estava em queda livre, com perspectiva de encolhimento pelo segundo ano consecutivo, a dívida pública estava aumentando rapidamente como proporção do PIB, a taxa de câmbio ameaçava sair do controle e o governo tivera que aumentar a taxa de juros até 14,25% para ver se conseguia conter minimamente esse processo. A prioridade era deter a queda livre da economia, estabilizando as expectativas por meio de uma mudança drástica da política fiscal daí em diante. Foi exatamente isso o que foi feito. Além disso, cabe lembrar os sobressaltos ocorridos em 2017/2018 com três episódios: a ameaça de impeachment de Temer após sérias denúncias com grande repercussão midiática contra o governo em maio de 2017; uma greve selvagem dos caminhoneiros em meados de 2018; e a incerteza acerca da política econômica futura, devido à realização das eleições presidenciais de 2018.

No final de 2016, o governo aprovou no Congresso a chamada "PEC do teto de gastos", que definiu um teto para o gasto público primário, de forma a que o gasto agregado, que nos quinze anos até então, em termos reais, tinha se expandido a uma taxa média de 5,0% a.a., teria que se manter fixo nos dez anos seguintes. Era uma espécie de "13º trabalho de Hércules", mas o governo mostrou um grande comprometimento com o objetivo, obedecendo rigorosamente ao teto tanto em 2017 como em 2018, mesmo sendo um ano eleitoral. Tal fato foi fundamental para a sequência de boas notícias no campo financeiro:

- o comprometimento do novo Banco Central com o cumprimento da meta de inflação levou a taxa de variação do IPCA a cair para 6,3% em 2016, 3,0% em 2017 e 3,8% em 2018, níveis perfeitamente consistentes com as metas de inflação definidas para os respectivos anos;
- nesse ambiente, a taxa SELIC, que era de 14,25% quando Temer assumiu em maio de 2016, cedeu até 6,5% em dezembro de 2018, de forma também perfeitamente consistente com a política anti-inflacionária;
- no contexto de queda de toda a estrutura a termo das taxas de juros (ETTJ), a taxa real de mercado de trinta anos, indicativo de risco mais fiel acerca da percepção referente às perspectivas de longo prazo do país e que em maio de 2016 era de 6,2%, caiu para 5,2% em dezembro de 2018.

A segunda consideração a fazer é em relação ao nível de atividade (Gráfico 13.3). Nesse sentido, o crescimento inicial de 2017 foi prejudicado porque, devido à situação de extrema incerteza pela qual o país estava passando, a queda do PIB se manteve no terceiro e no quarto trimestre de 2016.[3]

GRÁFICO 13.3

PIB com ajuste sazonal (2016 = 100)

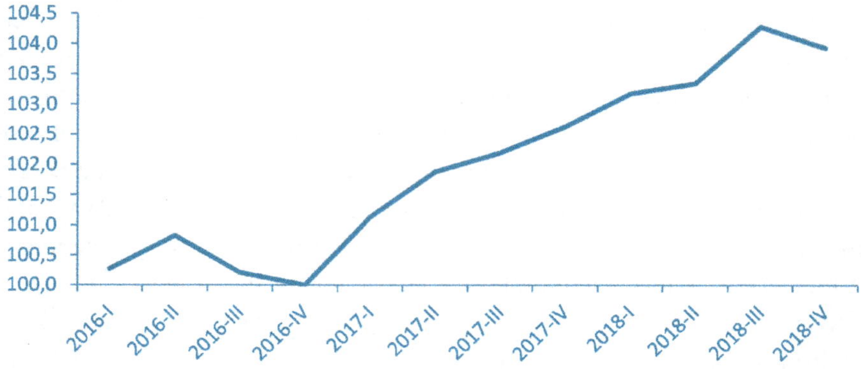

Fonte: IBGE.

Mesmo assim, cabe registrar que, depois da divulgação inicial do PIB ter apontado para um crescimento deste de 1,1% em 2017 e em 2018, o número final foi de 1,3% e 1,8%, respectivamente, para esses anos. Embora muito aquém de outras recuperações posteriores a ciclos recessivos, o fato de o Brasil ter saído de uma redução do PIB de 3,3% em 2016 para um crescimento de 1,8% dois anos depois não deixava de ser uma melhora digna de nota, que poderia ter sido mantida posteriormente, dependendo das políticas do governo seguinte.

Vale notar, a propósito, que depois do déficit público ter sido de mais de 10% do PIB em 2015, o governo tinha conseguido reduzir o desequilíbrio em torno de 1% do PIB a cada ano nos três anos seguintes, para 9% do PIB em 2016, 8% do PIB em 2017 e 7% do PIB em 2018, apontando para nova queda — como de fato ocorreu — em 2019. Entre 2016 e 2018, o resultado primário melhorou em torno de 1% do PIB. Havia um processo incipiente de recuperação fiscal em curso.

Ortodoxia bolsonarista?

Finalmente, a outra experiência de suposta ortodoxia vista como fracassada por parte dos críticos da ortodoxia foi a do Governo Bolsonaro (2019/2022), tendo em vista o fato de que a renda *per capita* do país em 2022 tinha crescido apenas 0,6% a.a. em relação a 2018.

A defesa de políticas ortodoxas se baseia no princípio de que uma economia precisa de previsibilidade e estabilidade, para que os agentes econômicos possam tomar decisões de longo prazo e assim potencializar o crescimento econômico. Observe-se, nesse sentido, o que significa para nosso maior vizinho a situação retratada por Gastón Remy, empresário argentino e Presidente da Dow Argentina, em declarações de 2017: "Nos últimos 50 anos, a Argentina teve 22 Presidentes da República, uma guerra, 50 Ministros de Economia, 5 moedas, 16 moedas estaduais e 3 grandes crises econômicas" (traumas do estouro inflacionário em 1975, da hiperinflação de 1989 e do fim da convertibilidade em 2001/2002).

A propósito desse tipo de considerações, no meio da pandemia do coronavírus, em 2021, fui convidado por um amigo para escrever um texto acerca da existência de "cisnes negros" no Brasil, embora o livro, no fim, não tenha sido publicado.[4] Na ocasião, escrevi o seguinte: "Imaginemos um jovem que tenha se formado em 1980, ingressou no mercado de trabalho em 1981 e, cansado de guerra, tenha se aposentado em dezembro de 2020. Em resumidas contas, essa pessoa enfrentou nada menos que seis episódios que, de alguma forma, poderiam ser qualificados como "cisnes negros", no sentido de terem sido excepcionais. Em ordem cronológica: i) no começo dos anos 1980, a alta dos juros internacionais; ii) em 1990, o Plano Collor; iii) em 2001, o "apagão" elétrico; iv) em 2002, o clímax da incerteza eleitoral, com "dólar a R$4"; v) em 2008, a crise financeira internacional; e vi) em 2020, a pandemia. Cada um dos episódios terá sido, do seu jeito, uma pequena 'bomba atômica'".

O fato é que, se é verdade que não chegamos à situação catastrófica dos nossos vizinhos onde, nas palavras do jornalista Luis Majul, em termos financeiros, "na Argentina, os cisnes negros aparecem a cada 5 minutos", também é correto concluir que poucas vezes o Brasil terá assistido a tal grau de entropia patrocinado diretamente pelo Palácio do Planalto como na administração de Jair Bolsonaro. Que, na explicação do jornalista Josias de Souza, "revelou-se um Presidente *sui generis:* fala dez vezes antes de pensar". A lista de barbaridades é longa: manifestações escatológicas no antigo Twitter (hoje X), briga com diversos governadores por ocasião das decisões acerca da decretação de lockdown, disputa pessoal com o Governador de São Paulo João Dória, demissão sumária e intempestiva por motivos fúteis de altos funcionários do governo, seguidas manifestações contra o Supremo Tribunal Federal, contestação da confiabilidade das urnas eletrônicas, ameaça implícita de não reconhecimento do resultado eleitoral etc. Trata-se de qualquer coisa, menos de expressões de normalidade na vida política de um país.

A ideia de que o baixo crescimento da renda *per capita* do país entre 2018 e 2022 denotaria o fracasso da ortodoxia, pelo fato do Ministro da Economia ser Paulo Guedes — tradicionalmente associado a uma versão extrema do liberalismo — esbarra em dois problemas evidentes, além do fato óbvio representado pela situação rigorosamente excepcional da pandemia de 2020/2021.

O primeiro ponto é que, mesmo que a política adotada tivesse sido extremamente ortodoxa, a instabilidade criada, paradoxalmente, pelo Presidente da República com suas declarações, teria agido como um poderoso agente inibidor de um crescimento maior. É muito difícil tomar decisões de longo prazo num contexto em que peças-chave de uma equipe são substituídas como quem troca de camisa, há um conflito de poderes praticamente toda semana e, no limite, até a própria realização das eleições seguintes para a Presidência da República passa a ficar em dúvida.[5]

O segundo problema para a sustentação da tese é que a ideia de que a política adotada tenha sido estritamente ortodoxa é, em si, bastante duvidosa, por diversas razões:

- Bolsonaro demitiu três Presidentes da Petrobras por se negarem a aceitar seus pedidos insistentes para retardar o repasse aos preços domésticos da alta dos preços internacionais do petróleo ocorrida no período do seu Governo;
- seu governo, em duas oportunidades — no final de 2021 e em meados de 2022 — mudou a regra do teto aprovada por Michel Temer, uma vez para modificar o indexador e, consequentemente, elevar o valor do limite e, paralelamente, dar um "calote" nos precatórios judiciais, reduzindo o valor do fluxo de pagamentos autorizado para esse fim; a outra, para aprovar gastos extraordinários, com fins flagrantemente eleitoreiros, a poucos meses das eleições presidenciais;
- embora a gestão tenha ficado marcada pela privatização da Eletrobras, seu governo esteve longe de cumprir os ambiciosos projetos de privatização do começo da gestão, não tendo conseguido avançar sequer na privatização dos Correios, uma empresa certamente mais fácil de vender — em termos da resistência da opinião pública — do que, por exemplo, a Petrobras;
- ele multiplicou por três a importância relativamente ao PIB da despesa do principal programa assistencial de combate à miséria — o Bolsa Família —, sem maiores preocupações acerca do aumento da sua eficácia para alcançar o objetivo de reduzir substancialmente a miséria do país, elevando o valor médio do benefício de R$200 para R$600, além

de aumentar o número de famílias beneficiadas de aproximadamente 13 milhões para mais de 20 milhões;[6] e

- o desempenho da política anti-inflacionária esteve longe de ser brilhante, com uma taxa de inflação média nos quatro anos de mais de 6% a.a., tendo ficado acima da meta nos primeiros dois anos de governo e acima do próprio teto na segunda metade do mandato.

Consequentemente, com esse *curriculum*, não se pode dizer que o Governo Bolsonaro tenha se credenciado para ser considerado estritamente liberal e ortodoxo em matéria de economia.

Uma tal *Cobb-Douglas*

Os economistas distinguem entre dois conceitos similares, mas com diferenças de valor entre eles: o "Produto Interno Bruto" (PIB) e o "PIB potencial". O primeiro é o valor da quantidade de bens e serviços produzidos pelo país. O segundo é a "capacidade" que o país teria de produzir se não estivesse afetado por restrições diversas que impedem que esse "potencial" seja plenamente realizado.

Os conceitos ficam mais claros quando se pensa numa planta de produção. Imagine-se que uma montadora de carros, por exemplo, produza 200 mil unidades por ano em sua fábrica localizada, por exemplo, em São Paulo. No entanto, se operasse a pleno vapor, ela poderia produzir 250 mil unidades. Nesse cenário, a parcela do PIB representado por sua produção corresponderia, *grosso modo*, feitas uma série de simplificações, a 80% do PIB potencial associado a ela.

As razões para que não se opere sempre a plena carga podem ser as mais variadas, indo desde insuficiência de demanda a problemas de abastecimento de insumos, falta de energia, dificuldade de importar, escassez de mão de obra etc.

Em geral, o PIB costuma estar abaixo do PIB potencial e considera-se que levar aquele ao nível deste é a parte "fácil" do crescimento. O difícil é, justamente, aumentar o PIB potencial. Ou seja, elevar a capacidade de produção da tal planta de 250 mil para, digamos 300 mil carros é um desafio mais difícil que o de "apenas" elevar a produção de 200 mil para a capacidade já instalada de 250 mil automóveis.

Se já há controvérsias acerca do valor "verdadeiro" do PIB, ela é muito maior, naturalmente, acerca do valor do PIB potencial. Dependendo do analista, ele pode trabalhar com uma capacidade ociosa — isto é, a parcela não utilizada da capacidade de produção — de 3%, de 4% ou de 5%, por exemplo.

Dito isto e com todas as limitações que possam ser levantadas, em linhas gerais considera-se que o produto potencial cresce de acordo com a dinâmica de três fatores principais:

i) a expansão do "capital humano", representado pela "*expertise*" das pessoas em idade de trabalhar dispostas a fazê-lo, que depende em parte da uma variável física definida pela demografia e em parte do nível de educação médio desse contingente de mão de obra;

ii) a expansão líquida do capital físico em construções, máquinas e equipamentos, descontada a depreciação; e

iii) o crescimento da produtividade.

Podemos entender agora por que o Brasil cresceu tão pouco na última recuperação depois de 2016, contrariamente a outras saídas de crises anteriores, como depois da recessão de 1981/1983, depois da recessão de 1990/1992 ou após 2003. Do ponto de vista técnico, a explicação se baseia no que os economistas denominam de "função de Cobb-Douglas". Ela é, justamente, conforme explicado acima, uma equação que representa a capacidade de produção de um país como uma função do capital humano de um país, do seu capital físico e da produtividade da economia. A capacidade de crescimento de um país, portanto, é explicada por três razões: a maior contribuição da mão de obra, a dinâmica de acumulação de capital e a contribuição da chamada "produtividade total dos fatores" (PTF) resultante da combinação dos fatores trabalho e capital.

Comecemos pelo capital humano. A taxa de variação das pessoas em idade de trabalhar vem caindo ao longo do tempo. Pela projeção populacional do IBGE feita em 2018, o universo do contingente de 15 a 64 anos, que no início do século, em 2001, crescia anualmente 2,2% ao ano, cresceu apenas 0,4% em 2023 e deverá aumentar apenas 0,2% em 2030.[7] Pelo lado da mão de obra, portanto, a não ser que haja um salto do nível de educação, a dinâmica do crescimento do produto potencial vem sendo negativa: o PIB potencial cresceria, porém cada vez menos.

Vejamos agora o capital propriamente dito, na forma de máquinas, equipamentos e construção, basicamente. Consideremos como hipótese um PIB igual a um PIB potencial de R$10 trilhões, uma taxa de investimento de 15% do PIB (R$1,5 trilhão) e o que os economistas denominam de relação Capital/Produto (coeficiente entre o estoque de capital e a capacidade de produção) de 3. Isso significa que o estoque de capital dessa economia é de R$30 trilhões. Suponha-se ainda um nível de depreciação de 5% do capital, o que implica que, em média, ele é reposto a cada vinte anos, o que combina a obsolescência mais rápida de máquinas e equipamentos que em cinco ou seis anos viram "sucata" (basta pensar na velocidade com que trocamos o celular, por exemplo, o que ocorre de forma análoga nas empresas com certas máquinas) com a maior duração da construção. Ora, se essa economia é de R$10 trilhões e o estoque de capital de R$30 trilhões, 5% de depreciação desse capital significa que ela é de R$1,5 trilhões. Ou seja, do investimento bruto, não há nada que efetivamente sobre — após a depreciação — para o aumento líquido do estoque de capital. Em outras palavras, o estoque de capital fica estagnado. Considerando-se que esses parâmetros representam valores parecidos aos da economia brasileira, entendemos por que ela tinha maior capacidade de fazer crescer seu estoque de capital, mesmo após uma recessão, quando a taxa de investimento era de 20% do PIB como em 1983, de 18% do PIB como em 1992 ou de 17% do PIB como em 2003, que com os menos de 15% do PIB com que começou a tentar se reerguer em 2017. Além disso, se depois de 1993 — para nos limitarmos aos últimos trinta anos — se contou com a perspectiva da estabilização que se imaginava que viria — ela era esperada após as eleições de 1994 mas veio antes — e depois de 2003 com a perspectiva de estabilidade de políticas razoáveis de um governo visto na época como sendo de uma esquerda "*aggiornata*", nada similar houve depois de 2016. Pelo contrário: tivemos a provisoriedade do Governo Temer, a incerteza eleitoral de 2018 e a entropia esquizofrênica de 2019/2022, além da pandemia de 2020/2021. Se vale o famoso comentário do economista Larry Summers, de que "confiança é a forma mais barata de estímulo econômico", ela estava presente em 1994 e nos anos seguintes depois em 2004 e nos anos posteriores, mas esteve longe de se fazer presente no Brasil pós-2016, que viveu diversos picos de incerteza desde então.

Finalmente, a melhoria da produtividade, que foi um dos motores do crescimento nas recuperações de 1984, 1993 e 2004 e anos posteriores, em cada um dos casos, permanece como um "calcanhar de Aquiles" da economia brasileira há muitos anos, como veremos em capítulo específico mais adiante. É esse conjunto de fatores — escasso crescimento da população, estagnação do capital e baixa produtividade — que explica, então, por que nosso crescimento deixou a desejar depois da crise de 2015/2016 — mesmo reconhecendo que, especificamente no período 2021/2023, a expansão econômica acabou sendo superior à prevista no começo do ano.

Cabe agora aprofundar a análise do que aconteceu com o Brasil a partir do final da década passada.

14

A INVASÃO DOS BÁRBAROS

"O fanatismo corrói a inteligência."

— Marcelo Birmajer
Escritor argentino

A frase do escritor argentino Marcelo Birmajer, citada na epígrafe do capítulo, expressa uma doença que se tornou comum aos tempos modernos em muitos países. Ela já esteve presente no Brasil, décadas atrás. Fez-se famosa a sentença de Carlos Lacerda — cuja retórica temível colaborou, decisivamente, para derrubar três Presidentes — acerca de Getúlio Vargas: "Ele não será candidato; se for, não vencerá as eleições; se vencer, não tomará posse; se tomar pose, não governará". O país viveu nesse ambiente entre os anos 1950 — quando surgiu fortemente o embate ideológico que veio a ter desfecho, de certa forma, em 1964 — e meados dos anos 1960. Depois, o governo militar reprimiu esse sentimento e, no fim do regime, a forma pacífica em que se deu mitigou as feridas do passado.

Antonio Scurati, outro escritor, este italiano, havia chegado a uma conclusão similar quando disse que "poucas coisas corrompem tanto um povo quanto o hábito do ódio". Ele estava se referindo à Itália fascista de Mussolini, mas a reflexão se aplica à situação de outros países. Antes da frase de Scurati se tornar conhecida com a publicação do seu portentoso "M – O filho do século", sobre as origens do fascismo, Nelson Jobim, há alguns anos, já tinha chegado ao diagnóstico cirúrgico: "Há uma variável nova no processo político brasileiro: o ódio".

Esse sentimento introduziu uma nova dinâmica na política brasileira, dificultando o diálogo, a reflexão e a realização de acordos. O problema mais grave que ele trouxe à tona, porém, foi o embotamento mental de uma parte dos donos das opiniões expressas por meio das mídias sociais, esse território do "vale tudo" propenso a manifestações intensas de raciocínios rasos, ostentadas com convicção profunda. O que remete a outra frase do mesmo Jobim, de que "o sujeito com o qual é mais difícil de lidar é aquele de boa-fé e com certezas. Quando a pessoa tem certezas, é um desastre".

O Brasil tornou-se, a partir da década de 2010, um país marcado pela divisão profunda no interior da sua sociedade, fazendo jus à famosa frase de Nelson Rodrigues, de que "quando os amigos deixam de jantar com os amigos por causa de ideologia, é porque o país está maduro para a carnificina".

Este capítulo trata dessa tragédia brasileira recente e a relaciona com alguns de nossos males. Ele começa se referindo ao filme que dá nome ao capítulo; explica como esse ambiente é nefasto para assentar as bases para um processo sustentado de crescimento; resgata uma expressão de sete décadas atrás que define de forma fidedigna a época recente; rejeita a pecha de liberal aplicada ao Governo Bolsonaro; dá alguns exemplos das aberrações que assolaram o país depois de 2019; e, antes de concluir com a transcrição de um artigo que o autor publicou há alguns meses acerca destas questões, aponta para o enorme mal que o Governo Bolsonaro fez para a propagação das ideias liberais.

O filme

Átila foi um conquistador do século V, que passou para a História em função dos ataques que comandou contra o Império Romano. Ele era o chefe dos hunos, um povo nômade, e se notabilizou pela violência que suas tropas empregavam. No século V, invadiu a Itália, derrotando seus exércitos, já numa fase da decadência do antigo Império, chegando às portas de Roma. A saga foi descrita num filme famoso de 1954, chamado *A invasão dos bárbaros*. O filme foi uma produção ítalo-francesa, dirigida por Pietro Francisci e produzida por Dino de Laurentiis e Carlo Pinto para a Lux Film. Ele apresentou o célebre Anthony Quinn como o personagem Átila e Sofia Loren como uma das protagonistas de destaque, além de outros nomes famosos, como Irene Papas, tornando-se um dos maiores sucessos cinematográficos daquela década, graças ao talento dos principais atores do elenco.

O filme retrata uma parte do período conhecido como "invasões bárbaras", visto como a principal causa da queda do Império Romano do Ocidente — a parte oriental sobreviveria por vários séculos. O nome do filme viria a ser adotado, daí em diante, vez por outra, como a expressão para descrever processos sociopolíticos ou sociológicos de certo embrutecimento coletivo das sociedades.

O Brasil padeceu sua "invasão dos bárbaros" no contexto da radicalização política da década de 2010 e de um antipetismo extremado, que o PSDB, ao contrário de eleições anteriores, não foi capaz de direcionar por meio dos canais normais de representação. Numa situação de grande desgaste da classe política como um todo e de forte "demanda por *outsiders*", numa lógica de dois turnos onde, no segundo, o eleitor tende a votar no que julga o "menos ruim", Jair

Bolsonaro não era o que o país estava precisando, mas foi o que o país procurou naquele momento específico de sua História.

Os requisitos para o crescimento

Há entre dez e quinze elementos que são importantes para um país alcançar um desenvolvimento sustentado da sua economia. Nem todos estarão presentes em todos os países nem na mesma intensidade e cada analista terá sua própria lista de ordenação de prioridades entre essas características. Em linhas gerais, fazendo abstração de pontos menos importantes do que outros e procurando convergir num número redondo de dez atributos, pode-se elencar este decálogo de fatores — sem ordem de importância relativa — que explicam o crescimento dos países (voltaremos a estes pontos ao discutirmos algumas dessas questões num outro capítulo, mais à frente):

- i) estabilidade macroeconômica;
- ii) ambiente de competição;
- iii) infraestrutura;
- iv) qualidade das instituições;
- v) segurança jurídica;
- vi) eficiência do gasto público;
- vii) educação;
- viii) desburocratização;
- ix) legitimidade social; e
- x) sustentabilidade ambiental.

Nada disso foi discutido no debate eleitoral de 2018 e quase nada disso foi abordado no decorrer do período de governo 2019/2022. Se, no contexto de uma inflação galopante, na vizinha Argentina, certo dia, o próprio Presidente Alberto Fernández foi levado a reconhecer que "para nós, o longo prazo é o final de semana", aqui, no Brasil, num país necessitado de estabilidade e previsibilidade, passamos a viver aos sobressaltos, em função do ambiente de instabilidade gerado direta e constantemente pelo Palácio do Planalto.

É como se o Brasil, depois de 2012, tivesse passado a viver, permanentemente, numa espécie de modo "*wait and see*", ou modo "espera". No ano de 2013, era necessário aguardar "no que iriam dar as grandes passeatas" de protestos daquele ano. Em 2014, era preciso "aguardar as eleições". Em 2015/2016, era preciso "aguardar no que vai dar a crise política". Em 2017, havia que "aguardar o que o Governo Temer propõe". Em 2018, nova incerteza "para ver o que acontece nas eleições". Em 2019, o mote passou a ser "esperar depois da definição da reforma da Previdência". Em 2020/2021, houve a emergência da pandemia. E, em 2022, novamente a incerteza acerca do que aconteceria após as eleições. O resultado de tanta incerteza foi um país que, em 2022, teve um nível de investimento 9% inferior ao de dez anos antes, em 2012.

O leitor se perguntará: "O que estas questões têm a ver com as questões antes discutidas?" Esse é exatamente o problema: há anos que o país não discute o que é essencial para o seu futuro — e se perde em coisas ridículas ou em verdadeiras aberrações. Na física existe o conceito de "dissipação de energia", associado à ideia de "dispersão" ou "distribuição" de um certo atributo por um espaço físico mais amplo. Isso está, em geral, associado a uma perda de potência de alguma fonte de energia. Pois bem, o país tem dissipado suas energias de uma forma verdadeiramente sem sentido. Está na hora de fazer o contrário e concentrar esforços no que de fato interessa.

O "aluvião zoológico"

Ernesto Sammartino era um deputado argentino que fazia oposição a Perón. No dia 26 de julho de 1947, num debate parlamentar acirrado, no qual seu discurso era abafado pelos gritos dos deputados oficialistas, convertidos em verdadeiros torcedores de arquibancada, ele pronunciou um discurso que entrou para os anais do anedotário argentino. Enquanto, pela virulência da sua retórica, estava sendo ameaçado até fisicamente por alguns dos seus próprios colegas — a ponto de ter que sair escoltado do recinto — a transcrição dos registros do Congresso registrou esta frase célebre: "O aluvião zoológico parece ter jogado algum deputado para seu assento, para que dele mie para os astros por uma verba de 2.500 pesos. Que continue miando, não me importo com isso".

A expressão "aluvião zoológico" ficou marcada na Argentina como metáfora da decadência das formas de representação política do país, quando os debates de outrora cederam lugar às manifestações de desqualificados de todo tipo. Em outro contexto, refletindo acerca dos sinais de deterioração das normas de convivência numa Europa que mergulhava nas trevas, já antes a filósofa alemã Hanna Arendt havia chegado a uma formulação mais elaborada. Na ocasião, ela escreveu: "Talvez nada melhor do que a perda da fé num Julgamento Final distinga tão radicalmente as massas modernas daquelas dos séculos passados: os piores elementos perderam o temor, os melhores perderam a esperança".

Em 2019 e nos anos seguintes, o Brasil experimentaria seu próprio "aluvião zoológico". Exemplos de deterioração da representação, nas três esferas — Executivo, Legislativo e Judiciário — e nos três níveis de Governo — União, Estados e Municípios — passariam a ser objeto de menção diária nas diferentes mídias. Talvez a expressão mais grotesca do período tenha sido a fala de Roberto Alvim, na época — 2020 — Secretário Especial de Cultura (sic). Muitas décadas antes, Joseph Goebbels, em 1933, como Ministro da Propaganda de Hitler, dissera o seguinte: "A arte alemã da próxima década será heroica, será ferreamente romântica, será objetiva e livre de sentimentalismo, será nacional com grande *pathos* e igualmente imperativa e vinculante, ou então não será nada". Quase nove décadas depois, o Secretário Especial de Cultura de Bolsonaro, em 2020, gravaria uma *live* dizendo o seguinte: "A arte brasileira da próxima década será heroica e será nacional. Será dotada de grande capacidade de envolvimento emocional e será igualmente imperativa, posto que profundamente vinculada às aspirações urgentes de nosso povo, ou então não será nada". É claro que qualquer semelhança entre uma frase e outra não era mera coincidência...

Que liberalismo?

Para vencer as eleições, em 2018, Bolsonaro precisava ter a "tiracolo" um economista que lhe desse credenciais para "vender" seu nome junto ao mercado e à classe média radicalizada contra o PT como alguém associado ao oposto do que o PT representava aos olhos dessa parcela do eleitorado: estatismo, gasto público, intervenção nos preços etc. Esse nome foi Paulo Guedes.

Este era o economista principal que assessorou Guilherme Afif nas primeiras eleições presidenciais depois do fim do governo militar, em 1989, e certamente teria sido seu Ministro da Fazenda se Afif tivesse vencido aquela eleição. De fato, houve um momento da campanha em que isso parecia que poderia se configurar, quando seu nome começou a subir nas pesquisas e virou capa da *Veja* como um possível "azarão", numa eleição ainda em aberto e com muitos postulantes com chance, naquele momento. Entretanto, Afif foi "massacrado" num dos debates eleitorais da época — que então contavam com grande audiência, pela novidade que representavam — por Mário Covas, um político à moda antiga — no bom sentido — ágil de reflexos e com uma retórica afiada. Paulo Guedes não pôde concretizar seu sonho de virar ministro e foi para o mercado ganhar dinheiro.

A aliança desses dois nomes era "juntar a fome com a vontade de comer": havia, de um lado, um candidato precisando da credibilidade de um economista de renome; de outro, um economista de renome, perto dos 70 anos de idade, cujo grande sonho profissional era ser Ministro da Fazenda e visto com grande desconfiança no meio político por suas ideias radicais. Não haveria, portanto, outra oportunidade: o cavalo estava passando com sela e tudo — e Guedes não deixaria essa oportunidade escapar.

A ideia de que Bolsonaro poderia estar sinceramente associado às ideias liberais, contudo, era risível. A suposição era tão absurda como imaginar Margaret Thatcher ingressando num partido trotskista na Inglaterra da década de 1980. Independentemente do longo histórico de declarações — usemos um eufemismo — "polêmicas" dadas ao longo da sua carreira parlamentar sobre questões de gênero, diversidade sexual e outros assuntos em que o então deputado tinha se caracterizado por quase três décadas de declarações chocantes, em relação aos assuntos mais diretamente em discussão na eleição de 2018 — reforma da Previdência e privatizações — Bolsonaro tinha tido posições inequívocas.

Na reforma da Previdência, ele tinha sido consistentemente contrário a qualquer tentativa de reforma desde que o tema começou a ser tratado no Parlamento, na década de 1990. Ainda em 2017, discutindo a proposta de reforma de Michel Temer, ele disse numa entrevista feita no Piauí, textualmente, que "aprovar uma reforma com 75 anos é, no mínimo, falta de humanidade".

Já sobre as privatizações, cabe lembrar que a sua defesa do fuzilamento do então Presidente Fernando Henrique Cardoso se deu em 1997, por ocasião do debate sobre a privatização da mineradora Vale, após o que, convidado ao programa de entrevistas de Jô Soares, no mesmo ano, reafirmou: "Sugeri o fuzilamento de Fernando Henrique Cardoso. É uma barbaridade privatizar a Vale, como ele fez, privatizar as nossas telecomunicações, entregar as nossas reservas petrolíferas para o capital externo. Porque na hora em que você conseguir a autossuficiência de petróleo aqui dentro, essas empresas vão continuar tirando petróleo a US$7 e vendendo a US$70". Não só propunha um magnicídio, como, na sua defesa, fazia um raciocínio que, sem tirar nem pôr, correspondia aos mesmos preconceitos de quem liderava a oposição às privatizações com as bandeiras da esquerda.

Mesmo em relação às suas ideias acerca do PT, quando se discutiu a opção entre dar continuidade às políticas de FHC ou mudar o rumo do país na direção de "mudar tudo isso que aí está" há um vídeo público disponível para quem quiser ver no YouTube, visualizado por muita gente, gravado em 2002, onde Bolsonaro diz, taxativa e claramente, "eu votaria no Lula no segundo turno".

Em resumo, a apresentação de Bolsonaro, nas eleições de 2018, como alguém em favor da reforma da Previdência e das privatizações, além de adversário ideológico de primeira hora das ideias econômicas do PT, era uma manifestação do que muitos apontaram desde o começo: propaganda enganosa.

A invasão dos bárbaros

Nelson Rodrigues parece ter tido uma visão premonitória acerca do futuro quando disse, muitas décadas atrás, que "o brasileiro tem suas trevas interiores. Convém não provocá-las. Ninguém sabe o que existe lá dentro". Como disse Henry Kissinger nos dias de discussão sobre o possível impeachment de Richard Nixon, nos anos 1970, "todos os bichos estão fora da jaula". Bolsonaro, com sua eleição, despertou uma série de instintos até então escondidos numa parcela não desprezível do eleitorado, indo desde a liberalização para instituir um *laissez faire* selvagem nas atividades extrativas na Amazônia, até a proliferação da procura de armas por cidadãos particulares, passando por manifestações mais ou menos agressivas de misoginia e homofobia.

A lista de pronunciamentos chocantes do Presidente eleito em 2018, todos eles manifestados seja durante a campanha eleitoral de 2018, seja no exercício do cargo, é extensa. Particularmente brutais foram as suas manifestações durante a crise do coronavírus. Para começar, no dia 10 março de 2020, quando o problema estava surgindo a pleno no mundo inteiro, ele negligenciou a importância da questão que viria depois a causar mais de 700 mil mortes no Brasil, ao dizer que "muito do que tem ali é mais fantasia, a questão do coronavírus, que não é isso tudo que a grande mídia propaga". Ao ser informado de que o país tinha ultrapassado a marca de 5 mil mortes, incomodado, explodiu: "E daí? Quer que eu faça o quê? Eu sou Messias [em referência a seu segundo nome], mas não faço milagres". Depois, diante da continuidade do problema, reincidiria: "Não sou coveiro, tá certo?". Ainda em 2020, protestando contra as medidas de proteção para tentar que se evitasse a proliferação do vírus por meio do uso de máscaras, ele "bateria" pesado no uso intensivo dessa e de outras formas de proteção individual: "O Brasil tem que deixar de ser um país de maricas!" Quando o número de mortos no país chegou a 100 mil, tentando se livrar de responsabilidade diante de um problema dramático que, a rigor, ainda se agravaria muito mais, sugeriu com todas as letras: "Vamos tocar a vida e buscar uma maneira de se safar desse problema". Ele ainda daria sua interpretação peculiar à tragédia que estava se desenrolando à vista de todos os brasileiros: "A Covid-19 apenas encurtou a vida [de algumas pessoas] por alguns dias ou algumas semanas". Esse "show de horrores" se completaria com sua atitude inicial, francamente hostil, à aceleração do processo que levaria a uma intensa campanha de vacinação — campanha essa que implicava uma corrida contra o tempo em favor da preservação de tantas vidas. Indagado, em 2020, acerca da possibilidade de que o Brasil começasse depois de vários países o processo de vacinação contra a Covid-19, declarou: "Não dou bola pra isso".

O então Presidente dava vazão assim a seu perfil de ser "rude, porém sincero". É com esse espírito de "sinceridade rude" que já no exercício do cargo ele dava declarações como esta: "Vou me arrepender porque fiz xixi na cama aos 5 anos? Saiu, pô!" Com o tempo, o seu padrão de relacionamento com a imprensa se tornaria mais e mais agressivo, como quando declarou, num evento público, irritado pelas acusações de que seu governo teria incorrido em gastos excessivos com a aquisição de alimentos para as tropas: "Quando vejo a imprensa me atacar, dizendo que comprei 2,5 milhões de latas de leite condensado, vai pra puta que o pariu! Imprensa de merda essa daí. É pra enfiar no rabo de vocês".

Num determinado momento, o governo teria cogitado indicar o filho do Presidente, o Deputado Federal Eduardo Bolsonaro, para o cargo de Embaixador nos EUA, algo que lembrava a pretensão de alguns ditadores africanos que enviavam ao exterior os filhos como forma de se exibir, tanto diante do mundo, como diante da própria população, demonstrando ter um poder ilimitado. A pretensão acabou não vingando, mas a possibilidade de vir a acontecer gerou algumas situações inusitadas, como algumas entrevistas ao aparente candidato ao cargo mais importante da diplomacia brasileira, logo após o de chanceler. Numa delas, o citado deputado protagonizou uma cena verdadeiramente bizarra — dessas que justificam o título do capítulo do livro em que estamos. Ao ser consultado acerca de quais seriam seus ídolos em matéria de política internacional, Eduardo Bolsonaro respondeu que seriam Jared Kushner — genro do então Presidente dos EUA, Donald Trump — e os Senadores republicanos Ted Cruz e Marco Rubio, tradicionais apoiadores dos grupos de direita na América Latina. Foi na sequência a essa pergunta que se deu o diálogo inacreditável entre o repórter da revista e o então suposto candidato ao cargo de Embaixador do Brasil nos EUA. Indagado em relação à opinião que tinha sobre Henry Kissinger, talvez o mais poderoso Secretário de Estado dos EUA nos Pós-Guerra e influente consultor internacional durante décadas, Eduardo Bolsonaro tomou um gole de água, olhou para seu assessor para saber o que responder e respondeu, laconicamente: "Não conheço".

Assistindo à proliferação de manifestações da mais profunda ignorância nos mais diversos campos da administração pública e, muitas vezes, também nas atividades privadas, foi como se a realidade desse razão à sombria reflexão de outra época do poeta irlandês W. B. Yeats: "aos melhores falta toda convicção, enquanto os piores estão tomados pela paixão intensa". Essa combinação da piora de qualidade de gestão com a paixão intensa se revelaria nefasta para o país. Repetindo sua frase, velha de décadas, mas atualíssima nas circunstâncias, Nelson Rodrigues (ele, mais uma vez) poderia dizer: "O Brasil deixou de ser Brasil. Hoje estamos esmagados pelo anti-Brasil".

A desmoralização do liberalismo

Nas décadas de 1970 e 1980, Saturnino Braga se destacara como um combativo senador da oposição ao governo militar e crítico de uma série de irregularidades denunciadas na época pela oposição parlamentar ao governo da ARENA. Com esse *curriculum*, anos depois, viria a ser Prefeito da Cidade do Rio de Janeiro. Tendo fama de ser uma pessoa extremamente ciosa do zelo com a coisa pública, seu mandato, porém, foi marcado por uma gestão financeira desastrada.

Uma matéria do jornal *O Globo* de 20 de janeiro de 2016 sobre o episódio crítico daquela gestão sintetiza os acontecimentos: "A reportagem 'Sucessão de erros leva Rio à falência'", publicada em *O Globo* de 25 de setembro de 1988, trazia um resumo da história da quebra do município, ocorrida dias antes. A crise financeira já vinha se arrastando desde os anos 70 e era sempre contornada, a cada mês, com a rolagem da dívida. Na ocasião, o prefeito Roberto Saturnino Braga disse que a gota d'água havia sido o telex enviado pelo Banco Central às agências bancárias do país às 17h do dia 26 de agosto, uma sexta-feira, determinando o bloqueio de todas as contas da Prefeitura. Essa decisão, segundo Saturnino, teve o efeito de uma senha para os bancos: não emprestem dinheiro ao Rio, a cidade está falida".

"O Rio faliu" foi a manchete dos jornais no dia seguinte, após o que, houve uma sucessão traumática de atraso do salário dos funcionários, falta de pagamento a fornecedores etc. Foi nesse contexto que o genial Millôr Fernandes, com seu humor ferino, batizou o episódio com a sentença lapidar: "Saturnino Braga, o homem que desmoralizou a honradez". Parodiando a frase, se vivo fosse, bem que ele poderia dizer: "Jair Bolsonaro, o homem que desmoralizou o liberalismo".

É espantoso que, no debate ideológico, o Governo Bolsonaro seja associado às ideias liberais. Em primeiro lugar, porque a noção de liberalismo no campo político, vinculada à defesa das liberdades, da democracia, da plena vigência das instituições e da alternância de poder, é intrinsecamente incompatível com as práticas do Governo Bolsonaro, de hostilidade para com a imprensa, desmoralização das instituições mediante a nomeação de indicados comprometidos com o bolsonarismo para cargos-chave, de ataques ao STF, de campanha contra as urnas eletrônicas etc. Em segundo lugar, porque a própria economia do Governo

Bolsonaro esteve muito longe de ser consistente com as práticas liberais, seja pelo fato de ter abusado do gasto público com fins flagrantemente eleitoreiros em 2022, pela escassez de resultados no campo da privatização para além da retórica ou pelas sucessivas intervenções nos preços da Petrobras.

Essa "hiperatividade intervencionista" teve seu auge na campanha eleitoral de 2022, quando o seu próprio Ministro da Economia, travestido no papel de chefe de coordenador de campanha junto ao empresariado, pronunciou, na época, um muito comentado discurso numa associação de supermercadistas, dizendo, com todas as letras: "Reforço o pedido do Presidente: agora é hora de dar um freio na alta de preços. É voluntário, é para o bem do Brasil. A conversa é a seguinte: nova tabela de preços só em 2023. Trava os preços! Vamos parar de aumentar preços por dois ou três meses. Estamos em uma hora decisiva para o Brasil". O Governo Sarney com sua tentativa de laçar boi no pasto para tentar baixar os preços no Plano Cruzado de 1986 não teria feito melhor...

É curioso que o papel de porta-voz de um governo que praticou o populismo eleitoral de 2022 e esse tipo de intervenção nos preços, chegando ao ponto de impor uma redução do ICMS dos Estados — a antítese do slogan de campanha "mais Brasil, menos Brasília", tantas vezes repetido pelas autoridades — tenha cabido a quem se apresentava nos debates como sendo o mais fiel representante da Escola de Chicago no Brasil. Vale a pena, a propósito, lembrar uma passagem do "guru" dessa escola, o Prêmio Nobel Milton Friedman: "Existem quatro formas de gastar dinheiro: i) você pode gastar seu dinheiro com você, quando prestará muita atenção, para conseguir o máximo com o menor custo; ii) você pode gastar seu dinheiro com outra pessoa, como num presente de aniversário e, então, provavelmente, você não será muito cuidadoso quanto ao presente, mas sim quanto ao preço; iii) você pode gastar o dinheiro de outros com você e, nessa situação, ocorrerá o contrário, isto é, a sua prioridade será a qualidade e não o preço; ou iv) você pode gastar o dinheiro dos outros com outras pessoas, em cujo caso não importam nem a quantidade nem o valor. É isso o que o governo faz". Não haveria melhor descrição para explicar a Emenda Constitucional aprovada em meados de 2022 para aumentar em mais R$40 bilhões as despesas no segundo semestre do ano, para tentar ajudar na reeleição de Bolsonaro. As voltas que o mundo dá...

Nunca mais[1]

"Há algo muito errado com o Brasil. O contexto histórico da época (o que os alemães chamam de *zeitgeist*), marcado por diversos escândalos, explica que, em 2018, o país tenha escolhido um Presidente como Bolsonaro. É espantoso, porém, para uma nação que pretenda se definir como tal — segundo as palavras de Ortega y Gasset, "uma nação é um projeto de vida em comum" —, que não haja uma condenação clara às barbaridades perpetradas por aqueles que tramaram um golpe de Estado entre 2022 e 2023. O fato de que, em função do receio de "cancelamento" por parte dos cangaceiros das mídias sociais, parte do corpo político do país conserve a ambiguidade diante daquelas manifestações criminosas, revela que a nação está doente.

Se aquele bando que tentou "virar a mesa", revertendo o resultado das eleições e subvertendo a ordem constitucional fez o que fez, foi por entender que forças relevantes do país ampararіam tais disparates. Se, naquela época, o que se tentou já era um despropósito completo, hoje, à luz do que se sabe da famosa gravação daquela reunião indecente, a ambiguidade é um atestado de falta de liderança. A sociedade brasileira em peso, seus políticos, suas lideranças empresariais, os governadores etc. deveriam deixar cristalinamente claro que não há outra atitude diante daquelas aberrações além de um repúdio veemente. Não nos enganemos: o fato de que isso não tenha ocorrido revela muito sobre nossas deficiências.

O filósofo José Ingenieros, no seu magnífico *El hombre mediocre,* publicado em 1913, qualifica a mediocridade como uma "incapacidade de ideais", definindo idealistas como aqueles "dispostos a emancipar-se do seu rebanho, procurando uma perfeição que vá além do atual", reconhecendo que "a humanidade não chega aonde desejam os idealistas, mas sempre chega além de onde teria ido sem os seus esforços". Ele marca a devida distinção entre o que se espera de quem tem o dom de se destacar e aqueles que apenas copiam o que entendem que os outros esperam que seja feito, ao afirmar que "a personalidade individual começa no ponto preciso onde cada um se diferencia dos outros". Na definição do arquétipo que dá nome ao livro, ele escreve que "o homem medíocre está adaptado para viver em rebanho; sua característica é imitar àqueles que o cercam: pensar com cabeça alheia e ser incapaz de formar ideais próprios". E conclui que, no que qualifica de "mediocracia", ou seja, no "governo dos medíocres", o que se observa é que "os governantes que não pensam parecem prudentes; os que não roubam resultam exemplares. Ao invés de heróis, declaram-se administradores discretos".

Ora, o papel de liderança vai muito além de apenas agir da forma que parte da população espera que o político atue e sim implica definir um rumo, com base em valores que deveriam ser inegociáveis. Há situações em que um governante — ou aspirante a sê-lo — deve fazer um risco de giz e deixar claro que, em relação a certos pontos, será intransigente. Não importa se, num primeiro momento, ele não tiver a compreensão de todos: com o tempo, ganhará o respeito e a admiração pela sua atitude.

É isso o que se deveria esperar de lideranças: que sinalizem claramente que nunca mais o país deveria assistir a um espetáculo deprimente como o que, desde os mais altos escalões da República, se tentou encenar em 2022. Por uma ironia, a divulgação desses fatos se deu quando eu estava lendo o livro de Kissinger, "Liderança". O contraste entre a coragem do General Charles de Gaulle — quando, praticamente sozinho, baseado no que Kissinger descreve como o "senso nato de autoridade pessoal" de um "brigadeiro sem um tostão, exilado numa terra cuja língua não conhecia", lançou as bases da Resistência Francesa — e a atitude dócil dos nossos "*caballeros de triste figura*", curvando-se diante do chefe quando estava se tramando uma atrocidade institucional, é a expressão de um país aviltado. Pobre Brasil".

Vamos agora iniciar a discussão que conduzirá aos últimos capítulos do livro e abordará um ponto-chave: que papel cabe àqueles que defendem ideias econômicas liberais, mas que, ao mesmo tempo, a) são pragmáticos na economia, entendendo que é impossível que o liberalismo absoluto vigore no Brasil, e b) são intransigentes na defesa de valores intrínsecos à democracia, ao respeito aos direitos humanos, à diversidade e à proteção do meio ambiente? Com quem esses grupos se aliam politicamente?

Isso nos remete ao tema das relações entre o PSDB e o PT nos últimos trinta anos. Tema do próximo capítulo.

15

O GRANDE DESENCONTRO

"Não existe o amor. Existe o amor e as circunstâncias."

— Danuza Leão

É conhecida a reflexão de Ortega y Gasset ("eu sou eu e minhas circunstâncias") na qual, provavelmente, se inspirou Danuza para construir a frase dela sobre o amor. Relações entre partidos são, um pouco, como as que se estabelecem entre as partes de um casal. A elas se aplica outra sentença, também conhecida, de uma "raposa" mineira, Magalhães Pinto, de que "política é como nuvem: você olha e está de um jeito; olha depois e está de outro".

Este capítulo trata dessas mutações da política. Em particular, das reações entre dois partidos que, tendo elementos em comum para, eventualmente, ter seguido juntos, acabaram, pelos (des)caminhos da História, protagonizando uma intensa rivalidade: o PSDB e o PT. Jorge Luis Borges dizia, com sarcasmo, que "numa amizade tipicamente inglesa, a primeira coisa a ser eliminada são as confidências e, pouco tempo depois, o diálogo". Algo assim foi ocorrendo com as relações entre esses dois partidos, unidos por origens parcialmente comuns e separados, depois, pelo processo político.

O capítulo começa retratando outra grande rivalidade da História brasileira, não entre partidos mas sim entre pessoas, unidas por pensamentos parecidos, mas profundamente separadas pela ação prática. Na sequência, a partir de uma famosa passagem de um livro de Mario Vargas Llosa, tenta-se indagar em que momento teria ocorrido essa separação, para rememorar os elementos em comum na origem dos dois partidos, mostrar como as relações entre eles foram afetadas pela rivalidade da disputa pelo Poder, apontar para as apostas erradas que o PT fez com base em análises econômicas equivocadas, expor um conjunto de atitudes muito pouco nobres de um partido em relação ao outro e acabar por um balanço do que restou desse relacionamento associado às origens dos dois partidos.

O grande desencontro (o original)

Carlos Lacerda e Roberto Campos foram, talvez, os dois maiores líderes civis da "chamada Revolução de 1964", o primeiro pela sua proeminência na política e o segundo na economia. Entretanto, o fato de Lacerda ter se desencantado com os rumos do governo militar — algo obviamente relacionado com a percepção de que este não lhe reservava espaço — e de Campos ter sido ministro na gestão do Marechal Castello Branco, acabou causando o que Campos, no seu livro de memórias qualifica como "o grande desencontro", descrito ao longo de várias páginas.

Campos começa citando a anedota de quando foi apresentado a Lacerda pela primeira vez, no longínquo 1948, por Gilberto Amado, que, após o encontro, teria confidenciado a ele, Campos, que o interlocutor de quem acabaram de se despedir era "encantador... nos raros momentos de repouso da ambição".

Embora as inclinações políticas e o brilho evidente de ambos — retórico de um, intelectual de outro — deveriam tê-los destinado, em teoria, a serem aliados, quando as circunstâncias os juntaram no apoio inicial ao movimento de 1964, as ambições políticas de um acabaram conspirando contra as iniciativas oficiais de outro. A partir daí, surgiu uma fenda que, com o tempo, se converteu num verdadeiro cisma. Escreveu Campos, com Lacerda já falecido há muitos anos: "Até hoje não atino saber por que me tornei uma tal obsessão para Lacerda".[1] O fato é que o então Ministro de Planejamento foi um dos alvos sistemáticos da pregação de Lacerda, que dizia que seu desafeto tinha "a capacidade de mistificação para apresentar Frankenstein vestido de biquíni e transformar a Vênus de Milo numa monja".

Depois de relatar as diversas etapas dessa relação complicada, Campos conclui, com racionalidade e certa dose de amargura pessoal: "Acreditávamos ambos em austeridade monetária e fiscal. Detestávamos ambos o monopólio da Petrobras, propugnado pelos 'nacionalistas do bananismo', que é como Lacerda se referia ao general Horta Barbosa durante a campanha do 'petróleo é nosso'. Estávamos ambos vacinados contra o despotismo e a ineficiência do comunismo, Lacerda por tê-lo praticado na juventude e eu pela análise histórica e sociológica. Sofríamos ambos daquilo que Assis Chateaubriand chamava de 'índole da controvérsia'. Tínhamos em comum ambos suspicácia em relação ao estado-empresário e eu considerava Lacerda um excelente administrador. Éramos ambos privatistas. Nenhum de nós tinha a visão complexada da participação de capitais estrangeiros. Foi tudo um grande desencontro...".[2] Ah! O ser humano e suas complexidades. Ah! A luta pelo Poder...

Voltaremos a tratar de outros desencontros históricos, no presente capítulo.

¿Cuándo fue?

Mario Vargas Llosa, Prêmio Nobel de Literatura, é um escritor prolífico, longevo e com muitos excelentes livros publicados. Uma de suas primeiras obras foi *Conversa na Catedral*. Nele, há uma reflexão a cargo de Santiago Zavala, o protagonista, que se tornou uma das passagens mais citadas dos diversos livros do autor, ao se fazer uma pergunta que depois seria repetida acerca de *n* pessoas e países, em anos posteriores. No original: "*Desde la puerta de La Crónica, Santiago mira la avenida Tacna, sin amor: automóviles, edificios desiguales y descoloridos, esqueletos de avisos luminosos flotando en la neblina, el mediodía gris. ¿En qué momento se había jodido el Perú?*" ("Desde a porta do jornal *La Crónica*, Santiago observa a avenida Tacna, sem amor: carros, prédios desiguais e desbotados, esqueletos de anúncios luminosos flutuando na névoa, o meio-dia cinzento. Em que momento o Peru tinha se ferrado?").

Em muitas oportunidades, por simplificação ou desconhecimento da passagem original, a pergunta que ficou foi uma versão simplificada dessa frase, seja "*¿Cuándo fue que Perú se jodió?*" ou, genericamente e no coletivo, "*¿Cuándo fue que nos jodimos?*"[3]

Em diversas oportunidades, por analogia, a pergunta foi feita como uma instigação à reflexão acerca do destino negativo de um país ou de uma pessoa, como tendo estado associado a algum momento do tempo em que, numa encruzilhada da vida, alguém fez uma escolha equivocada e tomou o rumo errado, com consequências que, anos depois, viriam a mostrar todo seu potencial de dano.

Quando o Brasil *se jodió?*

Parodiando Vargas Llosa, bem que poderíamos nos indagar: "*¿Cuándo fue que Brasil se jodió?*" Quando é que o Brasil se perdeu? É uma boa pergunta. O sentido dela se refere não ao instante em que algo começou a funcionar mal e sim ao momento em que, tempos depois (meses ou anos), algum episódio teve consequências negativas. Pessoas insatisfeitas com a sua vida podem se fazer esse questionamento e, dependendo da história de vida de cada um, chegar a uma conclusão clara. Há quem possa depreender que seu erro foi ter feito uma viagem longa ao concluir o ensino médio e assim ter perdido o "pique" dos estudos para fazer uma boa prova e ingressar numa boa universidade; ou que seu erro foi não ter tido a coragem de aceitar aquele emprego em outro estado, que era um desafio difícil, mas poderia ter alavancado a carreira; ou ter se casado com a pessoa errada; ou ter deixado ir embora aquele(a) namorado(a) com quem de vez em quando se brigava, mas que teria dado uma ótima companhia para transitar pela vida; etc. Cada um sabe de si.

Nos países, a questão fica sujeita a interpretações, até porque a avaliação acerca do estado de uma nação certamente difere dependendo da posição política de cada um. Uma economia pode estar bem na opinião de uma pessoa ou no rumo errado, na opinião de outra (sabemos disso pelo debate atual, no Brasil ou nos EUA). Há situações, porém, nas quais é difícil discordar de que o país não é o que nenhum dos seus habitantes gostaria que fosse. A Argentina chegou à situação em que se encontra há muito tempo: não há argentino que discorde hoje de que a Argentina, até agora, fracassou completamente como nação. Com algumas pitadas de pessimismo — porque certamente não somos um *case* patológico como o país vizinho e seu declínio de décadas — o Brasil poderia chegar a uma conclusão parecida.

No caso da Argentina, muitos situam o início dessa decadência no começo do peronismo. De fato, há um gráfico notável que mostra a renda *per capita* do país como proporção da variável dos EUA e é impressionante como, a partir de meados do século passado — justamente, quando surge o peronismo — essa relação, até então relativamente estável, "embica" para baixo por décadas a fio. *Se non è vero, è ben trovato,* vale o velho ditado italiano acerca da responsabilidade do peronismo nos descaminhos de nosso vizinho.

E nós? Quando foi que nos perdemos? Quando, recuando no tempo, podemos identificar que houve uma situação em que foram tomadas decisões que depois se revelaram péssimas para o país? Especulativamente, creio que o momento para encontrar a raiz dos problemas dramáticos que o país viveu a partir de meados do primeiro mandato de Dilma Rousseff, ali a partir da altura de 2013, se localiza na transição de governo entre FHC e Lula — e no que aconteceu e deixou de acontecer depois disso.[4]

O PT surgiu no começo da década de 1980 e o PSDB, dez anos depois, mas os seus fundadores tiveram origens em comum. As circunstâncias da política afastaram os partidos e criaram uma forte rivalidade entre eles nas eleições de 1994 e 1998 — que FHC venceu no primeiro turno, deixando Lula em segundo — e de 2002 — que Lula venceu derrotando José Serra, candidato do PSDB. No caso desta última, porém, encerrada a apuração, a transição entre os governos representou um dos pontos altos da nossa história política, sendo conduzida de forma rigorosamente exemplar pelas autoridades que estavam deixando seus respectivos cargos, e com uma excelente disposição e ambiente da parte das futuras autoridades que estavam chegando.

Aquele foi um momento em que o Brasil poderia ter mudado de rumo. Refletindo, anos depois, sobre o país, o então Ministro do Planejamento, Paulo Bernardo, na "orelha" de um livro que organizei com Octavio de Barros no final da década de 2000, escreveu o seguinte: "Quando os brasileiros viajam para o exterior e visitam os países desenvolvidos observam uma realidade que, muitas vezes, independe de qual é o partido governante em cada caso. Possivelmente, um turista que venha ao Brasil tenha dificuldades parecidas para identificar as diferenças que existem entre os projetos de poder que se alteraram na condução do país nos últimos 15 anos. Isso não deixa de ser um sinal do nosso amadurecimento, mesmo sabendo que os governos do PSDB e do PT de fato mostraram diferenças importantes entre si". É esse espírito de identificação de pontos em comum, procurando — de ambas as partes — fechar rapidamente as feridas da campanha, que prevalecera no Brasil naqueles meses de novembro e dezembro de 2002.

A história do país poderia ter sido diferente depois disso, se tivesse havido a compreensão mútua, de parte de ambos os partidos, de que poderia haver espaço para a construção de um projeto comum, em moldes social-democratas, que emulassem, no Brasil, os avanços que esse tipo de governo tinha alcançado em países como Espanha ou Portugal nas décadas de 1980 e 1990. Esse clima, porém, depois se perdeu, como veremos ainda neste capítulo.

Um pouco de História

O Partido dos Trabalhadores foi fundado em 1980, como resultado direto das greves dos metalúrgicos de 1979. Estas tinham projetado no cenário nacional a figura de Lula, então apenas uma liderança sindical, mas, desde então, com projeção política muito mais ampla. O partido foi a expressão da união de três categorias com origens bastante diferentes entre si. Elas foram:

i) os líderes operários, com destaque para os metalúrgicos paulistas, mas que abrangiam importantes lideranças locais do meio sindical de outras categorias — como os bancários e o funcionalismo público — e de outros estados;

ii) os grupos religiosos ligados às Comunidades Eclesiais de Base, muito ativas naquela época, como foco de resistência ao governo militar e com uma fundamentação profundamente religiosa, com pouco espaço para os "cinquenta tons de cinza" da política; e

iii) os representantes de grupos políticos da esquerda, bastante radicalizada no processo político dos anos 1960 e 1970, alguns dos quais tinham ingressado na guerrilha e sido beneficiados pela anistia ampla, geral e irrestrita do final dos anos 1970.

Como parte deste último grupo, havia um conjunto importante de intelectuais, aos quais com o tempo se somaram os estudantes e a maioria dos quais pertencia à *intelligentsia* paulista, com muita atuação política e foco originário na Universidade de São Paulo (USP). Naquela ocasião, uma parte dessa intelectualidade foi fundar o PT e outra, também com atuação política relevante, ficou no PMDB — o sucedâneo do antigo MDB da época do bipartidarismo — com uma visão diferente acerca da melhor tática a se adotar, naquele momento, como forma de pressionar pelo fim do governo militar.

O primeiro grupo defendia o fortalecimento das chamadas "lutas populares", com a criação de um partido que representasse os trabalhadores, ao passo que o segundo tinha a tese de que se deveria manter o caráter de "frente" da oposição aos militares, como forma mais eficaz de conseguir o restabelecimento da plena democracia. Da parte deste último grupo, havia também a visão de que, no mundo ao qual estávamos nos dirigindo, não faria mais sentido pensar na classe operária no sentido tradicional, visto que o conjunto dos trabalhadores passara a abranger novas categorias profissionais ligadas a serviços, muito distantes das motivações e do senso de pertencimento que caracterizaram o operariado nas décadas anteriores.

Havia, porém, entre esses dois grupos — o de intelectuais que ajudaram a fundar o PT e o daqueles que permaneceram no antigo MDB, agora com o "P" de partido na frente — uma dupla afinidade. Em primeiro lugar, pessoal, pelos laços de amizade cultivados durante os dez a vinte anos anteriores. E, em segundo lugar, de visão, uma vez que, em que pese a divergência tática acerca da melhor forma de colocar um fim ao governo militar, e da melhor forma de representar partidariamente a população, eram todas pessoas que se consideravam como sendo de "esquerda", com a ideia de que políticas distributivas eram importantes e que o Estado deveria assumir a liderança desse processo distributivo. Registre-se que, como parte dessa identificação, antes da fundação do PT, Lula, a convite dos intelectuais de esquerda, então unidos no MDB, ainda na época do bipartidarismo, fez campanha em porta de fábrica para FHC — então apenas "Fernando Henrique" — nas eleições de 1978 em que este se elegeu senador suplente.[5] Apenas para citar um exemplo emblemático, FHC e o então casal Marta e Eduardo Suplicy eram, na época, muito amigos. Anos depois, o primeiro foi Presidente da República pelo PSDB e os Suplicy — já separados — foram figuras importantes da história do PT.

Esses intelectuais que não aderiram ao PT e ficaram no que restara do antigo MDB fundaram, quase dez anos depois da origem daquele, o PSDB. Este foi fruto de uma dissidência do PMDB, quando aquele grupo verificou que o partido, antes liderado por Ulysses Guimarães, e que dava espaço importante a essa corrente, caíra nas mãos de políticos vistos como "fisiológicos", com grande apetite por cargos públicos, poucos compromissos com a chamada "visão progressista" e, em alguns casos, diretamente acusados de corrupção. Apresentando-se como o "lado ético" do PMDB, liderados por políticos de destaque, como Mário Covas, Franco Montoro, FHC, José Serra e José Richa, eles fundaram o novo partido, com uma representação mais forte em alguns estados — particularmente São Paulo, Paraná e Ceará — e a intenção de disputar o poder a nível nacional desde o começo, a ponto de Covas ter sido candidato nas eleições presidenciais de 1989, defendendo um "choque de capitalismo" e recebendo em torno de 10% dos votos. Cinco anos depois o partido venceria as eleições de 1994, pelas mãos do Plano Real.

O xadrez da política e o problema da liderança

A partir dessas origens comuns, com o passar do tempo, porém, foi surgindo uma divergência maior entre as visões dominantes em um e outro partido. No PT, foi se consolidando certo tipo de análise conforme a qual haveria um antagonismo claro entre os interesses da classe dominante *vis-à-vis* os da maioria da população, com uma visão do processo político como expressão de um conflito social permanente. Já no PSDB, tanto pelo papel de FHC com sua visão de sociólogo, como pelos chamados "economistas do PSDB", que se tornaram muito influentes na década de 1990, foi criando raízes a visão alternativa de que as sociedades que mais prosperam são aquelas que conseguem criar riquezas para todos, mesmo que esse processo possa ser marcado pela apropriação maior do ganho, na margem, pelas categorias de menores ingressos.

De acordo com a primeira concepção, não haveria como alguns ganharem sem que outros grupos perdessem, ao passo que pela segunda, seria possível ocorrer uma evolução positiva para a sociedade como um todo, no marco do progresso, que enfatizava mais a cooperação que o conflito.

A questão remete à relação entre grupos sociais diferentes. Jorge Luis Borges, perseguido pelo peronismo e convertido num antiperonista ferrenho, mas independentemente disso um analista agudo de certos traços da idiossincrasia do país vizinho, disse, certa vez, que "graças ao peronismo, a Argentina virou um país de rancorosos". Algo assim foi se estabelecendo aos poucos no Brasil, com um setor cada vez mais relevante do PT sustentando teses baseadas na ideia de que haveria um forte antagonismo de classes que obstaculizaria o processo de avanços sociais. Lula, a bem da verdade, sempre foi um conciliador, que se equilibrava entre as diferentes correntes como forma de ser a liderança indiscutida do partido, mas o fato é que essa posição mais crítica acerca do capitalismo — muito presente na esquerda tradicional em outros países da América Latina — foi ganhando corpo com o passar do tempo, sendo fronteiriça com teses em favor de uma ruptura completa com o sistema e próxima de ideais revolucionários.

Havia no PT, a rigor, desde a sua origem, duas vertentes.[6] Uma delas via o partido como um instrumento para alcançar conquistas importantes dentro do que, durante décadas, parte da intelectualidade marxista qualificava, algo pejorativamente, como "democracia burguesa", processo esse cujo desfecho não se sabia ao certo. Ele poderia, em alguns cenários, levar a um rompimento, seja pela derrota desses grupos em caso de restabelecimento de alguma forma de autoritarismo "de direita", seja pela "superação" por meio de instrumentos que, por meio da democracia, na prática, se valessem dela para criar formas de dominação. Não por acaso, esses grupos nunca deixaram de ter simpatia pela Revolução Cubana — em que pese a constatação de Cuba ser uma ditadura pura e simples — e apoiaram os "desvios" dos governos que, eleitos com plataformas de esquerda em eleições regulares, depois se mantiveram no poder solapando as bases da democracia, como na Venezuela e na Nicarágua.

A segunda vertente, assim como no PSDB, tinha um compromisso inegociável com a democracia, divergindo do PSDB apenas em relação a questões de grau referentes a determinadas políticas, mas com elementos em comum, tanto em relação ao reconhecimento dos avanços ocorridos nos oito anos em que o partido foi governo, como na manutenção de bons níveis de diálogo com aqueles que, a partir de 2003, passaram a ser parte da oposição.

A questão é que, para além das eventuais divergências entre o PSDB e o PT — que de fato existiam, sem dúvida —, o problema de fundo que se colocava era: quem lideraria o processo? O PT, desde que chegou ao segundo turno nas eleições de 1989, teve sempre uma postura hegemônica, nunca deixando de ter candidato a Presidente da República, assim como o PSDB, até as eleições de 2018 — inclusive. No xadrez da política, uma eventual aproximação entre os dois partidos, para a construção comum de um projeto político associado à ideia de ter uma esquerda *aggiornata*, moderna, com responsabilidade fiscal mas ao mesmo tempo comprometida com o progressos social e com representatividade efetiva junto à população — algo que vai muito além da mera representação parlamentar — implicaria que uma das partes cedesse a liderança da condução do processo. E nenhuma das partes estava muito disposta a isso. A rigor, a responsabilidade da tentativa, quando um dos partidos está no poder, cabe ao governante. A diferença, independentemente das vaidades que, sem dúvida, existiam e que poderiam ter obstaculizado o processo, é que FHC tentou essa aproximação com o PT quando era Presidente — algo que o PT nunca quis — e, quando os papéis se inverteram, Lula poderia ter tentado — mas não o fez. Como Lacerda e Roberto Campos, o PT e o PSDB, que poderiam, a partir de certo ponto, ter caminhado juntos, continuaram brigando entre si...

1994 e 1999: duas apostas erradas

Parte da explicação da existência dessas feridas antigas no relacionamento entre o PT e o PSDB decorre dos erros crassos de avaliação cometidos pelo PT quando o PSDB era governo, inicialmente como parte da coalizão que sustentou Itamar Franco após o impeachment de Collor em 1993 e 1994; e depois, já quando ocupava a Presidência da República. O marqueteiro político Jaime Durán Barba, de longa trajetória de trabalho na Argentina, tem uma frase sobre o comportamento dos militantes de um partido que se aplica a quase todos eles, independentemente da ideologia: "Um militante político funciona com base numa mistura que combina a lógica do Pato Donald com as práticas da Inquisição". Provavelmente, Lula e FHC poderiam ter se entendido em algum momento, mas os ânimos nas bases estavam muito acirrados pelo longo histórico de conflitos, sendo uma conciliação mais difícil de conseguir.

Esses conflitos se acentuaram com os sérios equívocos de avaliação que o PT cometeu no lançamento do Plano Real em 1994 e por ocasião das mudanças associadas à adoção do "tripé macroeconômico" em 1999. No primeiro caso, em parte por antever que o êxito do Plano iria fatalmente alterar as pesquisas — que até meados de 1994 davam Lula como vencedor das eleições daquele ano — e em parte por certa "preguiça analítica", por considerar que se os cinco planos anteriores de estabilização haviam dado errado, o novo também daria, o PT interpretou que o Plano Real teria o mesmo destino que o Plano Cruzado e os outros quatro planos que seguiram a ele na segunda metade da década de 1980 e começo da década de 1990. Foi uma crença — e não apenas uma manifestação "da boca para fora" — baseada na "torcida" para que o plano desse errado e o PSDB não fosse alavancado, crença essa que se demonstrou radicalmente equivocada.

Da mesma forma, também em 1999 o partido errou feio quando veio a desvalorização. A sua reação foi como se tivesse dito ao país: "Viram? Eu disse que o Plano Real não daria certo. Demorou, mas eu estava correto". Embora tenha sido uma manifestação pessoal e não partidária, vale a pena lembrar que Tarso Genro, um dos membros mais importantes do partido, logo depois da desvalorização de janeiro daquele ano, pediu o impeachment de FHC, por razões incompreensíveis, posto não haver razão formal alguma para pedido tão estapafúrdio. A ideia era que o Brasil entraria de novo numa espiral entre a desvalorização cambial e a inflação, que ela se aceleraria e que FHC não teria mais condições de se sustentar no poder. O flerte com a insurreição sempre gera um frenesi em grupos cujo DNA se localiza, historicamente, na conquista do Palácio de Inverno em 1917.[7] O fato é que, assim como em 1994, essa tese se revelou completamente equivocada: em 2000, o país voltou a crescer, a inflação caiu e a governabilidade não chegou nunca a ser afetada.

Desses dois movimentos ficaram fissuras grandes no PT. Entretanto, em vez de terem a sabedoria e a humildade de reconhecerem o erro, setores relevantes do partido ficaram, como se diz em castelhano, *con la sangre en el ojo*, com sede de *vendetta* e prontos para tentar humilhar o adversário quando houvesse condições políticas de "dar o troco" mais adiante.

A falácia da "herança maldita"

Há um filme antigo de Woody Allen, *Match Point*, estrelado por Scarlett Johansson e Jonathan Meyers, que é um enredo de suspense associado a uma ideia-chave: a noção de que há circunstâncias na vida em que o rumo desta pode ir tanto para um lado quanto para outro completamente diferente, e que isso depende de uma combinação de eventos em parte determinados, mas também fortuitos. A cena inicial do filme é uma bola de tênis batendo na parte superior da rede e suspensa em câmara lenta alguns segundos, sem que o espectador saiba antecipadamente se a bola cairá num lado do campo ou no outro. No filme, o protagonista principal é, originalmente, uma pessoa que parece ser de bem, mas que, por uma combinação de circunstâncias, acaba cometendo um assassinato, ficando numa situação em que seu futuro dependerá de ser descoberto ou não, o que acontecerá ou não por razões circunstanciais, que definirão se, na sociedade, passará a ser alguém visto como um bom marido ou como um criminoso.

Foi mais ou menos essa a situação do Brasil no começo de 2003, quando o país teve seu "momento *match point*". Naquela ocasião, depois do bom clima da transição de governo após as eleições do ano anterior e antes da posse, havia no ar um certo ambiente que, potencialmente, permitiria estabelecer condições para um diálogo que, talvez, poderia ter levado no futuro a um projeto conjunto. Em vez disso, prevaleceu a noção de que, para o PT, era importante ter uma figura política contra a qual estabelecer permanentemente o contraponto e que fosse associada às elites — lembremos novamente a frase de Borges sobre o ressentimento — para poder, sempre, diante da opinião pública, aparecer como o partido que defende os interesses da maioria, contra as pretensões de uma minoria exploradora. Surgiu daí a noção da "herança maldita". Caso o novo governo optasse por assumir, de forma madura, que 2003 seria um ano de dificuldades, após o que se colheriam os frutos da continuação das boas políticas em curso, isso implicaria reconhecer os méritos do governo anterior e assumir abertamente que suas políticas estavam sendo mantidas. Porém, preferiu-se optar pelo argumento canhestro de que Lula tinha recebido uma "herança maldita" e que as políticas fiscal e monetária do começo de 2003 visavam apenas superar as dificuldades emergenciais de curto prazo, após o que seria adotada a "verdadeira" política econômica do PT.

No começo, metaforicamente, o Governo Lula "jogou pedras" na gestão anterior. Anos depois, se apropriaria até mesmo das conquistas que precederam o Governo Lula. Note-se, como exemplo, a fala, a seguir, de Dilma Rousseff, em 2013. Ainda que dita em algo vagamente associado ao português — como era do feitio da ex-Presidente — o sentido é claro: "Eu quero adentrar pela questão da inflação e dizer a vocês que a inflação foi uma conquista desses dez últimos anos do governo do Presidente Lula e do meu governo". Em apenas três linhas, cabe registrar o acúmulo notável de impropriedades, a começar pela língua. A primeira, de forma: ninguém "adentra na questão de inflação" e sim a analisa. A segunda, de conteúdo: por razões de direito, historicamente, a conquista da estabilidade coube a FHC e não ao PT. A terceira, de cronologia: a grande mudança tinha se dado em 1994 e não em 2003.

O que poderia ter acontecido se Lula tivesse na ocasião chamado FHC para iniciar um entendimento de alto nível visando alguma forma de colaboração, em vez de ter escolhido o PSDB como o grande vilão político a ser combatido, é uma questão em aberto. Nunca conheceremos ao certo a resposta. Sabemos, sim, porém, duas coisas: i) ali, as possibilidades de chegar-se a um entendimento entre os dois partidos foram sepultadas; e ii) começava a ser fermentado o germe do bolsonarismo. Afinal de contas, se quem tinha votado a favor da estabilidade econômica e do capitalismo era visto como inimigo, numa escalada que chegaria anos depois ao famoso discurso de Marilena Chauí dizendo que "odiava" a classe média, por um princípio de ação e reação, estava aberta a temporada do "vale tudo" na política. Anos depois, o país pagaria um preço altíssimo por essa incapacidade de entendimento entre aquelas forças.

Chovendo no molhado: o descaso em relação à ajuda do PSDB ao PT em 2003

À acusação de que o novo governo, em 2003, tinha recebido uma "herança maldita", se somou o que aconteceu naquele mesmo ano com a reforma da Previdência. Aqui vale a pena fazer um pequeno retrospecto sobre o tema. O Governo

FHC tinha tentado aprovar uma reforma da Previdência relativamente ambiciosa, envolvendo novas regras mais rígidas para a concessão de aposentadorias, mas tinha fracassado, numa votação decisiva na qual tinha faltado apenas um voto para o tão almejado quórum de 308 Deputados. Depois o tema ficou num limbo e, finalmente, o governo conseguiu aprovar uma reforma, no final de 1998, embora muito mais tímida do que a inicialmente proposta. Uma das mudanças feitas foi a que "desconstitucionalizou" a regra de cálculo dos benefícios, permitindo tratar a questão mediante legislação ordinária, o que foi feito por FHC no seu segundo mandato, com a aprovação do chamado "fator previdenciário".

Do debate então travado tinha ficado como "rescaldo" a percepção de que, após a "reforma de FHC" do fator previdenciário — afetando essencialmente o setor privado — a reforma seguinte teria que incidir, basicamente, sobre os servidores públicos. Dado o avanço da discussão, e como forma de ganhar credenciais junto ao mercado, inteligentemente, Lula propôs uma reforma das condições de aposentadoria dos funcionários públicos. Dessa forma, ele evitava se indispor com a maioria da população — que não foi afetada pela "reforma de Lula" — afetando os funcionários públicos, os quais, porém, em sua maioria, tenderiam a continuar a apoiá-lo, com a vantagem de que poderia se apresentar diante do mundo como um líder reformista. A reforma por ele proposta estabeleceu uma idade mínima para aposentadoria no serviço público, de 60 anos para os homens e 55 para as mulheres; e instituiu na "taxação dos inativos", cobrando uma contribuição previdenciária de custeio sobre os aposentados e pensionistas, como forma de reduzir o déficit previdenciário dos servidores.

O problema era que a reforma, embora correta, não tinha o apoio pleno nem sequer do seu próprio partido, o que dificultava a adesão de muitos parlamentares não governistas. Diante de uma proposta que gerava muitas reações no seio do funcionalismo, esses parlamentares poderiam se perguntar, com toda razão: *"Por que vou aprovar algo que nem o PT em peso apoia?"* Daí por que o governo buscou o apoio da oposição "tucana", parte da qual, na ocasião, tendo sido a favor da proposta quando era governo, com senso de responsabilidade cívica, colaborou votando também a favor da proposta oficial, apoio esse sem o qual a reforma não teria sido aprovada. A conclusão favorável do processo deu ao governo um grande respaldo dos mercados, que passaram a ter indicadores muito favoráveis, deixando-o livre para, depois disso, não precisar apoiar novas pautas polêmicas.

"A moderação pode ter virtudes, mas não é sexy", diz o jornalista argentino Carlos Pagni. Fosse a política um jogo praticado por cavalheiros, nada teria sido mais justo, na ocasião, do que o PT reconhecer a importância do apoio recebido de parte do PSDB, na linha do que foi antes discutido acerca da possibilidade de estabelecer pontes de diálogo entre ambos os partidos. No jogo bruto e cruel da política, na linguagem popular, o PSDB "não ganhou nem 'bom dia'" e reassumiu imediatamente o papel de "saco de pancadas" no *script* que Lula e o PT tinham lhe reservado. Chegara a vez de ser o PSDB a ficar com "sangue nos olhos". Ele tentaria dar o troco, doze anos depois — e da pior forma possível.

O troco de Aécio e a dupla ignomínia das eleições de 2014

A partir das passeatas de 2013 em defesa de melhores serviços, na prática, vistas como sendo de oposição ao governo, o ambiente da política se tornou ainda mais complicado no Brasil, com as primeiras denúncias de corrupção no âmbito da operação Lava Jato, a piora no ambiente econômico e a percepção cada vez mais difusa de que estávamos caminhando rumo a uma crise econômica de sérias proporções. Nesse contexto, o país foi rumo às eleições de 2014 num contexto no qual:

- um ajuste depois das eleições era praticamente inevitável;
- o desgaste da imagem de Dilma Rousseff se acelerara; e
- o PT dava mostras de pretender conservar o poder, lutando com unhas e dentes pela reeleição.

A eleição foi marcada ainda pela tragédia que vitimou o então Governador de Pernambuco, Eduardo Campos, visto como um rival poderoso que poderia dividir a coalizão governamental por ser ele candidato pelo PSB, um aliado tradicional do PT. Quando ele morreu num acidente de avião, foi substituído por Marina Silva, antiga senadora pelo PT e ex-Ministra de Meio Ambiente de Lula. Sob o impacto da morte de Campos e dada a sua boa imagem, Marina começou a subir nas pesquisas, superando, em certa fase da campanha eleitoral, o PSDB e, muito provavelmente, habilitando-se a ser apoiada por este, caso fosse ao segundo turno como candidata contra o PT. Foi nesse contexto que o Partido dos Trabalhadores colocou no ar uma propaganda que deu muito o que falar, na qual se mostrava os pratos de comida de uma família "sumindo" da mesa com a vitória da oposição. A propaganda teve um alto impacto eleitoral e foi a explicação principal para Marina Silva ter perdido votos, que migraram em parte para o PT e em parte para o PSDB. Foi uma página triste da história política do país, com o uso abusivo da propaganda eleitoral com fins eticamente bastante questionáveis.

Quando a Presidente Dilma foi reeleita no segundo turno, em outubro, o candidato Aécio Neves viu a oportunidade de se vingar dos seguidos reveses que o PT tinha imposto ao seu partido e entrou com um pedido de auditoria junto ao Tribunal Superior Eleitoral (TSE) para comprovar a "lisura" das eleições, com isso validando teorias conspiratórias acerca do que teria "efetivamente" acontecido com a totalização dos votos. Era a primeira vez que o resultado eleitoral era contestado, o que desprezava o sábio ensinamento de Felipe González, ex-Primeiro Ministro da Espanha, para quem "a democracia é a aceitação da derrota", algo que voltaria a ser muito lembrado nas eleições de 2022. Esse despropósito institucional de 2015 esteve na raiz dos questionamentos posteriores às urnas eletrônicas, tema "quente" nas eleições de 7 anos depois.

Em resumo, as eleições de 2014 foram marcadas por intensas polêmicas, dando razão à antiga frase de Bertrand Russell, de que "as controvérsias mais selvagens são aquelas para as quais nenhum dos lados tem bons argumentos".

Que reste-t-il de nos amours?

Há uma famosa canção francesa, de autoria de Charles Trenet, com uma melodia que se grava facilmente na memória das pessoas e que indaga:

Que reste-t-il de nos amours
Que reste-t-il de ces beaux jours?
Une photo, vieille photo
De ma jeunesse
Que reste-t-il des billets doux
Des mois d'avril, des rendez-vous?
Un souvenir qui me poursuit
Sans cesse

("O que resta de nossos amores/O que resta daqueles belos dias?/Uma foto, velha foto/da minha juventude/O que resta dos doces bilhetes /Dos meses de abril, dos encontros?/Uma lembrança que me persegue/Sem parar").

No final da segunda década do século XXI, após oito anos de Governo FHC com oposição ferrenha do PT, treze anos e meio de governo do PT, com oposição do PSDB, e com as feridas do impeachment de Dilma Rousseff sem cicatrizar, bem que ambos partidos poderiam ter entoado essa canção melancólica para lembrar a década de 1970, antes de o PT ser fundado, quando aqueles que vieram a ser os líderes de ambos os partidos estavam todos juntos militando na mesma corrente, no que na época se chamava de grupo "autêntico" do antigo MDB

— que fazia uma oposição dura ao governo militar e não a oposição "branda", que esse grupo acusava o "grupo moderado" de fazer.

"O Poder é uma doença incurável", diz Juan Manuel Urtubey, ex-Governador de Salta, província da Argentina, e que alguma vez sonhou ser candidato a Presidente do seu país, como parte do dito "peronismo renovador". Com ambos os partidos (PSDB e PT) vítimas da mesma doença, a verdade é que, já nos tempos do Governo Bolsonaro (2019/2022) restava muito pouco. A diferença entre um e outro é que, com Lula já fora da prisão após a anulação dos processos da Lava Jato, e com o PSDB envelhecido junto com FHC, naquela altura, a caminho de iniciar pouco depois a sua décima década de vida — ele é de 1931 — os antigos "namorados" se assemelhavam a um desses jovens que no início muitos julgavam que se casariam, porém, nunca o fizeram e acabaram envelhecendo em condições muito diferentes entre si.

Quem levará à frente a modernização do país? Eis uma pergunta cuja resposta é inconclusiva.

Se há dúvidas pertinentes acerca de quem poderá levar à frente essa agenda, tais dúvidas não existem acerca da sua necessidade. Vamos a ela, então.

16

A GRANDE AUSENTE

"Aumentar a produtividade de uma economia deveria ser o principal objetivo da política econômica. Esforços do governo para estimular a demanda a curto prazo não garantem a prosperidade do país a longo prazo."

— Michael Porter

Autor de diversos livros clássicos sobre administração

"Produtividade não é tudo, mas no longo prazo é quase tudo", disse Paul Krugman alguma vez. Michael Porter, vindo de outro campo profissional, ligado à administração, havia chegado a conclusões parecidas. Quando se analisa a história do desenvolvimento dos países em períodos longos, nota-se que essa é a variável crítica. E é esse o maior desafio que o Brasil terá que enfrentar nas próximas décadas. Contudo, é um tema praticamente ausente nos grandes debates nacionais, muito mais focado em questões como qual o valor do Bolsa Família, ou se o aumento do salário-mínimo será de 2% ou de 3%. É evidente que isso é importante no curto prazo, por razões sociais. Porém, o longo prazo não pode ser encarado como sendo apenas uma sucessão de prazos curtos.

Alejandro Katz, ensaísta argentino, tem um diagnóstico duro sobre o seu país. Diz ele: "A Argentina é um país razoavelmente medíocre, para quem é muito complicado lidar com a própria mediocridade, uma vez que possui crenças muito enraizadas que a levam a supor que deveria ser algo muito melhor do que de fato é". Com algumas adaptações, a frase poderia ser adotada aqui no Brasil acerca de como nossa classe política lida com o futuro do país, sempre prometendo um destino de grandeza, que, porém, não temos feito muito por merecer.

Este capítulo trata das questões da produtividade e competitividade da economia brasileira.[1] Após alguns exemplos da vida cotidiana, mostrando como o tema se relaciona com nossas deficiências, faz-se uma discussão acerca das razões do progresso dos países, para, na sequência, discutir a chamada "armadilha da renda média", mostrar os dados que mostram a precariedade de nossa produtividade, apontar para a força das resistências à mudança e destacar o risco que corremos de "perder o bonde da História", se não acordarmos a tempo.

A economia nossa de cada dia

Cena 1: Quem foi a algum supermercado no Rio de Janeiro já se deparou com a cena, provavelmente, muitas vezes: o funcionário, de má vontade, sem olhar para o cliente, passando os produtos lentamente, demorando dois minutos para consultar um preço etc. O contraste com a mesma situação num supermercado dos EUA, com funcionários treinados que dizem *"Bom dia!"*, atendem com um sorriso no rosto, e cumprem suas tarefas com zelo e rapidez é notável: são dois mundos diferentes. Mesmo que a qualidade dos serviços no Rio deixe particularmente a desejar e haja estados com serviços muito melhores, a cena se aplica, em parte, ao Brasil como um todo.

Cena 2: Também num supermercado. O cliente quer comprar um quilo de açúcar. Olha os saquinhos de plástico de 1 kg de uma marca conhecida, que faz propaganda nos jornais e na TV, e puxa o saco pela ponta para colocá-lo no carrinho do supermercado. Ao fazer isso, a ponta se desprende e o açúcar começa a escapar do plástico. Há vários deles rasgados, que outros clientes deixaram com o mesmo problema. Distraído, o cliente diz, sem pensar muito na situação: "Deve ter vindo com falha". Insiste então, repetindo o gesto mecânico e o problema se repete. É então quando ele vê outros saquinhos rasgados. Só então, na terceira tentativa, com cuidado, pega um novo pacote e, sem rasgá-lo, consegue colocá-lo no carrinho. O cliente não havia feito nada errado, a rigor. O saco de plástico deve ser 1% ou 2% do custo total do produto. A cada saco rasgado, porém, o fabricante e o supermercado perdiam 1 kg de açúcar que não era vendido. Um controle elementar de qualidade teria feito o fabricante identificar um tipo de material mais resistente para evitar tais perdas. Produzia-se muito açúcar para venda, mas vendia-se muito menos. O fato confirma uma velha frase de Celso Furtado, que definia o subdesenvolvimento como "essa manifestação de idiotice arrastada pelo organismo social". Trata-se de um desperdício simplesmente estúpido, num contexto em que a preocupação com a eficiência é nula.

Cena 3: Atendimento de um plano de saúde, numa agência do plano localizada num shopping. Há uma fila de pessoas para passar pela triagem. Quem atende, com treinamento precário, não consegue dar conta da fila. Os procedimentos são lentos, burocráticos e, no guichê, há apenas duas pessoas atendendo e dez pessoas esperando, numa fila que aumenta. Nas redondezas, três pessoas, cada uma com seu respectivo uniforme: a balconista do plano de saúde que serve o cafezinho, mas que, naquele momento, não tem ninguém para atender; a atendente, uma jovem bem vestida que recebe as pessoas quando passam pela porta de atendimento do plano de saúde; e o segurança do shopping, do lado de fora. A alocação de pessoas, olhando para o conjunto da situação, está flagrantemente errada: duas pessoas que não conseguem dar conta do serviço e outras três sem fazer nada.

As cenas poderiam se repetir nas mais diversas situações. Milton Friedman, nos anos 60 do século passado, visitando a China, intrigado pelo fato de que o trabalho feito por aproximadamente cem homens na construção de uma hidrelétrica poderia ser realizado por uma máquina, perguntou por que não se mudavam os métodos, e ouviu como resposta que, nesse caso, o desemprego aumentaria. Depois ele comentaria, reservadamente: "Se o objetivo é gerar empregos, deveriam usar colheres".

O denominador comum dessas situações é uma baixíssima produtividade da economia. No caso brasileiro, temos um problema duplo. Primeiro, uma boa parte da produção trabalha em setores pouco produtivos. Segundo, em muitos setores, a produtividade por pessoa ocupada é muito inferior à que poderia ser alcançada com métodos mais modernos e um melhor treinamento das pessoas.

O conceito de "produtividade" está intrinsecamente associado à noção de "competitividade". É muito difícil haver um aumento da produção por pessoa ocupada se as empresas não estiverem pressionadas pelo "bafo no cangote" da concorrência. A competição é a base do progresso. Lúcia Helena Salgado, ex-Conselheira do CADE, sintetiza a lógica de funcionamento do sistema: "O sonho de toda empresa é tornar-se monopolista e conquistar uma vida tranquila. É o que dita a racionalidade econômica e é o que deve ser esperado do comportamento desregrado da atividade econômica. Ao mesmo tempo, é o empenho de se tornar monopolista — auferir lucro econômico ou supranormal — o que sustenta a dinâmica da concorrência e o que gera progresso econômico".

"Competição" é o nome do jogo. Qualquer garoto de 8 anos que tenha visto um jogo de futebol bem disputado entre dois times de ponta na Champions League sabe como funciona.

Por que algumas pessoas e alguns países são mais produtivos que outros?

A China ficou trinta anos sob o regime comunista de natureza maoísta, com o padrão de (quase) todos os indivíduos unificado por baixo, numa pobreza extrema igualmente distribuída. Foi quando os princípios vigentes na época foram substituídos pela palavra de ordem de Deng Xiao-Ping de que "enriquecer é glorioso", que o país começou a prosperar, a partir da década de 1970, quando o sistema de incentivos passou a funcionar como forma de estimular aumentos seguidos da produção. Algumas décadas antes, insatisfeito com algumas limitações que ele observava no Reino Unido, Winston Churchill questionou:

"Muitos olham o empresário como o lobo a ser morto; outros, como a vaca para tirar leite; poucos o enxergam como o cavalo que puxa a carroça".

Observe o leitor como se deu, historicamente, a luta política na Argentina ou no Brasil e como se dá em outros países — os que deram certo. Na Argentina, tradicionalmente, a briga das correntes políticas foi por ter mais "*planes sociales*", ou seja, poder dar recursos administrados por "*punteros*" políticos — ONGs poderosas que recebiam verbas para distribuir recursos. Ou, alternativamente, para aumentar o valor da "*Asignación universal*", uma espécie de "Bolsa Família" local. Em comparação, como é o debate orçamentário em países de ponta na área tecnológica? O que se discute é como treinar melhor a garotada nas escolas para aprender noções de computação cada vez mais cedo, mecanismos de estímulo tributário para avançar na fabricação de carros elétricos, melhor utilização para os recursos alocados para ciência e tecnologia etc. Nós tendemos, na escala evolutiva das sociedades, a nos vermos mais próximos dos EUA que do Haiti, a quem olhamos com pena e condescendência. Vale aqui um aviso aos navegantes: estamos nos afastando dos EUA...

Por que algumas pessoas dão certo e outras não? Por que alguns países são desenvolvidos e outros não? Há, evidentemente, raízes históricas e todo um contexto que explica isso, mas a questão-chave tem a ver com educação e produtividade. Operários alemães de uma planta de automóveis, com os instrumentos tecnológicos adequados e pouca gente, produzem 500 carros por dia. Permita-se a operários bolivianos ter acesso ao mesmo equipamento sem treinamento e, provavelmente, não saberão o que fazer. Educação e produtividade: estamos muito mal nesse campeonato mundial.

É a combinação entre formação adequada e ambiente propício que cria os estímulos necessários para que haja progresso. O papel do Estado na educação, quando as coisas não funcionam bem, é tentar fazer a sua parte na criação de condições para aproximar minimamente a situação de quem não tem recursos daquela de quem os tem sobrando. Não adianta imaginar que o filho de uma mãe solteira com três filhos, ganhando salário-mínimo, poderá estudar nas mesmas condições que o filho único de um casal de classe média que mora em Ipanema numa residência com uma renda familiar de R$50 mil por mês. Não poderá. As condições do entorno da vida desses dois meninos serão, obviamente, diferentes. Porém, o Estado pode fazer a sua parte, dando ao menino da família mais pobre condições de ter um ensino razoavelmente bom para que depois, na vida adulta, sua formação lhe permita aceder à disputa no mercado de trabalho sem tanta desvantagem em relação àqueles que estudaram nas melhores escolas da cidade.

Tal como ocorreu com a competição pela hegemonia mundial, que levou à fabricação da bomba atômica — uma tragédia para a humanidade, mas, ao mesmo tempo, um reflexo do investimento científico dos países que se lançaram nessa corrida —, ou com a competição entre os EUA e a União Soviética, que levou o russo Yuri Gagarin ao espaço e, anos depois, os astronautas norte-americanos a pisarem na Lua pela primeira vez, é a competição que cria o ambiente requerido para que o progresso ocorra. Foi ela que levou à fabricação de carros cada vez melhores e foi ela que transformou o que antigamente era um aparelho de telefone no que hoje é um poderoso instrumento de trabalho para milhões de pessoas no mundo inteiro — o celular.

O ponto-chave a entender é o seguinte: este é um tema crucial para nosso futuro. Se daqui até 2050 cresceremos a uma média de 1,5%, de 2,0% ou de 2,5% a.a. daqui até lá não dependerá de quanto o governo gastar com o Bolsa Família e sim de como nos prepararmos para um mundo onde a competição é cada vez mais acirrada. E que não se pense que essas diferenças são pequenas. Meio ponto pode não parecer muito em um ano, mas é uma enormidade em um quarto de século. Projetadas por 25 anos, aquelas taxas geram um crescimento acumulado de 45%, de 64% e de 85%, respectivamente. São taxas que apontam para perfis de países bastante diferentes entre si. É a diferença entre o país dar certo ou não.

A "armadilha da renda média"

Existe uma vasta literatura sobre o que se chama, em "economês", de "armadilha da renda média". As aproximadamente duzentas economias do mundo podem ser divididas, genericamente, em três grandes grupos: desenvolvidas ou "ricas"; de renda média; e subdesenvolvidas ou "pobres", incluindo aqui os países que estão próximos da miséria, em termos de indicadores de renda *per capita*. O Brasil se encontra na "Série B" dessa lista: não somos uma nação desenvolvida, mas também estamos distantes de países pobres ou muito pobres como parte da África, por exemplo.

Muitas economias, ao longo das décadas, nessa classificação, mudaram de categoria, passando do grupo dos países pobres ao de países de renda média. Há um consenso, naquela literatura, de que esse *upgrade*, conquanto muito meritório, é bem menos complicado do que o segundo, esse sim um desafio bem mais difícil: passar do grupo da renda média para o de países desenvolvidos. Embora cada país tenha as suas especificidades, a "graduação" do terceiro para o segundo nível tende a estar associada à presença das seguintes características:

i) um intenso processo de migração do campo para a cidade, com o surgimento de muitas economias de aglomeração;

ii) uma elevação da produtividade, em parte ligada ao primeiro fator, decorrente de processos de *upgrade* de conhecimentos de muitos indivíduos de baixíssima qualificação, que passam a receber certa educação e treinamento de mão de obra;[2] e

iii) uma demografia favorável, com o aumento da população em idade de trabalhar dando-se a uma taxa maior que a da população infantil e idosa, correspondendo à chamada fase do "bônus demográfico" na evolução de uma sociedade.[3]

O problema é que dar continuidade a isso envolve desafios difíceis, entre os quais, por exemplo:

i) a criação de instituições adequadas (*institutional building*) que permitam o desenvolvimento de atividades de ponta, com destaque para a segurança jurídica;

ii) a formação de um ambiente que estimule o dinamismo econômico e minimize as possibilidades de *rent seeking*;[4]

iii) a presença e proliferação de focos de inovação, com a disseminação do ensino terciário de bom nível e uma boa articulação entre as universidades, as empresas e o governo;

iv) a existência de mecanismos de apoio do investimento a taxas de juros razoáveis; etc.

São poucos os países que conseguiram encarar essa agenda sofisticada e fazer a segunda transição, tendo pertencido ao grupo da renda média em meados do século passado e integrando atualmente o grupo dos países desenvolvidos. Para ser precisos, numa avaliação rigorosa, apenas doze, embora alguns especialistas tenham razões para adicionar mais cinco ou seis países a essa *short list*. Nela estão:

- na Europa: Noruega, Espanha, Portugal, Irlanda e Grécia;
- na Ásia: Coreia do Sul, Hong Kong, Taiwan, Singapura e Israel;[5] e
- na Oceania: Austrália e Nova Zelândia.[6]

Ou, agrupando por características,

- exportando bens industriais: Coreia do Sul, Hong Kong, Israel, Singapura e Taiwan;
- exportando serviços: Espanha, Grécia, Irlanda e Portugal; e
- exportando recursos naturais: Austrália, Nova Zelândia e Noruega.

Para escapar da "armadilha da renda média", o caminho é árduo. E a rota não está sequer vagamente contemplada na reflexão de nossos partidos políticos.

Onde está Wally?

A produtividade é o grande ausente dos debates nacionais sobre "projetos de desenvolvimento" de que tanto gostam de falar os políticos. Como nos famosos desenhos dos livros da série *Onde Está Wally?*, em que se tem que localizar o Wally no meio de muitos detalhes de alguma paisagem urbana cheia de pessoas, um bom desafio é identificar o assunto no meio dos programas partidários para as eleições presidenciais. E aqui, para ser justos, a falha é coletiva e não apenas dos partidos: a imprensa cobra sempre dos candidatos *"o que o Sr. vai fazer em favor da categoria X, Y ou Z?"*, as categorias profissionais, empresariais e sociais em geral olham para o próprio quintal — ou seja, para aquilo que lhes diz respeito mais diretamente — e a opinião pública, em geral, "não está nem aí" para o tema. O resultado — de certa forma, a expressão visual da "armadilha da renda média" antes citada — é o Gráfico 16.1.

GRÁFICO 16.1

Produtividade por homem ocupado (1950 = 100)

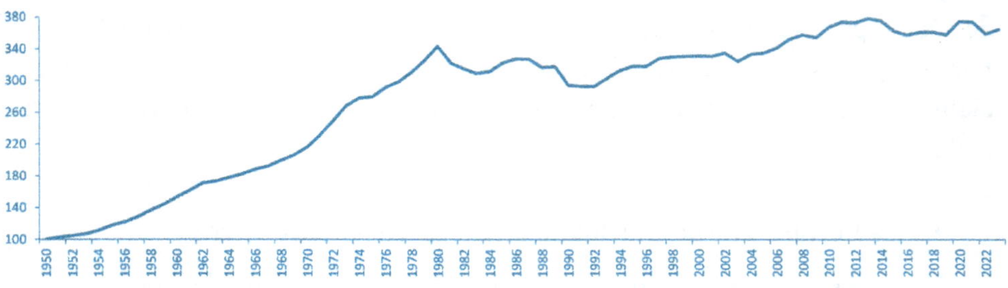

Fontes: Para o PIB, IBGE. Para o pessoal ocupado, até 1991, estimativas de Regis Bonelli e Edmar Bacha. A partir de 1992, Pesquisa Mensal de Emprego.

O índice de produção por homem ocupado do gráfico é muito simples de calcular. Dada uma série do PIB e outra do emprego, compara-se apenas a evolução de um e outro indicador agregado. Não há aqui sofisticações metodológicas, como por exemplo a de fazer o ajuste por horas trabalhadas ou coisas do gênero. Pois bem, esse indicador aumentou 4,2% a.a. quando o Brasil estava, justamente, na fase do "bônus demográfico" e migração campo-cidade antes descrito, entre 1950 e 1980. Quando o país ingressou na citada "armadilha da renda média", nos 43 anos de 1980 a 2023 esse crescimento médio anual da produção por pessoa ocupada caiu para apenas ínfimos 0,1% a.a.[7] Se o leitor não ouviu nenhum dos partidos tratar disso, não foi falha sua: é porque eles não têm mesmo tratado do assunto recentemente. Nem nos últimos 43 anos.

Pensar na projeção para a qual isso aponta no futuro é assustador. Ainda voltaremos a esta questão.

Os velhos vícios

Certa vez, pressionado a tomar medidas contra a concorrência das importações chinesas, o então Presidente Maurício Macri desabafou com um membro da sua equipe de governo, na Argentina: "Quem destrói empregos não é a China, mas o Vale do Silício". Há uma tendência natural à adoção de práticas protecionistas "contra" a competição de terceiros. Isso acontece até nas melhores famílias e esteve por trás do "estado de espírito" da opinião pública que levou à eleição de um populista nada menos que nos EUA — a economia mais poderosa do mundo — com Donald Trump em 2016. Na ocasião, jocosamente — mas nem tanto —, um político argentino exclamou: "O peronismo chegou ao Poder nos EUA"...[8] Mais difícil é estabelecer uma agenda não "contra" mas sim "a favor" de um conjunto de políticas destinadas a reverter a trajetória de estagnação da variável citada no Gráfico 16.1, para estimular a produtividade e melhorar a competitividade da economia.

Em geral, os lobbies setoriais se organizam para defender os interesses do segmento específico que representam, utilizando como "escudo" a perda de empregos que a "ameaça externa" implica, pela "destruição" que causaria a "avalanche de importações" — um clássico do protecionismo. Levada ao extremo, isso levou a que no final da década de 1980, tirando as compras de petróleo — ainda bastante relevantes e que contribuíam para aumentar as importações — o Brasil fosse o país mais fechado do mundo, com exceção da Albânia — e essa economia, na época, era mais ou menos o que a Coreia do Norte é hoje: um país que fica em Marte, muito distante do resto do mundo...

Foi naquele contexto que o Presidente Fernando Collor anunciou, em 1990, o cronograma de redução de tarifas, conjuntamente com o fim de uma série de restrições quantitativas, cronograma que foi implementado ao longo de cinco anos e levou a uma redução importante das barreiras à importação, contribuindo para a modernização parcial da economia brasileira no decorrer da década de 1990 (Gráfico 16.2).

GRÁFICO 16.2

Brasil - Imposto de importação: Alíquota média simples (%)

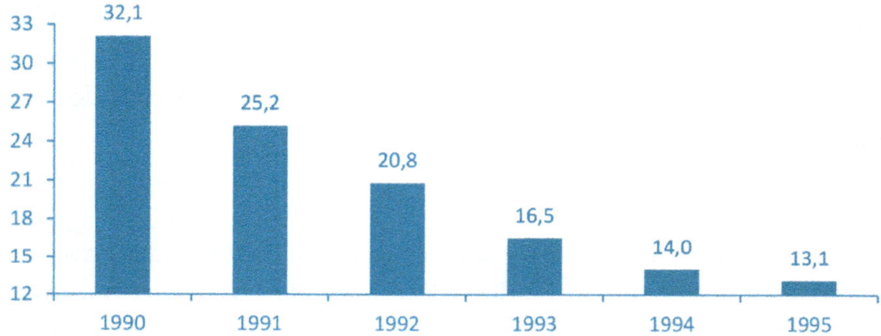

Fonte: Baumann, Rivero e Zavattiero (1998).

Sobre aquela experiência, cabem algumas observações:

i) a abertura esteve longe de representar o "fim da indústria brasileira", como muitos temiam no início de sua implementação: entre 1990 e o ano 2000, a produção industrial brasileira teve uma expansão média de 1,9% a.a., nada brilhante, mas muito longe de um colapso;

ii) a abertura se deu a partir de níveis de taxação de importação extremamente elevados, de modo que, embora a redução dos impostos de importação tenha sido expressiva, ela nos deixava com alíquotas ainda relativamente altas; e

iii) esse processo coincidiu com a incidência de outros movimentos ocorrendo com algum grau de semelhança em outros países, durante a fase de intensificação da globalização, de modo que o Brasil se abriu ao mesmo tempo que outras economias também o faziam.

Assim, embora a reincidência em práticas protecionistas se explique pelo velho problema da combinação de benefícios concentrados — do protecionismo — e custos difusos — da ausência de modernização —, o fato é que a repetição dessas práticas tem levado a um atraso do país. O setor automobilístico é um exemplo desse fenômeno: ele sofria de um atraso tecnológico descomunal no final da década de 1990 e, mesmo preservando níveis de proteção elevados vis-à-vis o resto da economia, passou por um processo de modernização intenso na década de 1990, com o ingresso no Brasil de diversas montadoras estrangeiras, e um aumento significativo da produção. Com os anos, entretanto, sem novas ondas de "bafo no cangote" da intensificação da exposição à concorrência, o setor ficou na sua "zona de conforto", relativamente estagnado, enquanto, no resto do mundo, a agenda da "descarbonização" e do carro elétrico avançava a passos largos. Só muito recentemente, na esteira do fenômeno do carro elétrico, ele parece ter acordado de uma longa letargia. O setor automobilístico, aliás, é o exemplo por excelência de como as (boas) políticas devem combinar elementos de *carrot and stick* ("cenoura e porrete"), tendo, por um lado, medidas governamentais de apoio e, por outro, o aceno a uma competição aberta, de características algo "darwinianas", que apontem para a filosofia de "mudar para não morrer".[9]

O bonde da História

Quando minha geração ingressou na vida adulta, usava-se muito a ideia de "aspirar a ser o que Espanha e Portugal são hoje", como expressão de países que estavam em pleno processo de modernização, em meados dos anos 80 do século XX. Mesmo que "aos trancos e barrancos", até 2010 o Brasil estava seguindo esse caminho de gradual modernização de sua economia e estrutura social. Na década de 2010, porém, o país desandou. Em 2010, nossa renda *per capita* já estava bem atrás em relação à da Coreia do Sul, país ao qual nos parecíamos muito no início da década de 1960. De lá para cá, nos treze anos entre 2010 e 2023, o PIB da Coreia do Sul aumentou, em termos acumulados, 40% e o do Brasil apenas 15%. Estamos perdendo o bonde da História...

Na base do processo, está, entre outras coisas, nossa baixa exposição à competição internacional, mercê de um complexo processo de proteção contra a concorrência das importações, que envolve não só a estrutura de alíquotas, mas também uma rede de dispositivos regulatórios (Gráfico 16.3).

GRÁFICO 16.3

Importação de bens e serviços - Países selecionados: 2022 (% PIB)

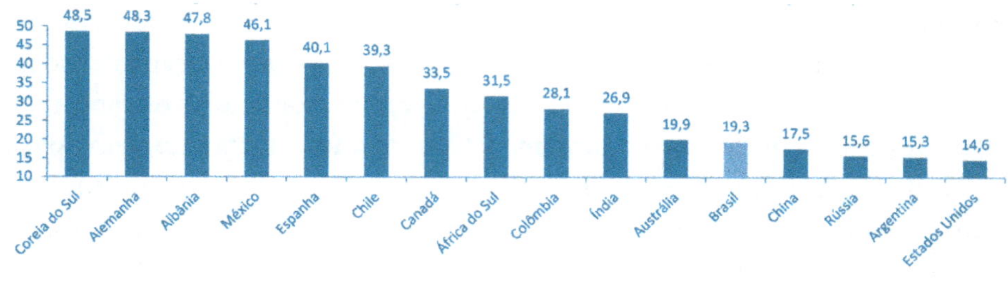

Fonte: Banco Mundial.

O Brasil continua sendo um dos países mais fechados do mundo. Embora pelo indicador de abertura a relação Importações/PIB seja superior à dos Estados Unidos, isso envolve situações completamente díspares, porque lá o fato reflete a realidade de que o país é efetivamente aberto, mas produz em condições de alta competição e a preços competitivos a maior parte dos bens demandados pelo público. Em contraste, nosso relativamente baixo coeficiente de abertura reflete justamente o elevado protecionismo. Embora países de dimensões continentais como o Brasil sejam naturalmente mais fechados do que países menores, a comparação de nosso baixo grau de abertura com o de outras economias que se estendem por um território vasto, como as da Índia ou do Canadá, mostra a dimensão da nossa proteção.

Para que o Brasil esteja em condições de encarar a realidade que marcará o mundo nas próximas décadas, é fundamental que o tema da produtividade entre na agenda nacional, mesmo que se reconheça que, inevitavelmente, envolverá sequelas que precisam ser encaradas. O desafio equivale às dores do crescimento de um ser humano.

"O progresso sempre faz vítimas", diz o economista italiano Luigi Zingales. O mesmo ocorre com o amadurecimento que leva à vida adulta. Um indivíduo sempre enfrenta receios, medos e, cedo ou tarde, insucessos e frustrações, quando sai da proteção do lar dos pais para encarar a vida. "Vai, Carlos, ser *gauche* na vida", disse o poeta Drummond, na tarefa de encarar o "mundo, mundo, vasto mundo", cheio de desafios. Isso é parte do processo de crescimento. A alternativa é não encarar esse mundo e ficar na zona de conforto da casa dos pais. Nesse caso, o perigo é virar um "*mammoni*", um desses adultos italianos presos à figura da "*mamma*" até que esta vá definhando, quando o filho já está em idade de se aposentar.

No caso dos países, se estes cederem à permanente luta de muitas categorias para escapar aos rigores da concorrência, Mário Henrique Simonsen já tinha sugerido, há décadas, imaginar "o que seria da humanidade se os governos do século XIX tivessem resolvido proteger os fabricantes de velas contra a concorrência da lâmpada elétrica". Isso, para não falar das reivindicações do sindicato das datilógrafas diante da concorrência (destruidora de empregos... de datilógrafas!) do computador. Para as economias cujos governos se deixam levar por essas pressões, o risco é não crescer nem amadurecer nunca, e virar um "país *mammoni*".

Evitar esse cenário implica encarar de frente o problema das agendas assincrônicas.

17

AS AGENDAS ASSINCRÔNICAS

"Nas formas de vida coletiva podem assinalar-se dois princípios que se combatem e regulam diversamente as atividades dos homens. Esses dois princípios encarnam-se nos tipos do aventureiro e do trabalhador [...] Para uns, o objeto final, o ponto de chegada, assume relevância tão capital, que chega a dispensar, por secundários, quase supérfluos, todos os processos intermediários. Seu ideal será colher o fruto sem plantar a árvore [...] O trabalhador, ao contrário, é aquele que enxerga primeiro a dificuldade a vencer, não o triunfo a alcançar. O esforço lento, pouco compensador e persistente, que, no entanto, mede todas as possibilidades e sabe tirar o máximo proveito, tem sentido bem nítido para ele [...] Existe uma ética do trabalho, como existe uma ética da aventura. Entre esses dois tipos não há, em verdade, tanto uma oposição absoluta como uma incompreensão radical."

— Sérgio Buarque de Holanda
Raízes do Brasil, 1936

No segundo semestre do já longínquo ano de 2006, citei a frase de mestre Buarque de Holanda da epígrafe acima como parte de um power point meu para uma aula inaugural num curso de graduação em economia. Na ocasião, iniciava-se a campanha eleitoral para as eleições presidenciais daquele ano, então polarizadas entre Lula — disputando como incumbente — e Geraldo Alckmin — por ironia da História aliados dezesseis anos depois, nas eleições de 2022. Dizia eu que a oposição entre os dois tipos de pessoas citados em *Raízes do Brasil* — e, enfatizava eu: em frase atualíssima, mas escrita sete décadas antes daquela aula! — refletia, sem tirar nem pôr, o debate daquele ano de 2006. Não o debate entre os partidários de um ou outro candidato mas sim, num sentido mais amplo, entre os que postulavam o aumento da distribuição de recursos — "colher o fruto sem plantar a árvore" — a cargo de um Estado que pouco depois começaria a ficar exaurido e aqueles defensores das reformas — o "esforço lento, pouco compensador e persistente" — que reconheciam essa exaustão do Estado e, realisticamente, procuravam novos caminhos para o país.

Quase duas décadas depois daquela aula e quase nove décadas depois do livro de Sérgio Buarque de Holanda, o tema continua atual. Não é uma exclusividade brasileira. Afinal, como diz o economista francês Jean Tirole, "infelizmente, todos os problemas de longo prazo são mal administrados pelas democracias". De qualquer forma, na parte que nos tange, a democracia brasileira não conseguiu ainda conciliar a contento a necessidade de enfrentar adequadamente os desafios macroeconômicos mais prementes, para poder aspirar a um desempenho econômico próspero nas próximas duas ou três décadas — com destaque para a questão fiscal — com a mensagem adequada para que a maioria dos eleitores valide um programa desse tipo.[1]

Há, portanto, uma completa falta de sincronia entre aquilo que a economia demanda para poder crescer a uma taxa satisfatória — o que exige, fundamentalmente, resolver de uma vez por todas o desafio fiscal e ter uma agenda de aumento da produtividade — e o que, de um modo geral, é demandado aos governos pelos partidos políticos, pela imprensa e pela opinião pública em geral — que implica sempre, em maior ou menor medida, distribuir mais recursos para mais gente. São duas agendas assincrônicas entre si.

Este capítulo discute essas questões, apresentando os velhos dilemas da economia e das finanças públicas, mostrando os resultados concretos aos quais levam as políticas voltadas para o atendimento de curto prazo das demandas, discutindo em linhas gerais os efeitos de longo prazo das políticas populistas, apontando para a miopia dominante na maior parte de nossa classe política à luz daquilo que efetivamente contará para o futuro e expondo as dificuldades para vencer o grande desafio de conciliar os objetivos econômicos com os eleitorais.

Os velhos dilemas da macroeconomia: curto prazo vs. longo prazo

Um dos temas fascinantes da economia — da ciência política e das ciências sociais em geral — é conhecido como o "dilema dos comuns", que alguns denominam de "tragédia dos comuns", título esse derivado, justamente, do ensaio do norte-americano Garrett Hardin sobre o tema, publicado no ano de 1968. Ele se relaciona com a situação em que um conjunto de pessoas, agindo de acordo com seus próprios interesses, de forma independente entre si e de modo perfeitamente racional, acabam, na prática, individualmente, agindo contra os interesses da comunidade que compõem no seu conjunto. A noção surgiu associada à utilização dos recursos naturais, mas ela se aplica a outros dilemas da economia, em que a lógica de curto prazo pode entrar em conflito com a visão de longo prazo acerca do país. Há dois conceitos que, na prática, servem de "antídoto" contra a concretização efetiva dessa "tragédia" e são os de "cooperação" e "autocontrole coletivo". Ou seja, o reconhecimento de que faz sentido que as ações individuais sejam conciliadas com formas razoáveis de estabelecimento de limites em função de um interesse maior da coletividade como um todo. Evidentemente, o segredo está na arte de se chegar ao meio termo: se o *laissez faire* absoluto pode levar à concretização da tragédia dos comuns e ser desastroso para a comunidade, também é verdade que o controle pleno dos indivíduos a partir dos interesses coletivos, no limite, leva ao Estado "orwelliano" da vigilância absoluta a cargo do "Grande Irmão".

Na macroeconomia, uma das manifestações do dilema exposto acerca da contraposição entre o curto e o longo prazo diz respeito à escolha entre o consumo e o investimento. É natural que os governos se guiem, numa democracia, pelo interesse em atender aos desejos de aumento do consumo pela população. Porém, se tal tendência não for conciliada com a consciência de que isso deve estar condicionado pela necessidade de conservar condições para o crescimento de longo prazo, o investimento estará comprometido, o que acarretará uma redução da capacidade de crescimento futuro do país, com destaque para a deterioração da infraestrutura — cuja qualidade é chave para o desenvolvimento de uma economia.[2]

Em 2013, antes que o país mergulhasse na crise iniciada em 2014, a taxa de investimento brasileira era de 20,9% do PIB. A preços constantes daquele ano, dez anos depois, ela caiu, em 2023, a 16,7% do PIB. Ou seja, em termos reais, já investíamos uma parcela da produção inferior à que seria desejável — e essa proporção caiu mais ainda desde então. "Recuperar o crescimento", o mote de 10 entre 10 políticos, requer inverter essa trajetória. Só há uma forma de fazer isso sem ter que depender novamente do velho apelo à poupança externa: moderar o crescimento do consumo. É um desafio político: conciliar o mercado com a urna.

O velho dilema das Finanças Públicas: benefícios concentrados vs. custos difusos

No campo das Finanças Públicas, há um outro dilema conhecido, colocado pela coexistência já mencionada anteriormente de benefícios concentrados e custos difusos. É um problema clássico desse campo. Quando se propõe algo em benefício de um grupo específico, tem-se ao mesmo tempo um bônus e um ônus. O bônus é a melhoria que isso gera para um grupo de pessoas. O ônus é o custo que isso implica para a sociedade como um todo, que será chamada a financiar tal benefício, seja diretamente via impostos ou indiretamente, mediante o aumento da dívida pública e/ou da inflação. Quando a questão é votada, na forma de um projeto de Lei, aqueles que serão beneficiados fazem uma pressão enorme sobre os parlamentares, ao passo que quem é prejudicado, como esse benefício específico é modesto comparativamente à despesa ou à receita total do Estado, não se mobiliza na mesma intensidade. O resultado é uma certa tendência dos governos a incorrerem em déficits sistemáticos.

Um exemplo paradigmático disso é o que aconteceu com os benefícios da Lei Orgânica da Assistência Social (LOAS) no Brasil. É preciso que fique claro: benefícios assistenciais são parte do contrato social de uma sociedade civilizada. "Cuidar dos despossuídos" é uma tarefa que cabe ao Estado, como qualquer manual de Finanças Públicas reconhece, por mais liberal que seja. O problema é quando esse benefício é concedido no mesmo valor e à mesma idade de quem recebe uma aposentadoria. Nessas condições, contribuir para esta, nas proximidades do valor de referência do benefício assistencial, simplesmente não faz sentido. Por que alguém que ganha em torno de um salário-mínimo irá contribuir para o INSS durante pelo menos 15 anos se sabe que, aos 65 anos de idade, receberá do Estado o mesmo valor que se não tivesse contribuído nunca? A resposta é óbvia: se puder, não contribuirá.

Observe-se o que aconteceu com a história do benefício assistencial do LOAS, no valor de um salário-mínimo, para aqueles que não alcançaram o tempo mínimo requerido para a aposentadoria pelo INSS. A Constituição de 1988 mencionava o benefício, mas, compreensivelmente, não estabelecia a que idade ele deveria ser concedido, assunto que ficou para ser tratado na legislação ordinária. Ele foi instituído formalmente, na prática, por meio da Lei 8.742/1993, cujo Artigo 20 dispunha que "o benefício de prestação continuada é a garantia de um salário-mínimo mensal à pessoa portadora de deficiência e ao idoso com 70 anos ou mais e que comprovem não possuir meios de prover a própria manutenção e nem de tê-la provida por sua família". O Artigo 38 da mesma Lei, contudo, determinava que "a idade prevista no Artigo 20 desta Lei reduzir-se-á para 67 anos a partir de 1º de janeiro de 1998". Fiel a esse dispositivo, a Lei 9.720/1998 regulamentou outros aspectos da concessão do LOAS, através do seu Artigo 1, conservando a redução prevista da idade de concessão do benefício para 67 anos. Posteriormente, por sua vez, a Lei 10.741/2003 reduziu ainda mais a idade de concessão para 65 anos, no seu Artigo 34.

Isso significa que, quando o LOAS foi instituído, com as tábuas de mortalidade da época, a expectativa de vida de quem tinha 65 anos de idade era de aproximadamente 78,5 anos, em média, enquanto hoje é de 83,1 anos, lembrando que a expectativa de vida de quem em 1993 tinha 70 anos era de perto de 80,5 anos. Ou seja, um benefício concedido aos 70 anos previsto, na época, para durar em torno de 10,5 anos se estende atualmente, em média, por 18,1 anos. Não é à toa que a despesa com esse benefício cresceu fortemente ao longo do tempo, como mostra o Gráfico 17.1.

GRÁFICO 17.1

LOAS (% PIB)

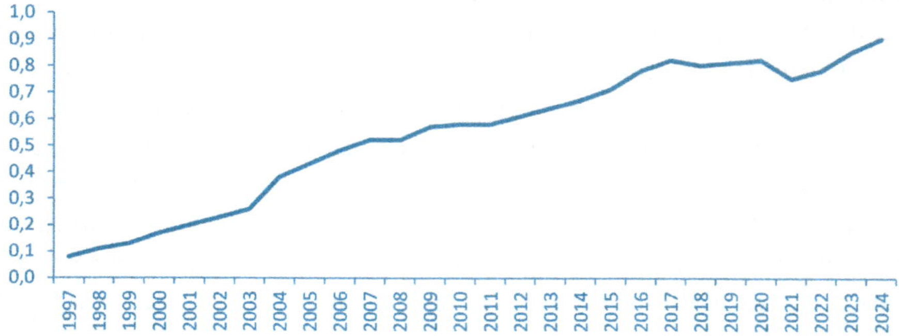

Fonte: Secretaria do Tesouro Nacional. Para 2024, estimativa própria.

Quem defende as crianças?

Um raciocínio análogo vale para as regras de aposentadoria que vigoraram no Brasil durante muito tempo, o que acabou gerando a reforma previdenciária de 2019.[3] Num seminário internacional, anos atrás, expondo as regras generosas de aposentadoria, que permitiam, dependendo das circunstâncias, que alguns indivíduos se aposentassem a idades tão precoces como nas proximidades de 50 anos de idade, um colega estrangeiro me fez a seguinte observação precisa, após escutar minha apresentação: "É curioso, Fabio: é como se vocês tivessem feito uma opção pelo passado".

Evidentemente, zelar pelo bem-estar da terceira idade é uma obrigação, entre outras, moral, de cada grupo etário para com a geração dos pais e avós de cada um. Isso é corretíssimo. O Brasil, porém, durante as três décadas posteriores à Constituição de 1988, fez muito mais do que isso. Primeiro, porque permitiu aposentadorias muito precoces durante trinta anos. E segundo, porque elevou fortemente o valor real das aposentadorias e pensões de dois de cada três benefícios, através dos incrementos reais do salário-mínimo.

Com isso, a conta dos benefícios do INSS, que já seria naturalmente onerada pelas pressões decorrentes da demografia, aumentou de modo exorbitante. A despesa do INSS, que em 1995, a preços de 2023, foi de R$273 bilhões, alcançou R$899 bilhões em 2023 (Gráfico 17.2).[4]

GRÁFICO 17.2

Despesas INSS (% PIB)

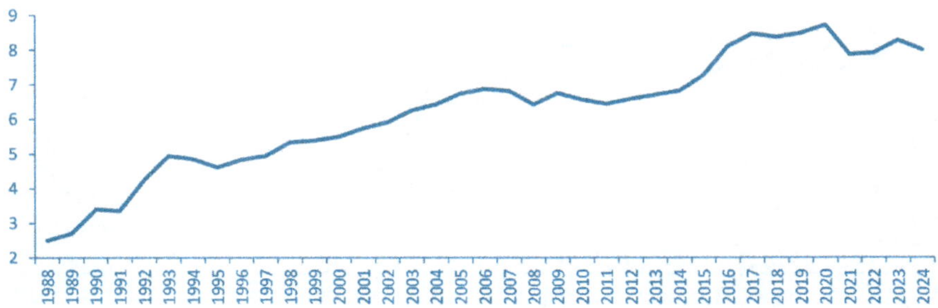

Fontes: Secretaria de Política Econômica/Secretaria do Tesouro Nacional. Para 2024, estimativa própria.

Tal definição de prioridades, na prática, acabou prejudicando seriamente aqueles que não votam, ou seja, as crianças e os ainda — na época — não nascidos, uma vez que o perfil das despesas representou uma espécie de "conspiração contra o futuro", pela compressão do espaço fiscal para outras despesas que não as associadas às gerações mais velhas. O resultado foi um país que, no decorrer dos anos, foi gastando cada vez mais com idosos — muito mais do que caberia esperar à luz de um perfil demográfico ainda jovem — e onde a pobreza e a miséria passaram a ter uma "cara" cada vez mais jovem.[5]

Quem defende a ciência?

Um raciocínio análogo vale para outras áreas da administração pública, além das políticas públicas ligadas à criança, acima citadas. Por exemplo: quem "briga" pelos recursos da Ciência e Tecnologia (C&T), quando alguém defende reduzir a idade de concessão dos benefícios assistenciais ou aumentar o valor das aposentadorias? É uma luta inglória. O resultado é o que se pode observar no Gráfico 17.3. Em 2008, sempre utilizando o deflator do PIB como índice de preços de referência, a preços de 2023, a despesa, sem considerar a folha de salários, do Governo Federal com a rubrica de C&T, foi de R$11 bilhões.[6] Quinze anos depois, em 2023, caíra para R$7 bilhões, sendo que dois anos antes tinha despencado para um "vale" de R$3 bilhões, a preços constantes de 2023.

GRÁFICO 17.3

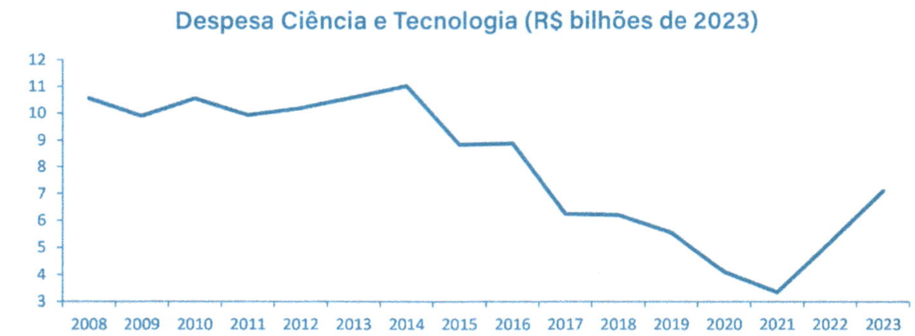

Obs.: Deflator = Deflator do PIB
Fontes: Secretaria do Tesouro Nacional.

Em termos de percentual do PIB, o quadro dá uma ideia mais cabal do desamparo citado. A despesa com C&T em 2008 foi de 0,12%, caindo para níveis baixíssimos em 2021 (apenas 0,03% do PIB) e chegando a 0,07% do PIB em 2023. Para qualquer política pública que não consiga ser "protegida" por meio do instrumento da vinculação de verbas como um percentual da receita, o quadro é parecido.

Poucas coisas, por exemplo, são tão importantes para o cidadão comum como a segurança pública. Embora a atribuição de responsabilidades, definida na Constituição, caiba primordialmente aos estados, sem dúvida poder-se-ia pensar políticas em que instrumentos de incentivo e coordenação sejam mais adequadamente utilizados pelo Governo Federal.[7] Pois bem, o gasto federal em segurança pública foi de 0,06% do PIB em 2008 e 0,03% do PIB em 2023. No setor de defesa, em que pese a força política dos militares no Governo Bolsonaro, esse gasto, que foi de 0,25% do PIB em 2008, caiu para 0,12% do PIB em 2023. Já nos transportes, segmento muito afetado pela redução do investimento público, tais percentuais de gasto em relação ao PIB foram de 0,23% e 0,14% para os respectivos anos. Como já disse alguém com pertinência, "subdesenvolvimento não se improvisa: é obra de décadas".

O futuro que assusta

Que países têm se destacado no mundo nos últimos 20 a 25 anos? Podemos fazer uma lista razoável daqueles que têm chamado mais a atenção. Citemos alguns como exemplo, com suas principais características:

i) China. Com uma política agressiva de competição feroz entre produtores locais para ganhar espaço no mundo mediante a produção de bens a preços internacionais baixíssimos e uma estratégia macroeconômica baseada num fortíssimo nível de investimentos, construiu as bases de uma pujança que vem se mantendo, ainda que com alguma moderação, ao longo do tempo. Razões do sucesso: competição e mais competição.

ii) Alemanha. No governo de Gerhard Schröder, negociou um acordo com os principais sindicatos, que permitiu conter os salários e priorizar os incrementos de produtividade, o que a transformou na "locomotiva" da Europa nas duas primeiras décadas do século, ainda que com desafios importantes à frente, em função da reconfiguração do mapa geopolítico europeu como resultado da guerra da Ucrânia. Razão do sucesso nos últimos vinte anos: competitividade.

iii) Índia. Gradualmente, deixou de ser um país com crescimento entre 4% e 5%, como no passado, e se tornou um país com perspectivas de crescimento anual na faixa de 6% a 7%, aproveitando a vantagem de se inserir no mundo devido à vantagem da utilização da língua inglesa e à existência de um setor moderno muito pujante. Seu crescimento foi de 7,5% entre 2000 e 2010 e cedeu para 5,8% entre 2010 e 2023, taxa afetada pela crise da pandemia de 2020. Razões do sucesso indiano: globalização e tecnologia.

iv) Irlanda. Com uma política de integração plena com a Europa, obteve benefícios claros da sua inserção crescente nas trocas comerciais com o restante do continente, somado a uma disciplina fiscal rigorosa. Seu crescimento médio no atual século foi de notáveis 5,2% a.a. durante quase um quarto de século, entre 2000 e 2023. Teve déficits públicos astronômicos na crise dos países do euro depois de 2008 e atualmente o déficit desapareceu, com uma dívida pública que caiu de 120% do PIB em 2013 para apenas pouco mais de 40% do PIB dez anos depois. Razão do sucesso: rigor fiscal.

v) Portugal. Outro caso de sucesso econômico — em que pesem as crises políticas de governo, associadas a outras razões — que se recuperou muito bem da crise dos países do euro mediante uma política fiscal exemplar, a ponto de o déficit público de 11% do PIB em 2010 ter virado superávit em 2019, antes da crise da pandemia. Com a confiança dos mercados, nos últimos dez anos, o país teve um crescimento médio anual de 1,9%, bastante satisfatório considerando o nível de renda *per capita*, a dinâmica demográfica da população, e a inclusão no meio da série do *annus horribilis* da queda do PIB de mais de 8% no ano 2000. Razão do sucesso: competitividade (salários) no interior da área do euro e austeridade.

vi) Israel. Embora o país se localize no coração do conflito no Oriente Médio e tenha mergulhado diversas vezes em crises políticas, sua economia se manteve relativamente à margem do conflito, até o começo de 2023, por estar muito vinculada à dinâmica da economia mundial devido aos laços com o Mediterrâneo e com os EUA, e por ter uma política econômica — com ênfase no papel do Banco Central e o compromisso com a inflação baixa — que praticamente não sofre grandes alterações mesmo com a mudança dos governos.[8] Razões do sucesso: tecnologia, inovação e continuidade da política econômica.

Tom Jobim repetiria: "O Brasil tem que parar de admirar o que não deu certo" — e passar a admirar o que deu certo. Evidentemente, estamos fazendo uma série de simplificações. Não só porque cada país tem uma história cuja riqueza não pode ser resumida a apenas cinco ou seis linhas, como também porque os casos de sucesso são bem mais do que seis países. Porém, o que se quis enfatizar é que em nenhum desses casos, nem em outros bem-sucedidos, houve o destaque para o tipo de políticas aplicadas em geral no Brasil, baseadas num assistencialismo extensivo e no incremento do gasto público. As razões do sucesso de outros países estão ligadas a fatores alheios ao nosso debate.

Enquanto isso, se o passado já nos condena, o futuro assusta ainda mais. Observe-se o que nos diz o Gráfico 17.4. A população entre 15 e 64 anos, entendida, *grosso modo*, como aquela em idade de trabalhar, deverá ser da ordem de 150 milhões de pessoas em 2025. Ela crescerá lenta e gradualmente até meados da década de 2030 e declinará a partir de então. Pela projeção do IBGE, voltará a ser de 150 milhões em 2045. Isso significa que a totalidade do crescimento nos próximos vinte anos terá que vir do aumento da produtividade. Registre-se: não a maior parte, mas todo o crescimento. Será um desafio hercúleo.[9]

GRÁFICO 17.4

População 15 a 64 anos (milhões de pessoas)

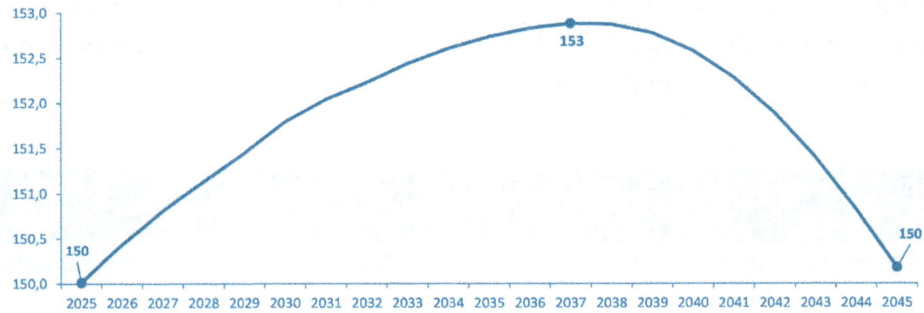

Fonte: IBGE (Revisão populacional 2018).

Um país de anões políticos

O banqueiro Amador Aguiar tinha uma receita para o sucesso: "Acorde cedo e trabalhe. Isto vale para uma casa, uma empresa ou um país". É claro que é uma forma simplificada de ver as coisas e que as carências associadas à (falta de) educação formal da maioria da população não se resolvem só com esforço e acordando cedo. É fundamental, porém, que a política brasileira introjete dois conceitos que são cruciais para entender os desafios do futuro:

i) o sucesso do país nos próximos vinte a trinta anos dependerá de quão bem ou mal as pessoas estiverem preparadas para encarar um mundo crescentemente competitivo; e

ii) a ideia de que "o Brasil gasta pouco com o social" é uma completa falácia.[10]

Todas as vezes que há alguma crise, a diretriz que emana do Congresso e aos partidos é: "É preciso gastar mais". Foi assim que chegamos aonde chegamos, com o país "batendo na trave" do "calote" da dívida pública em meados da década passada, se não tivesse sido adotada a solução drástica do teto de gastos em 2016. O Gráfico 17.5 mostra a evolução do agregado composto pela soma de despesas com INSS, LOAS, FAT e despesa com inativos do serviço público federal nos últimos 25 anos, aproximadamente. Embora se possa questionar a inclusão do item da despesa com inativos no agregado, há duas considerações importantes a fazer. A primeira é que, de fato, a maioria dessas pessoas pertencem à terceira idade, constituindo uma despesa previdenciária de natureza similar, nesse sentido, à do INSS, o que justifica a inclusão no agregado dos gastos sociais. A segunda, é que essa rubrica associada aos inativos era de 26% desse total no começo da série, em 1997, e passou a ser de apenas metade disso, ou seja, 13% do total dessas rubricas, em 2023, portanto não foi ela que pressionou as contas.

GRÁFICO 17.5

Gastos Sociais - INSS, LOAS, FAT e despesa com inativos (R$ bilhões de 2023)

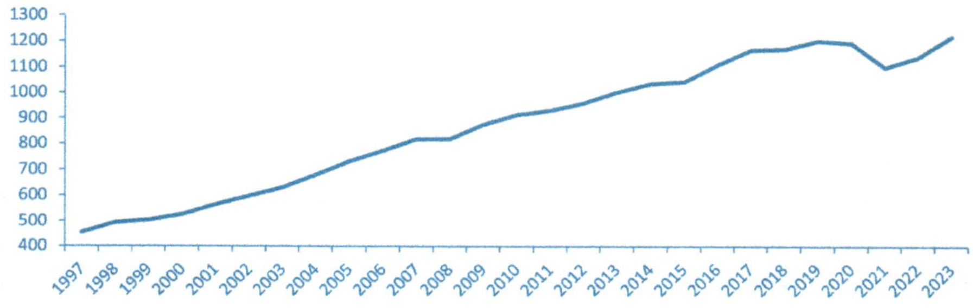

Obs.: Deflator = Deflator do PIB.
Fonte: Secretaria do Tesouro Nacional.

O total se multiplica por um fator real de 2,7 vezes nesse pouco mais de um quarto de século, só caindo em termos reais ligeiramente em 2021 devido à virulência da aceleração inflacionária naquele ano. Cabe lembrar ainda que esse agregado corresponde à soma de algumas das contas mais relevantes que já existiam no começo da série. A essas rubricas poderia adicionar-se outras despesas, como os gastos com saúde e educação ou itens como o Bolsa Família ou o FUNDEB, que eram ínfimos ou não existiam no começo da série e são muito relevantes atualmente.

Em outras palavras, dado o que ocorreu e a permanência de muitos problemas que se pretendia atacar, mais do que "aumentar o gasto social", a palavra de ordem para o futuro deveria ser "reestruturar o gasto social". Isto é, torná-lo mais eficiente, procurando melhorar o alcance das políticas sociais, mas aprimorando a focalização e a eficácia das políticas.

Não se pode mais, porém, ficar a reboque das demandas políticas, sem nenhuma visão de Estado e com uma completa miopia acerca dos efeitos de médio e longo prazo da adoção de práticas populistas que, na visão que alguma vez explicitou um futuro governante latino-americano quando era oposição, "nos dão o presente e nos roubam o futuro".

Só mais um pouco

O que levou a uma expansão contínua do gasto social — e, consequentemente, do gasto total — foi a mentalidade de fazer isso na base "só mais um pouco". Pense-se no argumento do Auxílio Brasil. Ele substituiu temporariamente o Bolsa Família, após a crise da pandemia. Ocorre que o Bolsa Família tinha um valor médio da despesa por família da ordem de R$200. Era pouco, sem dúvida, mas foi o suficiente para melhorar a distribuição de renda quando foi implementado e ampliado, com cuidado, ao longo de duas décadas. Quando foi transformado em Auxílio Brasil, passando a ter uma despesa por família inicialmente de R$400, o argumento utilizado foi de "como alguém pode se opor a um aumento de apenas R$200? São menos de R$7 por dia!" Um argumento similar foi utilizado depois para aumentar novamente o valor para R$600 no final de 2022. Com o adicional de que, devido à crise, o número de famílias beneficiadas, que até 2019 era de 13 milhões, tinha passado para quase 22 milhões. Com isso, multiplicou-se por 3 o valor e por um adicional de mais de 60% o número de famílias do programa.

Algo similar já tinha acontecido na transição entre as décadas de 1980 e 1990 com os benefícios rurais. Inicialmente, o piso previdenciário dos benefícios rurais era de meio salário-mínimo, algo efetivamente muito baixo. A Constituição de 1988 elevou o piso para um salário-mínimo. Pode-se considerar que era algo justo, não há dúvidas. No entanto, objetivamente, representou um aumento instantâneo de 100% da despesa com esse tipo de benefício. Ocorreu então o segundo efeito: como muita gente era elegível ao benefício, mas no começo não se interessava, por ser "uma merreca", ao dobrar, passou a ter interesse na regularização da situação e o contingente de beneficiários de aposentadoria por idade no meio rural dobrou em três anos, entre 1991 e 1994.[11] Finalmente, o salário-mínimo começou a aumentar seu poder aquisitivo e, em poucos anos, dobrou de valor em termos reais. O fato, então, é que a despesa com benefícios rurais por idade, de fato muito pequena em 1988, foi multiplicada simplesmente por um fator de 2 ao cubo — ou seja, por 8 — em poucos anos. E ela deixou então de se tornar algo pouco relevante.

Em termos reais, o salário-mínimo experimentou um aumento real acumulado de mais de 170% desde o início do Plano Real, sempre na base de "só mais um pouco", porque "quem é que pode se opor a um aumento de apenas 2% ou 3% do salário-mínimo?" Com isso, ele foi aumentando sua importância relativa na economia, de 26% da renda *per capita* em 1995, para perto de 35% atualmente (Gráfico 17.6).

GRÁFICO 17.6

Salário-mínimo (% renda *per capita*)

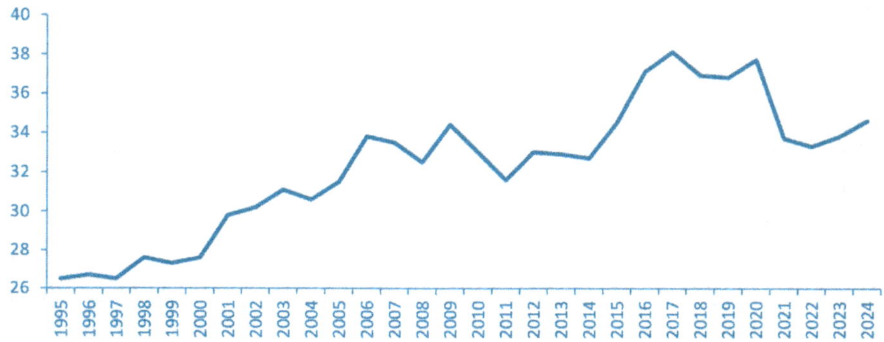

Fonte: Elaboração própria.

Para ter-se uma ideia do significado disso, considere-se, por exemplo, a relação entre o salário-mínimo e a Previdência. A despesa do INSS em 2023 foi da ordem de grandeza de R$900 bilhões. E em torno de 42% dessa despesa estava indexada ao salário-mínimo. Em outras palavras, um aumento real de 1% desse parâmetro — com os valores atuais deste, alguém poderia exclamar: "apenas R$14!" — evidentemente, é pouco em termos absolutos, mas objetivamente implica um incremento da despesa de perto de R$900 bilhões x 0,01 x 0,42, ou seja, em torno de R$4 bilhões.

Ora, estando vigente alguma restrição orçamentária, se um gasto aumenta, outro tem que cair. Para ter uma ideia, lembremos que R$4 bilhões foi mais da metade de toda a despesa do Governo Federal com o apoio a Ciência e Tecnologia em 2023, tirando a folha de funcionários da área. Isso dá uma pista do tipo de dilema envolvido em decisões que soam simpáticas aos olhos da opinião pública: no limite, tudo o mais constante, um aumento de apenas 1% do salário-mínimo pode ter que implicar, compensatoriamente, cortar em mais de 50% a despesa de Ciência e Tecnologia.

A agenda de bondades e o drama da legitimidade

Em seu livro *Como poeira ao vento*, Leonardo Padura descreve o cotidiano de Cuba, num dia qualquer na vida dos personagens do livro. O relato se refere ao país que é o paradigma do socialismo, mas é uma versão extremada do que ocorre num ambiente onde o incentivo para o dinamismo e a inovação é nulo e onde o Estado é responsável por tudo. O Brasil não é Cuba, evidentemente, mas a soma do pagamento de aposentadorias, pensões e demais benefícios previdenciários, LOAS, seguro-desemprego e Bolsa Família já responde por dois terços do gasto público primário federal. Há um sinal amarelo que está piscando. Que tipo de país desejamos? Vale a pena ler Padura: "A única coisa que sobrava era tempo. Um tempo atroz, dotado de uma estranha capacidade de dilatação como reflexo de sua relatividade: o prazo entre uma e outra refeição se abria como um deserto tenso e intransponível do qual às vezes não se sabia se seria possível sair; os apagões transformaram-se em períodos exasperantes, intermináveis; as horas necessárias para se deslocar de um ponto a outro da cidade, em um tempo exaustivo ou em intervalos quase sempre invencíveis quando se esperava algum transporte público. Os horários de trabalho em escritórios, fábricas e dependências de qualquer tipo se reduziram, assim como os da programação da televisão, os das sessões de cinema quando ainda as havia e até os das aulas nas escolas. Consequentemente, todo mundo agora tinha mais tempo, embora para a maioria o tempo fosse inútil, pois tratava-se de um tempo vazio e instável, deformado, como se atravessasse um relógio molde de Dali".[12] Como já foi dito, é claro que isso é apenas uma versão extrema de onde se pode chegar quando a produtividade vai ao chão e os incentivos a progredir são inexistentes, mas convém não desprezar o que a imagem significa.

No limite, ceder à tentação de atender a demandas de todo tipo em favor do (suposto) bem-estar de todos leva exatamente a isso. Delfim Netto, com a experiência de anos no Executivo e conhecendo também de perto a lógica do Legislativo e de quem tem que ir atrás do voto, tem o risco muito claro quando diz que "quem leva a sério pesquisa de popularidade deve tomar muito cuidado. Aprovação em geral significa que a pessoa está errada". O velho John K. Galbraith já tinha escrito praticamente a mesma coisa, com palavras apenas ligeiramente diferentes, há algumas décadas: "Em economia, a maioria está sempre errada". Por quê? Porque os desejos são inconsistentes entre si. A maioria quer mais serviços, menos impostos — e menos inflação. Tudo junto é impossível. Escolhas são inevitáveis — e o governo pode muito, mas não pode tudo. É um aprendizado a fazer.

É evidente que, numa democracia, o que conta é o voto. E é claro que ninguém, em sã consciência, pode reivindicar que se defenda algo na campanha e se faça o oposto no governo. A literatura, por um lado, e os trabalhos acadêmicos da Ciência Política, por outro, estão cheios de exemplos de como é possível, no exercício da arte da política, conciliar o realismo econômico com a legitimidade outorgada pelo reconhecimento da população ao (bom) trabalho dos governantes.

Baltasar Gracián, teólogo jesuíta, nos seus escritos sobre como ter sucesso na política, já ensinava lições sobre o tema, no século XVI: "Saiba como usar evasivas. É assim que as pessoas astutas se livram das dificuldades. Elas se desembaraçam do mais intrincado labirinto com o emprego espirituoso de uma observação inteligente. Elas se livram de uma séria controvérsia com um gracioso nada ou suscitando um sorriso. A maioria dos grandes líderes conhece a fundo essa arte".

Em todas as eleições, a opinião pública, os jornalistas e os políticos de cada um dos partidos que lutam pelo poder tendem a pressionar o candidato à Presidência da República a responder à seguinte pergunta: "O que o Sr. pretende fazer em favor de X?", sendo X a representação de um grupo social (por exemplo, "os pobres"), categoria profissional (por exemplo, "os médicos") ou representação regional (por exemplo, "o Nordeste"). O resultado disso foi ter levado o gasto primário, neste caso incluindo as transferências a Estados e Municípios, de 14% a 24% do PIB entre 1991 e 2016 — ano da adoção do "teto de gastos". Essencialmente, a quase totalidade desse adicional esteve associado à expansão do gasto social e ao efeito do seu financiamento. Isto porque do adicional de receita, no componente de Imposto de Renda e IPI, *grosso modo*, metade se transforma em aumento das transferências a Estados e Municípios. Em 2023, esse total foi ainda dos mesmos 24% do PIB de 2016.

Essa "agenda de bondades" sistemática em que temos vivido desde a redemocratização se explica por razões tanto de solidariedade social — dado nosso grau de desigualdade — como pela compreensão acerca dos incentivos que guiam a ação dos políticos. Por outro lado, precisamos entender que foi ela que nos trouxe até aqui — e os progressos nestes últimos quarenta anos deixam a desejar. O país precisa de uma agenda que combine sensibilidade social e comprometimento ambiental — inerentes às pressões legítimas de uma democracia moderna — com a responsabilidade fiscal e com uma agenda de incremento da produtividade. Sem esse esforço de conciliação de agendas, é difícil vislumbrar um futuro promissor.

É o grande nó a ser desatado pelo país.

18

O DESENCONTRO MANTIDO

"O populismo de esquerda é o primo irresponsável da social-democracia."

— Pablo Gerchunoff
Economista argentino

O segundo turno da eleição de 2018 representou uma escolha difícil para as forças do centro político do país, dispersas, no primeiro turno, entre diversas candidaturas, no conjunto com algum potencial, mas, por separado, todas elas claramente minoritárias. Tratava-se de optar entre uma proposta — a do PT — que não tinha feito qualquer traço de autocrítica em relação às políticas implementadas nos anos em que o partido tinha sido governo — culminando em grandes escândalos e dois anos de uma recessão pavorosa — e outra — a de Jair Bolsonaro — em que, por trás de certo "sabor" de liberalismo econômico, havia inequívocas tendências totalitárias. Não necessariamente de todas as forças que foram gradativamente se juntando ao candidato com chances crescentes de vencer a eleição, mas certamente do candidato em si. Este tinha se notabilizado, entre outras coisas, pelo seu voto por ocasião do impeachment de Dilma Rousseff, em memória de ninguém menos que o Coronel Brilhante Ustra, a quem a *Wikipédia* define como o "primeiro militar condenado pela Justiça brasileira pela prática de tortura" durante o governo militar de 1964/1985.

Na reta final, a esperança de que a aliança do liberalismo de Paulo Guedes com a "tutela" dos militares "sensatos" conseguiria conter os ímpetos — caso vencesse — do Presidente da República falou mais alto que o receio de fazer uma aposta errada, e o antipetismo se revelou bem mais forte do que o então incipiente antibolsonarismo. Assim, Jair Bolsonaro teve uma vitória folgada contra Fernando Haddad no segundo turno, lembrando que este fora candidato no lugar de Lula, então preso numa cela em Curitiba, devido às condenações então vigentes na esteira dos processos da Lava Jato.

Quatro anos, centenas de declarações absurdas e 700 mil mortes — causadas pela Covid-19 — depois, em 2022 o quadro — já com Lula em pleno gozo dos seus direitos políticos, após a anulação das penas originalmente impostas pela Justiça — se reverteu. Como escreveu na ocasião o jornalista Carlos Alberto

Sardenberg, "não tem graça votar no Bolsonaro para derrotar o Lula e agora votar no Lula para derrotar o Bolsonaro". Entretanto, foi exatamente essa a escolha que voltou a se apresentar para as forças de centro. Representadas pela figura emblemática de Fernando Henrique Cardoso, que, em nome da rejeição a Bolsonaro e dos antigos ideias da década de 1970, declarou explicitamente seu voto em Lula no segundo turno de 2022, essas forças de centro, embora minoritárias no conjunto de eleitores, tiveram um papel decisivo no segundo turno. Tais forças rejeitaram não só o voto no então Presidente, como até mesmo a abstenção, votando no partido contra quem tinham lutado em outras eleições, agora em nome de um bem maior — a democracia. Ecoando a velha frase de Eça de Queiroz ("a distância mais curta entre dois pontos é uma curva vadia e delirante"), dois velhos adversários — o PT e o PSDB — pareciam voltar a se unir depois de muitas idas e vindas, algo representado emblematicamente pela chapa presidencial dos dois antigos adversários de 2006, agora unidos na mesma proposta política: Lula, símbolo por excelência do PT, para Presidente; e Geraldo Alckmin, outrora candidato pelo PSDB, para Vice-Presidente.

Neste capítulo, discutiremos esse "casamento de conveniência" singular, começando pela noite em que o novo "namoro" foi politicamente oficializado, até as reflexões que podem ser feitas, transcorrido já algum tempo daquele episódio, passando pelos desdobramentos posteriores a janeiro de 2023, quando Lula tomou posse.

Uma noite de reencontros: as feridas esquecidas (temporariamente?)

As semanas anteriores ao primeiro turno das eleições presidenciais de 2022 foram tensas para aqueles que se opunham a Jair Bolsonaro. Havia razões para essa tensão. Primeiro, a pregação aberta do então Presidente da República contra as urnas eletrônicas permitia imaginar que, se a diferença entre os candidatos no segundo turno fosse muito estreita, o resultado poderia ser contestado pelo derrotado, havendo então dúvidas acerca de que atitude teriam as Forças Armadas caso houvesse um conflito entre o Poder Executivo e a Justiça Eleitoral. Segundo, como a contestação da eleição presidencial implicaria duvidar da legitimidade da eleição proporcional, raciocinava-se que os deputados do chamado "Centrão" (base parlamentar de Bolsonaro) não poderiam contestar a eleição se esta fosse decidida no primeiro turno — pois estariam negando a legitimidade da própria eleição — mas estariam livres para fazê-lo em caso de uma eleição "solteira" no segundo turno. Terceiro, os dados econômicos vinham sendo a cada dia melhores, ainda que com um claro viés artificial aos olhos dos especialistas.[1] Crescia o receio, entre os apoiadores de Lula, de que se a campanha fosse "esticada" mais algumas semanas, com a passagem da decisão do primeiro para o segundo turno, Bolsonaro tomasse a dianteira nas pesquisas para este último.[2]

Nesse contexto, o PT passou a pregar abertamente o chamado "voto útil", procurando esvaziar as demais candidaturas e tentando aumentar a proporção de votos para Lula já no primeiro turno, o que, naturalmente, acabou gerando atritos com as candidaturas de oposição que eram as vítimas óbvias desse "esvaziamento". Isso foi algo que gerou consequências "sangrentas" — em termos políticos — no caso de Ciro Gomes, cuja reação verbal violenta acabou explodindo as poucas pontes que ainda restavam entre ele e o PT.

Embora a campanha do PT tenha sido parcialmente bem-sucedida no sentido de, com efeito, aumentar a proporção de votos pró-Lula, não foi a ponto deste vencer na primeira tentativa, uma vez que os dois primeiros colocados — Lula e Bolsonaro — foram para a disputa no segundo turno.

Uma vez que ficara definido que haveria dois turnos, naturalmente, os esforços da campanha de Lula se voltaram para tentar "seduzir" o eleitorado que tinha votado nos candidatos Simone Tebet e Ciro Gomes. Como o diálogo com este último não existia, houve uma concentração de energias grande para cooptar a maior proporção de votos da primeira, para o que a candidata deu uma contribuição decisiva, engajando-se com grande intensidade na campanha nas últimas duas semanas, e participando de muitos comícios com o próprio Lula. Além do vermelho ter ficado bastante esmaecido nesses comícios — para não espantar o voto de centro — o teor da campanha deixou de lado mensagens mais "esquerdistas" e toda a tônica passou a ser de formação de uma "frente ampla" para derrotar o bolsonarismo. Foi como se o locutor do Maracanã anunciasse em alto e bom som que "saem José Dirceu e Gleisi Hoffman e entram Marina Silva e Simone Tebet" — além de Alckmin, que já "estava em campo".

Foi nesse contexto que, poucos dias antes do segundo turno, ocorreu um encontro muito simbólico, num conhecido teatro de São Paulo, mais ou menos nos mesmos dias em que um grupo de economistas reconhecidos como "pais do Real" deu um apoio enfático à candidatura de Lula, não apenas em nome da democracia, mas também manifestando confiança de que este implementaria uma política econômica "responsável". No evento, onde, olhando para a Presidente do PT, Lula disse, com todas as letras, que "nossa política não poderá ser a do PT mas sim representar as forças que estão nos apoiando", os dois principais oradores, além do próprio Lula, foram Henrique Meirelles e Pérsio Arida. Parecia se desenhar um futuro pós-eleição em que Lula, vitorioso, faria um governo de características similares às do Lula I (2003/2006), quando a dupla Palocci-Meirelles dava as cartas na economia e as políticas monetária e fiscal foram, *grosso modo*, a continuação da política econômica implementada anteriormente pela dupla Pedro Malan-Armínio Fraga no segundo Governo FHC (1999/2002).

Restava o esforço de lamber velhas feridas, de quando o PT tinha feito uma oposição ferrenha ao Governo FHC e de quando, anos depois, boa parte do PSDB tinha se engajado ativamente em favor do impeachment de Dilma Rousseff, em 2016. Seis anos depois deste último episódio, num contexto que alguém qualificara de "maximização de convergências", parecia haver um empenho mútuo, naquelas semanas, em deixar as divergências do passado de lado em favor da luta contra o "inimigo comum". É claro que o PSDB de 2022 não era nem a sombra do que fora até meados da década de 2010. De qualquer forma, o "espírito tucano", uma vaga tendência social-democrata, que combinava o apego pela democracia com certa adesão aos princípios da austeridade fiscal e estabilidade de preços, combinada com "pitadas" de sensibilidade social, e que se confundira durante algumas décadas com o antipetismo, estava presente no ato. Ainda que de forma mais difusa, e não associada a um candidato do PSDB, como foram, no passado, Alckmin, Serra e Aécio Neves.

O julgamento da História

Nesse contexto, ficariam para o julgamento da História questões que um e outro lado consideraram essenciais no passado. Por "um e outro lado" estamos utilizando aqui certa figura de retórica, porque, de um lado, tínhamos o PT, muito claramente definido e, do outro, onde durante duas décadas estivera o PSDB, havia, em 2022, uma massa amorfa de eleitores órfãos. Estes, em sua maioria, tinham acompanhado o PSDB entre 1994 e 2014 e começaram a desistir dele em 2018, mas não se identificavam em absoluto com Bolsonaro e, em 2022, tinham que escolher o que consideravam o "mal menor", numa escolha difícil para muitos eleitores.

Para eles, o que havia acontecido nos anos de governo do PT — particularmente a partir das primeiras denúncias de corrupção, ainda no primeiro Governo Lula e que anos depois desaguariam nas condenações inicialmente do "mensalão" e, posteriormente, do "petrolão" —, tinha sido muito grave. Tais eleitores discordavam radicalmente da condução do combate à pandemia por parte do Governo Bolsonaro e ficaram horrorizados com os constantes ataques verbais deste às instituições — particularmente, ao STF e à Justiça Eleitoral. Ao mesmo tempo, ainda que reconhecendo, à luz do que veio a ser revelado com o passar do tempo, que a condução do processo legal contra diversos políticos do PT por parte da Lava Jato estivera longe de configurar um processo que respeitasse todos os ritos legais previstos na legislação, tratava-se de eleitores que ainda guardavam vivamente na memória tudo o que havia acontecido com as perdas da Petrobras, as refinarias superfaturadas, o dinheiro que ia e voltava em mochilas, o financiamento milionário via caixa dois, as relações com as empreiteiras etc.

Por outra parte, o PT continuava fazendo questão de insistir que aquilo que o país havia sofrido em 2016 — quando Dilma Rousseff foi afastada da Presidência — fora um "golpe" e não um impeachment regular, como o que afastou Fernando Collor da Presidência em 1992, seguindo-se todas as etapas previstas na Lei que regulava tal procedimento. Complementarmente a essa narrativa, havia um discurso de que aquele "golpe" havia sido uma reação dos "poderosos" contra os "avanços econômicos e sociais" do governo do PT. As estatísticas citadas pelo candidato e pelo partido, na campanha de 2022, em geral, enfatizavam sempre os *golden years* do Governo Lula de 2003/2010, "varrendo para debaixo do tapete" o período posterior a 2011, já sob Dilma, e omitindo acintosamente os dados de 2015/2016, com sua sequela de recessão e aumento do desemprego e da inflação.

Naqueles dias frenéticos da segunda quinzena de outubro de 2022, porém, com Bolsonaro se aproximando perigosamente de Lula nas pesquisas, e com o receio do "voto oculto" — de pessoas que teriam constrangimento em afirmar que votariam em favor da reeleição do então Presidente, mas estariam dispostas a apoiá-lo votando no número dele na urna, "fantasma" muito presente naqueles dias — gerando o temor de permanência do bolsonarismo por mais quatro anos no poder, o medo falou mais alto. Assim, em nome de certa unidade circunstancial, ambos os lados preferiram calar-se acerca do que cada um falara do outro no "verão passado", privilegiando os pontos em comum. Foi esse o espírito que prevaleceu no encontro do Teatro da Pontifícia Universidade Católica (TUCA), em São Paulo, na fotografia tão esperada do abraço de FHC com Lula, e nas passeatas de Simone Tebet e Marina Silva, ao lado de Lula, nas últimas semanas de campanha.

Um programa comum?

Durante a campanha, Lula esquivou-se de explicar qual seria o seu programa de governo, argumentando que, tendo sido Presidente durante oito anos, não tinha mais necessidade de explicar o que faria, uma vez que o seu passado de realizações no cargo já serviria como uma espécie de "cartão de visitas" diante do eleitorado. A rigor, não seria difícil pensar num conjunto de pontos programáticos que pudessem aglutinar o apoio tanto dos eleitores tradicionais do PT quanto de uma parte do eleitorado não bolsonarista e que, em eleições anteriores, havia votado no PSDB. Esse esforço, porém, não foi sequer tentado.

A dinâmica da campanha eleitoral estabeleceu, na prática, desde o início, o que a imprensa qualificou como uma "guerra de rejeições". Nesse sentido, o objetivo da campanha de Lula era reduzir a rejeição a este — mediante alianças com personalidades como Geraldo Alckmin e Simone Tebet — e, ao mesmo tempo, reforçar a rejeição a Bolsonaro, sempre enfatizando os óbvios aspectos negativos, tanto da personalidade quanto do governo deste.

O que Lula faria se fosse eleito, porém? Respeitaria a autonomia do Banco Central? Quão firme seria seu compromisso com o combate ao déficit público? Como pretendia abordar o desafio fiscal associado ao aumento de gastos já contratado para 2023 e à redução de receitas esperada após a melhora fiscal de 2022, que foi baseada parcialmente em efeitos temporários? Qual seria a sua política acerca do programa de concessões federais? O que significava exatamente "abrasileirar" os preços dos derivados de petróleo, como tantas vezes apregoara na campanha?

Todas essas eram questões acerca das quais o candidato, cuidadosamente, se esquivava de dar maiores esclarecimentos, fiel à máxima política de que, quanto maior for a precisão da proposta, maior é a possibilidade de que esta desagrade a um eleitor ou a outro. E Lula aprendera a exercer a arte da ambiguidade em abundância. Em 2023, ficaria bem claro para todos que Lula continuava sendo "PT raiz", mas em 2022, ele ainda estava em tempos de sedução.

Concessões de um lado...

Os setores associados ao ideário liberal, não só no Brasil como em diversos outros países, com alguma frequência, enfrentam dificuldades para conectar sua pregação com o dia a dia das pessoas comuns e fazem propostas que, muitas vezes, são recebidas com entusiasmo por setores do empresariado e, particularmente, do mercado financeiro, porém, enfrentam obstáculos na hora de conseguir apoios junto a frações mais amplas da opinião pública.

A propósito desse tipo de dicotomia, certa vez Abba Eban, um dos homens públicos mais importantes de Israel, porém com escassa ascendência sobre a maioria do eleitorado e as forças políticas dominantes daquela nação, estava pensando em ser candidato a Primeiro-Ministro. Quando a então Primeira-Ministra do país, Golda Meir, uma das fundadoras do Estado de Israel e política de longa trajetória nos meandros das complexas negociações parlamentares israelenses, soube de tal pretensão, ela perguntou a um dos seus assessores, com óbvio sarcasmo: "Ele é candidato a Primeiro-Ministro? De que país?"

Com a necessária dose de pragmatismo que o momento histórico recomendava, se tivesse havido em 2022 um esforço sério — e não uma mera tática eleitoral — de aproximação entre forças políticas associadas ao embate entre o PT e o PSDB, que no passado tinham se digladiado entre si, os grupos que defendiam o credo mais liberal, despojado de preconceitos e dados os condicionantes da ocasião, poderiam ter feito algumas concessões programáticas mais ou menos óbvias naquelas circunstâncias. Três delas, em particular, em 2022, afiguravam-se inteiramente razoáveis:

- **O aumento do gasto público.** Dada a queda da relação Gasto Público/PIB ocorrida entre 2016 — ano da aprovação do teto — e 2022 e assumida a absoluta impossibilidade de conservar a regra do teto intacta por mais quatro anos — em função das pressões que se acumulavam — era de bom tom reconhecer que a flexibilização do teto tinha se tornado inevitável, e que algum crescimento moderado do gasto teria que ocorrer de 2023 em diante.
- **O incremento da carga tributária.** Com a perspectiva existente em 2022, de se ter em 2023 um déficit público da ordem de 8% do PIB, e em face da queda prevista na arrecadação, o reconhecimento da impossibilidade de fazer um ajuste da magnitude necessária para combater o desequilíbrio fiscal apenas pelo lado da despesa tornava natural a proposta de aumentar a receita federal em algo entre 0,5% e 1,0% do PIB no futuro, em relação ao nível de receita previsto para 2023, como parte do esforço de ajuste, apesar da crítica feita no passado por esses setores ao elevado peso da tributação.
- **O reconhecimento de que a privatização da Petrobras não estaria em pauta.** Embora, numa perspectiva de longo prazo, o tema precisaria deixar de ser um tabu no Brasil, o fato é que, à luz das posições tradicionais do PT acerca do tema do petróleo, a formação de uma frente política ampla tornaria absurdo fazer da bandeira da privatização da Petrobras um "cavalo de batalha" dos grupos liberais interessados em se aliar com o PT, além do que o país poderia perfeitamente alcançar progressos importantes em quatro anos com a empresa permanecendo estatal.

Era possível, portanto, fazer essas concessões e pleitear um avanço em outras áreas, que permitissem ao país trilhar por um caminho de reformas no período de governo 2023/2026 e chegar a 2026 numa situação claramente superior, econômica e socialmente, em relação à de 2022.

E de outro

Em 1984, ex-Presidente argentino Raúl Alfonsín, político de rara sagacidade, porém nenhuma solidez econômica, estava começando a perceber duramente que uma coisa era ter energia, disposição e habilidade para disputar e vencer uma eleição presidencial; outra, muito diferente, era governar um país complicado como nossa vizinha Argentina. Tendo herdado uma situação econômica muito difícil no final do governo militar de 1976/1983, ele viu a situação se agravar quanto à velocidade do processo inflacionário, e passou a ter a incômoda sensação de que algumas das promessas econômicas feitas na sua campanha eleitoral não poderiam ser cumpridas. Nessas circunstâncias, numa tensa reunião de seu gabinete, impotente depois que "a ficha caiu" de que o Banco Central não teria como evitar uma alta das taxas de juros para enfrentar a crise de confiança que a economia estava vivendo, pediu para que lhe explicassem, com certa irritação misturada com impotência: "Como é isso do aumento das taxas de juros, que sempre combatemos nos palanques durante nossa campanha eleitoral?"[3]

A história, contada muitos anos depois no livro de quem, durante anos, fora, entre outras coisas, o responsável pela elaboração de alguns dos principais discursos feitos pelo próprio Alfonsín nos seus quase seis anos de governo, expõe de forma emblemática o conflito entre as teses voluntaristas defendidas durante uma campanha eleitoral e a dura realidade da "economia como ela é".[4]

Nesse sentido, analogamente ao que foi exposto na seção anterior, em que foram apresentados exemplos de teses caras aos setores mais liberais, que poderiam perfeitamente ser relegadas a um segundo plano na situação específica de 2023/2026, os setores mais ligados às ideias de esquerda poderiam muito bem ter feito algumas concessões à ortodoxia e concordado, explicitamente, com algumas medidas inteiramente defensáveis no contexto esperado para 2023, especificamente. Em particular, três delas teriam sido particularmente importantes:

- Apresentar um plano de controle fiscal para **ajustar o déficit público** realisticamente esperado para 2023, da ordem de 8% do PIB, nível demasiadamente elevado por qualquer ângulo que se olhasse para a questão fiscal.
- **Reafirmar o princípio da autonomia operacional do Banco Central**, entendida como uma política de Estado.
- Definir o **compromisso com uma meta de inflação de longo prazo de 3%**, de 2026 em diante, haja vista que o Conselho Monetário Nacional

— que define a meta de inflação — teria que se reunir até junho de 2023 para definir a meta de 2026, uma vez que as metas de 2023 a 2025 já estariam formalmente dadas ao assumir o novo governo.

Com pragmatismo econômico e flexibilidade política, portanto, teria dado para formar um governo que fosse uma espécie de "amálgama" das gestões de FHC (1995/2002) e Lula (2003/2010), combinando a expansão do gasto social — virtualmente contratada pela própria dinâmica das despesas do então chamado "Auxílio Brasil", fortemente crescentes no final de 2022 — com um claro compromisso com a responsabilidade fiscal e com a preservação da estabilidade de preços.

As políticas de Estado

Em que pesem as peripécias de nossa política, o Brasil alcançou um grau de desenvolvimento institucional diferenciado em relação, por exemplo, à nossa vizinha Argentina. Nas eleições presidenciais brasileiras de 2022, mesmo com uma intensa polarização, a cobertura da imprensa argentina ressaltava o fato de que, mesmo com todas as controvérsias políticas vigentes, o compromisso com a estabilidade parecia ser um denominador comum da nossa política, em claro contraste com o país vizinho, na época com uma inflação que, no final daquele ano, chegaria a 95%, igual à do Brasil no começo da década de 1980.[5]

É comum fazer-se a distinção entre políticas "de Governo" e "de Estado", as primeiras caracterizadas pela sua associação com o governante de plantão e sujeitas aos ditames da alternância de poder e as segundas marcadas pela sua maior duração, espelhando, de alguma forma, consensos nacionais.

No Brasil, mesmo quando, originalmente, não houve acordo por ocasião da aprovação de algumas medidas, elas depois se cristalizaram no universo político. O PT foi totalmente contrário à flexibilização constitucional dos monopólios do petróleo e das telecomunicações em 1995, mas não mudou esses marcos quando foi governo. O mesmo se aplica a outras marcas do Governo FHC, como o regime de metas de inflação ou a Lei de Responsabilidade Fiscal.

Da mesma forma, um feito importante do governo do PT — o fato de o Brasil ter alcançado uma posição de reservas internacionais que excede o nível da dívida externa bruta do país, algo que reduz muito a vulnerabilidade externa — provavelmente ficará incorporado à rotina de diversos governos, assim como essa característica já foi de fato mantida naqueles posteriores aos do PT, liderados por Michel Temer e Jair Bolsonaro, por entenderem que não faz sentido recuar em relação a esse avanço que o país conquistou há mais de quinze anos e que não há razões para mudar.

A questão que se colocava no final do processo eleitoral de 2022 era qual seria a dose de pragmatismo do PT uma vez que voltasse a ocupar o poder. Nas eleições de 2002, de Lula contra José Serra, popularizou-se, depois da vitória, a ideia de que "a esperança venceu o medo". Parodiando aquela disjuntiva, a pergunta pertinente era se o pragmatismo derrotaria as convicções. Para isso, seria preciso esperar o novo governo assumir.

O dilema do centro

Quando o centro não é hegemônico — e, claramente, esse parece ter sido o caso do Brasil nos últimos anos — o dilema que se coloca é: com quem fazer política? A quem se associar? A um lado ou ao outro? À esquerda, muitas vezes presa a concepções de mundo completamente ultrapassadas, quando não, em alguns casos, vinculada a projetos autoritários? Ou à extrema direita, frequentemente divorciada das boas regras da civilidade e da convivência democrática?

Muitos políticos e eleitores que estiveram ligados ao PSDB acabaram, em 2018, optando por Bolsonaro, temendo o "risco PT", associado, na época, ao que muitos diziam ser "o perigo do Brasil virar uma Venezuela". Por isso, optaram por não prestar muita atenção a sinais como os elogios de Bolsonaro ao Coronel Brilhante Ustra, os seus rompantes contra o Supremo Tribunal Federal, ou os seguidos excessos verbais do candidato. Quatro anos mais tarde, após todos os desmandos do já então Presidente ao lidar com a pandemia da Covid-19, a pregação contra a urna eletrônica e os arroubos autoritários evidentes na sua briga com a máxima instância judiciária, esses mesmos eleitores, em muitos casos, tiveram que deixar de lado suas críticas à gestão de mais de treze anos do PT, para votar em Lula em nome de algo maior, que era o desejo de se verem livres de Bolsonaro.

Numa perspectiva mais ampla de tempo, o dilema que se coloca para essas forças, na sua ação política, dado que a dinâmica tem mostrado que a disputa tende a se dar sempre entre dois grandes polos, e que o PT dificilmente deixará de ser um deles, pelo menos por algumas eleições, é a disjuntiva entre:

i) aliar-se ao PT e procurar influenciar suas ações e, buscando alguma forma de conciliação entre os governos de FHC e Lula I e II, combinando responsabilidade macroeconômica com avanços sociais, visando promover gestões tipicamente social-democratas; ou

ii) aliar-se com os setores de direita mais moderados, tentando isolar os grupos mais radicais, e procurando assumir a liderança do processo pelo lado da direita, sem qualquer resquício das pautas extremistas que dominaram a cena nos anos do bolsonarismo.

Na prática, as diferenças entre os governos tendem a ser muito inferiores às que seus respectivos militantes tenderiam a enfatizar. Tome-se por exemplo o caso da Espanha. A alternativa análoga à (i) estaria associada a apoiar um governo como o dos socialistas do PSOE, que governaram o país com Felipe González, com Zapatero e posteriormente com Sánchez. Analogamente, a alternativa (ii) estaria ligada a apoiar um governo como o do PP espanhol, que nos últimos trinta anos governou a Espanha algumas vezes, depois da consolidação da transição da democracia, quando ocupou o poder com Aznar e com Rajoy. Uns e outros — PSOE e PP — se detestam entre si e o país não alcançou o grau de consenso que, por exemplo, forjou governos de unidade em algumas ocasiões na Alemanha entre os democrata-cristãos e os social-democratas. Entretanto, o fato é que, em linhas gerais, para quem enxerga "a floresta e não as árvores", as diferenças entre esses dois grupos políticos espanhóis — os socialistas e a direita —, ao menos até recentemente, foram de segunda ordem e ambos estiveram comprometidos com o progresso social, a estabilidade econômica e o respeito às regras do jogo da democracia.[6]

Algo semelhante poderia ocorrer no Brasil, em tese. PT e PSDB ficaram se digladiando durante duas décadas e sabemos que existiam diferenças importantes entre os partidos, mas é razoável que um estrangeiro considere que os governos de FHC de 1995 a 2002 e de Lula de 2003 a 2010 tiveram elementos parecidos entre si. Avanços sociais? Houve nos anos FHC com o programa "Toda criança na escola", as melhorias na educação e no atendimento à saúde e o aumento real do salário-mínimo. Assim como no Governo Lula, com a política do salário-mínimo e com o Bolsa Família e as políticas de inclusão social. Compromisso com a estabilização? FHC claramente implementou um plano de estabilização bem-sucedido — ao contrário dos cinco anteriores, do Plano Cruzado de 1986 ao Plano Collor II de 1991 — e deixou como legado o regime de metas de inflação. E Lula, nos seus oito anos de governo, entre 2003 e 2010, alcançou níveis de inflação inclusive inferiores aos do final do Governo FHC, mantendo ainda uma política fiscal caracterizada pelo declínio da relação entre a dívida líquida do setor público e o PIB. Noves fora as relações amistosas do PT com os governos de Cuba e Venezuela, o compromisso inequívoco com a democracia do Governo FHC foi mantido, sem fissuras, nos anos de governo de Lula.

Na sua relação com a direita, os limites do centro deveriam ser muito claros: não ceder às pautas radicais que caracterizaram o Governo Bolsonaro.

Ou seja, o retrocesso ambiental, as medidas pró-liberalização das armas, o forte ranço ideológico etc. A pergunta-chave no final de 2022 para essa corrente era: que políticas adotaria o PT em 2023? Políticas razoavelmente responsáveis como as dos Governos Lula I e II? Ou as políticas de Dilma Rousseff, que tanto mal tinham causado ao país e que levaram ao desastre da recessão de 2015/2016?

O PT mostra as cartas

Os fatos de 2023 pareceram dar razão à epígrafe de Pablo Gerchunoff citada no começo do presente capítulo. Era mais do que razoável pressupor que, pelo seu histórico, o PT se oporia a um programa mais ambicioso de ajuste da economia e, ainda mais, a propostas ultraliberais como a privatização da Petrobras, temas que formam parte do "cardápio" do liberalismo local mas que, com um pragmatismo mais ou menos elementar, ambos os setores poderiam deixar de lado numa postura em favor da formação de um governo de frente ampla. A questão é que, se o Governo Lula III se orientasse pelas teses tradicionais do PT, caberia perguntar-se até que ponto faria sentido dar apoio a ele, uma vez ultrapassada a ameaça bolsonarista. Nesse sentido, três questões se perfilavam como elementos críticos acerca da possibilidade de definir ou não pontos de consenso entre uma visão de "centro-esquerda" e outra de "centro-direita" para a formação de um governo que fugisse dos extremos:

- a postura do novo governo diante da Petrobras, especialmente à luz dos enormes prejuízos trazidos à empresa nos anos Dilma pela política que manteve os preços dos derivados de petróleo extremamente atrasados em relação aos que caberia praticar;
- o compromisso efetivo do PT com as metas de inflação já definidas para o período 2023/2025; e
- a proposta do governo do PT para substituir a regra do "teto de gastos", na prática inviabilizada na fase final da própria gestão de Paulo Guedes à frente da economia.

A Tabela 18.1 ajuda a dimensionar a primeira questão. Embora, aos olhos da opinião pública, a Petrobras tenha apresentado prejuízos expressivos no final do Governo Dilma "devido aos escândalos de corrupção", esta, conquanto importante, não foi a principal razão do desequilíbrio financeiro da empresa e sim o fato dela vender seus produtos no mercado local com prejuízo, considerando os preços da época no mercado internacional. Com a mudança da política de preços definida no Governo Temer e mantida em parte do Governo Bolsonaro, na prática internacionalizando os preços dos derivados, a empresa mudou completamente a sua situação financeira, passando a gerar lucros expressivos durante boa parte do período 2017/2022, quando o PT esteve fora do governo (Tabela 18.1). Com a prometida "abrasileirização" dos preços prometida por Lula na campanha, era natural que surgissem receios acerca do risco de retorno a uma situação com alguma similaridade com a observada até meados da década passada, mesmo sem os ingredientes policiais registrados naquela ocasião. O fato é que os receios acerca da condução política da Petrobras foram em parte confirmados. Ainda que não tenha havido escândalos nem uma defasagem de preços absurda como a do final do período de governo de Dilma, o maior controle dos preços da gasolina, visando conquistar a classe média e em linha com o típico ideário manifestado pelo PT e por Lula no passado, levou a uma queda expressiva do lucro da Petrobras. Como consequência disso, haveria também um impacto na arrecadação de Imposto de Renda daquela que é a maior empresa do país.

TABELA 18.1

Lucro antes do Imposto de Renda e Contribuição Social: Petrobras - Resultado Consolidado

Ano	Valor (R$ milhões)	% PIB
2015	-41.229	-0,69
2016	-10.703	-0,17
2017	6.174	0,09
2018	38.967	0,56
2019	47.242	0,64
2020	37	0,00
2021	151.575	1,68
2022	274.998	2,73
2023	177.481	1,63

Fonte: Demonstrações de resultado - Petrobras, diversos anos.

O compromisso com as metas de inflação não foi abandonado. Porém, o fato é que no começo do governo o Presidente Lula, em pessoa, se encarregou de torpedear a política monetária, seja defendendo explicitamente a adoção de uma meta mais elevada — citando os 4,5% que acompanharam boa parte da sua gestão anterior — seja atacando verbalmente, em termos particularmente duros, a figura do Presidente do Banco Central, Roberto Campos Neto. Foi um processo de teor político com certo paralelo com o que levara anos antes, na Argentina, a então Presidente Cristina Kirchner a "jogar cargas ao mar", livrando-se de Martín Redrado, na época Presidente do Banco Central da República Argentina. A maior fortaleza das instituições brasileiras, comparativamente às argentinas, e a sinalização das lideranças do Congresso de que a autonomia da autoridade monetária tinha sido assegurada pelo Legislativo e não por Bolsonaro — e, portanto, o princípio deveria continuar a ser respeitado —, no fim, porém, acabaram prevalecendo, apesar dos sinais iniciais do novo governo.

Em que pese, no fim das contas, a situação ter sido melhor que a temida por muitos, no sentido de que, mal ou bem, a Petrobras continuou sendo lucrativa e a meta de inflação de 3% foi reafirmada, o fato é que houve diversos elementos que continuaram a gerar críticas acerca da postura do PT, uma vez no governo. Entre esses pontos, destaque-se:

- a tentativa de reverter a privatização da Eletrobras;
- o ressurgimento da defasagem de preços dos derivados de petróleo em relação às cotações internacionais;
- a tentativa do governo de intervir na definição acerca de quem deveria ser o Presidente da Vale e compor o seu Conselho, apesar de se tratar de uma empresa privada;
- a oposição à Lei das Estatais, com a perspectiva de retorno às indicações políticas em todo tipo de Conselho;
- as propostas de retrocesso no campo regulatório em algumas áreas, ainda que, com o tempo, as iniciativas nesse sentido tenham perdido força; e
- a retomada de traços da política exterior dos anos 2003/2016, particularmente a boa relação diplomática com governos como o da Venezuela, fazendo surgir em muitos agentes econômicos a dúvida legítima acerca de qual seria a política adotada no Brasil se um governo do PT tivesse uma representação maior no Parlamento.

Finalmente, no que se refere à política fiscal, acerca das seguidas alusões de Lula ao raciocínio segundo o qual o passado dele de Presidente seria suficiente para credenciá-lo como um gestor fiscal responsável, o que dispensaria a necessidade de se comprometer com novas regras, cabe lembrar que o problema residia nas diferenças entre as situações de 2023 e de 2003, quando ele tinha assumido a Presidência pela primeira vez. Naquelas circunstâncias, o resultado primário consolidado das três esferas de Governo — União, Governos Subnacionais e Empresas Estatais — de 2003 foi igual ao de 2002: 3,2% do PIB. Ou seja, o ajuste fiscal já tinha sido feito, não sendo necessários novos apertos. Já em 2023, não só o superávit primário consolidado do setor público de 2022 tinha sido significativamente menor, de 1,3% do PIB, como a perspectiva para 2023 era de uma forte piora (desajuste) fiscal de mais de 2% do PIB, pela forte possibilidade de que o resultado primário do ano fosse bastante negativo. Isto porque a receita de 2022 havia sido beneficiada por alguns componentes de arrecadação que, provavelmente, face às características do novo governo, não voltariam a se repetir na mesma magnitude, associados a uma receita particularmente forte de itens como o IRPJ, a exploração de royalties ou o ingresso de recursos associado à realização de concessões.[7]

A Tabela 18.2 fornece uma pista dessas evidências, mostrando a força dos itens associados ao petróleo, que afetam tanto o lucro das empresas — pelo peso da Petrobras — como a exploração de recursos naturais e o pagamento de dividendos pela Petrobras.[8] A essa perspectiva de redução da receita se somava a possibilidade de um forte incremento do gasto federal primário em torno de 1% do PIB em relação a 2022 pelo incremento dos gastos com Bolsa Família — entre outros — e a diminuição das receitas de ICMS — face às decisões acerca deste adotadas no Governo Bolsonaro em meados de 2022 — afetando o resultado primário dos Estados. Tudo isso se somava no sentido de gerar um resultado primário consolidado em 2023 em torno de 2% a 3% do PIB pior que o de 2023, algo que aparentemente não entrava nas considerações manifestadas repetidamente pelo Presidente da República. O fato é que, quando o ano acabou, verificou-se, conforme esperado, que os impostos mais sensíveis às decisões políticas do governo tinham experimentado uma queda de arrecadação. Especificamente, de 1,3% do PIB, exatamente a mesma redução observada da carga tributária federal em 2023 em relação a 2022. A soma dos demais impostos e contribuições — incluindo o INSS — se manteve constante como proporção do PIB.

TABELA 18.2

Composição da receita federal: itens selecionados (% PIB)

Composição	2019	2020	2021	2022	2023
Itens selecionados	4,38	3,67	4,53	6,32	5,03
IRPJ	1,78	1,66	2,38	2,84	2,41
IRRF - Renda Capital	0,77	0,64	0,62	0,96	1,14
Exploração rec. naturais	0,88	1,24	1,04	1,31	1,04
Concessões	0,80	0,11	0,11	0,46	0,08
Dividendos Petrobras	0,02	0,02	0,23	0,56	0,26
Dividendos BNDES	0,13	0,00	0,15	0,19	0,10
Demais receitas	11,70	10,30	11,78	11,32	11,17
INSS	5,59	5,32	5,13	5,31	5,46
Total	21,67	19,29	21,44	22,95	21,66

Fontes: STN.

Em suma, a perspectiva de formação de um governo de frente ampla, que chegou a existir na esperança de muita gente naquela noite pouco antes das eleições, quando o então candidato Lula, olhando para a Presidente do PT, Gleisi Hoffman, declarou que o governo não seria um governo do PT e sim um governo do conjunto de forças que o estavam apoiando, esvaiu-se rapidamente. O dia em que Pedro Malan, Pérsio Arida, Arminio Fraga e Edmar Bacha assinaram uma carta de apoio a Lula no segundo turno, em outubro de 2022, afirmando que ao fazer isso "nossa expectativa é de condução responsável da economia", parecia, já em janeiro de 2023, muito distante no tempo, embora tivesse sido ocorrido apenas três meses antes. Logo no começo de 2023, o PT já estava mostrando a que tinha vindo. No final do ano, o resultado primário — ainda que pressionado adicionalmente por um pagamento extra de precatórios da ordem de 0,9 % do PIB — foi de um déficit primário — isto é, sem juros — de 2,3% do PIB, com uma piora de 3,5% do PIB em relação a 2022. Somado aos juros de 6,6% do PIB, o déficit nominal alcançou 8,9% do PIB. Um desequilíbrio fiscal "pra ninguém botar defeito".

O futuro: *"Borrón y cuenta nueva"*

As forças de centro, personificadas em 2022 na candidatura de Simone Tebet — que, potencialmente, poderia ter tido muito mais votos se a "terceira via" tivesse se unido em torno do nome dela vários meses antes e não apenas pouco antes da eleição — acabaram "fechando um olho" para os problemas observados nos anos de governo do PT, em nome da necessidade de preservar a democracia, em circunstâncias muito particulares como as que o Brasil vivia em 2022. Constatada a impossibilidade de se avançar num programa econômico comum, devido à insistência, do PT em geral e de Lula em particular, em pautas que, mais do que divergirem, representavam um enfrentamento extremo com a agenda tipicamente liberal — mudança de orientação da Petrobras e relaxamento claro da política fiscal, por exemplo — seria necessário reposicionar as forças de centro, com vistas ao debate visando à eleição de 2026.

Evidentemente, a base de qualquer estratégia teria que ser uma avaliação política que partisse de uma constatação óbvia, relacionada com o elevado grau de fragmentação política do país. E, também, evidentemente, a mudança de orientação em relação a 2022 — quando muitos dos eleitores de Simone Tebet apoiaram a candidatura de Lula no segundo turno — não poderia jamais ser confundida com o apoio ao bolsonarismo. Na prática, o que essa revisão de posição implicaria, concretamente, é uma espécie de postura de "*borrón y cuenta nueva*" acerca da opção que cada um fez nas eleições de 2022.[9]

Assim, se, nas eleições de 2022, saber de que lado da "trincheira" cada uma das forças que na ocasião apoiaram Lula estiveram no passado — especificamente, no impeachment de Dilma Rousseff — deixara de ser relevante quando os fatores de união se tornaram mais importantes, analogamente, saber em quem se votou em 2022 deixará de ser crucial a caminho das eleições de 2026, quando o quadro político deverá ser reconfigurado e grupos que estiveram juntos na última eleição se dispersarão. Ao mesmo tempo, outros grupos e partidos que estiveram separados em 2022, poderão, provavelmente, marchar unidos no apoio a uma candidatura que possa eventualmente agregar as forças de centro e de direita. A base desse rearranjo, que poderá ter um paralelo, ainda que distante, com a união de forças que se dera durante vinte anos em torno do PSDB entre 1994 e 2014, poderá ser dada pela combinação de uma oposição ao PT, ainda presente na sociedade brasileira, com a defesa das posições pró-mercado e concorrência, e de três teses claramente distintivas em relação ao PT: i) o restabelecimento da política de preços da Petrobras de 2017/2022; ii) a abertura da economia, para forjar um ambiente de maior competição; e iii) um maior rigor fiscal. Além, naturalmente, de uma mudança da política externa, em favor do resgate das posições defendidas historicamente pela diplomacia tradicional do Itamaraty, em contraste com o padrão de afinidades seletivas tipicamente observado nos governos do PT.

Dito, isto, podemos agora avançar para as conclusões do livro.

19

A VINGANÇA DE TOCQUEVILLE

"É preciso que os governantes se apliquem em dar aos homens esse gosto pelo futuro e que, sem o dizer, ensinem a cada dia aos cidadãos que a riqueza, o renome, o poder, são o preço do trabalho, que os grandes triunfos se encontram situados ao cabo dos longos desejos e que nada se obtém de durável senão aquilo que se adquire com dificuldade."

— Alexis de Tocqueville

A epígrafe deste capítulo, sem que tenha havido *spoiler* prévio para o leitor, explica por fim as razões da escolha do título do livro. Procurou-se, ao longo das suas páginas, explicar como o Brasil chegou até aqui, aos trancos e barrancos, com os pontos positivos e negativos da nossa realidade e sempre, na medida do possível, enfatizando o contraste entre aquilo que era feito e aquilo que seria necessário fazer. Como já se disse várias vezes, na História, "as consequências vêm depois"... Se a Coreia do Sul era na década de 1960 um país muito parecido com o Brasil e hoje nos deixou "comendo poeira", é porque ela fez, como país, décadas atrás, escolhas que nós não fomos capazes de fazer. Será o atraso nosso destino?

Se o Brasil é um país difícil de governar, a Argentina talvez seja um *case* ainda mais difícil de administrar para quem está no comando. Ao sair do governo militar, em dezembro de 1983, vivia-se um clima de otimismo com a perspectiva de redemocratização, como em outras oportunidades, mas sem as máculas de outros processos anteriores, como a proscrição do peronismo ao final da "Revolução Libertadora" da década de 1950 ou a violência política que coexistiu com as eleições de 1973, que colocou um fim ao ciclo iniciado com a ditadura de Onganía em 1966. Logo, porém, ficou claro que, naquele cipoal de interesses contraditórios entre si e com uma escassa tradição — para usar um eufemismo — de procura de consensos, o caminho para uma economia próspera seria bem mais árduo do que imaginado. Foi nesse contexto, nos tempos do governo de Raúl Alfonsín, que surgiram menções ao risco de "libanização" da política argentina. Não no sentido de irrupção de uma guerra civil, mas sim como a expressão de conflitos paralisantes, em que os diversos grupos de pressão — empresários, sindicatos, partidos, Igreja, sociedade civil, Justiça, funcionalismo público etc. — não seriam capazes de se colocar minimamente de acordo acerca de uma agenda para endereçar os grandes desafios do país.

Uma reflexão parecida cabe, de alguma forma, com as devidas ressalvas, aqui no Brasil, com nosso sistema político partidário com mais de vinte partidos, que pugnam pela ocupação de espaços de poder e se revezam no controle de diversos órgãos, "fatiando" o Orçamento. São grupos que vão se fortalecendo por meio dos diversos arranjos institucionais que foram prevalecendo ao longo do tempo — com caixa dois, financiamento implícito de campanhas através de sobrepreço em obras públicas, Fundo Partidário, financiamento oficial, "orçamento secreto" etc. — mas sem que haja um *road map* traçado de como fazer para chegar a que lugar. "Qual é a estratégia para o desenvolvimento do país?" no sentido, digamos, "tocquevilliano" — com alvos definidos, visão de longo prazo e consciência acerca da necessidade de investir muito tempo e recursos nela — é uma pergunta que há muito carece de resposta. E, na ausência disso, o país tende a certa estagnação. É a vingança de Tocqueville...

Aqui, concluiremos a jornada iniciada no primeiro dos capítulos deste livro, abordando, inicialmente, antigas reflexões de um pensador latino-americano sobre estas grandes questões para, depois, destacar certo paralelo entre a visão de Tocqueville e passagens de nosso conhecido *Raízes do Brasil*, do mestre Sérgio Buarque de Holanda; indagar qual é a forma que existe de tentar conciliar os papéis da urna e do mercado; procurar esmiuçar algo além do consenso fácil de curto prazo; ressaltar a importância de definir uma coalizão modernizadora na arena da política; mostrar alguns equívocos interpretativos comuns acerca de nossa realidade; enfatizar a reincidência do PT em certas práticas fiscais recorrentes; sinalizar para a importância do desafio demográfico que o país tem pela frente; chamar a atenção para o efeito cumulativo das reformas que o país fez ao longo dos últimos 25 a 30 anos; qualificar o bom debate; apontar para certas disfuncionalidades de nosso sistema político; dar a devida ênfase a algumas aberrações da forma em que o Brasil gasta os recursos; e, finalmente, concluir fazendo menção a uma conhecida passagem do mais famoso livro de Gabriel García Márquez — o "Gabo" — em *Cem anos de solidão*.

As reflexões de Juan Carlos Torre: paciência, trabalho e realismo

Quando ascendeu ao poder no fim do governo militar, em 1983, Raúl Alfonsín se cercou inicialmente de velhos colaboradores do chamado "radicalismo", a União Cívica Radical (UCR), partido que, apesar do nome, era a representação, por excelência, do centro político argentino. Muitos deles, embora fossem indivíduos corretos, republicanos, comprometidos com a democracia, e extremamente honestos, estavam imbuídos de pensamentos típicos da década de 1960, quando vários deles tinham ocupado posições de governo na gestão presidencial de Arturo Illia. Essa filosofia não se coadunava com a situação da década de 1980, num país muito mais endividado que naquela época, com menos espaço de autonomia e num mundo então dominado pelas ideias de Ronald Reagan e Margaret Thatcher. Com noções confusas e pouco aplicáveis àquelas circunstâncias e, pior, tendo recebido uma herança bastante complicada do final do período militar, particularmente em matéria de comportamento dos preços, em poucos meses o novo governo demonstraria claramente não ter a menor ideia de como encarar os problemas com os quais ia tropeçando.

Nesse contexto, foi aparecendo, aos olhos do Presidente da República, com visibilidade crescente, um pequeno grupo de técnicos — pejorativamente, pelo "lado político", qualificado de "tecnocrático" — liderado por quem, com o tempo, viria a se tornar Ministro de Economia, Juan Sourrouille. Nele se destacava um sociólogo com elevada capacidade de reflexão, extremamente culto e que escrevia muito bem, chamado Juan Carlos Torre. Naquela época, ele escreveu um diário, mantido durante anos na década de 1980 enquanto o autor batia ponto na Casa Rosada mas que, posteriormente, ficou guardado a chave durante muito tempo, à espera da ocasião apropriada para sua publicação. No começo da década atual, já tendo se passado em torno de 35 a 40 anos daqueles acontecimentos, aproximadamente, e com os principais personagens já falecidos ou completamente afastados do palco, ele decidiu, com fins históricos, publicar seu *Diario de una temporada en el quinto piso: Episodios de política económica en los años de Alfonsín*, que viria a ser um best-seller no país vizinho.[1] É desse livro que extraímos algumas passagens citadas no presente capítulo.

Na essência — e, nesse sentido, o paralelo com o Brasil da década de 2020 parece muito nítido — a questão central, como é frisado seguidamente em diversas páginas do livro, é que o problema de fundo que existia era a existência de um Presidente da República que não acreditava nas restrições onde elas existiam, e aspirava a viver do voluntarismo, quando o que o país exigia, nas palavras de Torre, era "paciência, trabalho e realismo". É uma ideia que nos remete novamente ao espírito da frase citada em epígrafe no capítulo. A reflexão acompanhava a frustração do autor do diário ao constatar a negativa do Presidente em adotar medidas de ajuste na economia. Um aviso ao leitor: como em outras passagens deste livro, novamente aqui, qualquer semelhança com a realidade brasileira atual *não* é mera coincidência...

É particularmente angustiante a leitura das páginas de *Diario de una temporada...* em que o autor constata a solidão daqueles que enfatizavam a premência de enquadrar as demandas dentro das limitações da disponibilidade de recursos e que entendiam a necessidade imperiosa da Argentina de se integrar a um mundo que começava a ser dominado pelo fenômeno da globalização. Esses técnicos se enfrentavam com uma equipe de colegas de Ministério com um olhar completamente provinciano da gestão pública e que ignoravam inteiramente os *constraints* orçamentários. Nas palavras de Torre, a imagem que o governo passava era que "há 4 ou 5 pessoas racionais e inteligentes no Ministério da Economia, cercadas por uma fauna extravagante de outros membros da equipe".[2]

O conflito atingiu seu ápice quando o próprio Presidente da República, Alfonsín, no meio de complicadíssimas negociações com os credores acerca da dívida externa, com uma posição delicada perante o Fundo Monetário Internacional (FMI) devido aos sucessivos descumprimentos do programa econômico vigente acordado com a instituição e com o país necessitado do apoio formal do governo dos EUA em meio a esse panorama externo complexo, resolveu nada mais e nada menos que anunciar — sem prévio acordo da equipe econômica — os planos de mudar a capital do país para a Patagônia. Alfonsín tentava de alguma forma — três décadas depois — reeditar a experiência da construção de Brasília, iniciativa que levou os assessores do Ministro de Economia à beira do infarto. Um deles, Adolfo Canitrot, "portenho" típico, com um linguajar rico em metáforas, desabafou indignado na época, aos berros, para os colegas, conforme relatos que vazaram na ocasião: "Ele está com a casa hipotecada e quer comprar um Rolls Royce!!!"

De Tocqueville a Sérgio Buarque de Holanda

O leitor mais atento deve ter feito, naturalmente, um paralelo entre a epígrafe citada no capítulo 17, referente à frase de Sérgio Buarque de Holanda e o espírito retratado na epígrafe do presente capítulo, escrita por Tocqueville muitas décadas antes. Ambas fazem um diagnóstico acerca do que é preciso para um país ter sucesso no longo prazo. Se Buarque de Holanda citava o contraste entre o "aventureiro" e o "trabalhador", Tocqueville falava do "gosto pelo futuro". Se o pensador brasileiro citava o "ideal de colher o fruto sem plantar a árvore" em contraposição ao "esforço lento, pouco compensador e persistente", seu similar francês antes já dizia que "os grandes triunfos se encontram situados ao cabo dos longos desejos". Se o primeiro mencionava a "ética do trabalho", em oposição à "ética da aventura", o segundo ressaltava que "nada se obtém de durável senão aquilo que se adquire com dificuldade".

O contraste entre a filosofia que emana da leitura desses clássicos e o espírito que grassa no dia a dia da política brasileira não poderia ser mais cristalino. Aqui, o *zeitgeist*, o "espírito de época", que vigorou tradicionalmente no país, foi exatamente na direção contrária daquele tipo de prescrições. Considere-se, como exemplo, a coleção de sentenças expostas a seguir. Anos atrás, na companhia de Gustavo Franco, organizamos um livro de frases, na forma de epígrafes ("*quotations*"), ao qual demos o nome espirituoso de *Antologia da Maldade*, publicado em 2015 pela Editora Zahar. Todas as frases citadas no restante da presente seção são pinçadas daquela coletânea. Talvez a mais emblemática delas seja o comentário do ex, e agora novamente Presidente, Luiz Inácio da Silva, o Lula, com seu comentário tão típico dele, no começo do seu primeiro governo, de que "não é possível governar este país apenas com a racionalidade dos números. É preciso que haja uma combinação entre a racionalidade do cérebro e a racionalidade do coração", que é uma oposição de "sabor" macunaímico e pitadas de "pensamento mágico" àquele ideal de racionalidade expresso no raciocínio de Tocqueville.[3]

Cabe destacar também a síntese filosófica dessa visão acerca de qual deve ser o papel do governante, na síntese que o mesmo Lula expressou em 2006, já no quarto ano de exercício da Presidência da República, ou seja, plenamente consciente, caberia esperar, acerca das limitações da realidade para alcançar as ambições desejadas. Disse ele na ocasião: "O Brasil já fez todos os sacrifícios que tinha que fazer. Eu acho que agora o povo brasileiro precisa começar a colher um pouco dos benefícios do Estado brasileiro". O que chama a atenção é que, no período de quinze anos compreendido entre o ano de 1991 — quando começam as estatísticas fiscais brasileiras aproximadamente como as conhecemos hoje — e o de 2006, o Governo Central já havia aumentado a despesa primária — isto é, tirando os juros — de 11,1% do PIB no começo dos anos 1990, para 16,8% do PIB uma década e meia depois, sinal de que a ideia de que o Estado brasileiro não tinha feito nada pelo "povo brasileiro" até então estava em flagrante contradição com o que diziam os números.[4]

Como corolário dessa visão que associa "bem-estar social" a "mais gasto", é sintomática a frase que Lula viria a dizer um ano mais tarde, em 2007: "choque de gestão é contratar mais gente".

Embora a frase a ser comentada a seguir tenha todos os componentes típicos da retórica populista latino-americana, ela expõe também, de forma nua e crua, todo o ressentimento pelo sucesso alheio, em contraposição com nossas frustrações históricas. Estamos falando do discurso de Lula, na véspera da sua despedida, em 2010, quando, num comício em Salvador, conforme relato do jornal *O Globo* de 30 dezembro de 2010, mesmo tendo todas as razões para se sentir plenamente satisfeito por acabar o governo com 7,5% de crescimento e mais de 70% de popularidade, extravasou todo o arsenal de preconceitos com esta frase representativa das idiossincrasias acalentadas durante décadas: "Foi gostoso passar pela Presidência da República e terminar o mandato vendo os Estados Unidos em crise, vendo a Europa em crise, vendo o Japão em crise, quando eles sabiam tudo para resolver os problemas da crise brasileira, da crise da Bolívia, da crise da Rússia, da crise do México".[5]

Não é de estranhar que, tendo crescido nesse meio ambiente político, um dos líderes do PT, no governo de Dilma Rousseff, tenha se manifestado nos seguintes termos, em 2015: "Aumentar um pouquinho a dívida não tem problema não. Não pode mais ficar esse casulo de segurar, segurar".[6] O que é definitivamente espantoso nessa afirmação é que, superada a fase inicial do ajuste de 2003, no começo do Governo Lula, nos doze anos transcorridos entre 2003 e 2015, o gasto primário real do Governo Central cresceu — e essa tendência de crescimento foi mantida também em 2015 — à notável taxa média de 5,2% a.a., o que perfaz nada menos que 84% em doze anos, algo que se parece a qualquer coisa menos à ideia de "segurar, segurar". Isso só confirma outra frase citada na referida antologia das "maldades", esta de Lady Thatcher, quando disse em forma lapidária: "Governos socialistas fazem uma bagunça financeira e sempre acabam sem o dinheiro dos outros: é uma característica deles". É lógico, então, que, nesse contexto, a dívida bruta, cujo aumento ("um pouquinho"), na visão do citado líder, "não tem problema não" e que tinha sido de 52% do PIB em 2013, escalasse para 70% do PIB, em velocidade vertiginosa, três anos depois, ano em que a então Presidente Dilma Rousseff teve que deixar o poder devido ao seu processo de impeachment.[7]

Há algo além de um conjunto vazio no destino procurado?

O ex-Ministro e ex-Deputado Delfim Netto, com cinco décadas de proximidade com o poder, costumava dizer que "a urna corrige o mercado e o mercado corrige a urna". O significado da frase espirituosa é que se a política encaminha o país na direção errada, isso provavelmente terá consequências sobre os indicadores financeiros que irão "punir" o governo, obrigando a uma correção de rota. Analogamente, se o dito "mercado" induzir um governo a adotar políticas vistas como "corretas" no que diz respeito ao equilíbrio macroeconômico, mas com escassa sustentação parlamentar, o mundo das finanças, cedo ou tarde, acabará reconhecendo que a continuidade da política econômica se mostrará insustentável.

Esse mecanismo de influências mútuas, naturalmente, não se dá sem tensões, que podem produzir alguns solavancos. Em determinado momento, as políticas do PT de anos atrás eram muito populares, mas algumas delas acabaram causando a crise dramática de 2015/2016, que levou a uma reviravolta política quando Michel Temer substituiu Dilma Rousseff. Depois, o mercado se encantou com as reformas de Temer, mas estas não tiveram sustentação para que um candidato governista vencesse as eleições presidenciais de 2018.

Estamos falando da procura por um equilíbrio difícil e delicado entre a urna e o mercado. Políticas populistas tendem a ganhar muita popularidade durante um tempo, mas muitas vezes geram problemas posteriores. "O populismo nos dá o presente e nos tira o futuro", disse alguma vez um político latino-americano. Inversamente, certas políticas podem agradar o mercado, mas colocarão para os políticos que apoiam o governante o desafio de se (re)eleger quando algumas políticas vistas como "racionais" são pouco populares. A pergunta natural que às vezes pode surgir é: será a interseção entre as propostas com racionalidade econômica e o apoio popular um conjunto vazio?

O já citado Adolfo Canitrot, nas discussões internas ao governo argentino, prevendo a chegada de tempos difíceis diante dos primeiros problemas vivenciados na Argentina poucos meses após o fim do regime militar, num país ainda pouco acostumado ao debate sobre opções econômicas no contexto da vigência de uma democracia, dizia para os mais próximos, em 1984, de forma premonitória: "Nem o Presidente da República, nem o partido do governo, nem o país, estão preparados para o que virá". Ele estava certo — mas o país só viria a descobri-lo depois, justamente por não estar preparado para os tempos que viriam.

Se o debate sobre política fiscal é sempre tema de grandes polêmicas, com o recurso fácil dos adeptos da austeridade qualificando de "irresponsável" a turma "do outro lado" — a oposição ou a "ala política" do governo de plantão, mais sensível que os técnicos à pressão das ruas — e os políticos chamando de "insensíveis" os técnicos que agem como mensageiros de más notícias, controvérsias similares marcam a discussão acerca da integração do país à economia mundial. Por trás de posições legítimas, de um lado, no sentido de avançar na linha de mais integração e, de outro, de tomar os devidos cuidados para mitigar as consequências sociais desse processo, tendem logo a surgir posições extremadas. Assim, os adeptos da abertura rapidamente tacharão de "retrógrados" aqueles que defendem certas práticas protecionistas e, do lado oposto, surgirão acusações de todo tipo, de "querer abrir o país à invasão de importações" até a mais antiga de "entregar o país de graça ao capital estrangeiro".

A questão da linguagem, nesse ponto, é chave na tarefa de conquistar "corações e mentes" e, nesse sentido, embora, na ocasião, as teses defendidas pela equipe da qual ele fazia parte tenham sido derrotadas no interior do governo Alfonsín, novamente Canitrot fornece uma pista de uma boa linha de argumentação, para encarar com realismo os desafios colocados pela concorrência internacional: "Imaginem uma adolescente de 15 anos à qual proíbem de sair de casa porque na rua pode ser violentada ou atropelada ou cair no vício das drogas. Se ela não sair, muito provavelmente não acontecerá nada com ela, mas será uma menina boba. A mesma coisa acontece com a indústria. Há muitos perigos na rua: o *dumping*, as importações etc., mas se cuidarmos dela excessivamente, teremos uma indústria boba".

É por essas e outras que Fernando Henrique Cardoso, com o duplo "chapéu" de sociólogo e ex-Presidente da República, quando voltou à atividade intelectual depois de passar oito anos no exercício do cargo mais importante do país, colocou como título de um dos seus primeiros livros escritos depois de 2002, *A arte da política*, porque tudo, em matéria de políticas públicas, depende da política — e porque para esta não há uma "receita de bolo". A política é uma atividade que poucos conseguem executar passando tanto pela aprovação dos contemporâneos quanto, décadas depois, pelo crivo — muito mais severo — do julgamento da História. É uma arte!

Além do consenso fácil

No citado diário escrito ao longo de anos na década de 1980 e finalmente publicado há alguns anos, Juan Carlos Torre faz esta reflexão, originalmente escrita em 1984, e muito associada ao espírito do presente livro que o leitor tem em mãos: "O pensamento progressista argentino esteve tradicionalmente enviesado para os temas da distribuição de renda e da defesa dos recursos nacionais. As questões referentes ao crescimento e ao desafio de gerar racionalidade econômica nunca ocuparam um lugar central na sua agenda".[8] Este é um ponto-chave — digno eventualmente de merecer ocupar o lugar de epígrafe deste livro —, com implicações evidentes, mesmo quarenta anos depois, para o debate brasileiro atual.

O leitor certamente se lembrará da já citada frase do romance *Equador*, de Miguel Sousa Tavares, em que o personagem Rafael Bordalo Pinheiro, opinando sobre o Conde de Burnay, diz que ele "compra, vende, troca, empresta, põe, dispõe, impõe, repõe, fia, fura e faz". Algo assim se aplica ao papel do Estado, na percepção de alguns dos seus defensores mais exacerbados. A remuneração média do país é baixa? Aumente-se o salário-mínimo. A situação social se deteriorou? Incluam-se mais pessoas no Auxílio Brasil, Bolsa Família ou como for denominado o programa governamental que cuide das tarefas assistenciais do governo. Os municípios se queixam da falta de recursos? Eleve-se o percentual de repasses do Fundo de Participação dos Municípios (FPM). O lobby da educação se mostra competente na mobilização de parlamentares? Incrementem-se as despesas do FUNDEB. O funcionalismo está sem reajuste? Contemplem-se algumas categorias com aumentos de 10%, mesmo que a inflação seja de 5%. Mais, mais, mais, sempre mais... Como alguma vez disse Sir Anthony Eden, político britânico, "todos são favoráveis a uma economia geral e a uma despesa particular".

É fácil argumentar em favor de alguma despesa específica. Como se opor a destinar "mais recursos para a educação"? Ou como se negar a assinar uma petição em favor do aumento das bolsas do CNPq congeladas durante anos? Ou ainda, como argumentar contra o aumento do valor unitário do Bolsa Família? Contudo, como não se cansava de repetir Margaret Thatcher: "Não nos esqueçamos nunca desta verdade fundamental: o Estado não tem outra fonte de recursos além do dinheiro que as pessoas ganham por si próprias. Se o Estado deseja gastar mais, ele só pode fazê-lo tomando emprestado da população ou cobrando mais tributos. E não adianta pensar que 'alguém irá pagar'. Esse 'alguém' é você. Não existe isso que chamam de 'dinheiro público'. Existe apenas o dinheiro de quem paga impostos". Que não haja equívocos aqui: ninguém está defendendo, neste ponto, versões extremas do liberalismo, limítrofes com a insensibilidade social, na linha de "todo imposto é uma extorsão" ou, pior ainda, de que "o Estado é uma organização criminosa", como por exemplo afirma — em ambos os casos — Javier Milei na Argentina. Nada disso. O ponto é que, como disse Phil Gramm, político norte-americano, "equilibrar o orçamento é como ir para o céu: todos querem ir, mas ninguém quer fazer o que tem que ser feito para chegar lá". É totalmente legítimo defender uma maior alocação de recursos para a rubrica X, Y ou Z. O importante é que duas coisas fiquem bem claras para a população, em nome da qualidade do que deve ser o debate público numa democracia: i) quanto custa a proposta?; e ii) como isso será financiado, ou seja, quem vai pagar? É nesse ponto que, em geral, o suposto consenso em favor de gastar mais com algum item acaba se esvaindo...

Alianças e agendas

No ano de 1991, a Secretaria de Política Econômica começou a apurar a despesa do Governo Central brasileiro com critérios metodológicos muito parecidos aos adotados atualmente. Nas pouco mais de três décadas entre aquele ano e 2023, em números redondos, a despesa do INSS passou de 3% para 8% do PIB; a das transferências para Estados e Municípios, de 3% para 4% do PIB; o Bolsa

Família surgiu do zero e hoje é da ordem de 2% do PIB; e o gasto do LOAS, que inicialmente era nulo, aumentou para aproximadamente 1% do PIB atualmente. Na soma desses itens, temos um *plus* de 9% do PIB a mais de gastos — todos legítimos. No total, estamos falando de uma despesa primária do Governo Central — neste caso, com as transferências para as unidades subnacionais — que passou de 14% do PIB em 1991, para 24% do PIB, 32 anos depois. Noves fora, o efeito líquido de itens que aumentaram de peso e outros que diminuíram e se compensam entre si, é isso que explica a grande maioria desses 10% do PIB a mais. *Grosso modo*, essencialmente, um adicional de 5 pontos associado a despesas do INSS, 2 pontos de Bolsa Família, 1 de transferências para os governos subnacionais e mais 1 de gastos com assistência social.[9] Estancar esse processo era o que se desejava com o teto de gastos, aprovado em 2016, num contexto político diferente do atual, e que permitiu reduzir durante alguns anos essa despesa, que naquele ano tinha alcançado 24% do PIB.[10] O que acontecerá com a variável no futuro?

Parte da dificuldade de encarar uma agenda de reforma do Estado no Brasil decorre da intensa ideologização que cerca o debate sobre o assunto. Como disse Felipe Gonzalez: "O grande problema da ideologia é que ela obscurece o debate de ideias, ao tratar como grandes temas morais problemas específicos que deveriam ser enfrentados como questões de eficiência do setor público".

Tentar diminuir a carga do gasto público como proporção do PIB obedece a duas razões: primeiro, reduzir o déficit público, extremamente elevado em perspectiva, no Brasil em 2024, comparativamente à situação fiscal atual de outros países; segundo, possibilitar uma redução da taxa de juros que, por sua vez, diminua o ônus representado pelos encargos da dívida, gerando um círculo virtuoso de redução adicional do déficit.

Encarar o desafio de definir uma "trilha" para o progresso do país, que deverá passar por um roteiro claro de redução do desequilíbrio fiscal e por um programa econômico de aprofundamento da inserção do país no mundo, requer fazer alianças políticas para ter-se condições de implementar um plano de governo sólido e consistente. Numa outra configuração partidária, em 1994, quando indagado acerca das razões de estabelecer uma aliança com o antigo PFL, de Antônio Carlos Magalhães, Marco Maciel e Jorge Bornhausen, entre outros políticos oriundos da antiga ARENA e contra os quais ele tinha se batido nos tempos do velho MDB, Fernando Henrique Cardoso (FHC) deu uma resposta que, se não era satisfatória para os que cobravam dele uma fidelidade ideológica plena aos antigos ideias, era de uma lógica política irrefutável: "Sem o PFL, eu consigo ganhar, mas não consigo governar. Portanto, vamos explicar ao eleitor, já na campanha, como e com quem iremos governar".

E assim foi feito — com pleno sucesso, nesse sentido, considerando as condições de governabilidade da sua gestão, de 1995 a 2002.

Para os que professam o pragmatismo político e, no contexto da polarização extrema que a sociedade brasileira viveu durante boa parte da década de 2010, se identificam, *grosso modo*, com o centro, pode-se chegar à definição de um programa de modernização que inclua aqueles dois componentes — rigor fiscal e maior integração com a economia mundial, como forma de estimular a competição — seja pela aliança desse centro com setores mais pragmáticos da esquerda ou, alternativamente, com grupos da direita não associados ao extremismo que irrompeu na política nacional depois de meados da década passada. Ambos os caminhos são viáveis e igualmente legítimos. No entanto, dependendo do lado para o qual esse centro propuser a aliança, é necessário estabelecer termos muito claros. Se a aliança for com segmentos da esquerda, será preciso respeitar a profissão de fé na obediência às regras de mercado, na visão de que o aumento da competição será essencial para o progresso e no propósito firme de reduzir o déficit público. Já em caso de aliança com setores originalmente vinculados ao ex-Presidente Jair Bolsonaro, será fundamental contar com um compromisso inequívoco com a democracia, uma pauta ambiental moderna, o respeito à diversidade e a tolerância com o dissenso, além de uma gestão plenamente republicana do Estado, particularmente no que diz respeito à obediência à independência entre os Três Poderes.

Os equívocos polares

Um dos problemas de que padece o Brasil é a insuficiência de diagnóstico acerca da crise do país, notadamente acerca da questão fiscal. Curiosamente, nesse particular, ambos extremos do debate sofrem da mesma miopia, embora por razões opostas.

As forças associadas, genericamente, ao "liberalismo", martelam insistentemente, há duas décadas, que o problema da "gastança" estaria associado a uma elite predatória e antirrepublicana com uma agenda rentista que se apropriaria de parcelas da renda nacional que deveriam ir para as classes menos favorecidas. No debate político isso tem uma tradução muito clara: a noção de que o grosso da despesa pública se esvai na despesa com pessoal.

Uma classe política em boa parte cartorial, empresários que vivem de favores fiscais, e categorias de funcionários públicos com grandes privilégios: que essas questões precisam ser combatidas, não resta a menor dúvida, em nome dos princípios republicanos e da noção de justiça que deve nortear o relacionamento entre a sociedade e o Estado. Porém, a ideia de que são essas as questões que criaram ou agravaram o problema fiscal brasileiro nos últimos trinta anos não combina com os fatos atuais. A realidade incontestável dos números é que, em termos relativos, a fração do produto associada à despesa com funcionários públicos ativos e inativos do Governo Federal atualmente é inferior em um terço à fração do PIB que essa despesa representava no começo da estabilização (Gráficos 19.1A e 19.1B, respectivamente).

GRÁFICO 19.1A

Despesa federal com pessoal: Ativos (% PIB)

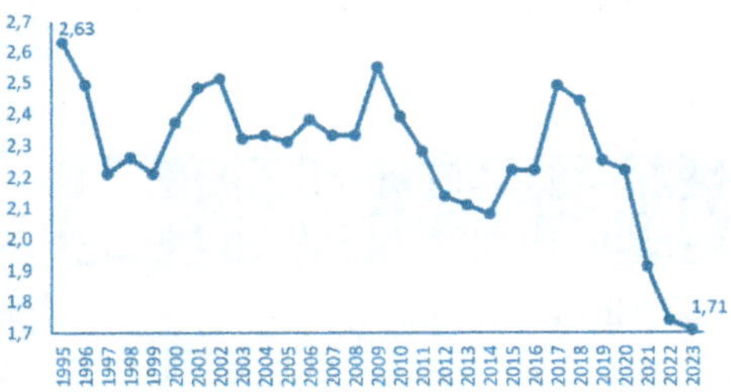

Fontes: STN, Ministério do Planejamento.

GRÁFICO 19.1B

Despesa federal com pessoal: Inativos (% PIB)

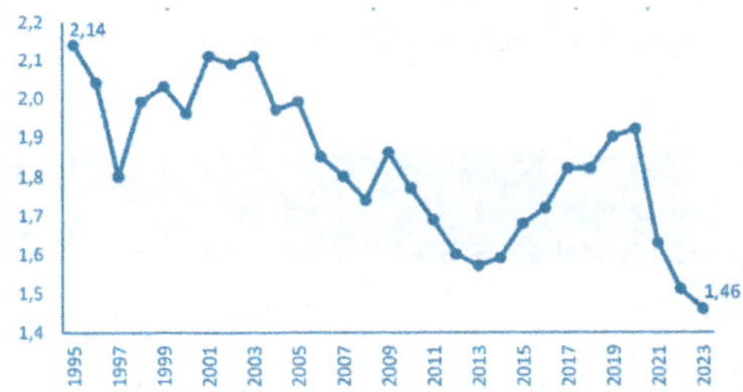

Fontes: STN, Ministério do Planejamento.

Considerando o salto da despesa ocorrido depois de meados dos anos 1990, é claro que a responsabilidade pelo acontecido deve ser identificada em outras variáveis. E aqui aparece o problema, porque — ao contrário do que supõe a maioria das pessoas — o *plus* de gasto ocorrido nas últimas três décadas se deu, justamente, no gasto social. E isto é difícil de ser admitido pela corrente liberal, pela posição ideológica imbuída da ideia de que o Estado é o "Grande Irmão" a combater.

"Do outro lado do ringue" no conflito ideológico, as correntes de esquerda resistem a escapar da cartilha segundo a qual a causa de todos os males são as rendas apropriadas pelos "ricos", na forma de *benesses*, tributos que deixam de ser cobrados etc. Não faz parte do "DNA" da reflexão desses grupos que a causa do aumento da despesa possa estar associada aos grupos que eles retoricamente defendem, sempre com o argumento de que tais grupos recebem "uma miséria".

Uma causa do aumento da despesa depois da estabilização é o que aconteceu com o salário-mínimo. Vale lembrar que este parâmetro impacta em aproximadamente dois terços dos benefícios previdenciários do INSS e em 100% dos benefícios do LOAS. Em termos de valor, para o conjunto representado pela soma de ambas as despesas, 48% do gasto nessas duas rubricas é representado por valores de exatamente um salário-mínimo. Como essa soma é da ordem de mais de 9% do PIB, isso significa que um aumento de 10% do salário-mínimo gera um impacto de quase 0,5% do PIB. Isso é exatamente o que ocorre se, como na regra atualmente vigente, o salário-mínimo aumenta de acordo com o PIB e este cresce 2% a.a. — ou seja, 10% acumulados — durante 5 anos. Para que o leitor tenha uma ideia, o Bolsa Família antes da pandemia correspondia a menos de 0,5% do PIB — e alcançava de 13 milhões a 14 milhões de famílias. Isso significa que, no caso de uma restrição fiscal muito rígida, no limite, se fosse antes da pandemia, para se contrapor ao efeito do aumento do salário-mínimo durante cinco anos seria necessário, por exemplo, acabar com o Bolsa Família. É o tipo de contradição que a obtusidade ideológica não permite enxergar. O Gráfico 19.2 dá uma ideia da intensidade do processo de incremento real da variável depois de 1994.

GRÁFICO 19.2

Variação real acumulada salário-mínimo/a

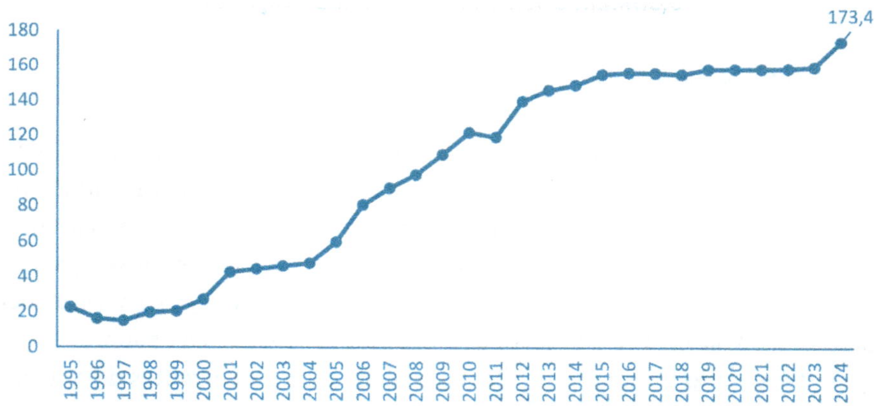

/a Na data do reajuste anual (o segundo, caso tenha havido dois no ano) em relação ao último reajuste de 1994 (setembro). Deflator: INPC

Fontes: STN, Ministério do Planejamento.

O velho DNA

O que foi dito acima acerca do salário-mínimo vale também para outro tipo de despesas. Observe o leitor a Tabela 19.1.

TABELA 19.1

Despesas específicas selecionadas (% PIB)

Item	2008	2023	Diferença
Abono e seguro-desemprego/a	0,66	0,67	0,01
LOAS	0,52	0,85	0,33
FUNDEB	0,10	0,35	0,25
FIES	0,00	0,01	0,01
Bolsa Família	0,35	1,53	1,18
Despesas obrigatórias saúde/educação	1,20	1,27	0,07
Despesas discricionárias saúde/educação	0,49	0,67	0,18
Total despesas selecionadas	3,32	5,35	2,03
Outras	2,62	2,64	0,02
Total outras despesas	5,94	7,99	2,05

/a Em 1995, 0,48% do PIB.
Fonte: STN.

Ela mostra a evolução de rubricas específicas de despesa entre o ano de 2008 — o primeiro para o qual existem dados disponíveis para elas no site da Secretaria do Tesouro Nacional — e 2023. Em alguns casos, trata-se de rubricas que não existiam por ocasião da estabilização, como o FUNDEB ou o Bolsa Família e, em outros, de itens que já existiam, mas foram ampliados com o tempo. É importante enfatizar que não está aqui se propondo extinguir essas despesas — o que seria uma atrocidade social — e sim apenas expor os números, para poder realizar um diagnóstico adequado da situação fiscal do país.

A Tabela 19.1 apresenta as despesas que compõem o agregado de "outras despesas", de 8,0% do PIB em 2023, que, junto com as despesas de pessoal e do INSS, compõem o gasto primário total do Governo Central, excluídas as transferências a Estados e Municípios. Observe o leitor que os itens selecionados, vinculados ao que se entende por "gasto social", se expandiram em nada menos que 2,0% do PIB nos quinze anos citados, entre 2008 e 2023. Vale ressaltar que, embora se tenha o inconveniente de que, antes de 2008, a desagregação era muito precária, o fato é que se sabe que, nos treze anos entre 1995 e 2008, esse total das "outras despesas" já tinha, por sua vez, aumentado bastante, mais de 2,0% do PIB, de 3,8% para os 5,9% do PIB mostrados, o que significa que se tratava de um processo iniciado muito tempo antes. Repare-se que os itens não destacados conservaram o mesmo peso relativamente ao PIB nos quinze anos considerados.

A mesma Tabela 19.1 mostra o efeito dessas políticas. O que aconteceu com a despesa do LOAS? Cresceu 0,3% do PIB nos quinze anos até 2023. E com o Bolsa Família? Mais 1,2% do PIB. Importante: não estamos falando aqui do "velho" Bolsa Família do primeiro Governo Lula, exemplar, bem avaliado por todos os sistemas de avaliação de políticas públicas e elogiado pelo Banco Mundial e pelos economistas liberais mais influentes, mas sim do "novo" Bolsa Família, que sucedeu ao Auxílio Brasil de 2022, "turbinado" com verbas multiplicadas para tentar que o então Presidente da República, enquanto incumbente, tivesse chances de derrotar o seu desafiante, o ex e depois novamente eleito Presidente Lula. O novo programa tem problemas de desenho não solucionados até agora e um grau de focalização muito menos adequado comparativamente ao original.

O fato é que se trata de políticas legítimas, mas não sem custo, expresso no "lado escuro da Lua": a contraparte dessas políticas. Pense-se em políticas públicas meritórias, como ciência e tecnologia ou segurança. O país deveria ter mais alunos fazendo mestrado? É razoável responder que "sim". Porém, é impensável alguém de 20 e poucos anos, pertencente a uma família de poucos recursos, não ter uma bolsa para poder "esticar" o período de estudos. Mais bolsas de mestrado para alunos de baixa renda é uma política pública "na veia". Outra coisa: por que não ter, por exemplo, um "FUNDEB da segurança", para que o Governo Federal colabore com o *funding* dos Estados que tiverem as melhores políticas de proteção — no sentido de prover segurança — para os seus habitantes? Isso custa caro, porém. E o que aconteceu — Tabela 19.1 — com os recursos destinados a outros programas que não os destacados? Conforme salientado acima, as "outras despesas das outras despesas" ficaram estagnadas. São escolhas legítimas, mas com custos. O resultado disso é um país que nos trinta anos desde a estabilização aumentou muito os recursos destinados a quem recebe aposentadoria ou pensão de um salário-mínimo, para citar um caso — mas que, por exemplo, deixa desamparadas populações inteiras, à mercê da bandidagem, pela escassez de recursos para o combate à violência. Ou que deixa os recursos para Pesquisa e Desenvolvimento (P&D) e Ciência e Tecnologia (C&T) à míngua, ao contrário dos países que melhor estão se preparando para o futuro.

Quando confrontadas com essas contradições, as forças — supostamente — progressistas se saem com um *script* que de tão velho exala cheiro de mofo, relacionado com o velho DNA ideológico, escassamente preparado para os desafios da sociedade da década de 2020 e incapaz de perceber a necessidade de mudança de orientação e de *aggiornamento* de conhecimentos. Alegam que é necessário aumentar os impostos, que os ricos paguem impostos, que é possível arrecadar mais sem aumentar as alíquotas, mediante o enfrentamento da sonegação etc. Quantas vezes o leitor já ouviu esse discurso? Tudo isso é verdade: a carga tributária, de fato, deveria aumentar em relação à encontrada em 2023, os ricos deveriam pagar mais impostos etc., mas nada disso anula a necessidade de repensar algumas das nossas políticas sociais.[11]

Durante a campanha eleitoral de 2022, Lula "driblava" a necessidade de se manifestar acerca da política econômica que adotaria a partir de 2023, caso vencesse as eleições, com o argumento de que a conduta fiscal dos seus oito anos de governo (2003/2010) o credenciava como um Presidente responsável. O problema é que a situação inicial em 2023 seria completamente diferente em relação à de 2003, como diversos analistas se encarregaram de frisar durante a campanha eleitoral de 2022.

Os Gráficos 19.3A a 19.3D mostram tais diferenças muito claramente. Neles, comparam-se as trajetórias dos oito anos dos Governos Lula I e II daquele período (linha tracejada, em todos os casos) com o Governo Lula III, iniciado em 2023 (linha contínua), tendo-se, em ambos os casos, o ano 0 como o anterior ao início do governo, ou seja, 2002 e 2022, respectivamente. Naturalmente, a linha referente à "nova temporada" do Governo Lula (Lula III) tem apenas os três pontos referentes aos anos de 0 (2022) a 2 (estimativa do autor para 2024), enquanto para os Governos Lula I e II, após o ano 0 de 2002, os anos de 1 a 8 vão de 2003 a 2010. Os gráficos se referem, respectivamente, às trajetórias da dívida líquida do setor público, do resultado primário consolidado — Governo Central, Estados e Municípios — e do déficit público nominal, ou Necessidades de Financiamento do Setor Público (NFSP), bem como à trajetória da despesa primária (isto é, sem juros) sem transferências a Estados e Municípios por parte do Governo Federal.

Vinte anos atrás, todo o esforço de ajuste havia sido feito pelo governo anterior, na segunda gestão de Fernando Henrique Cardoso (1999/2002). Tanto é assim, que o superávit primário do ano 0 de 2002 (3,2% do PIB) do Gráfico 19.3B foi o mesmo em 2003 (ano 1). Já na situação recente, houve um superávit consolidado importante no ano 0 de 2022 (1,3% do PIB), porém, primeiro, muito inferior ao de 2002; e segundo, revertido em 2023 (ano 1), com a perspectiva que se tinha já em 2022 — e depois concretizada — de queda da receita e de aumento da despesa, como de fato se verificou com a piora fiscal expressiva observada entre 2022 e 2023. O resultado foi que a dívida pública, de trajetória claramente declinante como proporção do PIB nos dois primeiros mandatos de Lula, como se observa no Gráfico 19.3A, foi ascendente recentemente. Como ingrediente adicional, nota-se no Gráfico 19.3C o contraste entre o déficit nominal da média dos oito anos dos Governos Lula I e II (3,2% do PIB), que praticamente habilitaria o país a ingressar na área do euro, se pertencesse à Europa; e o déficit total de 8,9% do PIB de 2023, de quase o dobro em relação ao do último ano do Governo Bolsonaro, em 2022, de 4,6% do PIB, com previsão de queda, mas com um déficit nominal ainda muito elevado, em 2024. Como denominador comum em todos os Governos Lula (I a III), o elemento presente em todas (Gráfico 19.3D) é a tendência ao gasto público crescer acima do PIB, seja qual for a trajetória deste, reflexo da dificuldade dos governos do PT operarem sujeitos a restrições fiscais pelo lado do gasto, sejam elas existentes ou autoimpostas.[12] Essa macroeconomia fiscal petista, portanto, funciona relativamente bem quando a receita está "bombando", mas enfrenta dificuldades em fases de retração.

GRÁFICO 19.3A

Dívida líquida Setor Público (% PIB)

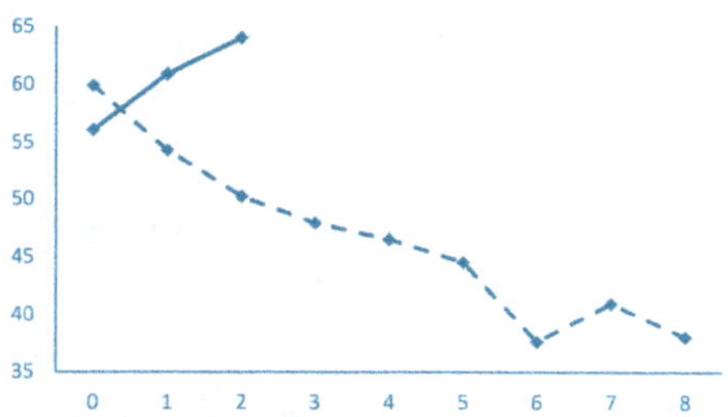

Fonte: Banco Central. Para 2024, estimativa própria.

GRÁFICO 19.3B

Resultado primário consolidado (% PIB)

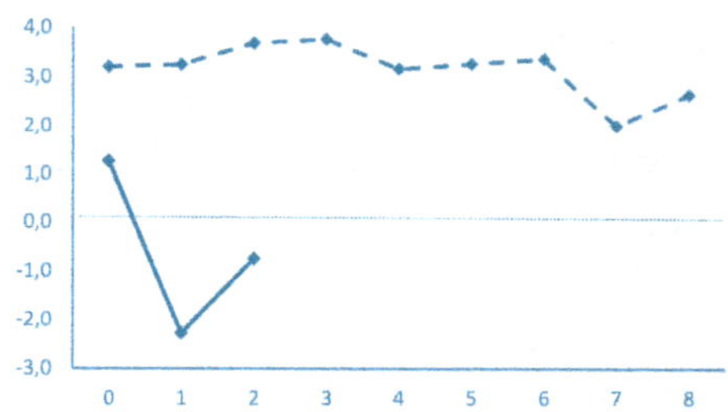

Fonte: Banco Central. Para 2024, estimativa própria.

GRÁFICO 19.3C

NFSP (% PIB)

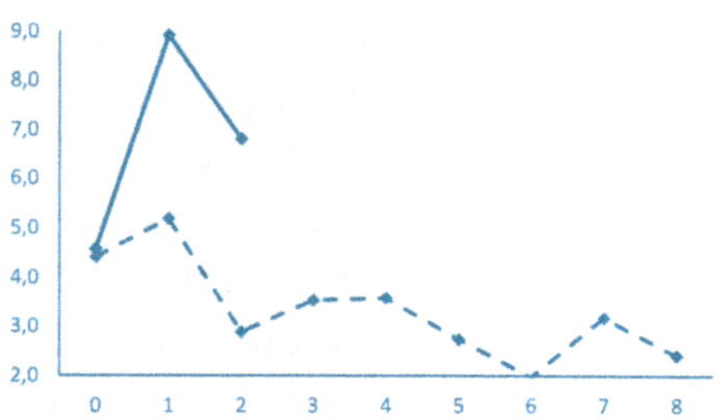

Fonte: Banco Central. Para 2024, estimativa própria.

GRÁFICO 19.3D

Gasto primário federal (% PIB)

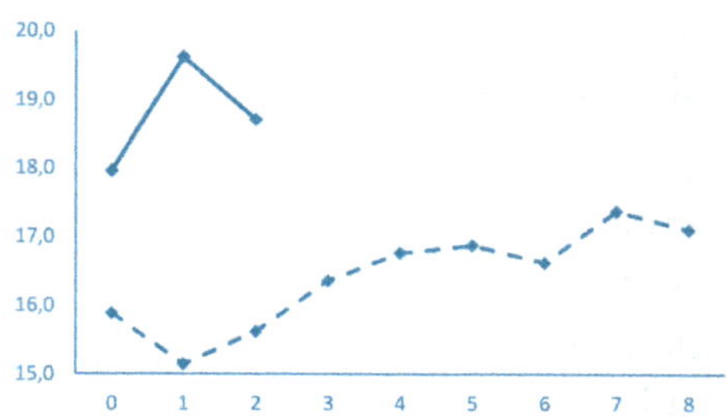

Fonte: Secretaria do Tesouro Nacional. Para 2024, estimativa própria.

Nos primeiros anos do Governo Lula, era voz corriqueira nas correntes da esquerda que a adoção da política econômica de Pedro Malan/Armínio Fraga era uma questão "tática", porque a "estratégia" do partido (PT) era migrar gradualmente rumo à "verdadeira" política petista, com outros cânones que não o "tripé macroeconômico" de metas de inflação, câmbio flutuante e superávit primário herdado de FHC. Aos poucos, isso passou a ser feito já no segundo Governo Lula, quando o resultado fiscal foi minguando e assim se chegou à "Nova Matriz" do Governo Dilma. Foi tal o desastre desta, porém, que, na campanha eleitoral de 2022, Lula sempre evocava os seus próprios anos de governo e nunca os de sua correligionária, posto que do período 2011/2016 havia obviamente muito pouco a resgatar. As coisas parecem indicar que uma parte relevante do partido ainda reivindica a "verdadeira" política econômica do PT. Os resultados, como indicam os gráficos acima, começam a aparecer. Concretamente, gasto público real e dívida líquida como proporção do PIB, ambos para cima.

A ameaça invisível (outra)

Anos atrás, o autor, em conjunto com Paulo Tafner, publicou o livro *Demografia: A ameaça invisível*. O objetivo era chamar a atenção para o desafio representado pelo progressivo envelhecimento da população. Esse desafio foi parcialmente enfrentado mediante a reforma previdenciária de 2019, que corrigiu algumas das distorções mais relevantes de nosso sistema, que permitia aposentadorias muito precoces.

Os resultados do Censo de 2022, divulgados em 2023, nos trouxeram uma novidade, acerca da qual já existiam indícios, mas que se revelou bem mais intensa do que o imaginado. Referimo-nos aos movimentos observados no outro extremo da distribuição etária da população: não o dos idosos e sim o das crianças. A Tabela 19.2 mostra esse fenômeno.

TABELA 19.2

Brasil: Taxas de crescimento da população por faixa etária 2010/2022 (% a.a.)

Publicação IBGE	0-14 anos	15-59 anos	60+ anos	Total
Projeção 2018	-0,75	0,79	3,76	0,81
Censos 2022/2010	-1,12	0,43	3,77	0,52

Fonte: IBGE.

Entre os Censos Populacionais de 2010 e de 2022, a população total aumentou 0,52% a.a., ao passo que a população com 60 anos e mais o fez a um ritmo muito mais acelerado, de 3,77% a.a. O que foi pouco ressaltado na divulgação dos dados é que a população de 0 a 14 anos não apenas estava encolhendo — o que já se sabia — como o estava fazendo a um ritmo de 1,12% a.a., ainda mais intenso que o esperado (menos 0,75% a.a.) para essa faixa etária na comparação entre os anos de 2010 e 2022 resultante da última projeção populacional 2000–2060 do IBGE, feita em 2018.

O resultado é que, quando se comparam os números absolutos da população por faixa etária definida pelo Censo de 2022 e aquela prevista para 2022 na Projeção de 2018 feita até 2060, nota-se que, por coincidência, tanto a população total como o grupo de 15 a 59 anos foi, no Censo de 2022, 5,5% menor do que a esperada, mas o mais importante é que, para as faixas extremas de idade, essas reduções foram muito díspares, ou seja:

- apenas 1,2% inferior no caso das pessoas com 60 anos e mais de idade; e
- nada menos que 8,7% inferior no grupo de 0 a 14 anos.

A imprensa deu muita ênfase ao fato de que a população total era de 203 milhões de pessoas e não dos 215 milhões previstos para 2022 na projeção de 2018, mas a informação mais importante é a projeção para o futuro decorrente dessa realidade. Isto é, não apenas o país está envelhecendo, como também nascem cada vez menos bebês — e esse declínio vem ocorrendo a uma velocidade maior que a prevista. O ônus que isso implicará no futuro para a população em idade ativa, necessitada de sustentar uma geração muito numerosa de idosos, é dramático.

O desafio demográfico que isso implica é enorme. A prudência recomendaria tratar o assunto com cautela, pois todos sabemos das tensões suscitadas pela possibilidade de mudança de regras da aposentadoria. O que o governo atual faz, porém, é não apenas não tomar nenhuma medida para mitigar essa questão — pois não está no DNA "ajustar", seja lá o que isso for — como também agravar o panorama, com sua política de elevação contínua e *sine die* do salário-mínimo. Ela aumentará o valor médio a ser recebido pelos futuros aposentados e pensionistas, fato que se somará à tendência ao aumento da relação Gasto do INSS/PIB em decorrência das tendências demográficas.

Uma simples conta ajudará o leitor a ter uma noção do "saque contra o futuro" que vem sendo perpetrado. Para um crescimento do PIB de 2% em *steady state*, a política do salário-mínimo gera um adicional de gasto da ordem de grandeza de mais R$10 bilhões de despesa por ano, a preços de 2024, pelo incremento da despesa das rubricas "INSS" e "LOAS". O efeito, porém, é cumulativo. Ou seja, é R$10 bilhões no primeiro ano, R$20 bilhões no segundo, R$30 bilhões no terceiro — e assim sucessivamente. Qual é o efeito acumulado disso em termos da dívida pública, mesmo ignorando efeitos óbvios, mas que exigiriam fazer contas mais sofisticadas, como por exemplo incorporando o impacto das taxas de juros?

Imaginemos um mundo ideal para as finanças públicas, com juros nulos, só para facilitar a conta. O impacto no primeiro ano, como vimos, é R$10 bilhões. No segundo, a esse adicional de dívida do primeiro ano se somam os R$20 bilhões de despesa adicional do segundo ano, o que implica um *plus* da dívida em relação ao ano 0 de R$30 bilhões. No terceiro ano, o fluxo adicional de despesa é de R$30 bilhões, o que acarreta uma dívida R$60 bilhões maior que a que existiria sem essa política. Quem fizer esse exercício simples para dez anos encontrará que, no final de uma década, o "delta" no fluxo anual será da ordem de R$100 bilhões/ano e o impacto acumulado sobre a dívida de nada menos que... R$550 bilhões![13]

Na época da reforma da Previdência Social, em 2019, tinham se popularizado contas com o efeito da reforma em dez anos, que davam um impacto acumulado entre R$800 bilhões e R$1,2 trilhões. O Governo Lula, se suas políticas forem mantidas, em dez anos terá desfeito em torno de metade da reforma — sem que ninguém tenha emitido um "ai". É uma verdadeira contrarreforma, implementada sob um manto de silêncio de todas as forças políticas do país — pois quem seria contra o aumento do salário-mínimo? As consequências virão depois — como sempre.

Radicalmente centrista

De uma forma muito tumultuada; com muitas idas e vindas políticas; com a sensação de que a cada três passos dados, recua-se dois; e com uma lentidão exasperante, quando se olha, utilizando uma velha metáfora, não para a árvore e sim para a floresta, é razoável concluir que o Brasil, mal ou bem, foi avançando ao longo do tempo. O Quadro 19.1 sumariza as reformas empreendidas pelo Brasil nos últimos 35 anos.

QUADRO 19.1

Governo	Reformas econômicas
Collor/Itamar	- Redução de alíquotas de importação - Criação do Mercosul - Privatização de empresas - Plano Real
FHC	- Privatização de serviços públicos (telecomunicações e energia elétrica) - Criação de agências reguladoras (ANEEL, ANATEL, ANP) - Fim dos monopólios estatais (petróleo e telecomunicações) - Leilões de concessões para exploração de petróleo - Tratamento mais favorável ao capital estrangeiro - Saneamento do sistema financeiro (PROER) - Desconstitucionalização parcial das regras previdenciárias - Renegociação das dívidas estaduais - Aprovação da Lei de Responsabilidade Fiscal (LRF) - Ajuste fiscal (1999/2002) - Criação do sistema de metas de inflação
Lula	- Reforma previdenciária parcial (taxação inativos, idade mínima servidores) - Reformas microeconômicas (crédito)
Dilma Rousseff	- Criação FUNPRESP
Temer	- Reforma trabalhista - Teto de gastos - Criação TLP - Retomada da redução da meta de inflação (2017)

Bolsonaro	- Autonomia Banco Central - Reforma previdenciária - Meta de inflação de 3% (decisão 2021) - Privatização Eletrobras - Novo marco de saneamento - Mudança marcos regulatórios (gás, ferrovias)
Lula	- Arcabouço fiscal - Meta inflação contínua 3% (decisão 2023) - Reforma tributária

Fonte: Elaboração própria.

Embora tanto a intensidade do processo de reformas, como sua velocidade, deixem a desejar, o contraste com outros países importantes da região chama a atenção. A Argentina, com o breve interregno histórico da convertibilidade dos anos 1990, parece transitar entre períodos de inflação amalucada, com uma percepção de retrocesso que é fisicamente visível para qualquer turista que visite o país de vez em quando. A Venezuela vive uma realidade que parece escapada da ficção do livro *O outono do patriarca*, de García Márquez, com um governo que tomou o túnel do tempo andando para atrás. Mesmo a Colômbia, que em vários aspectos se destacou positivamente no panorama latino-americano, por não ter tido nem ditaduras militares, nem inflação muito elevada, nas décadas de 1970 a 1990, ao contrário de muitos pares da região, tropeça com seus conflitos nunca resolvidos a contento, mergulhada numa espécie de guerra civil latente inconclusa. E, ao Norte, o México sucumbe, de certa forma, diante do peso dos grandes cartéis de drogas.

Evidentemente, seria interessante para o Brasil pertencer a uma região próspera, como é o caso hoje — e há muitos anos — da Ásia. Mesmo assim, os avanços ocorridos ao longo de três a quatro décadas não podem ser desprezados. Embora algumas das mudanças retratadas no quadro mencionado tenham sido parcialmente revertidas tempos depois — como episódios de ajuste fiscal — na comparação do Brasil de meados da década de 2020 com o do começo da década de 1990, o salto é grande. Em particular, a inflação elevada parece ter desaparecido, o "painel de controle" fiscal está enormemente mais evoluído que o existente na década de 1980 — quando muitas vezes nem se sabia ao certo o estado das contas — e há instituições consolidadas em vários níveis, com burocracias weberianas atuando corretamente em muitas áreas, como o Banco Central, o Itamaraty, a Receita Federal, os bancos oficiais, a EMBRAPA etc.

Entretanto... haveria muito mais a se fazer. A velocidade aqui é importante. Não só porque, nesse ritmo, como dizem os espanhóis, *se nos va la vida* — e para minha geração, na sétima década de existência, o sentido de urgência, por definição, aumenta com os anos — como também porque a velocidade é chave na comparação com o resto do mundo. Um país, por exemplo, pode acreditar que dominando a tecnologia de comunicações de 4G, está muito melhor do que no passado. Porém, se o resto do mundo já estiver na era do 5G, vangloriar-se disso soa patético. Avançar não é importante *per se*, mas também pelo ritmo em que isso ocorre na comparação com o resto do mundo. E a verdade é que, nesse sentido, estamos mal.

Em algumas palestras, costumo colocar lado a lado fotografias de como algumas cidades estão hoje, comparativamente a como estavam no passado. Dubai é um caso clássico: algo inexistente no passado e impressionante hoje. Mais perto de nós, mesmo com todos os seus problemas, a Santiago do Chile de hoje guarda poucas semelhanças com a típica cidade pobre latino-americana dos anos 1980. Mesmo a desenvolvida Londres sofreu uma transformação muito relevante nas últimas quatro décadas, desde a gestão Thatcher.

Em contraste com esses exemplos, a repetição com que no Brasil continuamos discutindo algumas questões é simplesmente exasperante. "Reforma tributária" foi parte da agenda de reformas de qualquer governo desde a década de 1980 e só agora saiu do papel; o país fez em 2019 a reforma previdenciária que deveria ter aprovado em 1996 ou 1997, no primeiro Governo FHC; em 2023, o PT pareceu que gostaria de voltar atrás com a autonomia do Banco Central; a ideia de que "um pouco mais de inflação" (ou de dívida pública) não faz mal a ninguém sempre tem adeptos; e a noção de que qualquer política que sinalize o compromisso com a responsabilidade fiscal é "neoliberal" permeia o pensamento de boa parte das correntes ditas "progressistas".

No citado livro do argentino Juan Carlos Torre, acerca dos anos do Governo Alfonsín, que esteve no poder com seu partido, a Unión Cívica Radical, o autor se queixa da "guerra de guerrilhas" que a equipe econômica sofria todos os dias, devido aos "velhos reflexos ideológicos existentes no radicalismo: desconfiança para com o capital privado, viés favorável à intervenção estatal, defesa da indústria nacional sem nenhum tipo de nuances, preferência pela distribuição de renda através do aumento do gasto público" etc.[14] O relato parece descrever as disputas internas ao governo do PT entre as equipes técnicas da Fazenda e Planejamento e a *nomenklatura* partidária.

A direita brasileira, que acompanhou e apoiou os esforços de modernização do PSDB, tanto nos oito anos em que este exerceu o governo, como nos anos de oposição do partido aos governos do PT, "escorregou" posteriormente ao apoiar tanto a candidatura de 2018 quanto a posterior gestão de Jair Bolsonaro, em muitos casos acompanhando também a sua frustrada postulação à reeleição em 2022. Essa foi uma página sombria — da direita e do Brasil. Daqui a cinquenta anos, é provável que nas carteiras escolares os jovens que estudarem o período na adolescência se perguntem perplexos e indaguem a seus pais, lendo sobre essa época: "Como foi que o Brasil caiu tão baixo?"

A mistura de incompetência e de insensibilidade brutal com a qual o então Presidente encarou o drama da pandemia; sua postura no dia a dia, incompatível com a liturgia do cargo; a forma com que conduziu determinadas políticas, como, por exemplo, as trocas sucessivas de Presidente da Petrobras ou a baixa absurda que fez do preço da gasolina em 2022 para tentar agradar à classe média; os desastres setoriais em várias áreas, com a presença de figuras públicas abaixo da crítica, como na educação; a desconfiança delirante manifestada acerca das urnas eletrônicas; os episódios posteriormente revelados acerca de alguns comportamentos, apontados pelo seu ajudante de ordens, quando preso; a atitude vergonhosa de evitar o reconhecimento do resultado eleitoral e a sua negativa a transmitir a faixa presidencial ao seu sucessor; e as seguidas manifestações insinuando a possibilidade de alternativas institucionais — valha o eufemismo — "heterodoxas", culminando nos acontecimentos de 8 de janeiro de 2023, com os antecedentes a eles associados e divulgados depois pela imprensa em 2023, retratam um político tosco, com sérias deficiências cognitivas acerca da função de um estadista e inteiramente retrógrado. É o oposto do que o país precisa.

Ao mesmo tempo, a permanente desconfiança em relação à lógica da ação privada, as enormes resistências a deixar os mercados funcionarem livremente, a vigência de um antiamericanismo infantil, a tentativa sistemática de resolver qualquer problema fiscal mediante o expediente de aumentar os impostos, a tendência a resumir as políticas a simplesmente acolher as demandas sempre gastando mais — com um setor, um município ou uma categoria de trabalhadores —, o apego a políticas identitárias que muitas vezes parecem não seguir as recomendações do bom senso, o vício de regulamentar tudo — mesmo o que nem sempre é necessário — as críticas recorrentes às decisões do Banco Central etc., sugerem que o PT — e parte importante da esquerda — tem um problema sério com um DNA intervencionista que dificulta muito o dinamismo da economia no mundo de hoje.

As forças de centro e centro-direita, desde que estejam radicalmente comprometidas com a democracia e atentas aos ditames da modernidade, precisam ser capazes de deixar para trás o flerte acintoso com a extrema direita tosca e retrógrada, bem como serem capazes de colocar de pé um programa que possa se diferenciar claramente das políticas do PT e, se vencer, implementá-lo para que o país possa dar um salto e avançar a um ritmo mais célere.

O bom debate

A civilidade no trato é importante para o bom funcionamento da democracia. Países em que governo e oposição existem e coexistem, respeitada a boa convivência, com relativa harmonia entre grupos, partidos e indivíduos, tendem a ser lugares em que há condições mais propícias para o progresso. Isso se aplica aos países escandinavos, a vários outros da Europa, a nações como a Austrália ou a Nova Zelândia, a muitas economias asiáticas e, aqui mais perto, ao Uruguai ou, até alguns anos atrás, ao Chile, mais recentemente também acometido pelo enfrentamento dos seus demônios internos.

Essa boa compreensão do papel de cada agente político para colaborar em favor dos avanços do país, com a percepção de que há políticas que devem ser encaradas como questões de Estado e não de Governo — ou seja, do partido A ou do partido B que conjunturalmente estiverem ocupando o poder — não prescinde, porém, dos embates naturais entre quem é governo e quem é oposição. Isso é do jogo — e faz bem à democracia.

O contraponto feito a quem está no comando é útil para que a sociedade se esclareça acerca do que está errado e poderia ser tratado de outra forma. Esse contraponto ocorre em qualquer democracia. É assim na luta entre republicanos e democratas nos EUA; nas brigas entre os socialistas do PSOE e os conservadores do Partido Popular (PP) na Espanha; no tradicional conflito entre os blocos de peronistas e antiperonistas na Argentina etc.

Um exemplo de como fazer oposição era o do PT nos tempos do governo "tucano" do PSDB de 1995 a 2002. Pode-se discordar da intensidade envolvida na crítica, de muitos votos que o PT deu naqueles anos, ou até de certo cinismo na forma em que a oposição era exercida, mesmo sabendo-se, no íntimo, que algumas posições eram irresponsáveis, como admitiria anos depois o próprio Lula. O que ninguém pode negar é que o PT exercia a tarefa de ser oposição com muita competência — como voltou a fazer vários anos depois, aos governos Temer e Bolsonaro. O PSDB fez isso ao longo dos mais de treze anos de governos do PT, entre 2003 e 2016 — embora com menos eficácia política, à luz dos resultados observados, uma vez que a oposição levou o PT ao poder em 2003, ao passo que o PSDB só colheu sucessivas derrotas depois de 2002.

Hoje, entretanto, o Brasil vive uma situação anômala, pois é como se na política houvesse apenas um único polo: o do governo — ou seja, o do PT. No canto oposto do debate, o que há é um "exército de Brancaleone", com sua coleção de bizarrices. Curiosamente, no outro extremo ideológico, a ele se aplica a mesma definição que Octavio Paz deu aos grupos de ultraesquerda há várias décadas, ao apontar que "os pequenos grupos radicais converteram-se numa orquestra crepuscular de sapos e grilos, tocando uma delirante musiquinha, à margem da realidade. O seu significado verdadeiro, aquilo que os psicanalistas chamam de 'conteúdo latente', é o suicídio político". Além de tratar-se de um grupo cujas credenciais passadas não o habilitam de forma confiável como representantes do campo democrático — por terem flertado com o golpismo em 2022/2023 — o fato é que não têm nem capacidade de articulação e, atualmente, nem propostas minimamente viáveis para retornar ao poder, onde estiveram entre 2019 e 2022.

No meio, o que se tem é a velha "geleia geral" tão característica do Brasil, com diversos partidos com "um pé em cada canoa", que são governo e oposição ao mesmo tempo; com parlamentares que votam com o governo e outros que votam contra e que recebem verbas oficiais, mas em época de eleição criticam desde o preço do pãozinho até o salário-mínimo, para se eleger sempre pregando mais do que o Estado está concedendo e criticando "aqueles que ficam em Brasília, longe dos sentimentos do povo".

É necessário, nesse sentido, resgatar o papel que o PT e o PSDB tiveram no passado, um fazendo oposição ao outro. Não com os mesmos atores, uma vez que, observando a realidade atual, o PSDB talvez esteja sofrendo de uma espécie de doença terminal, mas redefinindo a oposição para que alguém com credenciais democráticas faça o devido contraponto ao PT, colocando-o politicamente "contra as cordas" quando o governo errar e que se habilite para ocupar o poder com outro programa se e quando chegar o momento da alternância.

Esse contraponto tem que ter uma face política — uma vez que, numa democracia, é a política que comanda os acontecimentos — mas tem que ser acompanhado por equipes técnicas que façam análises e propostas. Esse era o papel que desempenhavam os antigos "economistas do PSDB", por exemplo, seja quando estiveram no governo enfrentando a oposição do PT, seja quando mudaram de calçada e passaram a estar na oposição, depois da "troca de guarda" de 2003. E, obviamente, isso vale para os mais diversos campos das políticas públicas, nas quais há ideias diversas acerca de cada tópico: para a saúde, para a educação, para a segurança etc.

Um sistema disfuncional

Para além das questões associadas a escolhas de políticas e ao debate ideológico que foram levantadas aqui e acolá neste livro e, em particular, no presente capítulo, embora não seja o *core* da nossa reflexão aqui, não há como deixar de citar uma disfuncionalidade do sistema político brasileiro, que já foi apontada por diversos especialistas, e que está no centro da questão acerca das chances de sucesso do país — ou não — nas próximas décadas. Referimo-nos ao sistema de governo.

"Governança" é um tema-chave no mundo de hoje e vale tanto para governos quanto para empresas. Por que algumas empresas dão certo, com interesses alinhados entre seus acionistas, controladores e executivos e outras não? Isso está umbilicalmente ligado ao chamado "desenho de incentivos". Podemos explicar um caso simples. Numa instituição financeira, como sabemos, o "bônus de final de ano" é um incentivo enorme para que os executivos e os funcionários em geral dessa instituição "se matem trabalhando". Isso é perfeitamente legítimo e faz parte da lógica de como as firmas operam num sistema capitalista. Ao mesmo tempo, nem sempre as operações financeiras que geram mais retorno no curto prazo são aquelas mais adequadamente desenhadas para o longo prazo. Cabe à instituição ter, nesse caso, por exemplo, uma área de gestão de riscos que defina limites e tenha poderes para sinalizar ao *board* que certos "riscos de giz" estão sendo ultrapassados. Isso acenderá os devidos sinais amarelos — ou vermelhos —para que se tomem providências e evitar que, num caso extremo, a instituição vá à falência por ter feito operações lucrativas no curto prazo, mas temerárias numa visão de tempo mais dilatada.

Corte para a política brasileira. É sabido por todos que a Assembleia Constituinte de 1988 caminhava para convergir rumo a um sistema possivelmente parlamentarista, que norteou parte do seu desenho. Na "hora H" das votações temáticas, porém, num contexto político rarefeito pelo conflito entre o então Presidente Sarney e a Assembleia liderada por Ulysses Guimarães, o primeiro arregimentou mais forças para aquela votação específica e o presidencialismo prevaleceu. A solução de compromisso foi definir uma data para que o país, cinco anos depois, em 1993, decidisse a questão num plebiscito, que, no entanto, sem uma condução clara em favor da mudança do sistema, acabou por conservar o presidencialismo vigente.

A questão é que, com o passar do tempo e dos governos, o Parlamento foi ganhando cada vez mais força, seja pela fragmentação partidária do chamado "presidencialismo de coalizão", seja pela aprovação de mudanças, constitucionais algumas e legais outras, que de fato foram ampliando consideravelmente o volume de recursos à disposição dos parlamentares, para livre utilização. Isso se deu por meio das chamadas "emendas parlamentares", sejam "individuais", de "bancada" ou "do relator". Com isso, a estrutura de incentivos para a atuação dos parlamentares mudou substancialmente, em relação ao padrão vigente até a década de 1990. Enquanto antes a liberação de poucos recursos para esse tipo de emendas dependia do "ok" do Executivo, no contexto de um Orçamento meramente autorizativo mas não impositivo, o que dava ao governo instrumentos de pressão para conseguir passar a sua agenda no Congresso, na nova configuração esse papel passou a caber mais e mais ao próprio Parlamento.

Não estamos aqui entrando no mérito acerca de quem deve ter mais poder ou não. O ponto-chave a destacar é que, nesse contexto, há um descasamento entre bônus e ônus do exercício do poder. Enquanto os parlamentares mais alinhados com o governo da época — seja qual for, tradicionalmente em minoria, já que nenhum Presidente costuma ser de um partido com mais de 20% dos representantes na Câmara de Deputados — tendem a acompanhar as intenções do governo, inclusive propostas eventualmente impopulares, muitos membros da chamada "base aliada" podem teoricamente pertencer a ela, mas na prática votam contra iniciativas importantes do Executivo. Isso ocorre pela simples razão de que esses parlamentares poderão, simultaneamente, desfrutar do bônus de ser governo — compartilhando os louros de iniciativas vistas como populares e recebendo verbas expressivas por meio de emendas aprovadas para parlamentares simpáticos ao governo — e, ao mesmo tempo, evitar assumir o ônus de votar em propostas impopulares, pois, ao receberem as emendas, tenderão a ficar a salvo da retaliação oficial, bastando alinhar seus interesses com a liderança da Casa legislativa.

A coordenação desse arranjo, conciliando a lógica econômica da eficácia dos gastos públicos com a lógica política, requer uma destreza na arte do exercício do poder que é pouco comum. FHC, em outro contexto politicamente menos desafiante, lidou bem com a questão e Michel Temer soube fazer isso com maestria em seu breve mandato, enquanto Jair Bolsonaro resolveu pragmaticamente a questão "terceirizando" o governo para o chamado "Centrão". A questão de fundo, porém, continua em aberto: como governar com eficiência, nesse contexto?

Governar requer alinhar incentivos entre o Executivo e o Parlamento, para que o sistema de ônus e bônus seja condizente com uma gestão de governo que consiga lidar com os desafios do equilíbrio fiscal e, ao mesmo tempo, ter sucesso na agenda legislativa. É cada vez maior, no grupo de especialistas do ramo da Ciência Política, o grupo daqueles que consideram que o final desse processo será alguma forma de repactuação e reequilíbrio de forças, com a migração para algum tipo — formal ou informal — de "presidencialismo mitigado", "semipresidencialismo", "presidencialismo parlamentarista" ou como se queira definir.

Esse sistema consistiria na atribuição de responsabilidades explícitas à figura de um Primeiro-Ministro empoderado, definindo-se claramente a quem, entre ele e o Presidente, caberiam as funções essenciais ao governo, entre elas, principalmente, a condução da economia, as relações com o Parlamento, a representação exterior do país e o papel de Comandante-em-Chefe das Forças Armadas. Entre o "presidencialismo forte" francês e outras formas mais moderadas do papel do Presidente em convivência com o Primeiro-Ministro em regimes parlamentaristas, há vários arranjos possíveis que poderiam ser considerados, emulando a situação de outras nações democráticas mundo afora.

Um desperdício enorme

O que foi mencionado anteriormente se traduz nos números exibidos no Gráfico 19.4. O problema dessa trajetória, que fez com que as emendas parlamentares passassem de aproximadamente R$10 bilhões/ano há uma década para o volume atual de quase R$50 bilhões/ano, é a brutal ineficiência sistêmica que isso acarreta.

GRÁFICO 19.4

Soma das emendas parlamentares (R$ bilhões correntes)

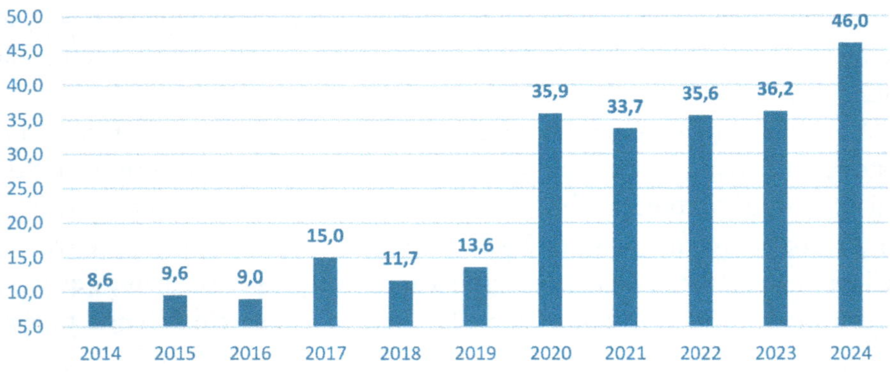

Fonte: O Globo (18/11/2023).

Vamos entender a origem da questão. Ter recursos para satisfazer parlamentares é um instrumento de qualquer Parlamento numa democracia. Nos EUA, esse tipo de verba é chamado de *pork barrell* e todos os Presidentes, democratas ou republicanos, fazem uso do instrumento há séculos.[15]

O problema é que, como tem sido apontado pelos especialistas na matéria, não há antecedentes no mundo atual em que o Parlamento administre, para esse tipo de alocação, um volume de recursos semelhante ao que o Brasil passou a ver na década atual, quando a partir de 2020 tal volume deu um salto enorme.

Quem ande pelo Brasil deve ter tido a oportunidade de testemunhar, país afora, cenas como as seguintes, sempre financiadas com recursos federais:

- existência de ginásios esportivos mirabolantes, em municípios com poucos habitantes;
- multiplicação de praças esportivas, sem maior integração com as políticas locais;
- pavimentação de estradas de todo tipo, desvinculadas de qualquer planejamento central;[16]
- construção de centros de saúde próximos uns aos outros, sem um planejamento integrado que permita otimizar o atendimento à população de diferentes municípios, dada uma situação de recursos escassos.

É evidente que valorizar a democracia implica reconhecer o papel fundamental do Parlamento. Ao mesmo tempo, porém, num país com tantas dificuldades econômicas como o Brasil, os recursos fiscais devem ser gastos com bastante parcimônia. E o problema é que, com a estrutura de incentivos que foi criada, os parlamentares são estimulados a distribuir recursos para suas bases, sem qualquer preocupação de que isso seja parte de um planejamento integrado sob a ótica nacional.

Mesmo admitindo-se que não haja episódios de corrupção envolvidos — hipótese que, como país, pelo nosso retrospecto, tende a ser bastante "heroica", por assim dizer — e mesmo que não se observem ineficiência, sobrepreços etc., o fato é que, do ponto de vista federal, ter essa alocação de recursos beira o absurdo. Pense-se, para entender a incoerência da questão, em um paralelo hipotético com um pai de família que paga três cursos de línguas para cada um dos seus filhos da seguinte forma: João estuda inglês em abril, outubro e dezembro; Pedro faz um curso de intercâmbio de uma semana na Itália para aprender italiano; enquanto Maria cursa grego. O pai pode ter a melhor das intenções, mas simplesmente estará jogando dinheiro pela janela, pois o que João aprendeu em abril terá esquecido em outubro; o italiano de uma semana de Pedro estará "enferrujado" seis meses depois; e o curso regular de grego de Maria provavelmente não será de grande valia para a sua vida, profissionalmente falando. Mal comparando, algo parecido ocorre com boa parte das verbas das emendas parlamentares. Há recursos alocados em emendas definidas de comum acordo com os Ministérios? Sim. Porém, há também um gasto na forma de desperdício no valor de... dezenas de bilhões de reais por ano! Para um país que tem como um dos seus principais desafios a elevação da produtividade, ou seja, conseguir que cada brasileiro, em média, produza mais para o PIB, isso é uma verdadeira bola de ferro amarrada aos pés do país. Em energia, isso tem nome: "dissipação". Ou seja, gasta-se muita energia — para nada.

Uma segunda oportunidade — perdida

Na epígrafe do seu estudo sobre o Programa de Metas de Juscelino Kubitschek, Celso Lafer cita o discurso do Conselheiro Saraiva na Câmara de Deputados em 1860, no qual ele se manifestou com as seguintes palavras: "Por mais que me custe expor-me a ser tido por homem de pouco juízo, eu não hesitaria em alistar-me no número de loucos que nutrem a grande e generosa ambição de ver o país cortado por caminhos, por vias férreas, por canais, embora tudo isso nos desequilibrasse o orçamento e nos fizesse dever dezenas de milhares de contos de réis... Por muito tempo, a nossa escola há de ser tida como menos sensata por aqueles que elevam a prudência à ordem de primeira virtude... Quero pertencer à escola dos loucos, porque tenho a certeza de que a dos prudentes nada fará senão trazer o expediente em dia". Cento e sessenta e três anos depois, em dezembro de 2023, o Presidente Lula se manifestaria em termos parecidos, ao declarar, perguntando candidamente: "Se for necessário o país fazer um endividamento para crescer, qual é o problema?" Um aviso: décadas de negligência fiscal na Argentina, baseadas exatamente nesse tipo de filosofia, produziram o atual Presidente Javier Milei...

Poucas frases sintetizam tão bem quanto essas o espírito negligente daqueles que se ocupam muito mais da tarefa de "fazer" algo do que com a questão de "como" fazê-lo. Historicamente, essa atitude foi uma das razões que levaram a nosso processo de endividamento público crônico e, até 1994, ao descontrole inflacionário. Mais de um século e meio depois da frase do Conselheiro Saraiva ser pronunciada, a incapacidade de o país dar conta de resolver seus problemas fiscais foi também o motivo mais importante da trajetória de alta das taxas de juros longas do Brasil, talvez o indicador mais importante acerca da confiança no país no longo prazo (ver Gráfico 19.5).

GRÁFICO 19.5

Fonte: ANBIMA

A trajetória da variável ao longo das últimas duas décadas, analisando os dados das taxas médias anuais, pode ser dividida em quatro fases:

i) bonança externa e círculo virtuoso (2004/2012). Nessa etapa, a percepção de que, mal ou bem, em que pesem todos os nossos problemas, o Brasil estava conseguindo, com a sucessão de reformas de FHC e Lula, e a boa *performance* fiscal na década de 2000, resolver gradativamente alguns de nossos problemas mais graves, gerou uma onda de confiança com o país, refletida na queda da média anual da taxa de juros real de 30 anos (NTN-B) de 9% em 2004, para 5% em 2012;

ii) crise política (2013/2015). Com a percepção de que o Governo Dilma era incapaz fosse de debelar a crise econômica já em curso, fosse de conseguir unificar a base aliada em torno de um programa minimamente coerente, foi se acentuando a convicção de que o Brasil estava sem rumo, contexto esse no qual a dívida pública passou a aumentar rapidamente e, com ela, os indicadores de risco do país, elevando a taxa de juros real de 30 anos, na média anual, a 7% em 2015;

iii) distensão financeira (2016/2019). Nesses anos de "flerte" entre as autoridades econômicas dos governos Temer e Bolsonaro com o mercado e de taxas de juros baixas no mercado internacional, a taxa real de 30 anos da ANBIMA experimentou uma queda expressiva, abaixo inclusive do ponto observado em 2012, cedendo até 4% na média de 2019, sendo que na média mensal de fevereiro de 2020, imediatamente antes da explosão de casos da Covid-19, a taxa fora de apenas 3,6%; e

iv) pandemia e incerteza (2020/2023). Com o desarranjo fiscal do imediato pós-pandemia e as incertezas políticas que se seguiram, tanto pela expansão fiscal do final do Governo Bolsonaro, como pelos sinais iniciais do terceiro Governo Lula, a taxa real de 30 anos voltou a ser pressionada, alcançando uma média real anual de 5% em 2021 e de 6% tanto em 2022 como em 2023.

Depois de 1980, nas pouco mais de quatro décadas transcorridas desde então, o crescimento médio da renda *per capita* do país foi de muito modestos 0,8% a.a. e o da produção por homem ocupado, mais medíocre ainda, de somente 0,1% a.a. Se tomarmos como referência, especificamente, o período posterior a 2010, quando o país se perdeu, a situação consegue ser pior, com crescimento muito ruim da renda *per capita* de apenas 0,3% a.a., e uma pequena queda absoluta da produtividade no acumulado do indicador entre 2010 e 2023 (Tabela 19.3).

TABELA 19.3

Brasil: Desempenho da produção (crescimento % a.a.)

Período	PIB per capita	Produção por homem ocupado
1981/2023	0,80	0,14
2011/2023	0,26	-0,07

Fonte: IBGE.

Pensemos agora no futuro. Um jovem que ingresse no mercado de trabalho nos próximos anos, com a perspectiva de se aposentar na década de 2060, irá se deparar com um quadro como o que é descrito a seguir. Entre 2025 e 2060, pelas projeções do IBGE, espera-se que a população total brasileira cresça a uma média anual de apenas 0,12%, evoluindo de 219 milhões para 228 milhões de pessoas. O problema é que a população de 20 a 64 anos, considerada aqui como uma *proxy* da idade de trabalhar, a rigor encolherá, de 135 milhões para 121 milhões nesse mesmo período de três décadas e meia, com uma redução anual de 0,32%, enquanto a população a ser sustentada com o esforço produtivo do outro grupo — ou seja, o contingente de crianças e adolescentes e idosos — irá crescer 0,71% a.a., de 84 milhões para 108 milhões de pessoas.

Repare o leitor a dimensão do desafio: imaginemos que se deseje dobrar, aproximadamente, o crescimento da nossa medíocre taxa de variação da renda *per capita* de 1980/2023 para, no futuro, por exemplo, 1,5% a.a., algo que seria muito positivo, mas, convenhamos, não exatamente extraordinário. Combinando isso com o crescimento da população total, teríamos um crescimento do PIB, em média, de 1,62% a.a. nos 35 anos de 2025 a 2060. O leitor provavelmente tenderá a julgar este crescimento, naturalmente, muito baixo ("menos que 2%?!", exclamará talvez). Pois bem, mesmo esse crescimento "baixo", dada a queda da população correspondente, demandaria uma expansão anual da produção por homem ocupado de nada menos que 1,95% a.a., em função da queda anual de 0,32% das pessoas em idade de trabalhar Considerando o desempenho pífio do indicador nas últimas quatro décadas, retratado na última coluna da Tabela 19.3, estamos na presença de uma tarefa hercúlea. E, o que é pior, trata-se de um tema sobre o qual a enorme maioria da população não faz ideia, estando inteiramente ausente do debate político.

Como crescer mais? Como modernizar o país? Como fazer com que nossa população trabalhadora e nossa economia sejam mais competitivas, dinâmicas e produtivas? Eis o que deveria ocupar os corações e mentes da liderança política do país. O que determinará se o país terá sucesso ou não nas próximas décadas será a resposta a essas questões — e não se a transferência do Fundo de Participação dos Municípios (FPM) será de X ou de Y% da receita, se o FUNDEB será de R$40 bilhões ou de R$50 bilhões ou se o valor unitário do Bolsa Família será de R$600 ou de R$700 por mês. Essas reflexões permeiam a mente daqueles que se dedicam ao estudo dos temas de desenvolvimento e produtividade, sabendo, como cabe esperar numa democracia, que em última instância, a decisão acerca do rumo a seguir cabe à classe política. A questão é quem empunhará as bandeiras necessárias para instalar essa agenda no debate nacional.

O PT teve muito sucesso na Presidência de Lula (2003/2010), tendo fracassado na continuação do governo deste, nos anos de Dilma Rousseff (2011/2016). O retorno de Lula ao Poder, no governo chamado de "Lula III", marcando a volta do PT ao centro decisório após o impeachment de Dilma em 2016, sugeria a possibilidade — ainda que vaga — do partido se redimir daquele insucesso.

Para isso, porém, o partido precisaria assumir uma atitude adulta, de quem dá sinais de saber administrar a abundância — como a do *boom* das commodities — mas que também sabe liderar em situações de escassez. E o fato é que o PT, assim como o kirchnerismo na Argentina, parece ser intrinsecamente incapaz de administrar situações que não sejam marcadas pelo vento a favor.

Em 2015, quando era necessário lidar com as consequências de anos de expansionismo fiscal, combinadas com a reversão da bonança internacional que marcou a década de 2000, Dilma Rousseff convocou Joaquim Levy para pôr ordem nas finanças públicas da época. Logo no começo do segundo governo da então Presidente, João Pedro Stédile, do Movimento dos Sem-Terra (MST), conclamou Dilma a "sair do palácio e ouvir as ruas" e acusou Levy de ser um "infiltrado capitalista" (*sic*), alegando que "se o Brasil vive uma crise econômica, é culpa dos capitalistas".[17]

Alguém poderia alegar, com certa lógica, que: i) aquela declaração foi manifestada por alguém do MST e não expressaria a opinião do PT; e ii) uma opinião de 2015 poderia ter mudado quase dez anos depois. Transcorridos muitos anos, porém, os fatos parecem dar razão àqueles que, repetindo a frase do político francês Talleyrand[18] sobre os Bourbon, alegam que o PT, assim como aqueles, "não aprendeu nada e não esqueceu nada". Observe-se, se não, esta declaração oficial, de dezembro de 2023, de nada mais e nada menos que o Diretório Nacional do PT, por ocasião da Conferência Eleitoral PT 2024, na qual o partido do governo e no governo, diz, no ponto 8 do documento, que "o Brasil precisa se libertar, urgentemente, da ditadura do Banco Central 'independente' e do austericídio fiscal, ou não teremos como responder às necessidades do país". Em apenas três linhas, o partido oficialmente no poder fez tábula rasa de uma das reformas mais importantes aprovadas pelo país nos últimos anos — a aprovação em Lei da Autonomia do Banco Central — e qualifica de "austericida" a política fiscal que fez com que o gasto primário do Governo Central, em 2023, em termos reais, crescesse nada menos que 12% no ano, utilizando o PIB como deflator. Se o partido age dessa forma na bonança, com a economia crescendo 3%, como em 2023, e com a inflação em queda, é legítimo perguntar-se como o PT lidaria com uma situação de crise como a de 2015/2016, se tivesse que a enfrentar novamente.

Encerramos aqui essa nossa travessia lembrando as palavras de Gabriel García Márquez, no final da sua obra mais célebre, quando reclama que "as estirpes condenadas a cem anos de solidão não tenham uma segunda oportunidade sobre a Terra". Parodiando a si mesmo, quando, anos depois, foi agraciado com o Prêmio Nobel de Literatura, graças em boa parte ao sucesso, justamente, de *Cem anos de solidão*, ao receber a premiação na Suécia, ele fez um discurso muito citado na época. Nele, concluía com a frase em que citava um lugar imaginário "onde as estirpes condenadas a cem anos de solidão tenham por fim e para sempre uma segunda oportunidade sobre a Terra". O PT está tendo sua segunda oportunidade. À luz dos problemas evidentes da política fiscal em curso, das críticas do próprio PT à política econômica praticada, da ausência de qualquer perspectiva de uma maior modernização do país e dos indicadores de popularidade muito inferiores aos dos anos dourados de Lula, nada indica que esteja sabendo aproveitá-la.

Do sucesso ou do insucesso dessa experiência dependerá a decisão a ser tomada pelas forças de centro do espectro político brasileiro, tendo 2026 (ou 2030) em mente. Na ocasião, elas deverão decidir se procuram novamente — visando repetir a experiência tentada em 2022 — construir uma proposta social-democrata junto com o PT, exemplificada no final do Governo Bolsonaro pelo apoio de figuras como Geraldo Alckmin ou Simone Tebet ao que veio a ser o novo governo inaugurado em 2023. A alternativa seria buscar reeditar a aliança das forças da centro-direita congregadas no passado em torno do PSDB, para tentar — agora sob a liderança de outro partido, realisticamente mais à direita no espectro político — superar a catástrofe histórica para o país que representou a claudicação de parte dessas forças ao reacionarismo retrógrado nas eleições presidenciais de 2018 e de 2022.

Nesse caso, se, na ocasião, essa união ocorrer, for vitoriosa e implementar, por meios democráticos, um programa bem-sucedido de reformas econômicas, talvez o PT não volte a ter tão cedo uma terceira oportunidade sobre a Terra.

Referências bibliográficas

BACHA, E. *No País dos Contrastes – Memórias da Infância ao Plano Real*. Rio de Janeiro: História Real, 2021.

BACHA, E. e BONELLI, R. Uma Interpretação das Causas da Desaceleração Econômica do Brasil. *Revista de Economia Política*, julho-setembro, São Paulo, 2005.

BACHA, E. e SCHWARTZMAN, S. (org.). *Brasil: A Nova Agenda Social*. Rio de Janeiro: Editora GEN, 2011.

BARBOSA, F.H. *O Flagelo da Economia de Privilégios: Brasil, 1947–2020. Crescimento, crise fiscal e estagnação*. Rio de Janeiro: Editora FGV, 2021.

BARBOSA FILHO, F. H. e PESSOA, S. Educação, Crescimento e Distribuição de Renda: A Experiência Brasileira em Perspectiva Histórica. In. VELOSO, F., PESSOA, S., HENRIQUES, R. e GIAMBIAGI, F. (org.). *Educação Básica no Brasil*. Rio de Janeiro: Editora Campus, 2009.

BARRO, R. e LEE, W. International Data on Educational Attainment: Up-dates and Implications. NBER *Working Paper*, n. 7911, 2000.

BARROS, C.R. *PT, Uma História*. São Paulo: Companhia das Letras, 2022.

BAUMANN, R., RIVERO, J. e ZAVATTIERO, Y. As tarifas de importação do Plano Real. Texto para Discussão número 14, Fundação Getulio Vargas (FGV). Rio de Janeiro: Centro de Estudos de Reforma do Estado, 1998.

BESSERMAN, S. e VILLELA, A. O Pós-Guerra (1945–1955). In. GIAMBIAGI, F., CASTRO, L. B., VILLELA, A. e HERMANN, J. (org.). *Economia Brasileira Contemporânea (1945–2015)*. Rio de Janeiro: Editora Elsevier, 2016.

BONELLI, R. (org.). *A Agenda da Competitividade do Brasil*. Rio de Janeiro: Editora FGV, 2011.

BONELLI, R. e MALAN, P. Os Limites do Possível: Notas sobre Balanço de Pagamentos e Indústria nos anos 70. *Pesquisa e Planejamento Econômico*, vol. 6, n. 2, agosto, 1976.

BORGES, J. *Eles Não São Loucos: Os bastidores da transição presidencial FHC – Lula*. São Paulo: Portfolio Penguin, 2022.

BUARQUE DE HOLANDA, S. *Raízes do Brasil*. São Paulo: Companhia das Letras, 2004 (primeira edição: 1936).

CAMPOS, R. *A Lanterna na Popa*. Rio de Janeiro: Editora Topbooks, 1994.

CARDOSO, F. H. *Diários da Presidência*. São Paulo: Companhia das Letras, 2019.

CARVALHO, J. M. *Cidadania no Brasil – O Longo Caminho*. Rio de Janeiro: Civilização Brasileira, 2004.

CASTELAR, A. P. e GIAMBIAGI, F. *Além da Euforia – Riscos e lacunas do modelo brasileiro de desenvolvimento*. Rio de Janeiro: Editora Campus/Elsevier, 2012.

CASTELLS, M. *The Rise of the Network Society*: Oxford: Blackwell, 1996.

CASTRO, A. B. From Semi-Stagnation to Growth in a Sino-Centric Market. *Revista de Economia Política*, janeiro-março, São Paulo, 2008.

FRANCO, G. *A Moeda e a Lei*. Rio de Janeiro: Editora Zahar, 2017.

FRANCO, G. Auge e Declínio do Inflacionismo no Brasil. In. GIAMBIAGI, F., CASTRO, L. B., VILLELA, A. e HERMANN, J. (org.). *Economia Brasileira Contemporânea (1945–2004)*. Rio de Janeiro: Editora Elsevier, 2005.

FRISCHTAK, C. e MOURÃO, J.; "Uma estimativa do estoque de capital de infraestrutura no Brasil"; trabalho preparado para o IPEA, 2017. Disponível em: https://portalantigo.ipea.gov.br/agencia/images/stories/PDFs/livros/livros/180413_desafios_da_nacao_artigos_vol1_cap02.pdf. Disponível em: 24 de junho de 2024.

GASPARI, E. *A Ditadura Envergonhada: As ilusões armadas*. Vol. 1. Rio de Janeiro: Editora Intrínseca, 2014.

GIAMBIAGI, F. *Tudo Sobre o Déficit Público: O Brasil na encruzilhada fiscal*. Rio de Janeiro: Alta Books Editora, 2021.

GIAMBIAGI, F. (org.). *O Futuro do Brasil*. Rio de Janeiro: Editora GEN, 2020.

GIAMBIAGI, F. *Capitalismo: Modo de usar*. Rio de Janeiro: Editora Campus/Elsevier, 2015.

GIAMBIAGI, F. 18 Anos de Política Fiscal no Brasil: 1991/2008. *Revista Economia Aplicada*, volume 12, número 4, 2008.

GIAMBIAGI, F. e VILLELA, A. "A democracia em construção: o Brasil depois de 1988". In. Senra, Nelson de Castro (org.). *As Estatísticas nas Comemorações da Independência do Brasil*. Bicentenário da Independência do Brasil, 1822–2022. Rio de Janeiro: IBGE, 2022.

LATIF, Z. *Nós do Brasil: Nossa herança e nossas escolhas*. Rio de Janeiro: Editora Record, 2022.

MADDISON, A. *Economic Growth in the West: Comparative Experience in Europe and North America*. Nova York: The Twentieth Century Fund, 1964.

MENDES, M. *Por Que É Difícil Fazer Reformas Econômicas no Brasil?* Rio de Janeiro: Elsevier, 2019.

MREJEN, M., MILLETT, C. e HONE. T. Sistemas de Saúde: O que são, por que são tão diferentes em cada país e como o Brasil se compara? In. ROCHA, R., LAGO, M. e GIAMBIAGI, F. (org.). *A Saúde do Brasil*. São Paulo: Editora Lux, 2022.

NETO, L. *Getúlio: Dos anos de formação à conquista do poder (1882–1930)*. São Paulo: Companhia das Letras, 2012.

NETO, L. *Getúlio: Do governo provisório à ditadura do Estado Novo (1930–1945)*. São Paulo: Companhia das Letras, 2013.

NETO, L. *Getúlio: Da volta pela consagração popular ao suicídio (1945–1954)*. São Paulo: Companhia das Letras, 2014.

OLIVEIRA, A. B. Educação: Um investimento a longo prazo. *Econômica Brasileira*, volume III, número 3, julho/dezembro, 1957.

PADURA, L. *Como Poeira ao Vento*. São Paulo: Boitempo, 2021.

PARTIDO DOS TRABALHADORES – PT. O Decênio que Mudou o Brasil. São Paulo: Fundação Perseu Abramo, fevereiro, 2013.

PASTORE, A. C. *Erros do Passado, Soluções para o Futuro: A herança das políticas econômicas brasileiras do século XX*. São Paulo: Portfolio-Penguin, 2021.

ROCHA, R., LAGO, M. e GIAMBIAGI, F. (org.). *A Saúde do Brasil*. São Paulo: Editora Lux, 2022.

TAFNER, P. e NERY, P. *Reforma da Previdência: Por que o Brasil não pode esperar?* Rio de Janeiro: Editora Elsevier, 2019.

TORRE, J. C. *Diario de una temporada en el quinto piso: Episodios de política económica en los años de Alfonsín*. Buenos Aires: Editora Ensayo Edhasa, 2022.

VELOSO, F. e FERREIRA, S. G. (org.). *É Possível: Gestão da segurança pública e redução da violência*. Rio de Janeiro: Editora Contracapa, 2008.

VELOSO, F., PESSOA, S., HENRIQUES, R. e GIAMBIAGI, F. (org.). *Educação Básica no Brasil*. Rio de Janeiro: Editora Campus, 2009.

VILLA, M. A. *Jango: Um perfil (1945–1964)*. São Paulo: Editora Globo, 2003.

VILLELA, A. Dos "Anos Dourados" de JK à Crise Não Resolvida (1956–1963). In. GIAMBIAGi, F., CASTRO, L. B., VILLELA, A. e HERMANN, J. (org.). *Economia Brasileira Contemporânea (1945–2015)*. Rio de Janeiro: Editora Elsevier, 2016.

WILLIAMSON, J. What Washington means by policy reform. Trabalho apresentado na conferência "Latin American adjustments: how much has happened?", organizada pelo Institute for International Economics-IIE, Washington, 6 e 7 de novembro, 1989 (Publicado depois em Williamson, J., *"Latin American adjustments: how much has happened?"*, Washington, Institute for International Economics, 1990.

Notas finais

Prefácio

1. Quem quiser ter uma visão mais acadêmica do autor, versando sobre temática e período similar, ver Giambiagi e Villela (2022).

Capítulo 1

1. Ver Bacha (2021), Barbosa (2021), Pastore (2021) e Latif (2022).

2. Para uma densa reflexão sobre essas questões, de natureza mais acadêmica, ver o excelente livro de Marcos Mendes (Mendes, 2019).

3. Para uma análise profunda sobre a deterioração das condições de crescimento da economia brasileira, ver Bacha e Bonelli (2005).

4. Este não chega a ser um livro de propostas, como outros que o autor organizou, sendo muito mais uma reflexão acerca de como chegamos até aqui e do que aconteceu nas últimas décadas na economia do país. Para uma agenda de diversos analistas com vistas ao futuro, ver o livro que o autor organizou há alguns anos, com propostas que, em sua maioria, continuam válidas (Giambiagi, 2020).

5. Para uma longa reflexão histórica sobre o processo que levou o país do sucesso do passado à crise dos anos 1980 e seus desdobramentos, é muito interessante ler o depoimento no livro de memórias de Roberto Campos, um participante-chave muito ativo em diversos momentos decisivos no pós-guerra (Campos, 1994).

6. É interessante reportar como essa mentalidade ainda se manteve presente em algumas "igrejas" teóricas, muitas décadas depois. Com efeito, a Ministra de Economia do então Presidente argentino, Alberto Fernández, Silvina Batakis, pouco antes de assumir o cargo escreveu no antigo Twitter, em 2022, que, para sair da crise, o que o país deveria fazer seria imprimir mais dinheiro, "descomprimindo um pouco a situação ... [porque] ... imprimir notas é uma ferramenta básica do Estado".

7. No Governo militar, houve duas fases marcantes: depois de 1964 e até 1973, a tendência foi no sentido da liberalização. Com o choque de petróleo desse último ano, as inclinações protecionistas voltaram a prevalecer. Já em 1974/1979, com o II Plano Nacional de Desenvolvimento (PND), a lógica da substituição de importações passou a dominar a política de comércio exterior na segunda metade dos anos 1970 e durante a década de 1980.

8. Ambas as expressões — a intransigência e a ausência de flexibilidade — são o oposto do que se espera da política, que tem como base, justamente, a possibilidade de entendimento, utilizando como atributos a transigência e a realização de concessões, para poder alcançar acordos.

9. Ver Castells (1996) para uma análise pioneira acerca das consequências sociológicas e políticas da tendência ao fortalecimento das redes e da formação de uma *network society*.

10. Não existe aqui qualquer intenção de fazer um diagnóstico das deficiências de nossa educação; apenas o intuito de apontar o problema. O público interessado poderá se aprofundar no assunto com as leituras sugeridas nas notas da seção.

11. Tais números, inclusive, já são o reflexo da política de "toda criança na escola", da década de 1990. Para a população adulta como um todo, a diferença entre os percentuais coreano e brasileiro é ainda maior.

12. Para uma reflexão abrangente sobre os problemas da educação brasileira, ver a coletânea de Veloso et al. (2009). Para entender as relações entre educação, crescimento e

distribuição de renda, ver especificamente, nessa mesma coletânea, Barbosa Filho e Pessôa (2009). Para uma reflexão filosófica mais profunda, que mergulha na questão dos escassos incentivos para adotar políticas com retorno no longo prazo na história do país, ver Buarque de Holanda (2004). Cabe chamar a atenção para o fato de que a primeira edição deste último é de 1936, o que sinaliza, *per se*, a perpetuação do problema, e mostra como ele está enraizado nas nossas origens.

13. O ideal seria que a escola fosse uma só, para todos, sem qualquer distinção como a citada. O autor estudou em escolas típicas da (então majoritária) classe média argentina dos anos 70 do século XX, situadas em bairros caracterizados pela sua relativa diversidade socioeconômica no mesmo espaço geográfico, tendo como colegas desde filhos de carteiros e motoristas de ônibus até filhos de engenheiros e empresários. Dessa turma resultou a mesma diversidade profissional, com esses meninos tornando-se, anos depois, de delinquentes de pequenos delitos a funcionários de multinacionais. No Brasil, porém, a configuração geográfica segmentada das classes sociais e as condições econômicas diferenciadas tornam muito difícil essa mistura, pela existência de "bairros ricos" e "bairros pobres", na maioria das cidades, e pelo fato de que a classe média de certa renda, tipicamente, envia seus filhos a escolas privadas e não às públicas.

14. Oliveira (1957), p. 391.

Capítulo 2

1. Anos depois, ele viria a qualificá-las de "forças terríveis, porque ocultas nunca o foram", mas sempre com o mesmo ar de mistério histriônico que lhe era característico, e sem dar a satisfação ao distinto público de, como se diz popularmente, "dar nome aos bois".

2. O comentário de Pagni foi feito vários anos atrás. Na Argentina atual, de Javier Milei, tudo indica que ocorreu uma mudança de época e a frase não seria mais válida, pelo menos nessa intensidade.

3. Citado em Villa (2003), p. 25.

4. Episódio citado em Villa (2003), p. 27.

5. Citado em Villa (2003), p. 157.

6. Citado em Villa (2003), p. 211.

7. Os erros — alguns deles, crassos — que levaram ao final do governo de Getúlio Vargas em 1954 e que, se o Presidente não tivesse se suicidado, poderiam muito provavelmente ter levado à sua destituição ou até, eventualmente, à sua prisão, estão magistralmente descritos em Neto (2014).

8. Campos (1994), p. 360.

9. Campos (1994), pp. 361-362.

10. Campos (1994), p. 363.

11. Registre-se, a propósito, que, na já citada biografia de Roberto Campos, ao tratar da tendência, não apenas brasileira, mas latino-americana em geral, a abusar da retórica, ele cita uma frase lapidária do delegado britânico nas Nações Unidas. O diplomata, sentado ao seu lado, assistia à apresentação interminável de um colega da região, quando, já algo cansado da verborragia, cochichou para Campos: "Sempre me impressionou a capacidade dos latino-americanos de transformar poucas gramas de fatos em toneladas de palavras".

12. Citado em Villa (2003), p. 146.

13. Citado em Villa (2003), p. 155.

14. Villa (2003), p. 240.

15. Discurso de Leonel Brizola no comício da Central do Brasil, no Rio de Janeiro, em 13 de março de 1964. Citado em Villa (2003), p. 176. Nos termos da política atual, a tentativa de passar por cima do Parlamento seria claramente qualificada de "chavista".

16. Citado em Villa (2003), p. 198.

17. Citado em Villa (2003), p. 206.

18. Campos (1994), p. 549.

19. Gaspari (2014), p. 64.

20. Giambiagi (2015), página 162.

Capítulo 3

1. Para esta seção, o autor se valeu da leitura do texto de Besserman e Villela (2016).

2. Nesta e na próxima seção, o autor se valeu da leitura de Villela (2016).

3. Villela (2016), pp. 38–39.

4. O próprio Castello Branco, primeiro Presidente do ciclo militar inaugurado em abril de 1964, os descreveria, poucos meses depois, numa frase que ficou famosa: "São os mesmos que, desde 1930, como vivandeiras alvoroçadas, vêm aos bivaques bolir com os granadeiros e provocar extravagâncias do poder militar".

5. O símbolo daquele momento histórico de extrema gravidade foi o que aconteceu no ano de 1983, quando uma manifestação em São Paulo derivou na derrubada das grades de proteção do Palácio dos Bandeirantes, situação que ameaçava ter contornos extremos e que só foi contornada quando o então Governador Franco Montoro aceitou receber um grupo de manifestantes para negociar.

6. Há uma diferença, porém, entre os "termômetros" utilizados para aferir os respectivos problemas. As estatísticas nacionais sobre indicadores de inflação e de Balanço de Pagamentos remontam até a década de 1940. Já no caso fiscal, porém, ao contrário dos EUA e de outros países desenvolvidos com um longo histórico — às vezes, de mais de 100 anos — de boas estatísticas econômicas, é impossível estabelecer uma série consistente com a metodologia atual que remonte aos anos 70 do século passado e, muito menos, a antes disso. À luz da elevada qualidade das estatísticas atualmente existente, os dados fiscais anteriores à década de 1980 eram de uma precariedade completa. Por essa razão, neste livro, apresentaremos as estatísticas fiscais apenas dos anos 1980 ou 1990 em diante — dependendo do indicador —, contrariamente aos indicadores de preços e do setor externo.

7. O período de 1964/67, que antecede o "milagre", foi uma fase na qual foram criadas as condições para o crescimento posterior, mas não esteve isenta de problemas, embora tenham sido menores que os das crises antes referidas. Trataremos mais da questão em outro capítulo do livro.

Capítulo 4

1. Isso decorreu da situação inicial em que ambos os governos assumiram. Em um caso, pelo relativo controle da inflação no Governo Dutra. No outro, pela contenção da variação dos preços que se seguiu à queda de Getúlio, durante a gestão de Café Filho, quando a taxa de inflação anual, que foi de 26% em 1954, caiu para 12% em 1955.

2. Já que 1,33 / 1,32 = 1,0076.

3. Porque 1,33/ 1,335 = 0,9963.

4. Para uma rica discussão sobre o significado de uma hiperinflação e como ela afeta uma economia, ver Franco (2005).

5. Isso foi fundamental, num primeiro momento, para ganhar a confiança da população. Nos cinco planos anteriores, para evitar remarcações preventivas, as autoridades eram obrigadas a negar qualquer intenção de congelar os preços, e eram desmentidas quando se anunciava o plano. Já em 1994, foi tudo explicado minuciosamente, com antecedência, em claro contraste com as práticas do passado.

6. Tradicionalmente, os requisitos de uma moeda são os de funcionar simultaneamente como unidade de conta, meio de pagamento e reserva de valor.

Capítulo 5

1. Uma pequena história pessoal dá uma ideia dessa dificuldade das estatísticas oficiais em lidar com o passado distante. Anos atrás, foi organizado um livro em memória de Fabio Barbosa, ex-Secretário do Tesouro Nacional (STN), que, infelizmente, faleceu precocemente. No processo de elaboração do livro, sabendo que eu tinha estatísticas da época em que comecei a frequentar Brasília e conversar com os produtores das estatísticas primárias, fui procurado pela equipe da Secretaria para ter dados oficiais de algumas estatísticas fiscais prévias a 1997 — ano no qual começa a série histórica da STN. O dado, na época, tinha sido oficial, mas, sendo anterior

a 1997, a STN não contava com ele nos seus sistemas.

2. O agregado composto por Governo Federal e Banco Central será tratado no restante do livro, genericamente, como "Tesouro Nacional" e a consolidação dele com o INSS como "Governo Central".

3. O leitor pode se perguntar como é possível saber o resultado do déficit se não se conhece o valor da receita e da despesa, mas não é difícil de explicar. Imagine o leitor que tem um filho na faculdade que trabalha num estágio remunerado (receita) e tem gastos (despesa) próprios da idade (saída com amigos, gastos da faculdade, alguma viagem etc.) que excedem o pequeno valor que recebe no estágio, gerando um desequilíbrio (déficit) entre ambas as variáveis. Os pais podem não saber quanto o filho ganha no estágio nem o valor dos seus gastos, mas saberão a diferença que precisam cobrir (financiamento) através da mesada.

4. Com o passar dos anos, a qualidade da informação foi sendo sucessivamente aprimorada e, atualmente, a importância relativa do valor da discrepância estatística é relativamente pequena, em geral.

5. Com o passar do tempo, a melhoria de gestão resultou, no início dos anos 2000 — de comum acordo com o entendimento do FMI, com quem na época o país tinha um acordo vigente —, na retirada da Petrobras e da Eletrobras das estatísticas fiscais, uma vez que, na época, elas impactavam pouco o resultado fiscal agregado, em função dos avanços ocorridos. A decisão foi fruto do reconhecimento de que a situação retirava delas, em parte, a agilidade que requeriam para atuar em setores crescentemente sujeitos à concorrência com outras empresas privadas.

6. Inicialmente, os países da União Europeia que pretendessem se credenciar para ingressar na área do euro deveriam ter um déficit de, no máximo, 3% do PIB. Depois, na prática, viu-se que essa regra admitia exceções, mas o parâmetro ficou como uma espécie de referência internacional, acima da qual um déficit seria "alto", de alguma forma.

7. É claro, também, que outras questões afetam a relação Déficit/PIB, notadamente a dimensão do déficit "real" (expurgado das distorções da inflação) e a relação Dívida Pública/PIB do ano anterior.

8. Embora a taxa de inflação de 1993 tenha sido maior que a de 1989, o déficit nominal foi maior como proporção do PIB em 1989 do que em 1993, pelo fato de que a relação Dívida Pública/PIB, naquela ocasião, era maior.

9. Seria impossível mencionar todos os técnicos que tiveram um papel relevante na evolução das estatísticas fiscais ao longo de quatro décadas de avanços e aprimoramentos. Destaco em particular, como representantes do conjunto desses profissionais, pela sua longa dedicação ao tema em cada período, o papel de Fabio de Oliveira Barbosa, Raul Velloso e Sílvio Rodrigues na década de 1980, de Altamir Lopes, Ana Teresa Albuquerque e Luiz Queiroz na década de 1990 e, mais recentemente, de Alex Benício.

10. Posteriormente, esse peso tendeu à irrelevância, sendo de menos de 1% do total em 2023.

Capítulo 6

1. Há certo grau de controvérsia acerca da frase precisa que teria sido dita por Simonsen e que é frequentemente citada pelos economistas, com mais de uma alternativa. Uma variante substitui a expressão do verbo "aleijar" pela conjugação do verbo "doer" e há outra que muda um pouco o sentido da ideia e é "a inflação dói, mas o Balanço de Pagamentos mata". Esta não tem exatamente o mesmo significado da epígrafe citada, porque se relaciona com um preço relativo (o câmbio), ao passo que a alternativa, que menciona o BP, remete a uma ideia de impossibilidade física de conseguir importações; ambas, porém, estão associadas à mesma ideia, referente aos efeitos de um colapso do financiamento externo.

2. Bonelli e Malan (1976).

3. Não incluímos aqui o déficit público na mesma categoria, como elemento associado a diversas crises históricas, por uma razão compreensível: embora ele hoje seja elemento central pela repercussão sobre os mercados, com os dados divulgados sendo propagados online, imediatamente, no planeta inteiro, naquele mundo muito menos conectado de décadas atrás e sem a riqueza de dados que se tem hoje, a questão fiscal não tinha a mesma importância comparativa que os preços e que a situação do setor externo. Enquanto a situação fiscal não afetava o dia a dia da população e suas estatísticas eram pouco conhecidas, a inflação — com seus índices sendo divulgados mensalmente — era percebida por todos. Da mesma forma, a taxa de câmbio, uma informação diária, mexia com a sensibilidade dos homens de negócios — algo similar ao que ocorre hoje —, sendo vista como um "termômetro" do grau de estabilidade ou instabilidade do país.

4. Campos (1994), pp. 177–178.

5. O leitor pode imaginar o que significava, nesse ambiente, ter um amigo que ajudasse a conseguir a liberação das guias de importações. Algumas fortunas particulares foram construídas ao amparo desse contexto institucional, que fazia jus à velha frase de que "aos amigos, tudo; aos inimigos, a Lei".

6. A relação entre a dinâmica do resultado em conta corrente e a trajetória da dívida externa depende também de duas outras variáveis: o fluxo de investimentos estrangeiros e o aumento ou queda das reservas internacionais. Um país, por exemplo, pode ter superávit em transações correntes e, mesmo assim, ver a sua dívida externa aumentar, por exemplo, se houver uma saída de investimentos diretos do país que gere um resultado negativo da conta de capitais.

7. A intensidade do ajuste externo pelo qual o país passou no biênio 1983/1984 fez com que, a duras penas, ele fosse completado e o Brasil não dependesse de novos empréstimos, pelo menos a curto prazo. Entretanto, essa realidade demorou meses para se concretizar, sendo boa parte do ano de 1983 ainda uma fase muito difícil.

8. A figura do "homem forte" da área econômica variou um pouco conforme a personalidade de cada ministro e a divisão do organograma interno de cada pasta ao sabor dos governos. Algumas vezes, esse papel coube ao Ministro de Planejamento, como foi o caso de Celso Furtado no governo Jango ou, muitos anos depois, de Delfim Netto no governo Figueiredo, na década de 1980. Em geral, porém, o destaque e o maior poder político estiveram quase sempre com o Ministro da Fazenda, enquanto seu colega do Planejamento funcionava, ora como um auxiliar, na prática, ora como um par mais apagado e, às vezes, como um adversário — mas sem o mesmo poder que o Ministro da Fazenda.

9. Por exemplo, a dívida externa bruta foi de US$111 bilhões em 1986, mas com apenas US$7 bilhões de reservas internacionais, correspondendo a uma dívida líquida de US$104 bilhões. Para efeitos comparativos, a dívida bruta de 2021 alcançou valores muito maiores, chegando a US$339 bilhões, porém com US$355 bilhões de reservas (ou seja, dívida externa líquida negativa).

10. Entre 1987 e 1994, a dívida externa líquida cedeu ligeiramente, ao passo que as exportações em dólares aumentaram 66% no período, causando uma forte queda da relação entre ambas as variáveis.

11. Cabe lembrar, porém, que, nesse sentido, a segunda metade dos anos 1940 foi excepcionalmente próspera para o Brasil e que, entre 1945 e 1950, os termos de troca do país tinham melhorado nada menos que 95%.

Capítulo 7

1. Para o leitor interessado numa reflexão abrangente sobre o período que se inicia em 1994, recomenda-se a leitura das memórias da presidência de Cardoso (2019). Para o significado da mudança cultural de 1994, ver o

interessante livro de um dos "pais" do Plano Real (Franco, 2017).

2. O comentário interessa aqui para situar o leitor no contexto, não sendo relevante, ainda mais a esta altura dos acontecimentos, "fulanizar" a discussão lembrando quem disse o que na ocasião, daí a omissão proposital acerca do autor.

3. Embora a realidade fiscal pós-plano tenha sido muito pior do que a imaginada pela equipe que o concebeu, a aprovação dessas medidas teve um efeito psicológico importante para assentar as bases, junto ao meio político e o mercado financeiro, para as etapas seguintes do processo.

4. No passado mais distante, não existiam os indicadores de preços ao consumidor do IBGE, que passaram a ser divulgados só no final da década de 1970.

5. Lei 8.031/1990.

6. No caso deste último, especialmente as empresas distribuidoras de energia, a maioria das quais estaduais, uma vez que a grande holding federal do setor (a Eletrobras) só viria a se tornar privada em 2022.

7. Quando esse processo se iniciou, o Brasil ainda vivia os anos de inflação muito elevada. Não fazia sentido, nesse contexto, ter estatísticas anuais comparativas na moeda nacional da época. Quando o BNDES, como órgão encarregado das privatizações, começou a compilar as estatísticas de receita de venda com as operações, era natural fazer essas estatísticas em dólares, para dar uma dimensão "real" ao processo. Depois, por questões de comparabilidade, a prática foi mantida nos anos posteriores a 1994.

8. O Gráfico 7.3 vai só até 2019 pelo fato de que depois, com a queda dos juros na pandemia, em circunstâncias excepcionais, e a aceleração inflacionária que se seguiu, as taxas reais negativas observadas posteriormente distorceriam a questão que está se querendo mostrar.

9. O chamado "mito de Sísifo" se refere a um personagem da mitologia grega que, por tentar enganar os deuses, recebera como castigo a tarefa de rolar uma pedra montanha acima por toda a eternidade, como um trabalho impossível de executar até o fim e sujeito a um permanente recomeço. 10. Essas taxas se referem aos máximos locais pontuais e não às taxas médias janeiro/dezembro de cada ano.

11. Com a crise da Covid-19, a taxa SELIC inicialmente caiu até 2% nominais em agosto de 2020, iniciando depois um forte ciclo de alta em função de novas pressões inflacionárias, a partir de março de 2021, até quase 14% em 2022.

Capítulo 9

1. O Deportivo de Cambaceres é um time da quarta divisão do futebol argentino (Série D).

2. No Brasil, quem primeiro chamou a atenção para as potencialidades para o Brasil no que ele denominou de "mundo sino-cêntrico" foi Castro (2008).

3. Considerando os nossos principais sócios comerciais, houve perda de peso da maioria, reflexo natural do crescimento do comércio com a China. A União Europeia, conjuntamente com o Reino Unido, era responsável pelo destino de 30% de nossas exportações em 1999, peso esse que caiu para 15% atualmente; a Argentina representava 11% das exportações brasileiras em 1999 e, até mesmo como reflexo do longo processo de decadência do país vizinho, esse peso caiu para apenas 5% hoje; já o resto da Ásia, como reflexo do elevado crescimento de toda a região, e do aumento da demanda disso decorrente, representava 11% das exportações brasileiras no mesmo ano de 1999, percentual que foi aumentando gradativamente, até ser de 14% em 2023.

4. Como parte desse processo houve, como é óbvio, um aumento concomitante do peso das importações oriundas da China na composição das importações totais do Brasil. Em 1999 ele era de apenas 2%, e em 2023 foi de 22%. De qualquer forma, por mais importantes que sejam as importações oriundas da

China, esse peso é muito inferior ao das exportações para a China no total de exportações.

5. O *boom* do Centro-Oeste, a prosperidade de todas as áreas próximas ao cultivo da soja e o progresso do interior de São Paulo, foram fenômenos verificados naqueles anos e relacionados, todos eles, com a mesma causa.

Capítulo 10

1. Para avaliar os resultados da política fiscal dos primeiros anos do Governo Lula, ver, do autor, Giambiagi (2008).

2. Partido dos Trabalhadores (2013), p. 13.

3. Cumpre ressaltar, porém, que, ao contrário do que poderia parecer para quem não acompanha os números em detalhe, a expansão esteve longe de ser liderada pela despesa com pessoal, que nesses quatorze anos cresceu a uma taxa acumulada de apenas 20%, como mostra a Tabela 10.2

4. Portal *Terra*, 7 de março de 2024 ("Lula diz que Governo terá que discutir com Congresso mudança do limite de gastos").

5. Aqui foram citadas apenas duas declarações, mas poderiam ser mencionadas centenas delas, de diversas pessoas, com o mesmo teor.

6. Utilizando uma imagem associada a um personagem da época, o então famoso Presidente do Vasco da Gama, tradicional time carioca, um conhecido do autor explicou como podia ser interpretada, pelo militante tradicional do PT, a política fiscal inicial do PT, tendo como executores alguns dos técnicos que tinham trabalhado no Governo FHC: "É como ter o Eurico Miranda na Presidência do Flamengo".

Capítulo 11

1. Considera-se essa referência temporal porque ela corresponde, aproximadamente, ao intervalo de tempo entre o ingresso de um indivíduo no mercado de trabalho e seu falecimento, aproximadamente sete décadas depois, em média.

2. Pertenço ao grupo de privilegiados que, pela situação econômica familiar, pôde estudar tranquilo até a faculdade.

3. A renda *per capita* do país caiu um total acumulado de 12% entre 1980 e 1983.

4. Antes de ser Presidente, FHC foi Ministro da Fazenda entre maio de 1993 e março de 1994, sendo o grande responsável pela elaboração do Plano Real, operando, na prática, como uma espécie de coordenador político para viabilizar o lançamento do programa.

5. Em 2010, devido ao Censo Demográfico, não houve PNAD, que é a base dessa informação, por permitir comparações ano a ano.

6. A taxa de 2% é uma média que considera as trajetórias tanto de quem evolui muito favoravelmente na carreira como de quem fica estagnado. Para entender a simultaneidade dos fenômenos, imagine-se uma situação sem inflação, mas onde a economia e a produtividade crescem 5% e considere-se uma empresa onde a estrutura dos salários vai de R$2.000 a R$8.000. Se a produtividade, na data base, for incorporada ao quadro de carreira e aos salários de todos, a estrutura mudará um ano depois para o intervalo de R$2.100 a R$8.400. Se um indivíduo que recebe salário de R$3.000 evoluir de acordo com a média, ele incorporará os 5% de todos os funcionários, mas, além disso, ganhará a progressão individual de 2%, o que significa que seu salário passará para R$3.000x1,05x1,02 = R$3.213, com incremento total de 7,1%.

7. Campos (1994), p. 1262. Ulysses morreu poucas semanas após a votação do impeachment de Fernando Collor e Campos morreria em 2001, sete anos após a publicação das suas memórias.

8. Carvalho (2004), p. 118.

9. O Estado Novo foi o regime que vigorou no Brasil entre 1937 e 1945.

10. Carvalho (2004), p. 190.

Capítulo 12

1. Na verdade, o número é maior, pelo fato de que a conta inclui sempre algum grande

partido que, na prática, está na oposição e porque no Congresso todos sabem que, para ser aprovada, uma PEC deve ir a plenário com uma expectativa de pelo menos 330 votos, devido às ausências de última hora, traições etc.

2. Castelar e Giambiagi (2012), p. 272.

3. Argumentou-se no livro que o fato de o Brasil deixar de ter dívida externa líquida representava uma transformação estrutural, mas isso não quer dizer que o país pudesse se dar ao luxo de ter grandes desequilíbrios da conta corrente sem problemas. Uma coisa é evitar riscos maiores de refinanciamento da dívida vincenda porque, na pior das hipóteses, o Banco Central dispõe de reservas para arcar com os pagamentos. Outra muito diferente é ter déficits crescentes no Balanço de Pagamentos, com risco de ultrapassarem os ingressos de capitais. Nesse caso, em algum momento, haveria perda de reservas e esta não poderia, é claro, ser permanente.

4. Por "radicalismo" a frase se refere não a ideias extremistas mas sim à União Cívica Radical (UCR), o partido centenário de Raúl Alfonsín e Fernando De la Rua, referência tradicional e centrista da política argentina.

Capítulo 13

1. Williamson (1989).

2. Cabe notar que o superávit primário médio do setor público no primeiro Governo Lula (2003/2006) foi de 3,5% do PIB, superior ao do segundo Governo FHC (1999/2002), que tinha sido ligeiramente acima de 3% do PIB.

3. O impeachment é um ato juridicamente complexo pelo qual a Câmara de Deputados permite a abertura de um caso contra o Presidente da República, que nesse caso é imediata mas temporariamente afastado do cargo. O processo, porém, só se completa depois — em torno de cinco meses — após um trâmite jurídico que se dá no Senado Federal, com direito a defesa e votação final do caso dessa casa legislativa. Só após essa votação é que a decisão final é tomada, uma vez que, teoricamente, se o Presidente afastado for inocentado, ele retorna automaticamente ao cargo. Embora isto não tenha ocorrido nem no caso de Fernando Collor em 1992, nem no de Dilma Rousseff em 2016, esse *interregno* deixa o país numa situação institucional de grande incerteza, pelas dúvidas acerca do desfecho final do caso, o que, obviamente, conspira contra a tomada de quaisquer decisões econômicas com efeitos mais duradouros no tempo.

4. A denominação de "cisnes negros" (aves raras de encontrar) se popularizou após a crise internacional de 2008, como algo associado a eventos muito improváveis, mas que podem acontecer e que, quando ocorrem, têm efeitos enormemente negativos.

5. Houve, ao longo dos quatro anos de sua gestão, uma vasta profusão de declarações nesse sentido. Como exemplo, cite-se esta frase do então Presidente da República, num vídeo exibido dia 1º de agosto de 2021 numa manifestação em favor do voto impresso: "Sem eleições limpas e democráticas, não haverá eleição" (*Veja*, 2 de agosto de 2021).

6. Naturalmente, o aumento real da despesa foi inferior à composição dessa variação nominal com o incremento físico do número de famílias beneficiadas, devido à incidência de uma inflação acumulada expressiva nos quatro anos de governo.

7. Outros grupos, como os das faixas de 15 a 59 anos ou de 20 a 64 anos, apresentarão uma dinâmica similar.

Capítulo 14

1. Este é o título da coluna que o autor publicou no jornal *O Globo*, no dia 8 de março de 2024, a propósito da força política do bolsonarismo, em que pesem os fatos que a imprensa tinha trazido a conhecimento da opinião pública nos meses anteriores. Tais fatos se referiam à evidente tentativa de criar condições para um golpe de Estado, nos últimos meses de 2022 e começo de 2023. A última seção do capítulo é justamente a transcrição da coluna, com uma pequena edição. Nada

mais afastado do liberalismo do que esse regime de força que, tudo indica, se tentava impor ao país no final do governo anterior.

Capítulo 15

1. Campos (1994), p. 833.

2. Campos (1994), pp. 839-840.

3. O verbo *"joder"*, de significado algo grosseiro no uso corriqueiro na língua espanhola, pode ter um significado tríplice, dependendo da sua utilização, sendo sinônimo tanto de "prejudicar, causar dano" (*"te voy a joder"*, "vou te ferrar"), quanto de "se dar mal" (*"me jodí"*, "me dei mal") ou de "brincar" (*"estoy jodiendo"*, "estou brincando").

4. Para um relato fiel e muito interessante daquela transição, escrito por quem foi um participante muito próximo da mesma, ver Borges (2022).

5. O mandato de senador é de oito anos e, naquela época, havia a disputa, no interior dos partidos, por meio da figura das "sublegendas", de modo que se elegia um senador e o segundo colocado se tornava automaticamente o seu suplente. FHC não foi eleito em 1978, mas virou suplente de Franco Montoro, eleito senador naquela ocasião e, quatro anos depois, Governador de São Paulo, quando então deixou seu lugar no senado para FHC. Este revalidou posteriormente o mandato de senador por oito anos, nas eleições de 1986.

6. Para uma excelente recopilação da história do PT, ver o minucioso relato de Barros (2022).

7. O Palácio de Inverno, em São Petersburgo, foi tomado pelas forças revolucionárias em outubro de 2017, num episódio-chave da revolução bolchevique.

Capítulo 16

1. Ver, a propósito, a coletânea organizada por Bonelli (2011). O fato de muitas das questões daquela época permanecerem atuais é justamente revelador de nosso atraso.

2. Pense-se num casal originalmente de analfabetos que tenha migrado do Nordeste para o Sudeste há 70 anos, com o marido tendo se empregado como operário numa indústria de São Paulo. Por mais precária que tenha sido sua formação, ele terá passado a ser mais produtivo para a economia do que se estivesse trabalhando numa agricultura de subsistência na área rural com a tecnologia existente no campo nos anos 1970.

3. Observe-se que, em certa medida, esta descrição de características da evolução da economia se aplica tanto ao que aconteceu no Brasil entre 1930 e 1980, como ao que ocorreu na China a partir da década de 1970. Não por acaso, o Brasil, naquele período, era um dos países que mais crescia no mundo, processo que teve algum paralelismo com o crescimento chinês dos últimos cinquenta anos.

4. O termo *"rent seeking"* é adotado para definir situações em que um agente busca ter benefícios mediante o apelo a favores oficiais através de *lobbies*, por meio de uma legislação favorável, decisões discricionárias ou, pura e simplesmente, corrupção.

5. Em algum momento, esta lista será enriquecida pela China, que, apesar de seu impressionante crescimento recente, ainda tem uma renda *per capita* distante dos países "ricos". Entretanto, sua economia (PIB) é poderosa pelo fato de que uma renda *per capita*, que não se compara com as mais altas, é multiplicada por uma população de mais de um bilhão de pessoas.

6. Não há nenhum caso de sucesso, nesse sentido, nem na América Latina nem na África.

7. Aqui utilizam-se indistintamente as expressões "produção por homem ocupado" e "produção por pessoa ocupada".

8. O *slogan* da sua campanha naquelas eleições foi *"Make America Great Again"* (MAGA), "faça a América grande novamente".

9. Veja-se, a propósito, esta matéria do colunista Daniel Rittner, publicada no jornal *Valor* no dia 20 de julho de 2022 ("Carros

elétricos: o Brasil na contramão?"): "A União Europeia acaba de proibir a venda de novos carros movidos a gasolina e diesel. De 2035 em diante, só poderão sair das lojas veículos elétricos. O cerco aos combustíveis fósseis vai se fechando. Coreia e Japão planejam o mesmo ano como limite para essa transição. Onde os governos nacionais hesitam em agir, autoridades locais têm chamado a responsabilidade e tomado a iniciativa. Nova York e Califórnia aprovaram leis para vedar, também a partir de 2025, o emplacamento de automóveis com motor a combustão [...]. [Enquanto isso] o Brasil está andando na contramão. O próximo ciclo de governo (2023/2026) será crucial para a descarbonização da frota no horizonte de tempo que tem sido almejado por boa parte do mundo [...] Fala-se pouco, quase nada, de investimento em metrô. Cobra-se 26% de IPI e 18% de alíquota de importação sobre bicicletas elétricas. Enquanto isso, rompe-se o teto de gastos para subsidiar os donos de SUVs".

Capítulo 17

1. Sobre a questão fiscal do país, suas raízes e os principais números acerca do problema, ver Giambiagi (2021).

2. Sobre a insuficiência da infraestrutura no Brasil, ver Frischtak e Mourão (2017).

3. Para uma defesa da necessidade da reforma, na ocasião, ver Tafner e Nery (2019).

4. Adotou-se o deflator do PIB para inflacionar os dados. A previsão de pequena queda na relação entre a despesa do INSS e o PIB em 2024 se deve ao fato de que, em 2023, houve uma despesa extraordinária de pagamento de precatórios previdenciários atrasados, que não se repetirá em 2024.

5. Isto não é difícil de entender, à luz do conceito de "renda *per capita*". Considere-se a renda familiar das diferentes famílias que compõem a população. No caso dos idosos, a maioria das famílias recebem a renda do INSS ou do LOAS e têm um ou dois integrantes, pois os filhos já cresceram e saíram de casa, sendo pouco comuns os casos de idosos localizados nos 10% mais pobres da população. Já no caso das crianças, elas se inserem em famílias cuja renda provém do pai e da mãe. No caso das famílias pobres, a renda é baixa e o número de filhos é elevado *vis-à-vis* a média da população, o que gera uma renda *per capita* muito baixa associada a cada membro da família e coloca as crianças dessas famílias como um dos grupos dominantes na composição do décimo mais pobre da população brasileira.

6. O ano de 2008 é o primeiro para o qual há uma desagregação maior das despesas discricionárias, na série histórica no site da Secretaria do Tesouro Nacional.

7. Para uma discussão sobre as políticas de segurança pública, ver Veloso e Ferreira (2008).

8. Evidentemente, o impacto da guerra de Gaza em 2023/2024 foi muito maior, pela dimensão do conflito.

9. Nesse mesmo período de vinte anos, a população com 65 anos e mais de idade, pela projeção populacional do IBGE de 2018, aumentaria de 25 milhões para 46 milhões de pessoas. Além do desafio que isso implica pelo tema previdenciário, soma-se a perspectiva de ter que elevar bastante a incidência de gastos com saúde, haja vista a demanda muito maior de serviços de saúde por parte desse público. Sobre os desafios desse setor, ver a coletânea de Rocha, Lago e Giambiagi (2022) e, particularmente, o texto de Mrejen, Millet e Hone (2022).

10. Para uma discussão profunda sobre as políticas sociais no Brasil, ver o livro de Bacha e Schwartzman (2011).

11. A Constituição atualmente em vigor é de 1988, mas o capítulo previdenciário só foi regulamentado em Lei em 1991, três anos depois. É preciso considerar que a obtenção do benefício no meio rural era bem mais difícil do que no meio urbano naquela época, pois não havia serviços online, o que poderia implicar que o morador do campo tivesse que se deslocar, às vezes por centenas de

quilômetros, sem certeza de que conseguiria o seu propósito. Dado o pequeno valor envolvido, a atitude de muitos potenciais beneficiários era ignorar o direito ao benefício e "deixar pra lá". Isso mudou com a duplicação do valor.

12. Padura (2021), p. 255.

Capítulo 18

1. O crescimento do PIB no ano acabou sendo de 3%, fortemente "turbinado" por medidas adotadas para beneficiar o bolso de parte do eleitorado pouco antes da eleição; e a inflação, que tinha sido muito forte até meados do ano, mudou de sinal e tornou-se uma deflação mensal por três meses consecutivos, por uma curiosa "coincidência", nos três meses imediatamente anteriores às eleições de outubro, com forte influência dos preços administrados pelo governo, com ênfase na gasolina.

2. Como disse ao autor um amigo, poucos dias antes da eleição, diante do festival de benesses oficiais: "Se a campanha durar mais uma semana, o país quebra".

3. Qualquer semelhança com a realidade brasileira atual não é mera coincidência.

4. O mandato presidencial na Argentina na época era de seis anos, mas o governo foi obrigado a antecipar a entrega do poder vários meses antes do previsto, em 1989, devido à virulência da hiperinflação, que demandava um governo novo, com toda a força de quem acaba de assumir. Naquela ocasião, a Constituição estabelecia ainda um hiato de tempo de vários meses entre a eleição e a posse, demora que naquelas circunstâncias revelara-se absurda.

5. Depois, em 2023, o fenômeno da alta inflação se agravaria muito mais na Argentina.

6. A questão mudou um pouco nos últimos anos, quando as críticas mútuas entre os dois maiores partidos da Espanha claramente subiram de intensidade, em função das alianças dos socialistas com os independentistas da Catalunha, e da direita com o partido Vox.

7. A receita decorrente da taxação das pessoas jurídicas está em parte ligada à dinâmica dos lucros da Petrobras, que seria afetada pela nova política de preços dos derivados. Esta afetaria também a receita de royalties. Finalmente, a resistência tradicional do PT a programas mais agressivos de concessões conspirava contra esse tipo de receita a partir de 2023.

8. Este último também afeta indiretamente o pagamento de dividendos do BNDES, já que parte do lucro deste provém do recebimento pela instituição de dividendos pagos pela Petrobras.

9. O sentido dessa expressão em castelhano está associado à ideia de "apagar e começar de novo", algo que originalmente se inspira no ato de deixar de lado uma conta errada e fazê-la outra vez e se aplica, metaforicamente, a um recomeço, que passa por esquecer o passado, para este deixar de ser fonte de atrito.

Capítulo 19

1. Torre (2022). O quinto andar é onde se localiza a sala de despacho do Ministro da Economia, no prédio do ministério correspondente, em Buenos Aires.

2. Torre (2022), p. 274, em tradução livre.

3. Por coincidência, no dia de encerramento deste livro, o jornal *Valor Econômico* traz uma matéria na qual o Presidente da República reclama, muito irritado, que "aqui no Brasil, tudo é tratado como se fosse gasto; colocar dinheiro na saúde é gasto, colocar dinheiro na educação é gasto" (*Valor Econômico*, 24 de abril de 2024). Na mesma data, a jornalista Vera Magalhães, em sua coluna, a propósito dessa postura, lembrava, com lógica, que "quem não gostaria que suas compras no cartão de crédito fossem computadas noutra rubrica que não a do gasto e não precisassem ser pagas?" (*O Globo*, 24 de abril de 2024).

4. Tais dados referem-se à estatística sem incluir as transferências a Estados e Municípios.

5. Isso para não falar da menção muito pouco diplomática, no exercício da Presidência, à felicidade por ver os EUA, a Europa e o Japão em crise...

6. Coloca-se a frase sem identificar o autor, porque a intenção não é polemizar ou "fulanizar" o debate e sim expor o que era — e ainda é — uma ideia dominante no pensamento de certos grupos políticos: a noção de que as restrições econômicas são uma espécie de criação intelectual do liberalismo, e não algo real e concreto definido pela macroeconomia.

7. Note-se o paralelo entre o espírito da frase sobre "um pouquinho a mais de dívida" e a epígrafe do capítulo 7 sobre "um pouco mais de inflação".

8. Torre (2022), p. 124.

9. Estamos falando de arredondamentos, claro. O Bolsa Família, a rigor, é mais próximo de 1,5% do PIB, mas há outras rubricas que tiveram aumentos relevantes não mencionados aqui, como o FUNDEB, pelo fato do seu "delta" não chegar a 0,5% do PIB.

10. Tal queda como proporção do PIB, porém, foi fortemente revertida em 2023.

11. Cabe ressaltar que o Ministro Fernando Haddad se empenhou firmemente na defesa de parte dessa agenda, muito meritória, em 2023, com um razoável grau de sucesso, ao se comparar com o que foi aprovado com as intenções dos projetos inicialmente propostos.

12. A exceção foi o ajuste implementado em 2003, que tantos benefícios trouxe ao Governo na ocasião, em termos de imagem. O contraste com o desajuste de 2023 não poderia ser maior, restando a dúvida acerca do que pode acontecer se tal política for mantida a médio prazo. A queda prevista do gasto em proporção do PIB em 2024 se explica pelo pagamento extra de precatórios de quase 1% do PIB em 2023, que não deverá se repetir, mas vale notar o aumento do gasto em% do PIB entre 2022 e 2024.

13. E note-se que não estamos incluindo outros elementos que, a rigor, afetarão as contas, como o efeito sobre a despesa com seguro-desemprego ou o impacto financeiro do cômputo dos juros sobre a dívida pública adicional a ser contratada.

14. Torre (2022), p. 429.

15. Vale aqui lembrar uma pequena história, da qual sou testemunha. Um conhecido parlamentar, muito correto, que se elegeu por seu prestígio de personalidade pública, na década de 1990, tinha direito a um pequeno volume de emendas parlamentares, que, religiosamente, alocava para fortalecer a biblioteca da faculdade onde havia se formado, como reconhecimento e retribuição pelo que a universidade representara na sua vida. Essa era, de um modo geral, a concepção original desses recursos: pequenos valores, para permitir que os parlamentares fizessem alguns agrados a grupos específicos de *constituencies*, sem prejudicar a lógica agregada da execução fiscal.

16. O autor pode dar o testemunho pessoal de duas situações vivenciadas na pandemia, quando, na impossibilidade de viajar para o exterior, dedicou-se ao turismo interno pelo país. Numa localidade, em um determinado estado, havia 20km asfaltados, entre duas estradas de terra. Aquele asfalto, *per se*, muito provavelmente resultante de alguma emenda de um deputado da região, não servia rigorosamente para nada, dadas as péssimas condições das estradas de terra adjacentes. Por outro lado, em outro estado, houve a oportunidade de constatar um fenômeno oposto: a "última milha" de um lugar com escasso tráfego, que normalmente seria uma pequena estrada de terra, mas nesse caso tinha um asfalto que poderia ser qualificado de "germânico". Indagando na pousada local, foi informado que a razão era que um proeminente político tinha sítio de fim de semana na região. Era óbvio que o próprio tinha conseguido alocar uma verba para, na prática, ter uma benfeitoria indireta para sua propriedade. Nenhuma das duas iniciativas citadas fazia qualquer sentido sob a ótica dos recursos do Governo Federal.

17. *O Globo*, 14/03/2015.

18. Charles-Maurice de Talleyrand-Périgord (1754-1838) foi utm hábil diplomata que ocupou em quatro ocasiões diferentes o cargo de Ministro dos Assuntos Estrangeiros da França.

Índice Remissivo

A

B

C

D

E

F

G

H

I

J

K

L

T

U

V

W

X

Y

Z